Divaldo Pereira Franco
pelo Espírito Victor Hugo

Párias em redenção

FEB

Copyright © 1971 *by*
FEDERAÇÃO ESPÍRITA BRASILEIRA – FEB

9ª edição - Impressão pequenas tiragens – 4/2025

ISBN 978-85-9466-057-2

Todos os direitos reservados. Nenhuma parte desta publicação pode ser reproduzida, armazenada ou transmitida, total ou parcialmente, por quaisquer métodos ou processos, sem autorização do detentor do *copyright*.

FEDERAÇÃO ESPÍRITA BRASILEIRA – FEB
SGAN 603 – Conjunto F – Avenida L2 Norte
70830-106 – Brasília (DF) – Brasil
www.febeditora.com.br
editorial@febnet.org.br
+55 61 2101 6161

Pedidos de livros à FEB
Comercial
Tel.: (61) 2101 6161 – comercial@febnet.org.br

Adquirindo esta obra, você está colaborando com as ações de assistência e promoção social da FEB e com o Movimento Espírita na divulgação do Evangelho de Jesus à luz do Espiritismo.

Dados Internacionais de Catalogação na Publicação (CIP)
(Federação Espírita Brasileira – Biblioteca de Obras Raras)

H895p   Hugo, Victor (Espírito)

         Párias em redenção / pelo Espírito Victor Hugo; [psicografado por] Divaldo Pereira Franco – 9. ed. – Impressão pequenas tiragens – Brasília: FEB, 2025.

         576 p.; 21 cm

         ISBN 978-85-9466-057-2

         1. Romance espírita. 2. Espiritismo. 3. Obras psicografadas. I. Franco, Divaldo Pereira, 1927–. II. Federação Espírita Brasileira. III. Título.

                                              CDD 133.93
                                              CDU 133.7
                                              CDE 80.02.00

Sumário

Elucidação 7

LIVRO PRIMEIRO 9
   1 O Duque di Bicci di M. 9
   2 Alucinação e crime 23
   3 O testamento 47
   4 Fúria assassina 65
   5 Ascensão criminosa e glória amarga 89
   6 Acossamento irreversível 109
   7 Obsessão vingadora e pertinaz 145
   8 A estranha personagem que surge do passado 175
   9 Subjugação impiedosa e nefasta 203
   10 Suicídio abominável 225

LIVRO SEGUNDO 239
   1 Infeliz despertar no Além 239
   2 O julgamento sob o açodar da consciência 261
   3 Projetos e esperanças futuros 277
   4 A família Aragão e Souza 291
   5 A funesta caçada 311

6 Bernardo e Antônio Cândido 329

7 A inesperada visita e o doloroso reencontro 351

8 Alegrias que se transformam em maus augúrios 369

9 No ano de 1870 389

10 Numa certa manhã de chuva: uma tragédia 411

LIVRO TERCEIRO 425

1 O Consolador 425

2 Vinte anos depois 451

3 Lúcia e a favela 471

4 Na busca do tempo passado 493

5 Ante os inescrutáveis desígnios da Lei 511

6 Caridade atrasada e socorro tardio 529

7 O determinismo e o imponderável 543

8 Párias em redenção 553

Elucidação

Enquanto os instintos agressivos predominarem em a natureza humana, superando não poucas vezes a razão e os sentimentos superiores do espírito, engendrando as guerras famigeradas que destroçam esperanças e dizimam civilizações; enquanto o homem não se submeter aos dispositivos severos do Estatuto Divino, incorporando-os à conduta do quotidiano, do que decorrerá a sua harmonia interior em exteriorização de paz generalizada, e a cobiça como o egoísmo, — cânceres odientos que ainda predominam — não se façam banidos da Terra; enquanto governos arbitrários, ambiciosos e enlouquecidos estruturarem os seus planos de expansão na vã loucura do predomínio sobre os povos mais fracos; enquanto as religiões, esquecidas do papel sublime do Crucificado, lutarem pela supremacia nos cenários do mundo, e a miséria moral, social e econômica estabelecerem a revolta das massas, produzindo o conciliábulo do crime com a insensatez, livros como este serão necessários. Far-se-á indispensável relatar as tragédias e os dramas, narrando-se os episódios em que malograram os ambiciosos e as consequências que sofreram, qual brado de advertência para os que ainda não se comprometeram e estímulo para os que porfiam nas linhas diretoras do equilíbrio e do dever, na viagem carnal do planeta.

Enquanto o homem não se levantar, emergindo do animal, *similia similibus*, livros evocando a história dos párias, em trilhas de redenção, serão imprescindíveis para o estudo da alma humana, conforme é considerada do lado de cá.[1]

VICTOR HUGO
Salvador (BA), 2 de junho de 1971.

---

[1] N.E.: Todas as notas pertencem ao autor espiritual.

LIVRO PRIMEIRO

1 O Duque di Bicci di M.

O catafalco ergue-se em meio ao salão nobre do palácio senhorial e os pesados crepes descem pelas paredes de pedras e argamassa, sob teto de cedros envernizados, sustentados por esguias colunas góticas. Flâmulas em cor de ouro, com as seis bolas vermelhas *(palle)* — emblema da casa — arrancadas de muitas lanças, em seda farfalhante, descem dos capitéis e guarnecem os fustes das colunas pardas e altaneiras. Na porta de entrada, trabalhado em pedra lavrada, destaca-se o brasão com as armas da família, que descende dos remanescentes M., dominadores até há pouco do grão-ducado da Toscana.

A noite sombreada de nuvens precursoras de tormenta, que logo desabará, tudo envolve. Ventos fortes vergastam lá fora, ululantes...

Dos arredores, afluem agricultores humildes e senhores da terra, grandes plantadores de vide e oliveiras; chegam, pressurosos, representantes das autoridades governamentais da Casa de Lorena e as diversas ordens religiosas da cidade fazem-se destacar com as roupas coloridas e os estandartes dispostos ao lado dos tocheiros fumegantes.

Círios e archotes untados de óleo e breu ardem esfuziantes, dando a coloração amarelo-avermelhada a se projetar por toda parte, enquanto servos diligentes, em pesados trajes, e senhores enlutados passam em ruidosa movimentação por entre carpideiras profissionais adrede contratadas para lamentarem o extinto, exaltando-lhe as qualidades e posses...

Fora, no pátio de pedras quadrangulares e largas, em volta do imponente chafariz que exibe gracioso cavalo marinho capturado por Vênus levantando-se de concha ampla, os cocheiros arrumam os carros variados e conduzem os animais relinchantes às cavalariças, para defendê-los da tempestade.

Sobre essa, atapetada de vermelho e negro, ergue-se o ataúde de madeira preciosa acolchoado de veludo, no qual repousam os despojos carnais do duque Giovanni di Bicci di M., descendente de Cosme

III, em mortalha característica da Ordem do Santo Sepulcro, a que pertencia, e que, desde a paz de Viena, se recolhera a singular abatimento...

Viúvo há três anos aproximadamente, fechara-se em áspera reclusão no seu palácio situado nos arredores de Siena, entre bosques frondosos e seculares, ao lado dos filhinhos do casal, cuja primogênita, Grazziella, que contava apenas sete anos, não conseguia afugentar da sua alma os fantasmas da dor e da saudade.

Dona Ângela, a senhora duquesa, partira subitamente, vítima de "febres"[2] estranhas que assolavam a região, situada nos alagamentos das planuras, despedaçando o coração do nobre esposo, que ainda não completara quarenta anos de idade. O sofrimento, que desde então o enlutara, fez-se-lhe cruel verdugo, esmagando-o continuamente.

Com o matrimônio, dona Ângela trouxera para o solar di Bicci um sobrinho órfão, de quem cuidava com extremada abnegação desde antes que lhe houvessem chegado os próprios filhos, incluindo-o, logo após; entre os «rebentos» da sua vida, graças à generosa aquiescência do consorte.

De caráter fraco, o filho adotivo do casal revelou, desde cedo, tendências para a dissolução, a aventura,

---

[2] *Maremma* toscana — impaludismo.

os prazeres violentos, como, aliás, eram habituais na época em que se destacavam, as ambições guerreiras, as disputas pelo favoritismo artístico e as concessões religiosas no jogo para a dominação dos homens.

Conquanto a austeridade dos senhores que se dedicavam à agricultura, proprietários que eram de extensas áreas próximas à cidade, havia na herdade educadores que se encarregavam da preparação dos descendentes da família e especialmente de Girólamo, o qual, todavia, passara a residir em Siena logo após a desencarnação da tia, a fim de prosseguir os estudos.

Alto e vigoroso, Girólamo possuía porte empertigado e atraente, agraciado com os requisitos da beleza física, de que se utilizava indevidamente para explorar moçoilas inexperientes e triunfar socialmente onde se apresentava.

Como era natural, por impositivo das leis das afinidades, o moço frequentava as reuniões alegres da cidade nas *bisca e betolla*[3] mal afamadas, nas quais aprimorava as inclinações negativas da personalidade infeliz.

Não perdoava a arrogância do tio que o expulsara, sob o ardiloso pretexto do programa de estudos, da *villa* imponente, onde, conforme ambicionava, esperava dominar algum dia.

---

[3] *Bisca* e *betolla*: tasca e cabaré.

Rebelde e irascível, possuía temperamento voluntarioso e apaixonado, insistindo até o desvario, quando arquitetava possuir uma presa para os aguçados instintos. Insinuante, sabia fazer-se estimar, e, ao consegui-lo, golpeava os que dele se acercavam, com certeira e segura manobra.

Dessa forma conquistara Assunta, jovem aia da duquesa, que lhe fascinara o apetite e que dele, a seu turno, se enamorara. Frívola e irrequieta, a moça se lhe entregara à desgovernada paixão, constituindo-se segura e fiel informante de quanto ali ocorria, quando ele se demorava em Siena. Notificado do agravamento da enfermidade do *tio* que resultara do funesto acontecimento, chegara dias antes, aparentando o desejo de ser útil, planejando, todavia, inteirar-se de todas as ocorrências a fim de levar a cabo maldita trama que lhe inquietava a mente desde o falecimento de dona Ângela. Desse modo, por meio da perspicácia de que era capaz, e pelo suborno, conquistou os servos e o notário da cidade, graças à impossibilidade de lucidez do senhor di Bicci, assumindo responsabilidades e tomando providências com zelo falso, simulando o interesse de que o seu protetor recebesse todas as homenagens de que se fazia credor na última jornada, agora encerrada com a desencarnação.

O clã, que em anos idos restabelecera a grandeza da Toscana, principalmente em Florença, Siena e Pisa, sob as últimas vicissitudes governamentais caíra em desprestígio, desaparecendo quase, paulatinamente. O próprio senhor di Bicci possuía somente como herdeiros diretos os filhos e, depois destes, Girólamo, a quem adotara anos antes. A imensa herdade, no entanto, representava poderosa fortuna e o tesouro da família somava expressivo e elevado valor, por muitos cobiçado.

Girólamo sabia-se antipático ao nobre benfeitor, que apenas o suportava, financiando-lhe os estudos em memória da esposa idolatrada. Deserdara-o quase, se considerarmos a hábil maneira como dispusera as suas vontades e posses no testamento.

Através de ardis bem urdidos, algum tempo antes o rapaz soubera das últimas disposições regulares que o tio introduzira no legado, graças à indiscrição do notário, que era encarregado dos negócios da casa e fora regiamente recompensado para a delação. Desde essa oportunidade, rebelara-se interiormente, nutrindo pelo protetor inamistosa atitude, que chegava a caracterizar-se pelo ácido do ódio íntimo. Disfarçava-o, é certo, no entanto, sabia-se intolerável. A antipatia, diga-se com justiça, era recíproca. Incapaz de agasalhar sentimentos de gratidão, nutria-se da surda cólera, que conseguia disfarçar com habilidade. Os primos pequeninos, em consequência, eram para o seu espírito insidiosos rivais que necessitavam desaparecer, logo lhe sorrisse a boa fortuna.

A morte do senhor di Bicci surpreendia-o, portanto, agradavelmente, pois que lhe favoreceria pôr em prática o plano já em execução paulatina, que poderia ter o seu desfecho por aqueles dias. Significava-lhe o ambicionado ensejo do poder.

Desde que a tia desencarnara, maliciosamente espalhara que o recolhimento do senhor duque se devia aos encantos de Lúcia, a dama de companhia da senhora Ângela, que no vigor dos seus trinta anos repelia continuamente os candidatos ao matrimônio, dizendo-se fiel servidora da prole Bicci di M. O próprio duque várias vezes lhe conseguira excelentes candidatos, que foram sumariamente recusados. Como gratidão a tão elevado devotamento, dizia-se, fora contemplada no testamento com soma vultosa, retribuindo, porém, o favor por meio de outros favores menos dignos, asseverava o jovem.

A calúnia, cavilosamente preparada, espalhava-se entre as pessoas levianas, tendo-se em vista a sua procedência, e não mais "à boca pequena" se falava da donzela e do seu amo, desmoralizando-os vilmente.

A calúnia possui o miraculoso elixir de agradar aos frívolos, sendo a arma poderosa dos cobardes, com duração de pequeno porte, todavia.

Muitos sussurravam que Lúcia substituíra a senhora do palácio, embora a altivez e sobriedade da moça que, por imposição do duque e graças à sua ascendência moral, dirigia, compreensivelmente, os empregados e os lacaios sujeitos ao seu amádigo. Atarefada, desdobrando-se entre os deveres para com o senhor que a respeitava, as crianças que muito a amavam e os serviçais, não dispunha de tempo para as frivolidades em voga nem os mexericos que lhe chegavam ao conhecimento, embora tais notícias a mortificassem interiormente. Estranha e poderosa afeição ligava-a aos membros do solar. Pelo amo e seus filhos experimentava profunda dedicação e por isso tentava preencher, mediante a bondade e o dever retamente cumprido, a lacuna decorrente do desaparecimento da senhora.

Esguia, morena e grácil, de cabeleira negra e abundante, era o espécime perfeito descendente dos antigos etruscos que um dia dominaram aquelas terras e em cujo dialeto conseguia expressar-se. Delicada, inspirava confiança e, sensível, tranquilizava com a sua presença formosa.

Nos últimos tempos, nas noites em que a insônia a vencia, deixava-se mergulhar em profundos cismares, interrogando os céus estrelados, como que dominada por presságios atormentadores. Nessas oportunidades, parecia vislumbrar, à meia claridade dos círios que iluminavam o quarto em que dormia com as crianças, ou entre os prateados raios da lua plena, a figura soberana da duquesa, que se lhe afigurava mais bela, mais encantadora. Embora o esplendor da face da senhora, notava-lhe uma expressão de melancolia no sorriso sereno, conquanto triste, que esta lhe endereçava.

Nesses momentos, dominada por ignotos receios, ajoelhava-se aos pés do Crucificado, que havia preso à parede da alcova, e procedia aos recitativos memorizados a que se acostumara, suplicando proteção, aspirando amparo, vindo a tranquilizar-se somente depois de muitas aflições interiores.

Identificando em Girólamo estranha antipatia, sabia-o responsável pelas infâmias e pressentia, quando o moço se acercava do burgo, sombrios prenúncios constrangedores. Afável, tratava-o com respeito e discrição, aparentando ignorar-lhe as acusações descabidas, quanto injustas.

Dom Giovanni, por sua vez, recebia-o de raro em raro, evitando com delicadeza sua presença, por lhe parecer esta perniciosa aos filhos, embora o moço tivesse completado apenas vinte e dois anos. Era como se macabro conciliábulo de estranhos sentimentos constrangesse as pessoas ante o atormentado e leviano rapaz.

*

A enfermidade que vitimara o dono do palácio fora breve. Seu organismo, antes robusto, recusara-se a lutar, dominado que se encontrava pela insuportável saudade da esposa — espírito de rara e peregrina beleza —, que viera ter à Terra para alçá-lo e aos seus a região superior da vida. Religiosa, fora dona Ângela, antes de tudo, piedosa, e suas mãos delicadas, raramente adereçadas de gemas, repartiam bênçãos aos que a buscavam, reservando também um dia por semana para visitar os pobres e enfermos, de alguns dos quais ela mesma cuidava, embora os servos que a seguiam nas suas romagens de misericórdia e socorro, conduzindo volumes com repastos e guloseimas, moedas e agasalhos, formassem um séquito prestimoso e dedicado.

À sua chegada, enxugavam-se as lágrimas e a esperança refloria. Não foram poucos os que lhe receberam da bondade multiplicados pães e vestuários, unguentos e bálsamos. O médico e o sacerdote do palácio, por ordem sua, eram igualmente o esculápio e o pastor dos infelizes de todos aqueles sítios. As guerras contínuas ali haviam deixado várias gerações esfaimadas...

Em torno do seu nome e da sua pessoa eram tecidos comentários elevados, quais grinaldas de luz, e os múltiplos beneficiários nela sabiam reconhecer a dama da caridade, a irmã da compaixão...

O duque, a seu turno, rejubilava-se, apesar de, zeloso, preocupar-se com a sua guarda, nas excursões fora dos muros da propriedade.

Pela estrada real, a *Via Cassia,* que conduzia de Siena a Florença, não eram poucos os bandoleiros em surtidas constantes, e as escaramuças contínuas com os salteadores exigiam que todos os senhores de terras mantivessem pequenos exércitos de mercenários, nos quais, no entanto, a abnegação e o dever estavam relacionados com o salário que o opositor lhes pudesse oferecer.

Como o bem aureola e defende todo aquele que o esparze, jamais qualquer dificuldade obstara a nobre senhora de realizar o exercício santo do amor fraterno. Parecia que no ministério da caridade suas forças se multiplicavam e os dons da alegria lhe refundiam ânimo e tranquilidade.

Quando da extinção da "Casa Médici", em 1737, que passara o poder do grão-ducado da Toscana a Francisco de Lorena, esposo de Maria Teresa da Áustria — Segunda Casa de Lorena —, a senhora Ângela, ao invés de quebrantar o ânimo mais o aumentara, tornando-se o estímulo constante e o encorajamento do esposo, que resolvera reagir e preservar o patrimônio, evitando evadir-se da região, como ocorrera a outros membros da família.

Antes da derrocada, todo o ducado readquirira com Cosme II o esplendor de outros tempos, embora o seu caráter fraco e pusilânime, sendo, pois, devedor de muitas das suas glórias de então à tradicional família, descendente de Bonagiunta, o comerciante florentino que enriquecera nas transações internacionais. De certo modo, o fausto e as extravagâncias de Cosme III, que lhe sucedera, foram responsáveis pela decadência da Toscana, a vergonha e a quase miséria dele mesmo.

Com a elevação moral da esposa e o seu caráter inquebrantável, o duque reconquistara, também, o prestígio em torno do nome, enquanto que, amado, prosseguia, nos domínios em que se erguia a vila palaciana, como um redutor remanescente de mentes esclarecidas dos dias idos, amante e protetor das artes e das letras, amigo sereno, digamos, não, porém, apaixonado.

Desaparecida Ângela, as sombras da tristeza e do acabrunhamento desceram sobre o vetusto solar, cuja beleza somente se destacava por meio da alacridade infantil das três crianças, quando dos folguedos nos jardins ou nos corredores atapetados do majestoso edifício.

A saudade e a melancolia, cultivadas, são também sementes venenosas que aniquilam a seiva da vida no seio em que se agasalham. Parasitas, nutrem-se matando. Assim, quando a enfermidade surpreendeu o Duque di Bicci di M., as forças morais se recusaram a duelar e o corpo se permitiu deixar vencer.

*

Especialmente convidado para as exéquias, o bispo de Siena fez-se presente, acolitado por um séquito de ociosos, e o velório transformou-se em local em que sobressaíam o arrivismo e os seus sequazes, atendidos por meio de repasto abundante, tendo Lúcia no comando dos serviços, duramente vigiada por Girólamo, que maquinava planos sórdidos, e por Assunta, que se passava por sua amiga, enquanto os convidados se deixavam conduzir pelo vinho, consumindo os acepipes... A bulha era geral e o silêncio somente era feito pelo corpo do desencarnado. As crianças adormeceram a custo, ajudadas por uma serva leal e da confiança de Lúcia. O solar mergulhava em dor, na alma de uns, e enchia de cobiça os espíritos infelizes de muitos.

A longa madrugada começa a despertar sobre o burgo encharcado das chuvas contínuas, enquanto Girólamo, maquiavélico, encoraja os próprios programas inditosos.

Enquanto Lúcia serve ao bispo, que se locupleta em farta bandeja de doces e chá quente, Girólamo se lhe acerca, simulando afetada gentileza, e da palestra incipiente, despropositada, sonda, maledicente, o ocioso religioso, quanto ao que consta sobre o testamento do tio.

Um tanto estimulado pelo capitoso vinho, ingerido em contínuas libações ao longo da noite, o sacerdote se refere à tutela que Lúcia exercerá sobre as crianças, com plenos poderes ao patrimônio, até que aquelas alcancem a maioridade. Encorajado pelo moço venal, comenta da sua estranheza quanto à atitude generosa do senhor em referência a uma jovem sem linhagem nem fortuna. Lamenta a situação do rapaz, que continuará sob mesada, a ser distribuída pela testamentária, sob fiscalização do poder público, e diz-se revoltado por a Igreja não ter sido aquinhoada, recordando-se, enfático, de que algumas décadas antes os religiosos eram prestigiados em toda a Toscana, graças à família...

Lisonjeando o moço, o representante religioso adianta que se este fora o herdeiro tudo, certamente, seria diverso.

Girólamo, em febre, sorri, corado, inquieto, e medita.

O ódio lhe desperta as paixões subalternas, o ciúme o enceguece e o desespero o asfixia.

Mentalmente, tem o plano definitivo: não poderá falhar.

Tudo concorre para o seu êxito. Tem mesmo a impressão de que conta com o conivente apoio do prelado ambicioso.

Intimamente gargalha. Entre dentes, murmura: "Pagar-me-eis, fera peçonhenta e espoliadora! Pagar-me-eis, tu e o vil senhor di Bicci di M. Não suporto quase esperar! Pagarme-eis, logo mais. Paciência! Espera Girólamo. Acalma-te!"

Raia o dia nevoento e demorado. O calendário assinala: 22 de dezembro de 1745.

2 Alucinação e crime

    O ofício fúnebre, terminado o longo velório, tem início na manhã cinzenta, quebrada por violentas descargas da tempestade que estruge, intérmina. Plangem sinos de finados e, por momentos, as atenções se concentram na figura do bispo, paramentado, que dá início ao réquiem. Diante do altar improvisado, a figura do Crucificado, em prata e ouro, imóvel, pregada em madeira preciosa da região, brilha ante o fulgor dos círios acesos em abundância. O coro, vindo especialmente da catedral de Siena, entoa um cantochão. Incenso, mirra e nardo embalsamam o ambiente, de modo tocante.

    Em meio às exéquias, o bispo pronuncia o sermão laudatório da personalidade do extinto, lamentando não lhe ter podido aplicar a extrema-unção, no termo da jornada carnal. Exora, todavia, socorro ao *Senhor da Vida e da Morte*, enquanto lhe *encomenda* o corpo, seguindo os tradicionais rituais da Igreja Romana. O *sacrifício da missa de corpo presente* prossegue. As vozes se alteiam ou murmuram, cantando. Soluços discretos irrompem dos sentimentos do povo humilde das redondezas, que ali se aglutina para render as últimas homenagens ao seu benfeitor. Nuvens de fumo se levantam, perfumadas, agitadas por turíbulos prateados e com brasas vivas.

*

A pequena distância, oculta discretamente e enlutada, Lúcia, de joelhos, soluça, dominada por fortes emoções. Repassam pelo seu pensamento todos os lances da sua vida no palácio que a acolheu. Seus pais entregaram-na ainda pequena à família da senhora duquesa, a fim de que fosse preparada para dama de companhia. Ali recebera todo o carinho, cultivara os dotes do sentimento e suas mãos se exercitaram na arte dos bordados e tecelagens, em que se fizera mestra. Os *gobelins* por ela tecidos ao lado da senhora Ângela enriqueciam diversas peças do imponente lar.

À lembrança da benfeitora, porém, teve a impressão de que se lhe dilatavam as pupilas e estranhos sentimentos lhe assomaram ao espírito inquieto. Latejaram-lhe as artérias nas têmporas, suor glacial inundou-a e frequente tremor se lhe apossou das carnes. Teve a sensação de que ia morrer. Um vágado inesperado fê-la cair sobre as lajes de pedra. Servidores apressados conduziram-na, inconsciente, ao quarto de dormir, colocando-a sobre o leito fofo e macio. Odores fortes foram aplicados às narinas; resinas perfumadas foram friccionadas nos pulsos e na testa... Ofegante, de peito descompassado, continuou vencida pelos choques nervosos que a sacudiam. Chamado o médico, este aplicou, a muito custo, a ingestão de medicamento calmante, solicitando a todos que a deixassem assistida apenas por uma das suas amigas camareiras, de modo a que pudesse repousar...

Entrementes, ao experimentar a cabeça atordoada, e quando perdia o equilíbrio das próprias forças, sentiu-se flutuar no ar, fora do corpo, divisando, numa visão entre névoas claras, a veneranda figura da duquesa, que lhe alongava as mãos generosas, albergando-a no seio maternal. A forma diáfana recordava as telas clássicas da pintura renascentista, em que matronas em luz faziam evocar a senhora de Nazaré, Mãe do Sublime Crucificado. As lágrimas brotaram-lhe abundantes e, vencida pela felicidade do reencontro inesperado, naquela esfera desconhecida, teve a impressão de que se libertara do pesado fardo da carne, demandando as gloriosas regiões celestes. Desejou falar, dizer todas as suas inquietudes e os anseios que lhe rebentavam no coração sensível, a saudade imensa e destruidora, os últimos acontecimentos e os presságios que a martirizavam... Não pôde fazê-lo. A expressão de quase angelitude da senhora terminou por apaziguar-lhe as tempestades interiores. O sorriso triste que lhe ornava a face e a inefável luz que se derramava de toda ela, envolta em auréola resplendente, tocaram o espírito da servidora fiel.

— Confia, minha filha, — murmurou a visão espiritual, quase sorridente — e não desfaleças! Levanta o espírito abatido e ergue-te acima das vicissitudes do caminho. Lutar é sofrer, e ninguém conseguirá felicidade sem o largo patrimônio das lágrimas e renúncias...

Todos nascemos e morremos para renascer, retificando numa existência as imperfeições noutra contraídas. O curso incessante das vidas forma o rio da santificação que deságua no oceano da Eternidade.

Pesados cúmulos se associam hoje sobre o teto do nosso lar, exigindo-nos inomináveis agonias e demorados sofrimentos. É, todavia, necessário que nos submetamos aos desígnios divinos. Nenhum de nós está esquecido das Leis Excelsas. Embora nos encontremos aparentemente abandonados, fracos de forças, desempenhando árduas tarefas que nos exigem imensa colheita de dor, Espíritos angelicais e benfeitores, em nome do Soberano Pai, nos acompanham e ajudam. Não te desesperes nem te desgovernes emocionalmente.

Velhas dívidas do passado remoto, que recuam ao século XIII, nos atam indelevelmente uns aos outros, exigindo resgate. Não nos reencontramos por caprichos do destino. O destino, conforme todos apregoam, não existe. Ele seria a negação de Deus, das leis de mérito e de débito. O que consideramos destino é o resultado de muitas atividades que culminam num momento, para nós inesperados, mas que, para os arquitetos da Vida, está adredemente programado. Amores, adversários, felicidade e desdita são peças da rede da vida imperecível, atando e desatando suas teias incessantemente, até o instante da libertação definitiva de todo o sofrer. E o repetir de amargas experiências são oportunidades de que desfrutamos para nos alçarmos às regiões da ventura, que não se podem definir nem descrever por enquanto, por limitação da linguagem humana e por impossibilidades de entendimento da humana capacidade.

Ainda não tive a ventura de acolher nos meus braços saudosos o companheiro, por enquanto em processo de libertação. Amarrado a injustificável angústia, que a nossa separação física momentaneamente causou, ele vinculou-se fortemente ao corpo transitório, esquecendo-se das paisagens fulgurantes da imortalidade, de que nos falam as valiosas lições do Evangelho e que a religião, embora velando-as com imagens pesadas e pouco reais, nos apresenta, indicando rumos.

A morte, por isso mesmo, não é o fim. E a vida, que dela se desenlaça, não migra para os ajustes imediatos sob a assistência severa do senhor, que nos recebe para punir ou premiar. Cada um morre como viveu e viverá conforme foi recebido pela morte. Imprescindível, pois, viver de modo a poder enfrentar a vida que a todos nos aguarda, quando a cortina de sombra se levanta, deixando aparecer a madrugada da imortalidade.

Uma pausa refrescante silenciou a mensageira espiritual.

Lúcia, deslumbrada, continuou de olhar cintilante, fixo na face de luz e ouro da senhora di Bicci di M. O orvalho das lágrimas nos seus olhos pareciam brilhantes finos, engastados nos cílios negros e longos. Após o silêncio expressivo, o semblante da senhora duquesa nublou-se rapidamente e ela falou, como se antecipasse no tempo e no espaço os acontecimentos de dor e luto que logo mais adviriam, convocando a moça ao testemunho...

— Girólamo, filha, — prosseguiu, com inesquecível expressão —, é coração atormentado, dirigido por um espírito gravemente enfermo. Louco nas suas ambições desvairadas, prepara a taça espumante de fel para fazer-nos sorvê-la, enveredando por longo e estreito corredor que o conduzirá demoradamente, séculos a fio, pela senda de terríveis flagícios, que ele mesmo elabora desde agora, para purificar-se depois, dolorosamente. Perdoemo-lo por antecipação, evitando sintonizar com as funestas ideias que o infelicitam e que logo mais explodirão como maremoto furioso, tentando levar-nos de roldão... Antiga vítima nossa, guarda cicuta no espírito invigilante e, qual animal acuado no reduto em que se refugia, sem sol, prepara-se para desferir a agressão do desforço. Serás a sua primeira vítima... Reveste-te, porém, de coragem para o supremo holocausto. Os filhinhos amados estão também no seu plano... Pagareis, todos, assim, velho débito ao sofredor que se torna algoz. É claro que as Leis Superiores da Vida dispõem de meios eficazes para a justa cobrança, sem a necessidade de novos verdugos... Enfermidade, luto e dor, desastre e acidente, amor e bondade, renúncia e abnegação, sacrifício e devotamento são também instrumentos superiores de que se utilizam os Mensageiros Divinos no acerto de contas das diversas consciências em falta com a Consciência Cósmica... No entanto, precípites e desequilibrados, não compreendem os homens que somente as virtudes evangélicas, quando praticadas, poderão redimir e salvar a criatura humana. Estaremos contigo, com todos...

Bom ânimo, filha! Jesus na manjedoura é um poema de amor falando às belezas da vida; Jesus na cruz é um poema de dor falando sobre as grandezas da Eternidade.

Não recusemos o cálice. Roguemos forças para sorvê-lo, se necessário, até a última gota.

Jesus, o Amigo dos sofredores, e a senhora das Dores nos ajudarão.

Coragem, filha, coragem! Confia e ama!

A visão celeste se desfez e Lúcia subitamente despertou. Banhada em suores, fitou os vitrais da janela ogival, parecendo ver ainda, em névoa clara e flutuante, o amado rosto, repetindo: "Ama, ama..."

Levou a mão à cabeça e, assistida pela companheira devotada, enxugou o pranto e o suor, recobrando paulatinamente a lucidez. Desejou narrar o sonho ditoso que a arrebatara, mas preferiu silenciar.

Da parte inferior da casa, escutou os lamentos e as vozes desesperadas das carpideiras, que se deixavam conduzir por histeria profissional. Compreendeu que terminara o ofício fúnebre e que logo mais ocorreria o sepultamento na capela, em cujo solo jaziam os despojos da senhora duquesa.

Amparada pela serva amiga e companheira, desceu as escadas do *hall,* algo enfraquecida pelas últimas experiências de que se vira objeto.

O esquife estava sendo erguido por Girólamo e os diversos membros da confraria da *Madonna Assunta*, de Siena. Repicavam dolentes e tristes os sinos; a gritaria infrene estrugia no ar.

Recobrou as forças e avançou.

À porta, ajoelhou-se para acompanhar com afeto os despojos humanos do seu benfeitor e se surpreendeu ante o olhar feroz do sobrinho do senhor di Bicci di M., que a varava implacável. Pálido e de olheiras fundas, era a expressão da alucinação recalcada. Imediatamente, Lúcia recordou-se da visão dominadora que a visitara e baixou a cabeça.

O bispo, momentaneamente emocionado, começou a litania do *De profundis*:

Muitas vezes me angustiaram desde a minha mocidade.
Diga, agora, Israel:
Muitas vezes me angustiaram desde a minha mocidade,
Contudo não prevaleceram contra mim.
Sobre as minhas costas lavraram os aradores;
Prolongaram os seus sulcos.
Jeová é justo:
Ele corta as cordas dos perversos.
Sejam envergonhados e repelidos para trás...
[...] A bênção de Jeová seja sobre vós;
Nós vos abençoamos em nome de Jeová[4].

O cortejo atravessou o átrio, vencendo a distância entre o palácio e a capela gótica, de portas abertas de par em par.

No mausoléu de mármore de Carrara, trabalhado, para guardar os despojos da família, a lápide paralela à da senhora duquesa estava aberta e pedreiros se encontravam a postos.

---
[4] Salmo 129, também chamado da Penitência: versículos 1 a 5 e 8.

Depois da aspersão da água benta e das palavras finais, o ataúde foi colocado e a laje cimentada, sendo posteriormente aposto o selo com as armas da casa.

Estavam concluídas as homenagens àquele que fora o duque Giovanni di Bicci di M. Mergulhada em sombra, a torre alta do palácio, símbolo do poder dos senhores, parecia uma sentinela triste e solitária.

As entidades religiosas recolheram os estandartes, foram retirados os paramentos, começou-se a desmontar o catafalco e os primeiros convidados deram início à partida. Lentamente, o silêncio se foi abatendo sobre o solar, enquanto a chuva, miúda e impertinente, acompanhada de trovões e relâmpagos ao longe, oferecia o lúgubre espetáculo da Natureza em convulsão. O dia sombrio passou, vagaroso, e, quando a noite desceu fragorosa sobre o burgo, todos, cansados e opressos, buscaram o repouso mais cedo.

As crianças participaram das exéquias do genitor sem a perfeita compreensão do que ocorrera. Ficaram retidas, quanto possível, na parte superior da casa, evitando-se, por orientação de Lúcia, tudo quanto as pudesse perturbar. Carinhosa, a serva recolhera os pequerruchos logo após o falecimento do amo e dissera, em linguagem compatível à idade deles, o que ocorrera, prometendo-lhes a sua dedicação integral até à morte. Afeiçoadas à ama zelosa, com a mente povoada de sonhos e a imaginação sôfrega, os filhinhos do senhor duque experimentaram as lágrimas da tristeza momentânea e foram recolhidos ao leito pelo cuidado da moça diligente. O dia longo e triste, passaram-no, ora fitando das escadas altas o que ocorria na parte inferior, ora assistidas por dedicada serva, designada especialmente para tal fim.

Com os crepes pesados da noite e a boca silenciosa da sombra, o palácio somente escutava a tempestade que não amainara, de todo, lá fora.

No amplo quarto de Girólamo, encontraram-se o moço agitado e Assunta, ardente de paixão pelo enamorado, cujas migalhas de afeto e ternura disputava leoninamente. De alma encrespada pela febre tormentosa da ânsia de tudo liquidar, o jovem despediu a companheira e rogou-lhe soledade para pensar. No dia imediato, necessitaria definir situações e para o tentame contava, desde já, com a sua valiosa quão indispensável cooperação. Tudo deveria transcorrer na mais perfeita ordem, de modo a que se pudesse comprovar a sua inocência. Nada poderia falhar. O repouso, portanto, era-lhe impostergável. Despedida e enciumada, a jovem demandou a ala dos servidores e procurou o repouso.

Girólamo, todavia, não conseguiu conciliar o sono. As mãos frias e trêmulas atestavam-lhe a tensão emocional. O suor lhe escorria em bagas. Embora recolhido ao leito, quase delirando sob e expectativa de como concretizar os planos que lhe ardiam n'alma, experimentava a pressão da própria insânia.

A noite avançava lavada e varrida pelas chuvas e ventos, que desabavam abundantes, e o moço revirava-se impaciente no leito, desassossegado. A avançadas horas, deixou-se abater por torpor dominante e, assaltado por esquisito pesadelo, sentiu-se amarrado ao leito, experimentando os sentidos psíquicos exaltados. Foi dominado pela sensação desusada de que, embora caído pesadamente sobre a cama, podia locomover-se no quarto em brumas espessas, entre as quais, inopinadamente, surgiu a tia falecida, que avançou na sua direção, estoica e hierática, como sempre o fora. Agitando-se penosamente e desejando evadir-se do desagradável e insólito fenômeno que o avassalava, compreendeu-se vencido ante aquela que lhe fora mãe espiritual dedicada e cujo amor ele estava prestes a desrespeitar, por meio de hediondo crime. A entidade acercou-se dele e, traduzindo inconfundível melancolia na voz, marcada por acento de doída angústia, inquiriu:

— Que pretendes, Girólamo? Assim retribuis, por meio do crime nefário que premeditas, o calor da afeição pura e da dedicação que recebeste deste lar? Substituíste por ácido o sangue que pulsa nas tuas veias para, enlouquecido, te comprometeres por penosos séculos de infeliz peregrinação ressarcidora? Susta o golpe, antes que o golpe te vença, sem que consigas aniquilar-te a ti mesmo. Ninguém tem o direito de erguer a mão, que se torna sacrílega quando investe contra a vida de outrem. Mesmo diante do revel, a nós não nos pertence o direito de destruir, e sim Àquele que a produz, e que se utiliza de recursos que nos escapam, para equilibrar tudo, no padrão da Sua Sabedoria. Estaca, e modifica a intenção! Ignoras que a vida não cessa e que nós outros, os que antecipamos na jornada do túmulo, vivemos?!

Desfigurado pela visita inusitada, o moço, em febre, arguiu, desafiadoramente:

— Deliro, oh! Deus. Enlouqueço! Ninguém volta da morte. Você está morta, titia! Deixe-me em paz, antes que me estourem os miolos avassalados por *demônios* perversos. Não pode ser você. Deve ser algum enviado das *geenas*, para aniquilar-me.

— Não, filho, sou eu mesma, quem retorna. É a voz da minha alma que te fala hoje, como fizera ontem, despertando as mínimas expressões de consciência, de dignidade, na tua razão obnubilada pela ambição ignóbil que te vence. Morri, mas não fiquei destruída. Não encontrei o céu de repouso ou o inferno de desdita. Deparei-me com a vida estuante, colocada pela Excelsa Misericórdia Divina ao alcance dos que Lhe respeitam as leis. A vida aqui é a razão da vida daí. Ressurgimos do portal de cinzas da sepultura com as asas de anjo ou os pesados grilhões atros, resultantes das nossas atitudes na Terra, que nos alçam a regiões de paz inefável ou nos conduzem a abismos de dores demoradamente remissíveis, até que a consciência ferida no seu mais fundo sentir experimente a necessidade de tudo recomeçar e refazer... Somos os construtores da nossa ventura como também do nosso infortúnio. Por isso, reprime o passo e detém-te, antes que seja tarde demais.

— Agora já é tarde demais! O ódio que me arde n'alma destruir-me-á antes que eu possa recuar. Tenho que cumprir esse destino...

— O destino nos pertence. A cada instante estamos a elaborá-lo, modificando-o ou estabelecendo-o por meio do que pensamos, do que dizemos, do que fazemos. Cada um consegue o que cultiva, quanto acontece ao agricultor que recolhe a resposta da terra por meio do grão que lhe atira na cova. Susta o vil pensamento e reflete. Por que te voltas contra a inocência de Lúcia e a pureza das crianças? Que te fizeram, revel? O ódio que lhes devotas são as farpas da inveja e do despautério do teu espírito ingrato. Volta-te para Deus e escuta a insuperável mensagem de amor do Seu Filho Jesus. Escolhe: agora, ou será tarde demais, realmente. Esquece a sandice e não serás esquecido pela Justiça Celeste. Este é o momento da tua redenção: para! Ignoras as realidades da vida: do ontem e do amanhã...

— Não posso, não posso. É muito tarde para mim. Tudo está pronto. Não posso, nem desejo recuar...

— Eu lamento, por ti e por outrem que não está em condição de perdoar-te e de amar-te. Na minha imensa, incomparável dor, eu te perdoo e choro por ti e por alguém mais. No entanto, ouve-me, Girólamo, é tempo. Foge, viaja, sai desta casa, evade-te ainda hoje, buscando renovação noutros sítios e retorna depois. Serás sempre bem recebido. Terás o de que necessitas, o que ambicionas, porém, por outros meios. Sai em busca da paz, enquanto luze a oportunidade, pelo amor de Deus eu te rogo, meu filho!

Tresloucado, espírito em alucinação, o moço gritou:

— Nunca! Agora irei até o fim, até a minha total desgraça ou ventura. Não pararei!

— Atingirás, sim, a desgraça. Deus tenha piedade de ti! Eu te perdoo, filho. Perdoe-nos o senhor a todos nós!

A emissária espiritual levou a nívea mão ao peito levemente ofegante e lágrimas silenciosas, longas, lhe escorreram pela face veneranda. Um olhar de indizível dor foi endereçado ao moço, conduzido pela teimosa incoerência de raciocínios e, embora distendendo, logo após, os braços para recolhê-lo outra vez no seio sofrido, Girólamo, como se libertasse do magnetismo que o retinha preso, atirou-se na direção do corpo que se debatia em desespero no leito e despertou gritando, de olhar esgazeado, suado, aturdido... Ergueu-se de um salto, apoiou-se à janela, abriu-a e aspirou o ar úmido e frio da noite para recobrar a lucidez e coordenar as ideias assaltadas pela quase demência.

Transcorridos alguns minutos, aumentando a luz no quarto, entregou-se aos sombrios pensamentos já habituais, enquanto ruminava com a desconcertante *visão,* que parecia persegui-lo, embora desperto. Sentia-se assistido pela tia; conquanto não a pudesse ver naquele instante, percebia-se por ela visitado. Deixou repentinamente a alcova, desceu ao patamar da parte térrea, abriu a porta de entrada, procurando, sem saber exatamente o quê, meios de reencontrar-se. A chuva torrencial, porém, prosseguia. Em derredor da herdade, os rios transbordavam, as estradas estavam quase intransitáveis...

Em inquietação crescente, aguardou a madrugada e o dia brumoso raiou. O cansaço venceu-o com a chegada da manhã, quando, então, se recolheu por algumas horas, em pesado e tormentoso sono.

Levantou-se tarde e não compareceu à refeição matinal.

Amainada a tormenta, deambulou a esmo pela terra encharcada e ao retomar, com a alma em frangalhos, foi recebido pela vigilante Assunta, que o aguardava ansiosamente.

Higienizando-se, tomou caldo quente e reparador, que a serva lhe trouxe. Amolentado de caráter, deixou-se arrastar pelas paixões absorventes e cuidou, com a consócia, do crime em delineamento, sobre todos os detalhes da tragédia que logo mais seria consumada. Buscou repousar, enquanto Assunta, que guardara o soporífico que ele lhe entregara, desceu à cozinha.

Naquela noite. Assunta oferecera-se a Lúcia para cuidar do repasto das crianças, prontificando-se a ajudá-las a se recolherem ao leito, informando que também lhe traria a refeição, contanto que descansasse das últimas e longas fadigas.

Embora pressentindo a borrasca que a ameaçava, Lúcia, exaurida pelo cansaço, aceitou a oferenda da mulher pusilânime e se quedou em leve recreio com os pequenos órfãos.

Após servir a refeição frugal, Assunta trouxe imensa bandeja de prata com chávenas e bule de chá fumegante, bolinhos de milho, leite e açúcar. Antes, porém, adicionara forte quantidade de pó sonífero, que se misturara ao chá, e, sorridente, serviu às vítimas em potencial, que, ignorando a trama cruel, se deixaram conduzir inermes pela má e injusta adversária gratuita. Transcorridos poucos minutos, e não podendo vencer a moleza e o sono que de todos se apossou, recolheram-se aos leitos, vestidos conforme se encontravam.

A astuta comparsa de Girólamo trocou os trajes das crianças, que ressonavam sob o peso do produto forte, e as depôs nas respectivas camas. Lúcia, porém, foi arrastada, como se encontrava, para o lado do cataló da menina Grazziella, ali ficando adormecida, conquanto a relutância que oferecera ao invencível mal-estar. Isto feito, Assunta cerrou a porta, deu ciência a Girólamo de toda a ocorrência e demandou, por sua vez, o próprio dormitório.

A noite, embora ameaçadora, não se encontrava sacudida pelas chuvas nem pelos ventos da véspera. Uma Lua fria e triste espiava entre nuvens carregadas. O relâmpago aparecia de longe em longe e a voz do trovão chegava cansada e rouca ao cenário dos próximos e tristes acontecimentos.

Horas avançadas, Girólamo caminhava pela alcova, agitado, em trajes de dormir.

O punhal afiado brilhava aos reflexos do luar que por vezes penetrava no quarto, colocado sobre delicada arca de cânfora trabalhada.

Pensava, em tumulto íntimo, na agressão que deveria perpetrar e que culminaria no homicídio múltiplo.

Repentinamente, percebeu-se recordando o pai adotivo, recém-falecido e surda revolta lhe assomou à mente. Como se se sentisse realizado em poder vingar-se da antipatia natural que ambos nutriam reciprocamente, monologava: "Esta é a hora do meu desforço. Estás morto, miserável! Tudo me pertencerá, logo mais. E agora, senhor di Bicci di M.?"

O pensamento em desalinho martelava, repetia, disparava dardos de ódio que buscava o alvo...

*

Conquanto a enfermidade o vitimasse com rapidez, o duque sabia que se acercava da porta da Imortalidade. No íntimo, acalentava, quase desejoso, poder dar o grande passo, que o colocaria ao lado da esposa idolatrada. Homem lutador, não cultivara, todavia, os sentimentos da fé, deixando o problema da religião ao sacerdote que mantinha no palácio para cuidar das responsabilidades da alma, como se outrem pudesse responder pelos deveres espirituais que a cada um nos cabe, no cômputo da existência planetária. Ignorando totalmente as realidades espirituais, sentia a desvitalização orgânica e a paralisia cerebral, compreendendo ser a aproximação da morte, vencido de angústia pelo destino dos filhos e de Lúcia, que ficariam a sós, num mundo de ódios e vinganças qual aquele, apesar dos cuidados que tivera na distribuição dos bens.

Mesmo após estarem paradas as carnes pela morte e ser seu espírito sacudido por diversos delíquios, experimentava sensações estranhas. A morte não lhe dominou o raciocínio. Seria aquilo morrer?! — pensou. Somente, então, recordou-se de que nunca dera atenção a tão importante questão da vida. Acompanhou, sem compreender, o velório, as exéquias, os prantos e a cerimônia final, com os sentidos atordoados, desconexos, observando o que se passava, sem inteirar-se totalmente da realidade. Sim — pensava —, deveria ter morrido, pois que não conseguia comunicar-se com as pessoas presentes, e todos aqueles apetrechos lutuosos traduziam o desaparecimento do senhor da herdade, como era tradição. Ele, porém, continuava a viver, experimentando as dominadoras sensações de sempre. Que era, porém, a morte? Não podia examinar o palpitante assunto naquele instante. A dor visitava-o, a fraqueza que o imobilizara no corpo continuava a sua ação nos departamentos diversos do seu ser, tonturas constantes e frio cortante venciam-no lentamente. Desejou andar, traduzir as aflições do momento, agasalhar-se, e não pôde. Estava ligado aos despojos orgânicos que, sem saber precisar como, conduziram-no ao esquife e ao mausoléu...

Encontrava-se em agonias longas, com dificuldade respiratória, quando pareceu escutar soturna voz que o chamava com veemência, exercendo, sobre a sua mente, desconhecido poder. Padecimentos mais fortes assaltaram-no, qual se uma chibata habilmente manipulada o açoitasse. Incapaz de compreender quanto se passava, foi subitamente arrastado da capela mortuária, em que jazia o corpo, por estranho sortilégio, aos aposentos de Girólamo e pôde, então, identificar o sobrinho, cujos dentes rilhados pronunciavam-lhe o nome, blasfemando, irado, venal...

A pobre entidade, ainda esmagada pelas sensações e emoções do túmulo, em recomeço difícil, recordou a surda antipatia que sempre lhe inspirara o moço e, sentindo-se alvo do ódio do ingrato, começou a revidar, desavisado, esquecido da situação nova, quando observou que o jovem se acercou da arca, sacou do punhal reluzente e avançou pelo longo corredor em trevas, na direção da ampla alcova das crianças e de Lúcia.

Sentindo-se aniquilar pelo horror que dele se apossava, o Espírito perturbado em si mesmo seguiu-o e, em superlativa amência, acompanhou o trágico desfecho da insanidade.

Girólamo, tomando um travesseiro de plumas leves, acercou-se do leito de Grazziella e asfixiou-a, impiedoso, enquanto a menina, adormecida e impossibilitada de respirar, debatia-se sem forças até a parada total dos movimentos, qual ave fraca e inocente nas garras odientas do abatedor. Concluída a primeira etapa, o homicida repetiu a experiência com as demais crianças, após o que se acercou de Lúcia, dominado por infeliz e desconcertante vindita, apunhalando-a repetidas vezes, enquanto gritava, totalmente louco...

A jovem nem sequer despertou do torpor que a venceu. Emitiu surdos ruídos e desfaleceu, moribunda, e logo morta, atirada ao solo pelo implacável tirano.

Aos gritos do moço, os servos acorreram, trazendo archotes, e depararam com a cena funesta, indescritível. O moço, banhado pelo sangue da vítima, apontava-a morta, enquanto bradava:

— Fui obrigado a matá-la. Surpreendi a infame asfixiando as crianças, meus primos, com o travesseiro, naturalmente para ficar herdeira única. Não resisti, e apunhalei-a quanto pude!

Nada há mais que fazer. Está morta; estão todos mortos! A assassina, serpe venenosa que se nutriu do leite que a vitalizou, terminou por picar o seio no qual se alimentava. Vingança, vingança!

Ante os brados dos servidores, desesperados, estupidificados, o palácio se transformou imediatamente num pandemônio terrível.

Girólamo despachou servos na direção de Siena, para que as autoridades fossem notificadas da tragédia inominável e viessem tomar conta dos acontecimentos chocantes.

A manhã surgiu na densa neblina, enquanto o palácio do senhor di Bicci di M. enlutava-se outra vez, no curso da mesma semana, agora sob o estigma de inconcebível catástrofe.

O Espírito do duque, face ao infortúnio, desfaleceu ali mesmo, no recinto da desgraça, vencido por inexplicável dor.

Simultaneamente, a sombra augusta da duquesa, em prece, acompanhava, comovida, o desenrolar do drama, buscando receber nos braços os espíritos colhidos ao império da Lei de Causa e Efeito. Acolitada por Emissários do amor, oferecia assistência a Lúcia e aos filhos, que chegavam à vida nova em circunstâncias trágicas, porém libertadoras dos cruéis liames com a retaguarda. Infelizmente, e porque se vinculasse pelo revide mórbido a Girólamo, não pôde ser amparado com a mesma segurança o duque, dolorosamente esmagado pelas agonias que o desequilibravam.

3 O testamento

Terminados os ofícios fúnebres dedicados aos infortunados descendentes do Duque di Bicci di M., os despojos mortais das crianças foram inumados no mausoléu da família, na delicada capela fronteiriça à casa senhorial, na qual dias antes fora depositado o corpo de Dom Giovanni. Lúcia, acusada vilmente por Girólamo, que se fazia acompanhar do falso testemunho de Assunta, teve negada pela Igreja "terra sagrada" ao seu corpo, que não mereceu exéquias de qualquer natureza, sendo sepultada na floresta, como animal batido em refrega selvagem.

As autoridades policiais fizeram ligeira investigação e, como faltasse um móvel para outras suspeitas, o "caso" foi encerrado dentro das disposições legais e as s fantasmagóricas da tragédia caíram pesadamente sobre o palácio, onde antes abundavam a alegria e a fartura, a arte e a beleza, quando nos dias da senhora Duquesa Ângela.

Girólamo, por autorização da Justiça de Siena, despediu os servos, permitindo somente a alguns que se fixassem no local, nos mesmos terrenos da propriedade do seu *tio* e pai adotivo, enquanto se tomavam as providências para a abertura do testamento, em data a ser fixada, logo diminuísse o impacto do infortúnio que enlutara toda a região. Fâmulos e servos foram dispensados, ficando, apenas, alguns zeladores para a guarda e conservação da casa, amanho do solo e proteção aos animais...

Fingindo um abatimento profundo e recusando alimentos, em ardilosa atitude, estudada para escapar a quaisquer suspeitas, o moço malsinado concertou com Assunta os planos para o futuro.

— Acredito conveniente — arengou, logo pôde encontrar-se com a sórdida companheira de crimes — que nos separemos por algum tempo e que te dirijas à capital[5], de modo a evitar desconfianças quanto aos acontecimentos últimos do Palácio di Bicci.

Procurando demonstrar um amor e afeto que estava longe de sentir, envolveu a jovem irresponsável com braços de lânguida sensualidade e, persuadindo-a, serpente que hipnotiza a pomba invigilante para a devorar depois, continuou:

— Não ignoras o imenso amor que me devora a alma por ti. Sabes da chama que me queima e requeima,

---

[5] Florença.

somente diminuindo de intensidade quando em comunhão contigo. Anelo a bênção do matrimônio, a fim de regularizar a nossa incômoda situação, quando, passado algum tempo e o olvido tudo tiver envolvido, retornares à nossa casa, na condição de senhora.

— Temo, Girólamo! Pressinto que nunca poderei ser feliz ao teu lado, por mais que o cobice. Devorada pela paixão, não titubeei em ser-te fiel até ao crime. Por ti faria muito mais. Esta loucura, que me cega e que me conduz à destruição em passos de corcel veloz, me domina cada dia, e temo. Não me enganas: somos da mesma têmpera e feitos do mesmo material. Eu te amo, embora não creia no teu afeto. Pressinto que te queres apartar de mim e que, no resultado final da escolha, ficarei à margem. Selecionarás uma dessas mulheres que são adorno social, para compartir as homenagens e glórias contigo, embora me busques às escapadas, para o leito da animalidade. Não te atrevas, porém, a trair-me. Sabes que nós outros, os etruscos, especialmente os nascidos em Chiusi, somos violentos e apaixonados; recorda que os nossos ascendentes, que antes dominaram estas terras, defenderam-na até a total extinção da raça. Já te disse muitas vezes que não sou daquelas que cedem ou que se conformam com a derrota. Arrastaste-me ao crime e tens agora o teu destino ao meu ligado...

Repentinamente, desapareceram do rosto da jovem os sinais da ternura e da afetividade, transformando-se a face, visivelmente conturbada. Os olhos se dilataram e, afastando-se do amante com gesto brusco, gargalhou, transtornada, falando com os dentes rilhados:

— Qualquer traição da tua parte será cobrada com o ácido da vindita. Denunciar-te-ei às autoridades, narrando toda a infâmia, desde os seus primeiros planos; direi a forma como me seduziste, arrastando-me contigo à perene desdita, mesmo que, com a denúncia da tua pessoa, eu pague o suplício ao teu lado. Nunca te cederei a outra, não esqueças!

Muito pálido, o moço, acobardado ante a acusação que temia e esperava, avançou e esbofeteou a jovem, enquanto lhe gritava;

— Não me repitas mais esta acusação; nunca mais! Desgraçados já o somos desde a hora do nosso conúbio para o homicídio e a desonra. A memória da minha tia me persegue e um surdo ódio ainda me extravasa do coração quando recordo o duque, e sinto algo, como se a sua hedionda me seguisse os passos. As artimanhas do remorso já tomam forma em minha memória e procuro apagá-las... Tu, também, te levantas para me incriminar, sabendo que tudo foi feito para a nossa felicidade, porque te amo e desejo a paz para nós? Antes, a nossa união seria impossível... Agora, quando tudo se regularize e eu passe a ostentar o poder, quem me reprochará a escolha? Não sabes que o dinheiro e a posição tudo conseguem no mundo? Cala e ouve!

A encenação desmedida produzida por Girólamo impressionou favoravelmente a companheira inexperiente.

Ele a fitou, e enquanto seus olhos brilhavam — ninguém poderia saber se de volúpia, aumentada pela ardência do atrito, se de paixão de homem desregrado, ou de medo da ameaça —, imprimiu a fogo as palavras proferidas pela moça, no ádito da memória, para estar sempre vigilante, constatando que ela o faria, assim se sentisse ludibriada na posse devastadora da carne.

Girólamo, conquanto jovem, desde cedo acostumara-se às astúcias do crime. Espírito endividado em muitas existências, trazia consigo as sementes da violência e da alucinação cobarde, conhecendo os meandros sórdidos da consciência muitas vezes ultrajada e, interiormente, se acreditava capaz de qualquer tentame nos arraiais da delinquência. Por isso se identificara facilmente com Assunta que, ao seu lado, repetia experiência insana, tentando regularizar débitos pretéritos, que complicava ainda mais pela invigilância atual, enrodilhando-se em cipós de cruel aflição, para o futuro próximo.

É claro que desde a elaboração do plano do homicídio múltiplo ele cuidara, também, de tomar uma medida para ser executada oportunamente, de modo a libertar-se da única testemunha da sua crueza criminosa. Agora, no entanto, era necessário silenciar-lhe a voz temporariamente, mediante o afastamento dos sítios de Siena, para evitar complicações. Aproveitava-se, logicamente, da justificativa de despedir os fâmulos e serviçais para, assim, prosseguir aguardando os resultados da leitura do testamento.

Após a demorada reflexão, durante a qual fixava a jovem dominada pelo seu encanto maléfico, propôs:

— Demandarás a capital e lá te quedarás por algum tempo. Sei que tens família entre os florentinos e tomarás precauções extremas, evitando aventuras ou excessos e cultivando o recato, pois em breve serás a esposa de um Cherubini... Irei visitar-te sempre que o possa fazer, sem que a minha ausência venha a levantar suspeição aqui. Encontrar-nos-emos e, felizes, traçaremos planos para o nosso futuro. Serás minha desde hoje e ninguém mais te possuirá. Evita os teus amos, caso necessites de servir a alguém, e esquece tudo quanto aconteceu no Palácio di Bicci. Irei preparar a mentalidade dos meus amigos e de algumas famílias locais, logo entre na posse dos bens, para que todos te recebam fidalgamente. O tronco da família donde procedes dar-te-á entrada fácil na nossa sociedade agrícola, tão corrupta quanto a citadina, bem o sei...

E tomando a jovem, com a violência da paixão desregrada, nublou-lhe a mente, dominando-lhe o corpo e a alma...

Assunta despediu-se dos últimos servos, arrumou os pertences e partiu numa sege especial a expensas de Girólamo. Afastou-se do amante com lágrimas, e este, quando viu a carruagem desaparecer entre os cedros que bordavam a estrada, respirou fundo e sorriu em misterioso júbilo, como se tudo estivesse a transcorrer conforme planejado.

*

Passados os dias mais angustiantes do luto, as autoridades se reuniram no Palácio di Bicci para a leitura do testamento. Foram convidadas algumas famílias e compareceram, também, convocados pela Justiça, alguns remanescentes da família di Bicci di M., vinculados ao senhor duque.

Os archotes fumegantes voltaram a arder em brasas vivas no solar e, embora todos se encontrassem em pesado luto, o vinho capitoso escorria abundante, por ordem de Girólamo, que contratara alguns áulicos novos para ajudar os fâmulos remanescentes.

O inverno rigoroso ainda não amainara de todo. Após as chuvas torrenciais e as trovoadas retumbantes, o frio cortava e as estradas se apresentavam quase intransitáveis. De quando em quando, uma pancada de água caía inesperada, ameaçando de interrupção total as péssimas vias de comunicação.

Todos, portanto, desejavam libertar-se daquele desagradável dever para o qual foram convocados, exceto os interessados. Por uma hábil manobra, Girólamo convidara especialmente Sua Excelência Reverendíssima, o senhor bispo de Siena, para presidir à solenidade, de forma a sentir-se amparado pela velha astúcia do mau e cobiçoso sacerdote, que o defenderia diante da família do extinto, caso os que viessem se aventurar criassem dificuldades em face do vasto espólio, ou para qualquer outra inesperada emergência.

Com a intuição da possível vantagem, o prelado se fez acompanhar do séquito que o acolitava e antes que a Justiça terrena realizasse o seu mister apresentou-se como representante da Justiça Divina, abençoando o remanescente da família devorada pela tragédia e rogando a todos conformação ante os desejos do duque extinto. Terminada a oração, sem qualquer tônica de inspiração e autenticidade, o juiz convocou o notário à leitura do testamento, que, apresentado às testemunhas, estas declararam serem autênticos os selos e o documento, reconhecendo ter sido aquele que assinaram por solicitação de Dom Giovanni di Bicci di M.

Estavam presentes, também, diversos membros do clã dos M., recém-chegados de várias cidades da Toscana: Florença, Siena, Pisa..., interessados na descoberta de qualquer haver que pudessem arrojar aos excessos e desperdícios a que se entregavam, em plena decadência como se encontravam, e que igualmente examinaram o documento.

Após pigarrear grotesco e asmático, o notário deu início à leitura, com voz fanhosa:

> Eu, abaixo assinado, Giovanni di Bicci di M., duque pertencente ao grão-ducado da Toscana, viúvo e morador no Palácio di Bicci, nos arredores de Siena, achando-me com saúde, em meu perfeito juízo e livre de toda e qualquer coação, faço o meu testamento do modo seguinte: Primeiro — Declaro que sou natural de Florença, donde procedem os meus ancestrais, todos eles comerciários e homens públicos, já falecidos; Segundo — Que me tendo consorciado com Ângela Venturi di Bicci, já falecida, tive do matrimônio três filhos: Grazziella, Carlo e Juliana, todos menores, vivos; Terceiro — Que me sendo permitido por lei dispor de minha terça e desejando favorecer aqueles que me têm servido e a quem amo, aos quais sempre tenho protegido, e não desejando que fiquem pela minha morte privados dos recursos necessários para a subsistência, resolvi utilizar da minha terça pela forma abaixo declarada; e nesta conformidade: Quarto — Determino que uma terça parte do que me pertence e de que posso dispor seja entregue à Catedral de Siena, para obras de piedade e celebração de missas pela minha e pela alma da senhora duquesa, ficando as partes restantes para Lúcia, que serviu admiravelmente à minha esposa e

a mim me tem servido com devoção. Deixo a cada um dos meus criados, quando eu vier a falecer, e que ainda estiverem a meu serviço, a importância de mil escudos, moeda toscana que lhes será entregue dentro de trinta dias, a contar da minha morte; Quinto — Como pelo falecimento de minha mulher os meus filhos já são possuidores das duas terças que lhes pertencem, a eles peço manter os meus desejos, já que lhes não fará falta o de que disponho, sendo esta a minha vontade; Sexto — Se, todavia, alguma desgraça vier a suceder aos meus filhos, de que lhes resulte a morte, todos os meus pertences devem passar à propriedade da aia de minha mulher, Lúcia di Francesco Felsina, a quem nomeio, desde já, tutora dos referidos menores, pela minha exclusiva vontade e com permissão da Justiça; Sétimo — Para Girólamo, a quem a minha extinta mulher tanto queria, este espólio somente lhe chegará às mãos por extinção das pessoas citadas neste testamento; e quando ele falecer, tudo será encaminhado à Ordem da Penitência, em Florença, sendo metade para obras de arte e a outra metade para missas pelos meus familiares; Oitavo — Excluo deste testamento quaisquer pessoas que se apresentem como meus familiares, aqui não referidos e que não necessitam do meu auxílio; Nono — E por esta forma tenho feito o meu testamento, pelo qual revogo todos os outros que fiz; e como me seria penoso escrevê-lo, pedi-o ao notário Dom Germano Victorio, a quem nomeio meu testamenteiro desta cidade, para que o fizesse por mim, e eu vou rubricar e assinar depois de lido e certificado de que está qual eu ditei e quero. Siena, doze de janeiro de mil setecentos e quarenta e três.

— Devidamente assinado e aprovado, como pode ser visto — arrematou o tabelião —, devemos atender às exigências de Dom Giovanni.

Irromperam entre os assistentes diversas exclamações de ódio e violência, surgindo altercações entre os membros da família, que se achavam ludibriados. Revoltados, informaram que apelariam para a Justiça da capital.

Girólamo, abraçado pelo bispo, chorava ou fazia crer que chorava. Dizia desconhecer o documento, no que foi ratificado pelo notário, que informou jamais o ter revelado a alguém — conquanto fosse conhecido dipsomaníaco, na cidade —, e pelo prelado da diocese, que se sentia ufano de ter sido a Igreja lembrada pelo falecido. Rejubilava-se, acreditando poder receber, também, um largo quinhão de Girólamo, quando este entrasse na posse dos bens, tendo em vista serem amigos e ter-se transformado em seu protetor desde os acontecimentos aziagos já narrados.

O senhor bispo, tomando a palavra no tumulto geral, tornando-se juiz da questão, levantou a voz e bradou:

— Como os demais herdeiros — as crianças de di Bicci e a criminosa Lúcia — encontram-se mortos, todo o espólio por lei e direito pertence, desde o momento, a Girólamo, a quem cumpre o dever de atender os desejos de seu *tio* e pai adotivo, Dom Giovanni— que Deus lhe guarde a alma nos Céus !

— Não posso receber nada — falou o rapaz. — Esta casa está manchada pelo sangue de inocentes vítimas e esse dinheiro é amaldiçoado. Não posso, não posso!

— Acalme-se meu filho! — redarguiu o bispo. — Celebraremos algumas missas aqui e abençoaremos o solar. Você ajudará a Igreja, terá o que merece e o que lhe pertence pela vontade de Deus e do senhor di Bicci.

Os familiares di Bicci di M., talvez recordando o antigo prestígio de que gozavam até há pouco, ameaçaram furibundos, tudo retomar, utilizando-se do fastígio que lhes aureolava o nome, junto a Francisco de Lorena, da Áustria, e prometeram regularizar a situação posteriormente, expulsando a espadas o usurpador. Blasfemando, encolerizados, saíram em direção a Siena...

Asserenadamente, deixaram-se ficar alguns convidados, as testemunhas, que assinaram o documento, o notário e o senhor bispo, para uma demorada comemoração em família.

Girólamo, aparentando uma emoção, uma tristeza que estava longe de sentir, solicitou ao testamenteiro e ao senhor bispo que cuidassem das questões legais, enquanto ele se afastaria com destino a Florença para um justo repouso, a fim de reorganizar as ideias, muito violentadas nos últimos tempos. Voltaria um mês depois, quando, de posse dos haveres, saberia recompensá-los devida, regiamente.

Os olhos dos comensais espúrios do favor nefando brilharam e a noite continuou sombria, piscando estrelas no alto.

*

Ante a efervescência dos convidados no solar di Bicci e a leitura do testamento, o Espírito atribulado do senhor duque, que se encontrava entorpecido no vagado demorado, de que fora vítima desde a hora em que Girólamo cometera os crimes sórdidos, despertou e, dominado por inenarrável fúria, acompanhou a leitura e os conchavos maléficos realizados no grande refeitório do solar, explodindo em cólera de louco. Identificando no *sobrinho* o autor de tantas desgraças, atirou-se sobre ele, punhos cerrados e dentes, sem, no entanto, conseguir atingi-lo.

À semelhança de um animal ferido, o Espírito do duque ululava, entre s espessas, de cujo bojo se destacavam o vulto odiento do *sobrinho* e o das personagens presentes, indiferentes ao seu próprio estado.

Compreendeu, ante a leitura ouvida, que se encontrava definitivamente morto e que o ser que sofria e se esganava em superlativa aflição e desconforto era ele mesmo, sim, em Espírito vivo e indestrutível...

Embora a dor que o dilacerava, recordou-se dos filhinhos trucidados, de Lúcia, da esposa, enquanto as lágrimas, como aço derretido, lhe escorriam ardentes, lanhando-o externa e interiormente.

Sem o conforto de uma fé religiosa legítima, acostumado apenas ao culto externo e vazio da tradição, foi dominado pelo furor do ódio, deixando à margem toda a ternura e misericórdia de que ouvira falar, e de que se fizera portador aquele Nazareno Crucificado, em nome do Pai, e que dera a Sua pelas vidas dos homens de todos os tempos, ensinando mansidão e amor, até o sacrifício supremo.

Em esgares, transformando-se lentamente, porque vencido pela própria desdita, o antigo senhor di Bicci di M., desde aquele momento, se converteu em obsessor de Girólamo, seguindo-o implacável, tentando uma comunhão psíquica que hoje ou depois se faria, irreversivelmente, pois o ódio — o amor desvairado —, vibra, poderoso, e encontra sintonia naquele a quem se dirige por um processo natural de harmonia vibratória, em considerando as baixas faixas mentais e morais em que se demoram os homens. Poderoso, o ódio atrai à sua força imantadora aqueles que se comprazem na invigilância e na irresponsabilidade, pois que somente a abnegação, a humildade, o amor, a caridade — as virtudes clássicas! — são antídoto específico capaz de dissolvê-lo.

A de que se supunha seguido, conforme relatara Girólamo, eram os primeiros fios invisíveis do remorso que o atariam à sua vítima central, por cujos liames se apertariam as teias da trama da vingança cega e louca do desafeto nascido pela traição e pelo homicídio múltiplo. Utilizando-se do remorso que teceria as malhas de imantação entre um e outro, Dom Giovanni penetraria no recesso da consciência anestesiada do jovem e exerceria o seu predomínio em curso longo de obsessão vingadora, a se demorar pela esteira imensa do tempo. Não agora, porém, começariam os primeiros tormentos do criminoso. A Misericórdia Divina concede a bênção do tempo, em mil oportunidades, para o celerado reabilitar-se, mediante o arrependimento honesto em termos de ação pelo trabalho e pelo socorro ao próximo, por meio da construção do bem, dentro e fora do ergástulo em que se demora na carne. Todavia, soezes e frívolos, os facínoras se esquecem da justiça, e, quando esta não os alcança de imediato, supõem-se livres, prosseguindo na desenfreada cupidez, alucinação e prepotência, adicionando aos antigos novos débitos, acumpliciados com as mais vis manifestações do instinto, não totalmente domado ainda, e que lhes são as portas da loucura inominável, em cujo corredor se atiram, sem possibilidade de próxima salvação. Era o que ocorria com Girólamo.

Limitado pelas comportas carnais, não podia ver as cenas de primitivismo a que se atirava o pai adotivo, tentando feri-lo, destruí-lo, exacerbado no próprio desespero. Deambulando pelo imenso solar, agora sem visitas, com os poucos servidores já recolhidos, repassava, o moço, as cenas ali vividas e se sentia o senhor absoluto da herdade, antegozando a hora em que, triunfalmente, com os documentos de posse, viesse residir no palácio, demoradamente ambicionado. A realidade daquela hora parecia tirar-lhe a razão: sorria em alegria quase louca e bebia eufórico, seguido pela do perseguidor.

A senhora Ângela, em espírito, que também estivera presente à leitura do testamento, permanecera orando, tentando penetrar os crepes pesados que envolviam o esposo, de modo a acenar-lhe com as bênçãos do perdão ao infrator, que não jornadearia impune para sempre, libertando-o dos miasmas do ódio, em que se consumia lentamente. Fechado a qualquer comunicação exterior, o lampejo da lembrança dos seres queridos foi logo abafado pelo ferver da paixão odienta e nefasta que o venceu terrivelmente. Assim, a nobre entidade, que socorria, a seu turno, os filhinhos recém-chegados e a antiga serva, abandonou o recinto, buscando a esfera de paz em que amparava os amores, confiando no Pai de Misericórdia e na Mãe Santíssima, a Eles entregando o esposo perdido nas trevas da ignorância e da vingança...

4 Fúria assassina

Florença nada perdera do esplendor antigo, quando República próspera e invejada. Seus palácios se misturavam aos museus, as bibliotecas e os conventos disputavam a glória da maior posse de objetos de arte: pinturas, afrescos, porcelanas, instrumentos de música, esculturas. As ruas pareciam ressumar os dias gloriosos do passado, quando os gênios do Renascimento se refugiavam nas suas tascas para o prazer fugidio do vinho capitoso, em noites festivas, ou nos palácios, onde o luxo ostentava o poder, afogando nas paixões da lubricidade e das aventuras de todos os matizes a ardência dos desejos infrenes.

A cidade verdejante exibia suas igrejas sobranceiras, de torres e pórticos que a celebrizaram, onde se guardam as obras geniais de donatello, com o seu realismo medieval, Botticelli e suas madonas, Miguel Ângelo, Masaccio, Fra Angélico, Ghirlandaio, Rosselli, Cellini, da Vinci...

O fastígio passado ainda hoje ressurge, demora-se e teima por continuar, conquanto a desgraça de que fora vítima no século XV, pela cobardia moral de Pedro de Médici e os sofrimentos experimentados com Savonarola... Logo depois deles, porém, voltou ao esplendor, até a morte de João Gastão, o último dos Médici...

Permanece continuadora fiel dos seus antepassados, na pintura, na escultura, na arquitetura, na literatura, como se o Renascimento não houvesse passado de todo. Não surgiam agora, é certo, novos vates nem artistas, mas o orgulho *nacional,* inigualável, cultivava, como no passado, os gozos que a faziam invejada, pelas noites orgíacas em que o mundanismo invadia palácios e templos, tabernas e solares, onde o crime do suborno e do homicídio recebiam altos salários, e em que se eliminavam as pessoas caídas em desagrado, sob o olhar complacente da justiça, regida pelos poderosos, com a maior facilidade. As sombras da Idade Média, de certo modo, perduravam na capital da Toscana, na exuberância verde das colinas de San Miniato e de Fiesole, e o Arno, no seu passar contínuo, lambendo os alicerces da cidade que se exaltava, imponente, junto às suas águas, prossegue, sendo testemunha silenciosa e túmulo discreto para cadáveres em quantidade, que lhe são arrojados na calada das noites e dormem no seu seio líquido, prateado.

Girólamo, amigo das dissipações e já conhecedor da vida desregrada das noites de Florença, necessitava fugir do olhar sempre desconfiado e perquiridor dos conhecidos, que encontravam muitas coincidências nos crimes passados e que não deixavam de pensar, examinando a possibilidade de Lúcia assassinar as crianças para se transformar na possuidora dos haveres do duque, que Girólamo, pelas mesmas razões, se enquadrava na acusação que imputava à vítima do seu punhal certeiro e criminoso. A evasão, pois, tinha vários objetivos de alta importância: fugir à constante suspeição e embriagar-se de prazer antecipado, encontrando, também, meios de se libertar de Assunta. É certo que lhe não importava reencontrar-se com a antiga comparsa, que no momento somente lhe merecia desprezo e amargor, pelo quanto valia o segredo de que se tornara portadora. Era mister, no entanto, contornar a situação junto a ela, a fim de silenciá-la, já que dela não necessitava mais, até quando se lhe fizessem propícios os fados, para livrar-se em definitivo de qualquer perigo. Era moço e ambicionava o poder, no qual mergulharia com indescritível avidez. Para tanto, não tergiversara nem temera embrenhar-se no matagal dos nefandos delitos, e não cessaria de praticá-los senão quando estivesse asserenada a fúria interior que o conduzia.

Visitado por pensamentos desencontrados e atormentado pela tensão de poder dar largas ao ânimo íntimo, longe dos olhares percucientes e indagadores; obrigado ali, por motivos óbvios, a manter luto e tristeza, em homenagem aos familiares e protetores falecidos, impondo-se um sacrifício crescente; objeto permanente, em Siena, da admiração de uns e da inveja de outros, não suportaria continuar, pelo que resolveu evadir-se, por meio da viagem que saberia justificar.

Tendo entregue ao senhor bispo, seu novo protetor, e ao testamenteiro, seu áulico ambicioso, a regularização dos documentos e a temporária guarda dos bens do Palácio di Bicci, o aventureiro tomou a diligência que fazia o percurso normal entre as duas cidades e, justificando a necessidade do afastamento, rumou na direção da metrópole, Florença.

Amainava a quadra hibernal e as chuvas eram, agora, escassas. A cidade se recuperava do rigor das tempestades e da umidade. As velhas e tortuosas ruas recobravam o movimento diminuído pela imposição da estação chuvosa e a alegria voltava a explodir estuante nas praças e lugares públicos. Só o frio permanecia rigoroso.

De imediato, o jovem senense formou alegre roda em torno de sua pessoa, hóspede que se fizera de Donato Angélico, que na sua *villa* reunia a juventude irresponsável e gozadora da cidade. Homem abastado, aquele Donato Angélico era comerciante de tecidos e importador de destaque, tendo-se transformado em figura obrigatória de todas as rodas da frivolidade dourada, contribuindo com a bolsa larga para noitadas alegres, em que se misturavam o vício e o luxo em duelo de corrupção violenta.

A *villa*, ajardinada e discretamente resguardada por árvores de nobre porte e ciprestes altaneiros, parecia repousar dolentemente à margem direita do rio, que a contornava em parte, aumentando a suntuosidade da sua arquitetura, que procedia do século XVI, adornada de peças de alto valor, disputadas pelos museus em prosperidade crescente.

A sociedade burguesa, que fora responsável pela glória da cidade, e de cujo seio saíram os melhores administradores e protetores do seu progresso, continuava o ciclo de domínio. As rédeas do poder haviam passado, depois dos Médici, a uma outra casta dominadora, conquanto sob a suserania da Casa de Áustria, mas a cidade permanecia eminentemente burguesa, continuando o domínio nas mãos dos banqueiros e industriais do lanifício e das sedas, já que os remanescentes da nobreza e o povo em geral se encontravam dominados pela força do comércio, sempre lucrativo e generoso.

Desse modo, Dom Donato e os seus pares se permitiam exorbitâncias somente concedidas a pequenos monarcas, alimentando o tédio e a ociosidade dos seus convidados em longos dias de repouso e demoradas noites de desperdício. Era exatamente o local próprio, em cujo clima de viciação Girólamo anestesiava o torpe espírito. A ambição desmedida fazia-o sonhar com a forma eficaz de utilizar os haveres, que desde já lhe soavam aos ouvidos. A tragédia em que terminara os dias a família di Bicci di M. não repercutira em Florença e, embora a cidade fervilhasse de comentários infelizes, a *corte* da irresponsabilidade na capital não se inteirara dos detalhes horripilantes do infortúnio que se consumara nos arredores de Siena, uma das suas cidades rivais e, por isso, detestada pelos florentinos.

Apesar de acontecimentos funestos dessa natureza não sensibilizarem demasiado a sociedade contemporânea a que nos referimos, não passariam sem a mordacidade dos maus e dos folgazões, por meio de comentários ácidos; e as intrigas forjadas junto aos ouvidos das autoridades, não obstante inexpressivas, sem valor diante das classes poderosas, que as impunham e retiravam como peças de um jogo de xadrez desinteressante, poderiam criar dificuldades para Girólamo.

Os conceitos de ordem, justiça, verdade e amor eram cavilosamente considerados no mundo profano e, mesmo entre os seguidores do Crucificado, na vida religiosa, a consciência se deixava intoxicar pelo miasma do dinheiro, fechando os olhos aos deslizes morais, dos quais se podia ser absolvido com alguns "sacrifícios", convertidos em moeda sonante, tais como: o arrependimento, orações, jaculatórias, punições aos transgressores da Lei Divina, como se a prece, o arrependimento dos erros e a renovação interior devessem ser tidos na condição punitiva e não piedosa, de cuja atitude a alma se retira lenida pela paz e refeita nas energias gastas, quando das jornadas pelos corredores sombrios do pecado!

Os remanescentes da família di Bicci di M., logo retornaram a Florença, tentaram um cometimento junto às autoridades relapsas, cujo poder, todavia, não atingia Siena, especialmente após informadas da conivência do bispo daquela cidade, em atitude protetoral ao miserando herdeiro. Incomodar um "príncipe" da Igreja naqueles dias ainda era considerado uma temeridade... Desaconselhados de abrirem uma contenda inútil, desde que o testamento era válido e Girólamo fora adotado legalmente pelo duque, tornado seu herdeiro natural, portanto, perante a lei e pela vontade do extinto, o assunto morreu, asfixiado em licores e esquecido quase de imediato.

Os primeiros dias transcorriam, pois, na *villa* Angélico, em alacridade festiva e ociosidade remunerada.

*

De retorno, na sege especial, Assunta meditava quanto ao próprio destino.

As circunstâncias precipitaram-se e ela, repentinamente, se vira envolvida por densa treva interior, que a amargurava agora. É certo que não sentia o clamor do remorso convocando-a a outra atitude mental, por enquanto. Todavia, quando recordava as personagens assassinadas, um estranho arrepio a fazia gelar. As crianças se lhe entregaram confiantemente e aqueles haviam sido dias de dor no palácio. As suas mãos, sim, aquelas mãos bem talhadas e mimosas adicionaram o entorpecente ao chá, preparando o caminho para o bandido. Ocorria, porém, que o bandido era o homem amado. Que não faria por ele!? Amava-o até à loucura, apesar de saber que ele não a amava. Por estranho sortilégio, sabia-se apenas um meio de exploração para o prazer, utilizado por Girólamo.

E refletia, enquanto a carruagem vencia as estradas tortuosas, lamacentas e mal cuidadas: amava o rapaz há mais de um ano e a ele se entregara, desde então. Por que somente agora essa volúpia a desgraçara? Ele nunca lhe prometera fidelidade nem matrimônio e ela pouco se importara com as consequências. Ante o aceno de uma ventura, sim, impossível, ela fora capaz de trair aqueles aos quais muito devia e acumpliciar-se num hediondo assassínio, em que sua amiga e as crianças pequeninas foram as vítimas indefesas!

Recordando os dias que precederam a trágica ação, as lágrimas lhe saltaram dos olhos, desmesuradamente abertos, e, instintivamente, pôs a mão espalmada sobre o peito ofegante, comprimindo a efígie de delicada madona, em filigrana, com que a mãe a presenteara, quando pequenina. Subitamente, irrompeu na sua alma uma angústia, uma desconhecida sensação de horror e culpa que lhe estrangulava a garganta, quase impedindo a respiração, que se tornou entrecortada e difícil.

— Assassina! — pareceu escutar de momento.

Seria a consciência atormentada? Era má, sem dúvida, no entanto, era também jovem e inexperiente, e se deixara vencer pela impiedade do rapaz cruel. Recordou-se do amante que lhe impunha essa fuga, exatamente a ela que também era sua vítima e, num relance, veio-lhe a ideia fuzilante de que o companheiro desejava libertar-se dela, para, então, gozar. Por que Girólamo a desposaria, havendo tantas mulheres ricas, formosas, e sendo ele contumaz explorador? Sacudida por essa lembrança violenta, a mágoa e o receio foram substituídos pelo ódio, que lhe irrompeu em catadupa. Desejou retornar, enfrentar o verdugo da sua paz e intimidá-lo, fazendo-o compreender devidamente, repetindo-lhe na face e demonstrando com todo o vigor do seu espírito desesperado a intrepidez com que o enfrentaria, indo até aos últimos lances, na tentativa de o não perder. Contraiu os lábios e sentiu o amargor da situação em que se enleara. Dominou-se, porém, recobrando um pouco a serenidade.

Longas horas se passaram e o cansaço, o relaxamento repentino substituíram a tensão e a ansiedade dos últimos dias, fazendo-a mergulhar em pesado e incômodo sono.

Com o espírito atribulado, a moça logo adormeceu, experimentou a lucidez do despertamento espiritual e viu-se diante da senhora duquesa, cujo olhar penetrava-a dolorosamente. Sentia-se no corpo e fora dele: cansada e consciente. A tez pálida e os grandes olhos nublados pelas lágrimas, na senhora, falavam, sem palavras, duras recriminações. Aquele olhar desnudava-a interiormente. A veneranda entidade, que a recebera no seu solar anos antes e que lhe dera a mão de auxílio, quando a adversidade obrigara os seus pais a situar as filhas nos burgos florescentes da Toscana, vítimas que haviam sido das surpresas do destino, parecia perguntar-lhe em silêncio: "Que fora feito do sentimento da gratidão, na tua alma infeliz?" Fitando a protetora, parecia rever as crianças alegres, que brincavam nos seus braços e que dias antes estiveram sob a sua guarda, quando do velório e do sepultamento do senhor duque. O sorriso inocente e cristalino dos pequeninos percutia nos seus ouvidos, como se os despedaçasse por dentro, e as suas vozes infantis brincavam melodias na acústica do seu espírito atormentado. Revia Lúcia, confiante, deixando-se tranquilizar ante a sua assistência fingida, — Lúcia, que se fizera cão devotado e zeloso dos pequenos rebentos dos di Bicci. Vencida pela tristeza infinita daquela face marmórea, desfigurada e silenciosa, a sequaz de Girólamo ajoelhou-se, visivelmente infeliz, e rogou perdão...

— Como pudeste, Assunta — indagou, com inexcedível expressão de voz, a senhora di Bicci —, transformar em veneno o licor da amizade que eu depus na taça do teu coração? Como te foi possível adicionar às minhas dores as brasas do desconforto e da amargura, para que eu acompanhe o duque, hoje esmagado de angústia, transformado em fera impiedosa e irracional, que persegue seu caçador e terminará por destruí-lo? Os meus filhinhos não morreram; libertaram-se de dura canga; Lúcia não desapareceu nem se consumiu, apenas dorme sob os meus cuidados. Hoje, sou-lhe a servidora devotada e reconhecida. Tenho-a como filha do meu coração, sacrificada pela sanha criminosa de alguém a quem nutri com o leite da misericórdia e da compaixão... Ela resgata e ele se infelicita. Ela sublima a vida e ele aniquila a esperança. Onde colocaste o sentimento, Assunta? Não te comoveu o sono inocente e confiante dos meus filhos? Acreditas em felicidade sobre cadáveres? Crês que o assassino da infância não será, também, oportunamente, o destruidor da viciada? Confias a vida a quem destrói vidas? Apiedo-me de ti e venho em teu socorro.

Emocionada, compungida, a matrona pôs a mão muito delicada sobre a atormentada mulher e prosseguiu:

— Foge de Girólamo, enquanto é tempo. Evade-te da Toscana. És jovem e bela. O futuro diminuirá a chama do presente e poderás carpir e resgatar os teus crimes sem te afundares noutros. Utiliza a vida e aprende a amar como Jesus nos amou. Só o amor verdadeiro, fundamentado na compaixão, na misericórdia, na consciência tranquila e na devoção até o sacrifício, redime a criatura. O teu crime, nascido na insensatez e na lubricidade, exigirá de ti um tributo pesado de dores que poderás pagar se fugires, evitando a hiena que virá, logo mais, despedaçar o cadáver das tuas esperanças, tripudiar sobre a vã loucura dos teus desejos, já desprezados por ele... Girólamo está louco, e a sua é uma enfermidade sem remédio, no momento; sem esperança, por enquanto. Evita ficar em Florença...

— Perdoai-me, senhora! Desgraçada que sou, — bradou a infortunada.

— Perdão, minha filha, só o do Nosso Pai e, depois, o da nossa consciência. Quando sentires a isenção da culpa, estarás, então, perdoada. Eu não te culpo, nem te exprobro a conduta leviana, cujas consequências, imprevisíveis de momento, não me cabe ajuizar. Distendo-te mãos de socorro, conforme a recomendação do senhor: "Fazer todo o bem a quem nos faz todo o mal." O coração materno, fundamente lanhado, vem beber contigo a taça da amargura desmedida. De certo modo, contribuíste para a felicidade e a libertação dos meus amados — lamento profundamente o esposo inditoso, que continua dormindo no desespero! —, liberdade essa que os redime de pesadas culpas, esquecidas, todavia não resgatadas, que clamavam há muito por regularização... Não seria, porém, necessário que fosses o adverso instrumento da Justiça, pois que a Divina Providência possui recursos para a cobrança sem criar novos devedores... Não te compliques ainda mais... Foge, portanto, enquanto é tempo e urge a oportunidade.

— Para onde, senhora, deverei fugir, se atei, inexoravelmente, o meu ao destino do bandido, que amo como obsessão sem lucidez nem raciocínio?! A simples memória de Girólamo me entontece, como licor cujo aroma anuncia a madureza do vinho no barril de carvalho... Agora irei até à destruição total com ele, e se me trair...

— Nada poderás, minha filha, nada. És fraca e ignorante. Como pode a humilde rolinha, presa no olhar da serpente que prepara o bote, fugir ao esmagamento, ao veneno traiçoeiro, à morte horrível?

Não conheces Girólamo, quanto eu o conheço. Foge, Assunta, e que Deus tenha piedade da tua alma!

Aos sacolejos, a carruagem, derrapando e batendo nas pedras da estrada real, foi sacudida com maior violência e a moça, fortemente arrojada do assento veludoso, acordou, banhada por álgido e pegajoso suor... Abriu os olhos, fitou a paisagem sombreada por nuvens carregadas e, acionando pequena campainha, que soava ao lado do cocheiro, fê-lo parar o veículo. Muito pálida, abriu a porta e ensaiou alguns passos, para cair...

O cocheiro saltou pressuroso e carregou-a para dentro do veículo, com receio de algo mau. Após aspergir água fria sobre o seu rosto, despertou-a, indagando quanto ao seu estado de saúde.

— Sofri um pesadelo, — asseverou Assunta, preocupada. — Não há de ser nada, pois logo passará. Façamos uma pausa, para um pouco de repouso. O ar frio me fará melhor.

O restante da viagem transcorreu normalmente, não obstante a preocupação continuasse crescente, no cérebro da jovem.

Chegando a Florença, onde moravam a genitora e diversos parentes outros, que residiam em sítio próximo à cidade, fronteiriço ao rio, a sege, por indicação sua, seguiu diretamente para a casa que a acolheria.

Recebida com alacridade e júbilo natural pela mãe e demais familiares, relatou em sucintas palavras o ocorrido no Palácio di Bicci e a orientação que lhe dera Dom Girólamo, quanto à necessidade de um repouso, enquanto ele reorganizaria o solar, mandando buscá-la mais tarde. Perfeitamente aceita a explicação — embora todos lamentassem as desgraças que desabaram sobre aquela mansão —, Assunta foi acolhida com carinho e contentamento geral. Novamente no lar, refez-se um pouco dos acontecimentos, apesar de não olvidar o estranho *sonho* que a acometera na viagem, como se fora pressaga anunciação de novas dores. Mesmo desejando demonstrar alegria, sentia-se interiormente conturbada. As paisagens queridas da infância, conquanto nascida em Chiusi, o clima em renovação, embora frio e úmido, a natureza despertando ainda encharcada do inverno torrencial, não lhe podiam apagar os sinais da preocupação duramente suportada. Os familiares atribuíam que fossem as consequências do drama horripilante, as saudades da companheira e das crianças evitando atormentá-la com perguntas inoportunas e descabidas...

*

Passados os primeiros dias, em que mergulhara fundo no fosso da libertinagem, com a alma em labéus hediondos, Girólamo acreditou chegado o momento de manter uma entrevista com a comparsa. Para tanto, solicitou o auxílio de um jovem servente da casa e pediu-lhe que, em seu nome, procurasse a jovem, convidando-a, em segredo, a vir à *villa* Angélico, com a maior brevidade. Acrescentou ao recado que ela explicasse, em casa, o impositivo que a reteria fora do lar por toda a tarde, sem entrar em maiores esclarecimentos. Como prova da autenticidade da mensagem, solicitou ao jovem que apresentasse a Assunta o anel que trazia no dedo mínimo, e que seria facilmente identificado.

Girólamo sabia do local em que se refugiava a dulcineia e não teve dificuldade em fazer-se compreendido pelo moço, acostumado a serviços dessa natureza.

Assunta, quando soube que o amante se encontrava em Florença, prorrompeu em ruidosa alegria. Agradeceu ao mensageiro e o despediu festivamente, prometendo comparecer ao encontro na tarde do dia imediato, no local aprazado. Modificou-se, então, inteiramente, justificando em casa a necessidade de encontrar pessoa amiga que, recém-chegada de Siena, trazia notícias agradáveis e lhe impunha a necessidade do encontro. Foi com desregrada ansiedade que aguardou o momento de se dirigir à *villa,* o que fez sem maiores dificuldades. À entrada, Girólamo a aguardava. Saudou-a, aparentando discrição, e convidou-a adentrar-se no bosque margeante ao rio, onde poderiam conversar sem testemunhas incômodas.

A jovem, que se ressentia da ausência do mancebo dissoluto, atirou-se-lhe nos braços, logo pôde fazê-lo, e narrou-lhe os receios, as preocupações, o *sonho* atemorizante. O amásio fitava-a quase com desprezo. Temendo, porém, ser descoberto nos pensamentos íntimos que acalentava, aparentou, cortês, certo interesse, falando com natural cinismo:

— Examinemos a nossa situação. Segundo sei, em Siena tudo transcorre conforme planejado. Durante este período de repouso que experimento aqui, pessoas da minha absoluta confiança organizam os meus direitos e os legalizam. Pouco tempo nos separa da ventura. É indispensável, todavia, prosseguir sem despertar suspeitas. Todos os fatos ainda estão muito recentes na memória geral. Tão logo eu receba correios do palácio, o que será muito breve, retornaremos e, transcorrido algum tempo, anunciarei o nosso noivado, a nossa boda. De momento, ninguém, a qualquer pretexto, poderá saber dos nossos planos, pois poderia pô-los a perder.

— Eu pressinto, amado — falou com receio —, que uma nova tragédia se abaterá sobre nós. Tenho a impressão de que a senhora duquesa me segue, fitando-me com os olhos imensos e tristes... Conseguiste esquecê-la, Girólamo?

— Não me fales dos mortos, — retrucou o moço com enfado. — Os que para lá foram não voltam a perturbar os que aqui ficaram. O que está feito não se poderá refazer. Prefiro o céu na Terra à terra do céu...

E estrugiu ruidosa gargalhada, na qual extravasava as emoções, zombeteiro e cruel. Pela primeira vez, Assunta compreendeu que estava diante de um homem totalmente destituído de sentimentos. Dominada por justificável receio, enfrentou-o, azeda:

— Vê como te portas comigo. Estás amarrado a mim, não o esqueças. Não te perdoaria jamais qualquer traição. Irei contigo à forca, mas não te livrarás de mim tão facilmente, como fizeste a Lúcia e aos desditosos rebentos do duque.

— Cala-te, infeliz! Desejas que algum passante te escute? Ignoras como o *vento* conduz notícias dessa natureza? Não me afastarei de ti, pois que jamais te separarás de mim. Eu te amo e te desejo ao meu lado...

Rapidamente, queimado pelo fogo dos desejos em desalinho, envolveu a moça e sufocou-a na paixão desregrada.

Deambulante entre a violência dos instintos e os albores da razão, Assunta, fascinada pelo idílio criminoso, que se assentava em solo de sangue e lágrimas, deixou-se arrastar cada dia a mais fundo engodo, terminando por entregar-se a Girólamo totalmente, de corpo e alma. Sonhadora e tresloucada, trocou os sonhos da pureza pelo abastardamento dos sentidos, em devassidão sempre crescente e insaciável. É verdade que o enceguecimento da razão produz o vaguear nas sombras e o vilipêndio dos sentimentos tresmalha as manifestações da dignidade e do pudor. Cada vez mais embriagada de luxúria, repetia os encontros clandestinos com o moço irresponsável, permitindo-se consumir numa sofreguidão sem medidas. E como a febre dos sentidos somente se extingue com o apagar das próprias fontes do desejo, o amolentamento do caráter progredia na razão direta do devaneio sensual. O refocilar, em casa, que poderia abrir as comportas da mente a nobre inspiração superior, antes servia de pretexto para novas aventuras... O amante escolhera, precavido, local discreto para os sucessivos encontros, de modo a evitar ser identificado ao lado da irresponsável mulher.

Girólamo, experimentado explorador da sentimentalidade mórbida, apesar da aparente vinculação com a doudivanas, apenas esperava, impaciente, o justo momento para libertar-se do seu jugo, que lhe era penoso, encerrando esse desagradável capítulo da vida. Qual ave de rapina, enrodilhava a vítima na sua armadilha, sonhando com os alcantis mais elevados da ventura e do prazer, esperando o ensejo para despedaçá-la e romper os últimos laços que o retinham prisioneiro aos perigosos cipós com que manipulava e retinha a presa.

Assim, logo chegaram as primeiras flores da primavera e os dias se fizeram mais claros e róseos, com o canto das águas do Arno bordando as margens de mais sons e festas, o malfadado descendente dos Cherubini programou com a moça apaixonada uma excursão ao bosque das colinas de San Miniato, onde o dia lhes poderia proporcionar sonhos de prazeres fugidos, que tentariam alongar, quanto pudessem.

Concertado o convescote para o domingo porvindouro, que lhe facultaria bastante tempo para organizar o hediondo delito, com cuidados especiais, inclusive visitando o local onde deveria consumar a tragédia, a moça, alucinada pela força dos desejos descabidos, esquecida de que somente o equilíbrio dispensa ordem e paz, aceitou o encontro para o dia programado, prometendo estar à frente do *Palazzo Vecchio*, onde se encontrariam, às primeiras horas, antes do despertar da cidade.

Conseguido o cabriolé, mediante aluguel na estalagem para onde se trasladara, Girólamo rumou em busca da enamorada e, encontrando-a, seguiu pressuroso por caminhos marginais, fora da cidade, vencendo o vale do Arno e dirigindo-se às verdes colinas, sob a pressão de crescente impaciência. Dissimulando com dificuldade os desencontrados sentimentos, tivera antes o cuidado de convencer a jovem de que se despedisse dos familiares, alegando chamado urgente para volver a Siena, e a ela prometendo uma viagem de recreação, no dia imediato. Cauteloso, a fim de evitar possíveis e remotas suspeitas, Girólamo despediu-se anteriormente dos amigos, em festa ruidosa, na *villa*, explicando quanto à necessidade de retornar, embora ainda se demorasse pelo caminho, em visitas a pessoas gradas ao seu coração, prometendo aos amigos uma retumbante recepção no Palácio di Bicci, quando das suas núpcias, em futuro não distante. Astuto e venal, mudou-se cautelosamente para uma hospedaria, à entrada da cidade, onde poderia passar como viajante ignorado, até a consumação do novo crime ardilosamente premeditado.

Conduzindo matalotagem especial, vinho capitoso e frutos, o casal adentrou-se pelas vias úmidas e perfumadas do bosque em flor. Chilreavam os pássaros ao amanhecer e a Natureza, desabrochando claridade, parecia um convite ao júbilo puro e à emotividade superior, como se as vozes onomatopaicas da vida modulassem nobre *pastoral.*

Mais relaxado, agora, quando o bosque era um festival de bênçãos naturais, o moço quase se deixou penetrar pelo bucolismo da paisagem, que tinha por moldura, mais abaixo, as águas do rio cantarolante entre seixos e pedras das bordas.

Escolhido um lugar discreto, numa clareira natural entre árvores, os jovens saltaram no acume do outeiro, onde a visão era esplendente, e se entregaram ao primeiro repasto, entremeado de libações...

Motivando a recordação dos dramas que os jungiam um ao outro em canga pesada, Girólamo perguntou à moça em deslumbramento:

— Deixaste transparecer em casa ou a alguém os nossos objetivos futuros? Fizeste quanto te recomendei? Não ignoras o que tudo organizo para o nosso próprio bem.

— Tranquiliza-te, querido, — informou a companheira inexperiente. — Não seria eu a tonta que poria a perder a cornucópia da fortuna, que agora se volta recheada na minha direção. Sempre ambicionei a glória e o fastígio. Como tu, eu também caminhava no chão, com gana de galgar a montanha. Se não fosse contigo... Mas, apareceste no meu caminho e não te pude resistir. Puxaste-me para a escalada e aqui estou. Se subo ou desço, ainda não o sei...

— E se por acaso — aventou o moço, como se falasse imponderadamente —, um mau fado, em circunstância vil, te exigisse denunciar-me, fá-lo-ias?

— Sabes que não. Eu te pertenço e nunca me permitiria trair-te. Exceto...

— Exceto?! Em que condições me arrojarias ao cárcere e à morte?

— Se me abandonasses, — falou, com dura franqueza e esfogueada. — Uma mulher ferida nos seus sentimentos é pior do que um animal acossado. Nunca o intentes, porque não te cederei. A minha segurança é o nosso segredo e eu jurei — *maledetta vita!* — que não terias perdão se um dia te encorajasses a substimar-me, a trair-me...

A jovem pusera-se de pé. Todo o seu sangue ferveu, ante a possibilidade da traição do amado. Erguida, contrastava com o sol filtrado pelas árvores, e, emocionada, seu rosto jovem adquirira forte beleza carnal.

Com o espírito túmido de ódio e trêmulo, aguardando o ensejo de desferir certeiro golpe, Girólamo fitou-a e considerou-lhe a beleza, que sempre o fascinava. Mas os apetites, naquele momento, deveriam ceder lugar às ambições desmedidas para o futuro. Como se fora possuído por uma fúria assassina, ergueu-se de um salto e atacou violentamente a moça, que venceu com braços de aço, dominando-a facilmente. A princípio, Assunta não compreendeu o que ocorria; num relance, porém, em que os seus olhos se cravaram nos do apaixonado, percebeu o que se passava, mas já era tarde. A expressão de horror que se lhe desenhou no rosto congestionado e o grito lancinante que proferiu de nada valeram. Tomando de um punhal que trazia sob a jaqueta de veludo carmesim, desferiu repetidos golpes, desvairado, automaticamente, até certificar-se da extinção da vida naquele corpo terrivelmente mutilado. Sangrando abundantemente, a jovem foi largada no solo, a estremecer, nos últimos reflexos e estertores...

Com a cabeça a estourar, o moço olhou em derredor, como se sentisse terrível presença a espioná-lo, e, nos sentidos aguçados, teve a impressão de que alguém se afastava em disparada sobre folhas e gravetos. Corça ou homem? Que importava! Agora era tarde demais!

O crime não poderia deixar vestígios. A astúcia do criminoso é a sua arma e a sua perdição.

Girólamo afastou-se, lépido, do local, e improvisou, numa vala distante, uma sepultura, onde atirou os despojos sangrentos da companheira, cobrindo-os com folhagens e ramos. Logo após, procurou apagar as manchas sanguinolentas na clareira, deixando transparecer que os sinais no solo fossem de feras em luta, que se rebolcassem feridas, pelo chão revolto. Desceu ao rio, para a necessária limpeza das mãos e da indumentária, e tornou à cidade, usando o veículo que deixara antes de galgar o morro. No dia imediato, muito cedo, retornou a Siena, em condução da carreira, anônimo, discretamente.

Girólamo, como todo criminoso, acreditou que o novo delito passara despercebido e que a mão da Justiça jamais o alcançaria. Reflexionando, convenciu-se de que Assunta, afinal, não representava nada na sua vida. Agora, era o novo dia que necessitava viver, com olvido do passado, começando experiências novas...

5 Ascensão criminosa e glória amarga

Logo se recobrou do vágado que o fez tombar na inconsciência, o Espírito do Duque di Bicci despertou lentamente. Parecia-lhe estar em leito de demorada agonia. A mente, incapaz de raciocínios imediatos, se encontrava nublada, impossibilitando-lhe o conhecimento dos últimos sucessos. Aquele deperecimento que experimentava parecia ter-lhe aniquilado o controle da razão. Nos comenos em que sentia voltar a memória, registrava terrível apatia, acompanhada de opressão no peito e dificuldade respiratória incoercível. Doía-lhe todo o corpo e com a astenia que o perturbava, por ilação quase automática, recordou o catálogo em que sentia a vida finar-se lentamente, o desejo que acalentava de morrer, a funda melancolia que lhe tisnava a satisfação da existência e, como se a mente fosse, então, acionada por estranho mecanismo, passou a rever todos os lances daqueles últimos dias. Percebeu-se, então, espectador e personagem do que via na própria mente, experimentando as aflições e sentindo-as dominá-lo, conscientemente. Repassou o falecimento, as exéquias fúnebres e lembrou-se das instruções dadas ao preboste, quanto ao cumprimento dos seus desejos expressos no testamento, que se encontrava lacrado e no cartório do notário Dom Germano Victorio. Depois, como se tudo tomasse vida, sentiu o frio terrível que se abateu sobre ele e a angústia da saudade dos filhos e da esposa que partira antes dele para a Eternidade. Passou a sofrer o medo, naquele estranho lugar que ainda era o seu palácio e se encontrava revestido de *sombras* apavorantes e espessas. Dificilmente conseguia mover-se, embora, sem o controle da vontade, ora se sentisse num lugar ora noutro. O tempo não lhe tinha significação: era uma noite intérmina, em que tudo tomava aspecto aparvalhante. Repentinamente — recordou-se —, sentira-se chamado com veemência por poderosa voz e arrastado por ignoto poder, passando a escutar o pensamento do sobrinho e filho adotivo Girólamo. Um espasmo vigoroso dilatou-lhe a agonia e, então, vendo e ouvindo o moço, compreendeu que o rapaz planejava o assassínio e se preparava para executá-lo. Oh! o desespero daquela hora todo retornou. Vivia, novamente, as angústias daqueles momentos já passados, conquanto estivesse impossibilitado de reagir. Semiesmagado de dor, reacompanhou, através da esquisita visão, o *sobrinho* marchar resoluto pela longa betesga, até à recâmara em que se encontravam as crianças e Lúcia. Seguiu, de alma transtornada, o estulto criminoso avançar com frieza e roubar as vidas queridas, diante dele, impossibilitado de qualquer defesa. Sentia-se morrer, sem conseguir perder de todo a lucidez. Avançara naquele instante para o bandido e desfalecera...

Agora, no entanto, via além do que vira: a encenação soez do rapaz, explicando o ocorrido ao ecônomo da casa e aos servos em desalinho...

Sim, refletia, tudo não passava de uma tragédia superlativa, que fora apresentada por duendes, supunha, objetivando o seu solar.

Quase louco, o duque compreendeu: morrera, mas não se acabara. Estava vivo, numa situação que lhe era estranha, conquanto verdadeira, pois que prosseguia vivendo.

Experimentou amarga indisposição, como se estivesse dominado pela *maremma* tão popular e devastadora. Todo ele vibrava acionado pelo ódio, que lhe espocava na mente e no coração. Por que Deus permitira que se consumasse o hediondo crime? Onde estava Ângela, que o não socorria? Seria aquilo tudo o pórtico do Inferno ou delirava, simplesmente?

As interrogações, entrecortadas pelo dissabor impossível de relatar, ricocheteavam nas *paredes* escuras da sua mente em infortúnio demorado e ele sentia-se rebolcar em fundo fosso. Asfixiado, em desalinho, foi acometido por crise de desespero... Os olhos saíram-lhe das órbitas dilatadas e a face se congestionou; as vestes ficaram em deplorável condição e as mãos, como se fossem garras, passaram a doer, traduzindo os paroxismos que lhe produziam baba pegajosa e nauseante a escorrer pelos lábios abertos, em ricto de infortúnio.

A senhora duquesa, compungida, acompanhava o esposo desde a sua desencarnação, orando por ele e ensejando-lhe a relativa paz que podem fruir aqueles que não foram além da craveira da vida comum, e que viveram retirando da vida somente os favores, sem a lembrança de multiplicar as bênçãos que a existência oferece e se encontram ao alcance de todas as mãos.

Viver por viver é fenômeno da imposição orgânica, da função vegetativa. Ao homem, dotado, como se encontra, da capacidade de raciocinar e crer, discernir e pensar na direção do bem, os impositivos da construção da fraternidade são impostergáveis.

Diante da massa de sofredores e aflitos, que enxameiam em toda parte, o apelo do serviço nobre se faz indefectível. No entanto, as religiões ditas cristãs, do passado, permitindo a dolorosa "exploração do homem pelo homem", e cultivando-a mesmo até à exorbitância, mediante o braço escravo, favorecendo a escravidão humana e dela se beneficiando, são, em verdade, as grandes responsáveis pela desagregação moral e pela ignorância que se estribava na selvageria dos princípios vigentes, em que aos nobres se facultavam as práticas de todas as misérias morais, facilmente perdoadas a peso de ouro. Isentados do trabalho, que lhes seria vergonhoso, dedicavam-se os da nobreza ao cultivo da frivolidade e da rapina, mantendo tais religiões a fé nos espíritos à força das armas ou à força do fanatismo, do terror, enclausurando Deus sob suas abóbadas e absides, em nepotismos violentos e demorados, de cujos efeitos ainda hoje sofre a Humanidade... Todos os erros e crimes podiam ser resgatados pelo ouro ou abonados mediante a confissão auricular, em doblez de comportamento ante os mesmos erros perpetrados pelos pobres e infelizes da Terra — aqueles para os quais viera Jesus...

Ora, sem o respaldo de boas obras, conquanto não fosse melhor nem pior do que os seus pares, o duque, antes mesmo de libertar-se das viciações do invólucro carnal, que se apagam lentamente, à medida que os tecidos orgânicos são consumidos no túmulo — e se demoram por tempo dilatado naqueles que transformaram o corpo em catre de paixões, ou que fizeram do veículo material instrumento de exploração, fonte de cumplicidade e de criminalidades diversas, sendo obrigados a expungir, em incalculável período de libertação, os miasmas que cultivaram e de que se impregnaram; casos em que tal liberação somente pode ocorrer após novo mergulho na carne, em outro processo reencarnatório, que se poderá repetir por diversas vezes, como impositivo de libertação da consciência ultrajada —, foi arrastado pela mente desalinhada do filho adotivo à visão da tragédia que o enleou à rebeldia e, consequentemente, ao ódio — teia cruel em que se debatem até à exaustão os que lhe são vítimas indefesas.

Não obstante o desvelo da esposa desencarnada, portadora de valiosos títulos de benemerência pessoal, que colocava à disposição do consorte, era-lhe imperioso vencer o teste de resistência ao mal, desde que os vínculos que o atavam, por antipatia recíproca, a Girólamo, provinham de obscuro passado, que convinha superar e vencer.

A ascensão é sempre trabalho individual, de sacrifício, de incomparável renunciação, que todos nos devemos impor. Embora o auxílio que recebemos da vida, o esforço nos pertence e não o podemos transferir. A plântula, atraída pelo sol e sustentada pela terra fértil, faz-se majestosa árvore milímetro a milímetro, sofrendo as intempéries e os insetos, os animais e os ventos, até atingir a própria grandeza. Assim também o espírito humano.

Para a esposa afervorada, as dores supremas do idolatrado eram-lhe, igualmente, dores insuportáveis.

Somente o refúgio na oração e a certeza de que Deus a tudo provê lhe davam suficientes forças e energia para continuar ao seu lado, sem descoroçoamento, evitando que ele fosse arrastado pelas hordas dos Espíritos odientos, que pululam sempre em redor dos incautos, em colônias infernais, nas quais os suplícios infligidos superam todo o romantismo trágico das lendas...

Nem Homero, nem Virgílio, nem Dante conseguiriam, com todo o estilo imponente de inspirados, traduzir os sofrimentos íntimos dos desgraçados que caem nessas regiões, em que a consciência se transforma no látego da justiça e da verdade... Nem o Letes, nem o Estige, nem o Tártaro, nem o "lago de fogo e enxofre" do apocalipse, nem aqueles vermes a que se refere Isaías, "que formigam eternamente sobre os cadáveres do Tofel..."

Santa Teresa vislumbrou-lhes os pórticos, nos transes memoráveis, na sua cela de Ávila...

As lendas narram os suplícios individuais no "rochedo de Sísifo", no "tonel das Danaides" e na "roda de Íxion"... Naquelas regiões em que os infelizes se chafurdam e se rebolcam, gemem sem consolo e padecem sem esperança, por longo tempo... e não dizem tudo.

O carinho da afortunada esposa impedia-o de sintonizar-se, pelo ódio, com esses sequazes da impiedade, ser-lhes vítima inerme, não podendo, todavia, impedir que o caminho a seguir, na paisagem íntima, fosse o de sua livre escolha.

Assim, a sua atormentada sombra acompanhava o hediondo *sobrinho*...

*

Enquanto tramitavam os documentos para a posse da casa senhorial, Girólamo conseguiu, graças à interferência do novo benfeitor, o bispo de Siena, permissão das autoridades para organizar a vida no Palácio di Bicci, a fim de que os danos fossem diminuídos. Desejava, porém, fazer um balanço de todos os valores, obras de arte e moedas guardados nas arcas de mogno e cânfora, nos cofres de ferro e bronze.

Como preço da gratidão imediata, em gesto de munificência, ofereceu ao senhor bispo e ao notário régias bolsas de moedas de ouro, selando neles, com o suborno, o ato da cumplicidade no processo de espoliação vergonhosa dos bens que agora esbanjava.

Menos de um ano transcorrido, estava de posse das terras e da herdade di Bicci, nome que conservou para evitar rumores mais danosos e parecer grato à providência e generosidade do duque extinto.

Através da interferência, ainda, do benfeitor, bem projetado na situação religiosa, comprou o título de Conde e recebeu uma comenda pelos relevantes serviços de beneficência prestados à Igreja de Siena...

Na *Fontana Gaia*, ao lado de amigos, deixava que o triunfo lhe sorrisse nos lábios e o capitoso licor da bajulação fosse libado largamente, em noites de orgia e depravação em que mais se avolumavam os pesos da irresponsabilidade. Mulheres jovens, doudivanas e serventes humildes não lhe escapavam à lábia loquaz, nem à sedução, para serem abandonadas vilmente, logo depois, em esconsos antros de perversão. A embriaguez dos sentidos crescia na razão direta das próprias dissipações, preparando-lhe o porvir sombrio a carregar, imensurável. Ao mesmo tempo, as famílias mais condignas de Siena, ignorando-lhe ou fingindo ignorar-lhe a leviandade, recebiam-no festivamente, acalentando o desejo de consorciá-lo com alguma das suas filhas, de modo a terem assegurados o patrimônio e o benefício do título que, então, seria adicionado às honrarias que já possuíssem.

Ao primeiro lustro da desencarnação do senhor di Bicci, Girólamo, experimentando o apogeu dos triunfos mundanos, preparava-se para se consorciar com a jovem filha do Cavaleiro e Conde di Castaldi.

Nesse período, toda a Toscana gemia sob o tacão de um soberano longínquo.

Não apenas a Toscana experimentava o opróbrio, como quase toda a Itália sofria o talante de um segundo ramo da Casa de Áustria-Lorena. Antes, a Toscana fora vítima das circunstâncias infelizes dos países que a disputavam: Espanha, França, Alemanha e Áustria. Dominada primeiramente por tropas de Espanha (1735), os conquistadores resolveram passá-la ao Duque de Lorena, que se acreditava lesado na trocada Toscana pela Lorena, fazendo exigências colossais. Assim, toda ela, Milão, as Duas Sicílias, Lombardia, Veneza e Gênova se encontravam em mãos estrangeiras, que se digladiavam em contínuas lutas de morticínio e vergonha.

João Gastão, o descendente de Cosme III, era já um homem envelhecido e gasto para comandar o poder. As suas resoluções eram tomadas após ouvir o criado de quarto, que aliciava os comparsas para o seu prazer, tornando-se, também, ministro de estado, e deixando aos demais ministros todos os negócios, para se entregar, sob a direção de Julião Dami, o seu serviçal, a toda sorte de perversões e gozos. Desse modo, Viena obrigou-o a assinar o tratado por meio do qual a Áustria dispunha de todos os seus estados, sem mesmo ter sido ouvido ou consultado na transação.

Os bens alodiais dos Médici, por sua vez, foram dominados desde quando João Gastão ainda estava com vida e escutava os fidalgos da sua corte discutirem abertamente a sua sucessão, o que não ocorreu, graças à dominação de Lorena. Novas inquietações surgiram em 1742, por ocasião da sucessão na Áustria, o que veio abalar enormemente os estados italianos, cujo sentimento de pátria vibrava em muitos desses estados, especialmente na Toscana, em Milão, em Gênova...

Ora, Maria Teresa necessitava de braços em armas para as lutas contra o *milanês*, e fez proclamar a convocação de jovens, tendo-se escapado Girólamo graças à posição e à interferência clerical. Homem de dissipações e volúpias, não poderia amar à pátria, ter o senso do valor da liberdade, dos direitos humanos, ele que era o usurpador da paz alheia e o destruidor da liberdade e da vida do próximo.

Anteriormente, os bens do Duque di Bicci, em fideicomisso, não puderam ser repartidos com os remanescentes Médici porque aquele senhor procedia de ligação incestuosa de Cosme III com Beatriz, sua prima, e não tivera acesso às disputas de nobreza na família, trasladando-se para Siena — fora dos muros da cidade — e conduzindo os largos quinhões que lhe ofertara o pai, exilando-se, naturalmente, e evitando as ligações de qualquer natureza com a família, então decadente... João Gastão era, pois, seu meio-irmão; no entanto, não mantinham nenhuma vinculação, considerando serem os ódios muito comuns na tradicional família. Daí o cuidado na elaboração do testamento pelo Duque di Bicci, para preservar os seus bens, impedindo que caíssem nas garras dos abutres familiares, não evitando, porém, que viessem a ser consumidos por outro mais cruel e voraz falcão...

Sob o impacto de tais desordens emocionais e cívicas, vivendo no meio de uma nobreza decadente e de um povo revoltado, Girólamo aprimorava as faculdades odientas de rapinagem e malversação. Sem qualquer linhagem, senão a orientação recebida da tia sabia-se resultado do amor ilícito de uma aventureira e do irmão da duquesa, sendo amparado por esta a pedido da mãe desditosa que lho entregara antes da morte. Como se sentisse consumido pelos recalques e o surdo ódio à dignidade, comprazia-se em ferir e malsinar, realizando-se interiormente na sucessão de crimes de variada nomenclatura.

Com tal patrimônio moral, recebeu em festa inesquecível, em 1750, a jovem Beatriz, que lhe deveria partilhar a convivência e o leito, com o dever de lhe oferecer uma prole sadia, para dar origem a novo clã.

O solar readquiriu o esplendor de outrora, ornamentado com festões de flores abundantes e arranjos coloridos, com as flâmulas tremulando aos ventos, destacando-se a da *Madonna Assunta* e a da cidade, com a loba amamentando, bem como os pendões altaneiros, hasteados por toda parte, na celebração das bodas. Vieram convidados de Siena e hóspedes de Florença, especialmente o *cavaliere* Dom Donato Angélico e sua corte de folgazões, que ali permaneceram por toda uma semana. Músicos de Siena e flautistas, clavicordistas famosos de Florença, tocadores de alaúdes chegaram, especialmente trazidos por Dom Angélico para homenagear os nubentes.

Descendente de nobre família toscana, do passado, Beatriz, jovem prendada, era esbelta, de tez morena, olhos negros, grandes e brilhantes, nos quais faiscavam as paixões abrasantes, tendo os cabelos castanho-escuros sedosos e longos, verdadeiro espécime de beleza regional: um misto de anjo e de selvagem.

Além da beleza física e da seleta educação, a noiva trouxe largo dote em escudos de ouro, terras e objetos de arte, que foram incorporados aos bens Cherubini, como parte preponderante da transação comercial do matrimônio, no qual o amor era ingrediente de categoria mui secundária. A moça, porém, ingênua e sem qualquer experiência, deixara-se seduzir pelo hábil conquistador, experimentando por ele imenso amor que esperava e supunha correspondido.

Em homenagem às bodas, celebradas em palácio pelo próprio bispo do *Duomo*, convidado de honra e padrinho-testemunha do noivo, Girólamo se fez agradável para as gentes que habitavam as terras da herdade, por meio de larga distribuição de trigo, vinho e animais, durante os festejos por quase toda uma semana, em que as fanfarras e os acepipes jorravam nos pátios ajardinados, comemorando o acontecimento, todos rogando bênçãos para os consortes. Foi simultaneamente procedida uma larga doação de sementes e tecidos, por nímia deferência do noivo e dos pais da noiva, reconhecidos à Virgem Assunta, a protetora de Siena.

Tudo transcorreu sob os augúrios mais fecundos e não faltaram arúspices para prognosticarem o porvir de felicidades para os nubentes — os novos senhores da casa...

Girólamo consumava a parte mais relevante dos seus planos de loucura e miséria moral, acalentados como em pesadelos incessantes desde quando adquirira o uso e a posse da faculdade da razão. Eram aqueles os dias máximos da sua ascensão e da sua glória, sob cujos alicerces corria caudaloso rio de sangue, vergonha e desgraça...

*

Transcorrido um ano após o assassínio de Assunta, Dom Girólamo foi assaltado por inesperado pavor. Apareceu-lhe em palácio um irmão da jovem, que vinha em nome da família inteirar-se da sua vida e da razão do seu demorado silêncio...

Receando que o visitante estivesse, por acaso, informado de qualquer dado que o pudesse conduzir à verdade, sondou-lhe com toda a habilidade o íntimo, certificando-se de que podia continuar em tranquilidade. Senhor da situação, apresentou uma estória, que já havia engendrado desde anteriormente, pressupondo qualquer circunstância, e explicou que, na ocasião em que estivera em Florença, a jovem lhe aparecera, dizendo-se cientificada da sua presença na cidade. Informou-lhe necessitar de recursos para se evadir da Toscana. Confessou-lhe pertencer a um jovem que então se encontrava em Gênova, preparando-se para seguir ao estrangeiro, e que lhe enviara um mensageiro para consultá-la e levá-la ao seu encontro... Apiedado da moça, aduziu, por quem nutria sentimentos de afeição, em homenagem à sua tia Ângela, não tergiversara em auxiliá-la devidamente, não possuindo, desde a ocasião, qualquer notícia com a qual pudesse ajudar.

Arengou mais algumas palavras de consolação e ofereceu-lhe o palácio para o necessário repouso da viagem... O visitante, porém, humilde, agradeceu e, comovido, penalizado com a situação da irmã, informou que retornaria incontinenti aos seus sítios.

Fingindo-se sensibilizado pelo destino da moça, ofereceu-lhe pequena bolsa com moedas de prata, pedindo fosse encaminhada à sua mãe, como homenagem pessoal...

Logo se viu livre do intruso, experimentou profundo alívio.

No seu conceito, o dinheiro fora feito para subornar, apagar razões, comprar consciências e silêncios... Facilmente, as moedas mudavam qualquer panorama, segundo pensava, abrindo portas seladas e alargando estradas abruptamente interrompidas. No seu espírito mórbido, somente havia raciocínio para a dissimulação e a iniquidade.

*

Evadindo-se de Florença após o assassínio ominoso, Girólamo buscara Siena para homiziar-se longe das suspeitas, como fizera antes, fugindo de Siena para Florença.

Acreditando-se perfeito na sementeira dos delitos, supunha-se sem testemunhas. O espetáculo da paisagem, naquela manhã, brilhava na sua mente. Todavia, entre as moitas, jovem pastor, estarrecido, acompanhara a cena brutal, na qual ele abatera a amante infeliz.

*

Depois de um sono hediondo, em que experimentava as *Fúrias* nas próprias carnes, a desditosa moça, transcorrido longo período de inconsciência — menos para as dores superlativas —, despertou agônica, irreconhecível, no Mundo Espiritual. Seu espírito, que chafurdara demoradamente nos ultrajes à matéria e às leis do equilíbrio, após a destruição dos tecidos orgânicos na vala em abandono, revolvida por chacais e aves de rapina, em que experimentava as punhaladas certeiras que lhe foram cravadas e que não cessavam de lhe perfurar o corpo, cujas sensações estavam fortemente impressas no perispírito, acordou exangue, atordoado, só a muito custo concatenando ideias e recordando, por fim, o que lhe ocorrera. Ignorando as realidades da vida após a morte, surpreendeu-se por se encontrar viva, não obstante tudo quanto sofrera. Desejando, porém, sair dali, sentiu-se amarrada aos despojos e constatou, a custo, horrorizada, a realidade em que se encontrava. Surpreendeu-se com a presença de outros seres que a desvencilharam dos vínculos que a retinham ao local, passando a sofrer-lhes nefasta perseguição, em cuja aflição era acometida incessantes vezes por delíquios, de que despertava mais violentada, mais sofrida...

O tempo perdera a significação na sua desdita. Conquanto seviciada pela horda que a arrastava, impiedosa, para toda parte, sabia-se vítima do amante, por quem experimentava o ardor do ódio incessante queimando e requeimando-a por dentro. Por mais desejasse vê-lo, enfrentá-lo, desferir sua vingança, não conseguia libertar-se da chusma de sequazes do mal, iguais a ela, a que aderira por força que lhe era desconhecida.

É que faltava um elemento preponderante para reencontrar o nefando companheiro. E esse elo foi ele próprio quem forneceu.

Na noite de núpcias, enquanto se entregava às muitas libações, pareceu recordar as cenas acontecidas no lustro passado, naquele palácio e, automaticamente, febricitado de desejos, recordou a comparsa, lamentando ter sido obrigado a silenciá-la. Foi, então, acometido de estranha saudade...

O pensamento em desalinho — vibração que se espraia e sintoniza onde e quando encontra equivalente de onda — foi localizar Assunta atada à turba de vândalos espirituais.

Chamada mentalmente, sentiu-se ligar ao lúbrico dissipador e como ele prosseguisse recordando os múltiplos lances da vida que levavam em comum, conquanto às ocultas, arrancou-a da província de sombras em que ela se encontrava, trazendo-a para o seu lado. Como o pensamento prosseguisse em desvairada imaginação, a infeliz, que recebia o apelo telepaticamente, descobriu-se ao lado do criminoso, violentamente convidada e aceita na primeira comunhão mental, depois da tragédia.

Ressumando todo o ódio de que era capaz seu espírito selvagem, perfeitamente par de Girólamo, agrediu-o violentamente, descarregando nele o vírus mefítico da sua vingança. O moço, em semiletargia, inesperadamente a *viu* e se estarreceu ante a cena da amante sangrando, deformada, vestes rasgadas, cabelos desalinhados e colados à face suja de sangue e lama. Despertando violentamente, fugiu às pressas do local em que estava, para participar de novos brindes, que o inutilizariam, roubando-lhe a lucidez e deixando-o totalmente embriagado, na noite da boda, começando, inconsciente, desde logo, a afligir a esposa, que o acompanhou ao leito em lastimável estado íntimo de apreensão e desencanto...

Hospedada pela mente de Girólamo, a vítima reencontrou o solar da sua loucura e passou a rever os sítios onde fora feliz e nos quais se desgraçara. Recordando a vida amargurada e vã lembrou-se do duque, da senhora Ângela, de Lúcia e das crianças que ela ajudara a matar. Acometida de remorso de fogo, pôs-se a ulular, arrependida, chorando lágrimas de fogo, que lhe pareciam ferir a face e a alma, quando, oh! desdita maior, apareceu-lhe o duque, igualmente deformado, sombrio, acusador...

— Por que, desgraçada — exprobrou-lhe o antigo amo —, te fizeste sicária dos meus amados? Retribuíste afeição com veneno e foste vítima de ti mesma. Acreditavas que o monstro não te consumiria na própria voragem em que se fará consumir logo mais? Esqueceste de tudo quanto recebeste, para somente cuidar das tuas ambições? Onde está o teu esposo, condessa Cherubini?

A frase final, pronunciada com sarcasmo e ira, penetrou a jovem desventurada de maneira fulminante.

O Espírito da infortunada mulher estridulou gargalhada infrene, saindo a correr, seguida pelo duque que lhe gritava:

— Louca! Mesmo louca não me escaparás...

*

Terminadas as festas, o Palácio di Bicci, lentamente, foi retomando a normalidade, conquanto agora o luxo substituísse a parcimônia de hábitos dos antigos senhores.

Enquanto as emoções eram novas, no matrimônio, Girólamo desdobrava-se em cortesias e zelos com a esposa. Saía à caça, passeava no bosque, demorava-se em Siena, sempre acompanhado da bela invejada consorte. Os amigos estranhavam-lhe o comportamento, considerando o dito popular na Toscana, originado de Veneza[6], que muito bem caracterizava a dignidade da época.

Religioso na aparência, participava das solenidades na catedral e na basílica de Provenzano e ostentava as insígnias de cavaleiro nos ofícios públicos, exibindo as honras da Terra, enquanto penetrava cada vez mais fundo nos abismos da própria insânia.

---

[6] Era, então, popular o adágio: "Pela manhã uma missazinha, à tarde uma mesinha de jogo e à noite uma mulherzinha."

6 Acossamento irreversível

Siena, a hospitaleira, mantém inscrito na *Porta Camollia*, que dá acesso à cidade por meio da *Via Cássia: "Cor magis tibi Sena pandit" (Siena t'apre um cuore più questa ta, porta,*[7] como traduzem os senenses), o que expressa a forma galharda com que ali sempre se recebem os hóspedes e visitantes, caracterizando a nobreza dos seus costumes e a cultura do seu povo.

Antiga senhora da Toscana, sempre rival de Florença, a cidade conserva os hábitos das épocas passadas, fazendo lembrar os costumes longobardos e, ulteriormente, os dos cônsules-bispos, culminando pelas tradições religiosas, que constituíam sua mais expressiva glória. Pelas suas ruas ladeirosas, e em suas casas de fé, caminharam os pés de Catarina, a monja extática, que contribuiu vigorosamente para a

---

[7] "Siena abre-te o coração mais que a sua porta."

transferência do papado de Avinhão para Roma, em 1377, quando Gregório XI com ela concordara que, canonizada, se tornaria a padroeira da Itália, no presente século (1939). Por ali também jornadearam outros homens dedicados ao Cristo, no áspero período medieval, entre os quais São Bernardino, que colaborou eficazmente para o engrandecimento do povo, na sua devoção à Igreja da época.

Alongando-se por sobre três colinas, e cercada por muralhas de mais de sete quilômetros de extensão, era, também, considerada a cidade inexpugnável, não fossem as rivalidades internas e as lutas intestinas que a fizeram perder a supremacia e o destaque, nos meados do século XV, até ser incorporada ao grão-ducado da Toscana, um século depois. O orgulho nacional encontrava campo para desdobramento, entrando em disputa nas festas do *Palio*, que eram corridas de cavalo celebradas na praça do campo, em dois dias distintos: 2 de julho, recordando os *milagres da Virgem de Provenzano*, e 16 de agosto, em homenagem à *Assunção de Maria*. A cidade, dividida em *contrade* (bairros), ainda hoje se apresenta com as cores locais e as próprias insígnias de cada distrito para a grande *mossa* ou largada dos animais, ante um público apaixonado e vibrante, em cuja oportunidade as rivalidades encontram terreno fértil para proliferarem, e o jogo das apostas dos diversos aficionados representa expressivas somas.

A festa se inicia pela celebração da missa, na Capela da praça, e logo depois outra, na Igreja de Santa Maria, em Provenzano, para onde eram e são conduzidos as bandeiras e o pálio, que se destina ao vitorioso, na corrida. À tarde, faz-se o tradicional cortejo, com todos os trajes evocativos, seguidos de músicos e autoridades, palafreneiros e pajens, alcaides, provedores da fazenda pública, capitão da justiça e outros, destacando-se a beleza e o colorido dos que constituem os bairros representados. O fascinante jogo das bandeiras, que destaca a habilidade e a alta acrobacia de cada porta-estandarte, e o ápice da solenidade que precede, na praça do campo, à grande largada. Toda a cidade e pessoas dos arredores acorrem à Praça, ávidos de prazeres.

Naquele verão, a cidade preparava-se com mais entusiasmo para a festa central, que lhe fazia reviver as glórias do passado. Nas imediações da *Fonte Gaia* (alegre), os jovens da cidade debatem as indumentárias e estudam os planos dos festejos, procurando, no entanto, manter em segredo a maior parte dos projetos, para surpreenderem os rivais. As libações alcoólicas atingem estados superlativos, que descambam para as agressões físicas, disputas verbais de baixas expressões, badernas, anarquias. Outras vezes, os bandos alegres se espalham pela cidade, em festas andantes, levando às janelas das bem-amadas as músicas contemporâneas e os sons dos alaúdes, guitarras e pífaros, sob o céu tranquilo e estrelado das noites quentes, alongando-se madrugada adentro, para culminarem nos bordéis, onde se vendem ilusão e loucura em taças de perfumes...

Enquanto empolgado pelas emoções novas do matrimônio, Girólamo, ludibriado pela opulência transitória, compartia alegrias e sorrisos no lar. Marcado, no entanto, por caráter venal e impetuoso, acostumado às sensações fortes, dificilmente poderia libertar-se do jugo dos hábitos longamente arraigados, que lhe constituíam uma segunda natureza. Além disso, por mais frio e calculista que fosse, carregava o fardo da culpa a dormir nos tecidos sensíveis da memória inconsciente, aguardando o despertar, que não tardaria.

A princípio, nos dois primeiros anos do matrimônio, passava contínuos períodos com a esposa em Siena, no palácio dos sogros, principalmente na ocasião das festas na cidade.

A presença espiritual do duque, que a seu turno se comprazia em processo violento de obsessão constrangedora sobre Assunta desencarnada, criava uma atmosfera psíquica densa na herdade, cujos efeitos paulatinamente se avolumavam na psicosfera do homicida sandeu.

Apesar da abnegação da esposa, Beatriz, e os devores administrativos na casa, o moço dissoluto não podia adaptar-se demoradamente à vida doméstica, onde não conseguia encontrar os fortes condimentos do prazer exacerbado capaz de fazê-lo vibrar até a exaustão.

Assim, evadia-se frequentemente, viajando para Florença e Veneza, onde se podia entregar, com todo o vigor, à libertinagem. Sentia, porém, saudades das rodas amigas senenses. Acalentava, em ânsia crescente, voltar às orgias antigas, entre os velhos amigos.

O pretexto das festividades do *Palio* era motivação oportuna para nova evasão do lar, na direção da cidade, que se engalanava para o primeiro período das celebrações festivas. À semelhança de ave prisioneira que reencontra a liberdade, — enquanto a sege o traz à alacridade das ruas, vencendo a Via Cássia, serpenteante entre outeiros nos quais a sega pôs o feno dourado a secar, recebendo as lufadas quentes da atmosfera carregada, sob um céu pardacento, tostado de sol forte —, o moço tem a imaginação em febre e sonha com o reencontro dos amigos. Para trás ficam os símbolos representativos da sua desmedida ambição, da vitória ardilosa sobre a vida e de todas as maquinações que se fizeram necessárias para que atingisse as metas perseguidas.

Enquanto os animais fogosos ganham as distâncias que o separam da orgia por que anseia, volta-se inconscientemente para a colina e olha pelo retângulo da janela o aclive em que repousa o velho solar vetusto, a alameda de ciprestes balouçantes e, num átimo, voltam-lhe à mente as cenas que gostaria de olvidar, ali praticadas nos nefandos dias passados. O perdulário sente estranho arrepio percorrer-lhe o corpo, enquanto algo mais poderoso do que a sua vontade lhe dá ímpetos de correr mais do que os corcéis, para fugir, libertando-se da realidade. Imperiosamente necessita esquecer, afogar no prazer a sandice desesperadora.

As nuvens de pó se erguem à passagem do veículo apressado e porque o calor seja asfixiante àquela hora do dia, ou porque a monotonia do trote dos animais produza uma melopeia hipnotizante, singular torpor invade o jovem, que se deixa conduzir pela modorra que lhe avassala as carnes, terminando por vencê-lo totalmente. Do lado de fora, a exuberância do dia ardente de agosto, o ar morno, parado, os campos crestados e os montes, como contrafortes naturais em defesa da região. Dentro da sege, entre os estofados rubros, sacolejantes, com as janelas abertas e as cortinas afastadas, o *cavaleiro* Cherubini experimenta estranho mal-estar. Sofre a sensação de que o calor asfixiante domina o seu cérebro e, de repente, vê-se empurrado da carcaça fisiológica, que ressona, caída sobre o banco, e, ele mesmo, emplumado, de pé, defronta-se com Assunta, numa esfera de sonho. Instintivamente, deseja com sofreguidão fugir da mulher assassinada, mas imperioso comando, que o ata ao corpo, impede-o de consumar o anseio incontido. A sua vítima, que ressuscita dos meandros da morte, é antes uma megera que a arrebatadora filha de Chiusi, a apaixonada descendente dos nobres etruscos do passado. A boca, sedutora dantanho, é um traço ensanguentado na face amarfanhada, na qual se destacam os dois olhos congestionados a saltarem das órbitas. O rosto macerado perdeu toda a cor e vida; um filete de sangue lhe escorre pela fossa nasal; a cabeleira, basta e empastada à testa larga, coroa-a de horror, causando náuseas. De mãos crispadas e miraculosamente intumescida, é mais parecida a um monstro que se evadisse do *Hades* que à jovem de peregrina sedução, que lhe compartia o leito de perversão.

Imóvel, *vis-à-vis,* a aparição o enfrenta, sardônica, como se desejasse fazer penetrar em sua memória, para sempre, a máscara do pavor que exibe. Fescenina e grotesca, ergue as mãos, que parecem garras de rapina, na direção da garganta do antigo amante, avançando vagarosamente, com o impacto de inconcebível hediondez.

Sob a constrição do horror, o corpo do jovem gorgoleja semiasfixiado, debate-se no pesadelo soez. Inconscientemente, procura libertar-se de tudo aquilo, arrojando-se porta afora, em busca do campo crestado, que os animais vão atravessando em infrene correria. Tão pronto pensa em fazê-lo, tem a sensação, ainda mais estranha, de que à porta ressuma a presença do Duque di Bicci, com mais feroz aspecto, a impedir-lhe a evasão.

Naquele antigo semblante de austeridade está insculpida, a fogo, uma face de ódio que aparvalha, e dos olhos, antes amenos, que fitavam com misericórdia a dor dos infelizes, chispas de violência crepitam, como labaredas prestes a espraiarem-se em incêndio voraz. Tentou gritar; a voz, porém, estava estrangulada na garganta ressequida. Passaram-lhe pela mente, em estupor, todos os atos, minuciosamente, desde as primeiras articulações macabras, nos refolhos do espírito mesquinho, até a onda de crimes contínuos. Espavorido, o sinistro homicida sentiu-se morrer, desejando perecer, ter aniquilada a consciência. Não conseguia articular palavra. Foi o senhor di Bicci quem arrebentou a torvação do momento:

— Não fugirás, Girólamo! Não tens mérito para morrer, evadindo-te à minha justiça. Se é verdade que te não permitirei a vida, não te concederei a morte. Terás alongada a existência, para penar e pagar, gota a gota, todo o mal que fizeste e toda a loucura que vitalizas. Somos a tua sombra e estaremos onde quer que a tua vibração peçonhenta denuncie a ignomínia da tua passagem. Pensavas que as sombras do crime apagariam as pegadas do criminoso, na noite do esquecimento? Ignoravas que ninguém tem o direito de matar, desde que a ninguém é dado o direito de produzir a vida?! Se não te podemos impedir a consumação dos objetivos macabros, não te permitiremos gozar o fruto na colheita dos resultados. Não confiando na Justiça de Deus, e sonhando com o poder da Terra, tornaste-nos teu juiz e teu verdugo. Doravante, não te deixaremos mais. Conhecerás o travo do ódio, o desejo da morte, ansiarás pela inconsciência — tudo quanto temos desejado para nós mesmos, desde que te ergueste como destruidor das minhas esperanças — e como não as tivemos para os meus, por tua culpa, não as fruirás para ti, em razão da mesma culpa...

Como se desejasse imprimir, a ferro em brasa, aquele encontro na mente do moço pávido, o vingador relanceou o olhar e apontou Assunta, num misto de ferocidade e demência, ali presente, impossibilitada de raciocinar. Rilhando os dentes, o infeliz duque blasonou:

— Supunhas que a mataste também. Como te enganas com a vida, usurpador da existência! Desconheces que a destruição da roupa orgânica de forma alguma extingue o ser, que continua desditoso ou feliz conforme o mereça? A *morte* é mais cruel e indevassável do que a *vida*. As mais funestas narrativas não descrevem o que é atravessar as águas do *Estige* ou sofrer a presença das *Parcas*[8]. Quando Átropos corta o fio da vida, a morte apenas dilata as sensações, e a existência se alonga, como um rio perdido no infinito. Rebolcam-se em suas águas lodacentas os que foram vencidos pela desgraça, como eu, atirado que me encontro no fosso do ódio pelas tuas mãos criminosas, que deceparei, logo mais, após fazer-te verter baga a baga o suor da desdita que me impuseste. A tua comparsa — fita-a, reconheces? — sim, é Assunta, a traidora! —, jaz agora sob o meu guante. Alcancei-a do *lado de cá*, logo se libertou da matéria putrescível, na qual pretendeste apagá-la, silenciando-lhe a cumplicidade. Surpreendida pelo teu punhal sega-vidas, não há palavras nem tintas que possam dizer o que lhe passou pelo infeliz espírito expulso do corpo, ao império da tua impiedade e cobardia: os lábios selados, a garganta hirta, os meios de comunicação impossibilitados de articulação e o cérebro ricocheteado pelo assombro, desejando bradar toda a alucinação... As dores sobre-humanas, acompanhadas da surpresa, as amarras físicas vigorosas, dominadoras, a noite da razão toda feita de incomensurável agonia, não, não as podes entender, porque a águia desconhece as sensações

---

[8] *Parcas* — As *parcas* eram figuras da Mitologia que representavam três divindades dos *Infernos*, senhoras das vidas das criaturas, cuja trama fiavam. *Cloto* representava o nascimento, segundo a roca, *Láquesis* fazia que girasse o fuso e Átropos cortava o fio, fazendo extinguir a vida.

da pomba estraçalhada nas suas garras contraídas! Entenderás depois, logo mais, quando começarmos a fazer justiça, como agora já compreende a víbora que te acompanhou no crime do meu solar, ajudando-te e homiziando-se ao teu lado. Ninguém soube realmente o que aconteceu, conforme supunhas. No entanto, eu lá estava, arrastado pela tua mente odienta, que me exprobrava, arrancando-me do sepulcro onde eu me encontrava em desalinho, para seguir contigo, estupidificado, pelo corredor longo, escuro e, inerme, ver-te no assassínio dos meus filhos e Lúcia, indefesos ante o abutre devorador...

A entidade, desfigurada, arquejante, babava.

O ódio é semente de destruição, que ressuda tóxico corrosivo a aniquilar interiormente. Aqueles que são alcançados pelas suas nefandas e mortificas destilações de tal forma se impregnam que somente o mergulho em novas formas carnais consegue diminuir a mortífera emanação. Desenvolvido no homem, por processo de educação deficitária, desde a mais tenra infância, na qual se injetam os germes do egoísmo, da prepotência, da vaidade, muito facilmente medrarão os princípios da ira, que se transforma em rancor, logo tenham desconsiderados seus propósitos inferiores. Em toda parte, os sêmens do ódio se encontram latentes, considerando-se que na Terra, ainda, a força do instinto predomina sobre as manifestações da inteligência e do sentimento, numa conspiração formal contra a evolução do ser e sua consequente libertação das amarras primitivas.

Enquanto predomina a natureza animal, em detrimento da natureza espiritual, o homem se aventura na posse indébita dos valores transitórios e promove a guerra, exteriorizando os princípios selvagens que ainda vigem no seu ser. A impiedade se manifesta desde cedo, nele, mediante a indiferença pela dor do próximo e, se por acaso é convocado à justiça para selecionar os criminosos, em defesa dos cidadãos probos e corretos, aplica a lei não como corretivo e processo de reeducação, porém, na forma de punição e vingança, como se a Justiça fosse exclusivamente cirurgiã e não processo retificador de educação e disciplina, em que o amor deve preponderar. A violência medra porque há clima propício para a rebeldia, e o ódio se instala porque encontra reciprocidade na atmosfera moral das criaturas. Quantas vezes, ante as calamidades, as tragédias ou as injustiças de que alguns são alvo, cidadãos pacatos se rebelam, dando vazão a sentimentos que já não se aceitam sequer nos bárbaros?! Quantas pessoas de siso e educação se revelam vândalos, desde que estejam a sós ou se acumpliciem em malta, instigados por nonadas que lhes açulam as manifestações primárias?! Por essa razão, a paixão de qualquer natureza deve ser motivo de disciplina pelo homem de bem. Nem a indiferença ante a aflição do próximo, nem a exacerbação pelo sofrimento injusto. Moderação é medida preventiva para os estados que a patologia, nos estudos psicológicos, examina como capítulo básico da degenerescência do homem. Quando rutilarem as morigerantes lições do Cordeiro, na Terra, o ódio e seus sequazes baterão em retirada, dando lugar ao clima de amor por Ele preconizado e vivido até a cruz.

Ante o torvo semblante do acusador, Girólamo respirava com dificuldade, açoitado pelos tropéis das lembranças sinistras, que retornavam à mente sobressaltada. Longe, porém, de arrepender-se ou justificar-se, sintonizava com o ódio que o pai adotivo destilava, sentindo-se impossibilitado de selar-lhe os lábios em definitivo. De compleição moral pusilânime, não tinha coragem de enfrentar a vítima, acostumado aos ardis criminosos nos quais sempre se escondia. Por mais que desejasse libertar-se da constrição da cena, não conseguia senão afundar-se ainda mais na angústia maceradora do momento.

— Sei o que pensas, miserável! — baldoou, soturno e frio, o adversário —. Ouço-te por processo que ignoro. Tua mente fala na minha, e sei o que desejarias perpetrar para silenciar-me, como tens feito com os infelizes que tentam obstaculizar-te o avanço desregrado. É, porém, inútil. Não me atingirás. Eu, sim, tenho-te nas mãos e te esganarei lentamente, como fizeste aos meus, asfixiando-os com frieza calculada... Mas, ainda não acabei. Ouvirás agora a tua parceira. Ela está do meu lado. Recebi-a depois da morte e submeti-a a mim, considerando o ódio que agora também ela te devota. Escuta-a, bandido, para que nunca mais esqueças...

Assunta, conquanto tivesse o aspecto de górgona, por momentos, lívida, por instantes rubra, escancarou a boca macilenta e, vencida por dorida agonia, doestou:

— Por que me destroçaste a vida, quando a juventude me sorria, infeliz?! Não te fui cômpar dócil e maleável, deixando-me arrastar à hediondez do crime sob tua inspiração? Ao dar-te meu corpo, não selei contigo o pacto de vida ou morte, oferecendo-te, também, minha alma, que ambos atiramos na desgraça em que ora padeço?! Dá-me uma só razão para o homicídio que perpetraste contra mim. Silenciar-me a voz, apagando-me da tua presença? Inditoso e venal assassino. Eu te lamento, porque não te posso perdoar. Na tua sanha e desfaçatez, ignoras Deus ou te supões maior do que Ele, para tomares nas tuas mãos as vidas e destroçá-las, como se fossem brinquedos de que te podes utilizar caprichosamente, para logo após arrojá-los no abandono do abismo?... E eu que tanto te amei!

Lágrimas de fogo escorriam abundantes pelo rosto congestionado da facínora, colhida na rede da própria trama. Convulsiva, no entanto, vociferou:

— Todo o amor que nutria por ti agora me consome em fornalha de ódio vivo. O duque colheu-me e vinga-se em mim. Rouba-me energias, vampiriza-me, deixando-me somente parcas forças, para que eu as tome de ti, vampirizando-te, também, já que estamos tão vinculados, a fim de passá-las a ele... Nada sabes da *morte,* corretor da destruição. Locupletam-se *aqui,* em hediondos conúbios, os desventurados como nós. Fazes parte, já, dos que *aqui* se encontram, não obstante ainda estejas fora destes sítios. Experimentarás o exaurir das energias, o deperecer inevitável, e depois... depois estaremos esperando por ti, vinculados uns aos outros pelos crimes que nos igualam. Girólamo, Girólamo, por quê?...

Uma estrídula gargalhada, sibilante, de loucura, espocou e Girólamo acordou, fosse porque o leve carro vascolejasse, ameaçando cair, fosse pela penetrante voz da ex-companheira. Suor abundante escorria-lhe pelo rosto coberto de pó. Trêmulo, fez que o cocheiro parasse os animais e saltou para aspirar um pouco de ar. A atmosfera pesava, angustiante. O auriga saltou, a seu turno, procurando atender o amo, que o empurrou, caminhando em direção a velha árvore à margem da estrada, para um pouco de renovação, recompondo o íntimo tumultuado pelos acontecimentos do *sonho.*

A cidade, à vista, parecia convidar os que se encontravam nas cercanias.

Ante a preocupação do servo, Girólamo apontou a anteporta de *Camollia* e a meias palavras pediu que a carruagem vencesse a pequena distância que faltava para atingir a porta de entrada, seguindo em direção à *Fonte Follonica*, dentro da cidade, para, depois de refrescante parada, procurar o bispo, no palácio ao lado da Catedral, em busca de conforto e refazimento.

No pequeno transcurso, enquanto o veículo vencia as ruas medievais com suas lajes antigas, mantendo as cortinas descidas, Girólamo procurava tranquilizar-se, de que tudo não passara de um miserável pesadelo, resultante da sua evocação inconsciente dos dramas do solar, quando na *Via Cássia* olhara a altaneira construção no acume da colina.

Mais refeito e quase otimista pela chegada a Siena, que o aguardaria com renovada carga de emoções bastardas, achegou-se à fonte generosa, de três arcadas, e refrescou-se, asseando-se ligeiramente, para rumar na direção de uma hospedaria, sorver um *chianti* e procurar os amigos, de cuja companhia sentia incontida falta.

Recebido com galhardia pelos companheiros de dissipações, que logo se reuniram para comemorar a chegada do antigo sócio dos prazeres, Girólamo experimentou indômita felicidade, como se valorizasse, então, o alto prêmio da liberdade, que parecia ter perdido mediante o consórcio matrimonial. Repassou mentalmente as noitadas embriagadoras, refletindo no tempo de que podia dispor, agora que os recursos pecuniários lhe abriam amplas perspectivas de gozo, e, delirante de júbilo, explodiu em imensurável alegria. Era como se prometesse a si mesmo não perder sequer uma gota da rara oportunidade de viver intensamente. O lar, afinal de contas, não lhe representava impedimento. Homem venal, teria razões sobejas de afastamento do solar di Bicci, reiteradamente, dele fazendo um lugar de repouso entre as viagens que ora se tornariam constantes e alongadas. Conhecia, por notícias que lhe chegavam fascinantes, das glórias que, então, se viviam em Veneza, onde o exótico vinho de Chipre era derramado em festins incessantes, conquanto perdurasse a incômoda situação política. As famosas recepções festivas nos palácios venezianos e as aventuras amorosas nas gôndolas românticas entreteciam, nesse rápido momento, as ânsias de novos e redobrados gozos do moço senense. Desde há muito não privava de júbilos tão expressivos. Mesmo no matrimônio — para ele a conquista da nobre Beatriz era apenas um capricho a mais, mediante o qual aumentava as posses, por meio do comércio afetivo, então em muita voga —, não sentira tão grande ventura. Momentaneamente fascinado pela consorte, dedicara-lhe algum tempo, não, todavia, o suficiente para fazer-se prender pelos liames imateriais do amor, a cujo culto seu caráter dificilmente se rendia. Apaixonado, perseguia, sôfrego, emoções novas, jamais aquelas derivadas dos sentimentos superiores, únicas que são capazes de lenir os tormentos íntimos e que, à semelhança de linfa refrescante, possuem recursos para matar a sede dos desejos infrenes, desregrados... Via-se mentalmente cercado, no futuro, de mulheres jovens e belas, provocando inveja aos competidores, como se estivesse guindado ao carro do triunfo desmedido, a correr em nuvens róseas de ilusões...

Foi despertado do devaneio pela bulha agitada dos amigos, que lhe indagaram, ruidosos, o porquê do olhar distante e da expressão da face, enigmática.

Desculpando-se com as justificativas do cansaço e do calor, escusou-se por ter que se ausentar, informando da necessidade de entrevistar-se com o bispo, a respeito de negócios urgentes quão inadiáveis.

Francesco, seu amigo, garboso e pervertido senense, reivindicando o direito de retribuir-lhe a hospedagem de que fora objeto em seu solar, por ocasião das bodas, insistiu e terminou por conseguir transladá-lo para o Palácio T., na praça do mesmo nome, fronteiro à célebre Igreja de São Cristóvão.

Sensibilizado, Girólamo aceitou o convite, tendo em vista o que representaria, socialmente, a sua hospedagem no famoso edifício T., e recordou-se da magnitude da construção de estilo gótico rigoroso, em pedra de cantaria trabalhada, com sua fachada em três pisos distintos, esbeltos e nobres, assinalados pelas duas ordens de amplos bifloros.

O amigo, muito alegre, transferiu sua arca de viagem, enquanto ele seguia ao palácio do bispo, na praça do campo.

Logo sentiu-se a sós, sob o mesmo causticante sol do entardecer, Girólamo voltou a experimentar a singular apreensão que o inquietava. Tinha a sensação incomum de que se fazia seguido por malta de inimigos impalpáveis. Acreditando-se ainda perturbado pelo pesadelo de que fora acometido na viagem, tentou retirar da mente as ideias deprimentes, considerando as promessas de ventura com que a ocasião lhe acenava.

Todo o casario de Siena resplandecia ao sol. Os telhados de barro vermelho cozido, as casas serpenteantes entre as ruas tortuosas, subindo e descendo as colinas, com o *Duomo*, em mármore branco e negro, em destaque, no alto, os loendros arrebentados em flor e perfume, os ciprestes resinosos sempre verdes e altaneiros, os edifícios apoiados uns aos outros e os arcos sobre as ruas estreitas, pavimentadas de velhas lajes, largas e gastas, em simetria harmoniosa, tudo falava ao cérebro turbilhonado do rapaz que a pintura citadina era um presente que não podia desprezar. Tentando sorrir e possuir a cidade formosa que lhe surgia como dádiva espontânea, avançou na direção da praça, antegozando o encontro com o mentor religioso, que certamente lhe acalmaria as inquietações, dando-lhe a bênção confessional. Naturalmente que se recordara de trazer para o pastor a dádiva da sua generosidade — ou o suborno para a cumplicidade demorada?! —, como testemunho de fidelidade e afeição.

Ao aproximar-se da porta central do palácio, Girólamo sofreu um estremecimento. Todas as suas carnes e músculos foram, subitamente, sacudidos por vibração poderosa, que o fez fremir. De inopino, o suor gotejou-lhe na testa, na face, e as mãos se lhe fizeram frias. Pareceu-lhe escutar, não saberia dizer se dentro ou fora da consciência, agudo grito blasfemo e acusador: —Assassino, assassino! Conquanto desejasse manter-se rijo, veio-lhe um vágado ligeiro, que por pouco não o arrojou ao solo. Tentando dominar-se, apoiou-se à porta de carvalho antigo, lavrada, até recompor-se, e avançou sobre o piso de mármore embutido. O peito se lhe fez arfante, e incontrolável tremor pôs-se a agitá-lo. Que poderoso trauma lhe ocasionara o pesadelo da *Via Cássia!* — refletia. — Talvez, em saindo dali, procurasse um ervanário para algumas duchas e, possivelmente, fazer uso de qualquer poderosa infusão calmante. Ante a ideia fascinante, pareceu-lhe aquietar o espírito.

Anunciado pelo porteiro ao secretário de Sua Eminência Reverendíssima, Girólamo foi recebido gentilmente pelo clérigo, em sua biblioteca renascentista, ricamente decorada. Lá dentro, o ar era agradável e a sala de amplas proporções, atapetada, luxuosa, e isso funcionou como refazimento para o atormentado viajante. Depois de apresentar a sua espórtula à Cúria, por meio do seu representante, Girólamo foi colocado à vontade e astutamente inquirido. Como se ainda estivesse possuído pelo terror das lembranças que lhe não abandonavam a mente, o rapaz resolveu, com habilidade, informar-se de alguns pontos de fé religiosa, que o mantinham em dúvida. Dessa forma, sem maiores delongas, esclareceu ao amigo as suas dificuldades religiosas, ante os sucessivos acontecimentos insólitos que o haviam surpreendido e o deixaram inquieto. Dentre os pontos básicos dos seus contínuos estados de espírito, um deles merecia destaque: o que dizia respeito à volta dos *mortos* para perseguir os *vivos*.

O sacerdote, pouco interessado no destino das almas e amaciado pela vida de excessivo conforto que desfrutava, pouco afeito às meditações superiores da vida espiritual e aclimatado às evasivas filosóficas e aos velhos chavões distantes do raciocínio iluminativo e racional, sorriu displicente e inquiriu, por sua vez:

— Crê, você, meu filho, que os *mortos* retornem ao teatro dos homens para os perseguir? Não sabe, graças à Santa Madre Igreja, que a crença supersticiosa em tais ideias é blasfêmia e que os que cultivam esses pensamentos pagãos são tidos como bruxos e feiticeiros?

Fez uma pausa de efeito e, indiferente às inquietações do pupilo, acrescentou:

— Posso afirmar-lhe que ninguém retorna, após a morte. Os demônios, muitas vezes, para tentarem os que se encontram na graça do senhor, assumem formas humanas e disputam com os anjos as almas dos que ainda se encontram na Terra, limitados nas paredes do corpo.

— No entanto, Excelência — retrucou o jovem —, pensando assim, ocorre-me que seria indiferença de Deus permitir que os emissários de Belzebu perturbem com os seus vastos recursos os que desejam a trilha do bem. Não me refiro a mim, porque reconheço, desde há muito, encontrar-me um tanto fora da paz interior. Todavia, parece-me...

Impedindo-o de prosseguir na exteriorização do pensamento, o sacerdote, que desejava encerrar a entrevista, esclareceu, jovial:

— Deixe, meu filho, para os estudiosos e exegetas esses problemas da fé. Retire-os de sua cabeça e trate de distrair-se.

Estendendo-lhe a mão, apresentou ao moço, uma única vez interessado no importante problema do espírito, o anel para o ósculo e, com a habilidade de diplomata que era, encerrou o encontro.

Mais disposto, o rapaz osculou a joia, despediu-se efusivamente, prometendo visitá-lo noutra oportunidade e, abençoado por meio do formalismo inoperante e inútil, demandou a praça ensolarada, em pleno entardecer.

A chegada ao Palácio T., na parte superior da cidade, fez-se seguida das homenagens dos anfitriões. Francesco e sua esposa, uma morena de grandes olhos claros e tez bronzeada, de aparência sensual e leviana, acolheram o visitante com reais demonstrações de cordialidade e júbilo. Por estranho processo magnético, porém, Girólamo sentiu que a esposa do amigo experimentou a mesma sensação de prazer que ele, ao primeiro encontro, e rejubilou-se interiormente. Francesco conduziu-o à peça interior, em que se deveria hospedar, e apresentou-lhe as bilhas de água fresca e a bacia de fina porcelana, para a higiene corporal.

Sacudido pelas alegrias espontâneas do momento, Girólamo pareceu novamente ouvir ensurdecedora gargalhada a estrugir dentro da sua cabeça, reconhecendo a voz de Assunta assassinada, como se ela estivesse presente. Empalideceu de inopino e fez-se lívido.

Francesco, surpreso, inquiriu o amigo a respeito do seu estado.

— Não é nada de assustar — asseverou o *cavaliere*—, Creio que o sol causticante na viagem fez-me mal. Tive um pesadelo e, desde então, estou sendo acometido de desconhecidas sensações, quais delírios produzidos pela *maremma,* conquanto não esteja febril. Desejava mesmo perguntar-lhe se há, na cidade, algum ervanário que mereça uma consulta, ou algum médico, embora a minha indiferença e quase prevenção total contra os médicos...

— Sim — redarguiu o anfitrião —, sei que fora da cidade, além da *Porta Ovile,* reside estranho misto de ervanário e adivinho, que atende seleta clientela, não obstante permaneça em silencioso abandono, entre os seus unguentos e misteres exóticos. Nossa família consultou-o mais de uma vez, com excelentes resultados. Mas, que teria o Conde Cherubini para interessar-se por gente desse jaez?

— Se me guarda segredo — falou, esfogueado, o nobre —, gostaria de consultá-lo para acalmar-me a respeito de problemas graves de família. Não ignora você a tragédia de que foi palco o solar que hoje é propriedade minha. Não posso negar que crueis preságios me acossam, desde que para ali trasladei residência. E desde que há alguém que se atreve a penetrar nos meandros dos *mortos,* muito gostaria de inteirar-me de algumas questões que me perturbam, a respeito do assunto.

Depois de uma pausa de demorada reflexão, Girólamo interrogou:

— Como a ceia nestes dias de verão é sempre recuada para as horas frescas e avançadas da noite, não poderíamos ir ao encontro desse misterioso oráculo?

Seriam somente duas horas, no máximo, entre ida e volta. Se você aprova, poderemos chamar o palafreneiro e seguiremos de carruagem até lá.

Francesco surpreendeu-se com o estado de exaltação do amigo. Os olhos estavam arregalados, e o palor da face traduzia profunda desesperação. Assentindo, foram dadas ordens para que se atrelassem animais à carruagem e minutos depois os dois moços partiram, apressados, em direção da *Porta Ovile.*

Sopravam os ventos campesinos do entardecer, embora o sol ainda estivesse modorrento por sobre o longínquo crepúsculo. Vencida a *porta*, os animais galoparam por mais alguns poucos quilômetros e atingiram a habitação do sensitivo.

Foram recebidos à porta pelo estranho hierofante, que se trajava à grega antiga. De idade avançada e plácido olhar, a cabeleira basta e as barbas crescidas, estas desciam emoldurando-lhe o rosto e dando-lhe a feição de venerando vulto bíblico arrancado às páginas do passado. Delicado, o intérprete dos Espíritos convidou os moços a entrarem em pequena câmara profusamente decorada de caracteres astrológicos e com os signos do Zodíaco, ervas perfumadas e turíbulos com fumo odorífero. Assentou-se sobre um almofadão, em cima de um tapete envelhecido, e solicitou aos jovens que se acercassem, descalçando-se e sentando-se, também.

Após demorada concentração, em que as têmporas apareciam dilatadas e suando fartamente, recompôs-se, solicitando a anuência de Francesco para ficar a sós com Girólamo, no que foi atendido.

De imediato, falou ao moço intrigado e medrica;

— Vejo sombras vingadoras que o ameaçam. Sua vida está em grave perigo. Ouço choros convulsos de crianças indefesas que suas mãos assassinaram...

— Mentiroso! — trovejou o consulente, dominado de ira singular. — Que pretende com tais calúnias?

— Acalme-se, meu jovem, — respondeu sereno o médium. — Você não me atemoriza nem me intimida. Estou acostumado às ameaças dos que se encontram jugulados ao remorso e dos que temem a verdade. Você sabe que não são mentiras nem infâmias, quanto lhe digo. Vejo e *ouço,* como você mesmo tem *ouvido*, as vozes clamando por justiça e suplicando punição contra o criminoso que lhes roubou a vida... Por que, meu filho? Por que investiu contra a vida daqueles que eram os filhos do seu benfeitor? Onde você colocou a Justiça Divina? Não sabe que a vida do próximo é patrimônio sagrado da Divindade?...

Repentinamente, o ancião se tornou muito lívido e, com a boca retorcida em ricto cruel, enunciou com voz inesquecível, pelo tom de sarcasmo e ameaça:

— Não escaparás à Justiça, bandido! Trouxe-te até aqui para que me ouvisses em lucidez. Não poderás dizer que estás sonhando ou em delírio. Ouvirás minha voz onde estejas, causticando-te o cérebro até despertar a tua consciência nefanda. Sigo-te os passos desde a hora do crime, como a sombra acompanha o corpo onde este se encontre. Não te permitirei respirar o ar da paz, como não facultaste aos meus filhos e a Lúcia aspirarem o oxigênio da sobrevivência. Usarei da mesma técnica de que te utilizaste: impiedade e segurança! Agora possuis o que um dia seria teu, por outro processo, e que a tua precipitação roubou. Desgraçaste os outros, mas desgraçaste-te, também. Tens o solar e os valores, e doravante sentirás as mãos tintas de sangue... do sangue das tuas vítimas, de Assunta, que te odeia tanto quanto eu. Também ela aqui está.

Girólamo desejou evadir-se do local abafado. As ervas, ardendo no incensório, e a fumaça, ondulante na peça quadrada, pareciam ao criminoso, estupidificado, fantasmas dos a quem trucidara, que se corporificavam. Tinha a sensação de enlouquecer.

Caído, em contrações dolorosas, o oráculo continuava a falar, sôfrego, odiento:

— Sou o Duque di Bicci, homicida nefasto, que a morte libertou para a vida e a justiça. É tarde para que voltes atrás. Já não podes recuar... Apareceu-me a tua tia e rogou-me piedade para ti. Eu, que tanto a tenho amado, sofri-lhe a reprovação à minha conduta. Por ela, recebi-te no meu lar, apesar de jamais ter por ti nutrido compaixão ou simpatia; dei-te o meu amparo legal; tornei-te *filho* e, peçonhento, voltaste-te contra o colo que te amamentou... Como poderia perdoar-te? Nunca, nunca! Não te concederei o lenitivo da trégua, a fim de que as tuas forças não se renovem, nem se refaçam as tuas energias. Impedirei que sigas o caminho que trilhas. Possuis tudo o que antes era meu e de outrem; não experimentarás, todavia, uma posse maior: a da paz! Ouvirás sempre minha voz, até a hora em que te arrebatarei para *cá,* tomando-te aos meus cuidados. Rolarão séculos de horror sobre nós dois. Nunca, ouve-me: nunca terás o meu perdão. Desgraçado, infeliz criminoso! Recebe, agora, o fruto ácido da tua rapina...

Uma gargalhada em espasmos doloridos ecoou na sala abafada. O ancião estremeceu e silenciou, dominado por ignota inconsciência.

O moço, vencido em toda a pusilanimidade, queria chamar o amigo, rogar socorro; não o conseguiu. Parecia chumbado ao solo, aparvalhado, imóvel, com as têmporas dilatadas, a respiração descompassada, com suores álgidos.

Aqueles minutos pareciam não ter fim. Marmóreo, o oráculo jazia estendido sobre o tapete, respirando com dificuldade, arquejante...

Girólamo, colhido pelo inevitável encontro com a consciência, tentava arrebentar as algemas da magia poderosa que o imobilizava. Impossibilitado de raciocinar, constatava pela evidência a realidade do cometimento, não obstante fosse incapaz de entender o mecanismo pelo qual a vida respondia com incomparável vigor, desenovelando a trama dos crimes, os mistérios da morte. No paroxismo que se alongava sob o clangor do desespero de que se via possuído — mais por encontrar-se descoberto do que pelo acoimar da consciência necessitada de despertamento —, tentava coordenar o raciocínio, que lhe parecia tardo, de modo a entender como o *bruxo* se pudera inteirar dos desfechos ocorridos no solar di Bicci. Imerso na meditação, atarantado pelo tumulto da verdade que o esbordoava, inevitável, experimentou, de súbito, que a aragem asfixiante da sala fora renovada por mãos intangíveis, e uma brisa refrescante soprou, confortadora.

O hierofante caído ergueu-se suavemente, e com o semblante transmudado, no qual uma serenidade envolvente lhe aformoseava as linhas, falou transfigurado. A musicalidade da voz penetrava a acústica do moço, acalmando-o, sensibilizando- o no recôndito do ser.

Donde vinha aquela mágica modulação? Que estranho sortilégio possuía o grego para apoderar-se, assim, dos segredos do coração encarcerado no ódio, que sucumbiu na avalancha de mil misérias e morrera na frieza da indiferença pelos alheios destinos?

— interrogava-se o moço —. Não pôde continuar a reflexão, convocado à realidade do momento pela presença espiritual que o visitava.

— Desperta para Deus, Girólamo, — falou a entidade, comovida —. A tua surpresa reflete a ignorância do nosso século em torno da problemática do viver. Desencarcerada do corpo, não sucumbi, quando ele foi embutido na capela do nosso solar. Encontrei a vida e não o rio do esquecimento, transposto o túmulo. Despertei como milhões de seres colhidos pelo amanhecer da imortalidade. As cogitações religiosas do passado, que traíam as revelações de Nosso Pai, não me impediram defrontar a aurora da Eternidade, da qual ninguém se pode furtar, mergulhando no nada, ou sucumbindo sob as forças destruidoras do mal. Sou a tua tia, apiedada de ti e daqueles a quem feriste fundamente, traindo os elevados deveres cristãos e humanos, que volta para falar-te. Agora marchas, revel, sob o peso da vindita, vindo a experimentar, logo mais, o ultraje da própria consciência, açodada pelos remorsos irreversíveis, que poderão conduzir-te a funestas consequências...

Antes que consumasse os hediondos fratricídios — prosseguiu a mensageira, com modulação emocionada —, auscultando-te o espírito em torvelinho, falei-te em compulsão, num transe espontâneo, quando estavas prestes a desferir os golpes da abjeção criminosa. Não me quiseste ouvir, embora o constrangimento que te impus, fazendo-me escutar. Não me atendeste, ao sugerir-te a fuga... Informei-te que tudo passaria às tuas mãos, mais tarde, pelo impositivo da Sabedoria Divina. Rechaçaste meus alvitres e penetraste no paul da monstruosidade sem limite. Agora, agora recebes em troca do ódio semeado a perseguição que começa, e não sei quando terminará, porquanto nem a morte consegue, às vezes, parar o desaguar da animosidade. Se volto ao teu coração ingrato e insensível, recordando os filhinhos e Lúcia, que trucidaste na fúria enganosa da busca da segurança e da fortuna, ou evocando Assunta, que te seguiu a hipnose abrasadora do desvairo sexual, igualmente fulminada pelo raio da tua loucura, faço-o por nímio sentimento de compaixão por ti e por aquele que, chamado pela tua ferocidade à arena do revide, afunda-se irremediavelmente nas trevas, mas a quem tanto amo e não merece ter somada a desgraça que o fere, a miséria do crime que planeja perpetrar contra tua infeliz pessoa. Refiro-me a Giovanni, o meu amado...

Aquela voz dorida retalhava a alma do criminoso, chocado ante o espetáculo da imortalidade envolvente, indestrutível. Incapaz de reagir pelos métodos da ética cristã, deixava-se avassalar por dúvidas atrozes, conquanto a vera realidade dos fatos.

— Recua nos teus intentos infelizes e refaze o caminho — prosseguiu a senhora duquesa —. Jesus não deseja a morte do pecador, mas o seu arrependimento, a sua salvação. Há sempre um caminho para quem deseja buscar a verdade, renovar-se para a vida. Giovanni te afirma que nada o deterá, e que é tarde para ti. Eu, porém, te digo: é tempo ainda de refazeres ao menos parte dos danos causados às vidas ceifadas, redimindo-te por meio de vidas que possas amparar e resguardar. As tuas posses, arbitrariamente tuas, multiplica-as na sementeira da esperança, nas terras baixas que a *maremma* toscana empesta, aniquilando vidas. Drena o solo e recupera-o para os esfaimados que te fitam o poder, vencidos por inveja e revolta inominável. Socorre a velhice e atende a orfandade, tu que és o autor de desmandos e lágrimas. Transforma as moedas do crime em pães da esperança e favorece a noite do erro com o sol da misericórdia, em benefício dos que falecem à míngua de pão e socorro. Medita nas lições misericordiosas do Crucificado e escuta-lhe o brado de perdão... Ele, que perdoou os que o maceravam numa cruz ignóbil, a ti também perdoará a suprema alienação, facultando-te o recomeço em estância iniciai de renovação interior. Beatriz ajudar-te-á na lavoura do bem em começo. É jovem e te ama. Entretece com ela a coroa da misericórdia e condu-la ao altar da fraternidade, tu que da vida somente conheces o chafurdar nas paixões venenosas. Velarei por ti nos intentos primeiros da tua carreira de salvação e, sendo-me permitido, te inspirarei nos propósitos superiores da redenção. Do ódio renascerá o amor, sobre os escombros das ilusões abandonadas, e a floração da fraternidade produzirá os frutos do perdão daqueles que foram lesados pela tua incúria.

Houve uma grande pausa. A sala enchia-se da noite em triunfo sobre o dia, em declínio ao longe. As vozes da Natureza murmuravam lá fora. Após o silêncio angustiante, o espírito Ângela aduziu:

— Na noite de tempestade, enfrentaste a natureza em fúria, e a tormenta fez que ninguém ouvisse os débeis gemidos das tuas vítimas. No dia de primavera, roubaste o alento de Assunta, enquanto as flores aromatizavam o ar. Neste entardecer de verão, eu te suplico despertamento...

Arrepende-te, Girólamo! Deixa que penetre a luz do discernimento em teu espírito arredio aos propósitos do amor. Por mais longos te sejam os dias — e eu duvido que neste estado os tenhas muito promissores —, chegará o momento da partida, do ajuste de contas com a Divina Consciência. Ninguém consegue evadir-se à responsabilidade dos atos, e horas soam no relógio da vida que conclamam o distraído à visão da realidade, despertando-o, em definitivo, para o encontro com a razão, mesmo quando obstinado na invigilância. Eu te suplico, meu filho: salva-te, salvando aqueles que ora te seguem peçonhentos e vingadores! Busca Jesus e ora. Estiveste hoje ao lado do sacerdote, levando as mãos cheias de moedas e o coração vazio de paz. Retornaste de lá com as mãos vazias de bens e com o coração cheio de ilusão. A bênção dos homens vale a vacuidade deles mesmos. Só o amparo da consciência reta no dever é bênção legítima para a paz de cada um. Não te mancomunes mais com a insanidade. Para, para enquanto o tempo urge a teu favor, ou, sem dúvida, será tarde demais para ti... para muitos de nós. Abençoe-te o Senhor, Girólamo!

Pela face descarnada e nívea do ancião as lágrimas em pérolas escorriam contínuas, abundantes.

Girólamo sentiu-se destravar da magia da hora, ergueu-se de um salto, qual felino ferino, demandou a porta e encontrou o amigo, que já se exasperava com a demora, pedindo-lhe que partissem a toda brida.

Pelo caminho, falando com demonstrações insopitáveis de cólera, o moço senense relatou, desvairado, a Francesco:

— Esse miserável é um *bruxo* que merece a misericórdia da fogueira. Que faz a Santa Inquisição que não alcança esses intermediários de Lúcifer? Imagina, Francesco, que o demônio tomou as características dos meus tios, que me falavam pela sua boca, ameaçando-me a existência com propósitos de destruir-me a vida!

Gargalhando nervosamente, fixando-se ao engodo com o qual se comprazia, na alucinação de que se fazia possuído, alvitrou ao amigo:

— Antes da *Porta Ovile* um bom *chianti* me recobrará a calma, dando-me condições para o repasto e a noite sonhadora que nos espera. Esta é a primeira noite de que posso dispor em Siena, nos últimos meses, e não irei perdê-la por coisa nenhuma do mundo.

— *All'Inferno i morti!* — exclamou com feição de louco.

— *Viva il piacere e l'orgia! All'Inferno i morti!*[9] — retrucou Francesco.

No alto, as estrelas apareciam volumosas e brilhantes. O céu transparente, com revérberos da claridade do poente, lentamente prateava-se com a chegada do luar tranquilizante, qual poema de luz sobre os campos crestados e os ciprestes balouçantes, abençoando a noite, em mensagem de esperança e paz.

---

[9] *Viva o prazer e a orgia! Ao inferno os mortos!*

7 Obsessão vingadora e pertinaz

O homem são os seus atos. A soma das ações de cada ser constitui o caráter, qualidade inalienável do indivíduo. Legatário dos próprios feitos, o Espírito evolui mediante as atividades empreendidas, ressarcindo em cada *avatar* os compromissos negativos granjeados na vida passada, sob os estímulos das realizações enobrecidas de que se tenha feito autor. Todos conduzimos a soma das nossas qualidades, que formam o patrimônio que nos capacita a avançar ou estagnar, aprendendo, porém, sempre e incessantemente, de modo a crescer na direção da Vida. O destino, portanto, estamos a tracejá-lo cada momento, mediante as atitudes assumidas em cada etapa vencida, em cada jornada a vencer. Fiamos e desfiamos a rede do porvir, estabelecendo as medidas necessárias à felicidade ou à desdita de que somos responsáveis, autores do nosso sofrer ou alegria. A esse emaranhado, que faculta a ascese ao planalto da alegria ou a descida ao vale dos sofrimentos, denominamos *carma*, ou Lei de Causa e Efeito, perante cujas diretrizes nos fazemos joguetes dos próprios desejos. Deus, a Suprema Governança do Universo, estabeleceu leis de perfeita e soberana harmonia, que o homem não pode desconsiderar levianamente. Toda ação produz resultados que decorrem do seu impulso e da direção que lhe é dada. Cada vez que desrespeitamos, por preguiça ou rebeldia, o Estatuto Sagrado da Vida, sofremos, naturalmente, a desarmonia de que nos fizemos promotores. É Justiça e é também Amor. A todos são concedidos os tesouros do discernimento, e a responsabilidade é valorizada, tendo-se em vista o grau de entendimento de cada criatura. Mais lucidez, maior soma de responsabilidade. Por isso, o senhor Jesus foi categórico: "Mais se dará àquele que mais haja dado." Ante a grandiosidade da vida, que nos escapa no atual estado de inteligência, todos somos iguais, crescendo pelo próprio esforço, a ingentes conquistas, sob a excelsa misericórdia do Nosso Pai. Assim, o amor é fonte inexaurível, à disposição de quantos desejam felicidade e paz. O ódio, do mesmo modo, é reação do primitivismo animal, instinto em trânsito para a inteligência, que ainda não pôde superar as expressões dos começos passados. Portanto, o homem é o que pensa, o que faz e deseja.

Ninguém consegue evadir-se do país da consciência. Ali não há portas escancaradas para uma fuga permanente. A lucidez obliterada pelo ópio da ilusão, ou anestesiada pelo tóxico do prazer, um dia se aclara, desperta para o óbvio da realidade, e o indivíduo acorda para as amargas meditações em torno do já feito, do deixado de fazer e do que poderia ter realizado. Mágico desenhista, quando a razão desperta, apresenta nas telas da mente o painel vivido das ações, e como num cinemascópio tridimensional movimentam-se todas as ações, em caráter duplo: como fizemos e como poderíamos ou deveríamos ter produzido. O que decorre desse encontro consigo mesmo, para o espírito que se redescobre em falta, constitui o travo ácido do arrependimento, que, alongado, é inoperante e negativo, e do remorso, que, demorado, é verdugo implacável, mas que não resolve a palpitante questão. Somente a conscientização da responsabilidade e do legítimo desejo de reparar, empenhando todo o esforço, sob o preço da renúncia e da abnegação, constitui amenidade na canícula da dor superlativa que domina o ultrajante, ora ultrajado pelo despautério em que se comprazia. O gozo furtivo e a glória indébita, a ambição desmesurada e a sovinice soez, a inveja criminosa e a prepotência venal, a incúria de qualquer matiz e a traição sob qualquer ângulo, o orgulho vão e a soberbia nula, a luxúria absurda e o despotismo de toda espécie, a indiferença à dor e o egoísmo nos seus disfarces, por mais se encontrem velados na astúcia ou na habilidade da dissimulação, diluem-se ante a luz da consciência em despertamento, produzindo alucinação nos seus famanazes, que padecem, então, séculos a fio nos sorvedouros da reparação, ou nas situações estanques da autopunição em que se depuram, para reencetar o caminho, atravancado de escolhos que constituem barreiras a superar e testes para avaliar o esforço despendido na recomposição das leis divinas antes desrespeitadas. "A cada um segundo suas obras" — afirmou Jesus, refletindo a Justiça e o Amor de Deus.

Na aferição dos valores, a renúncia ante o gozo não fruído, a abnegação face ao sofrimento, tendo em vista a felicidade de outrem, o sacrifício ignorado, praticado na intimidade do silêncio, com o objetivo de ajudar o próximo, o perdão indistinto, a bondade generosa e ampla, o amor dilatado até mesmo aos inimigos, as lâmpadas acesas da caridade, toda expressão de virtude incendeia o céu interior do homem e fá-lo dulcificado pela paz, multiplicando nele as bênçãos do júbilo, que pode continuar a esparzir como semente de felicidade pela senda por onde segue. Por isso, o

Mestre Divino acentuou que são bem-aventurados os padecentes, os sacrificados, os pacíficos, os que amam, deles sendo o Reino dos Céus, desde a Terra, na qual estabelecem as balizas da superior construção.

Em sentido oposto, todo homem que ludibria equivoca-se em si mesmo. Aquele que consuma um crime infelicita-se. Quem proscreve o dever, prescreve a aflição para o porvir. Ninguém há, portanto, que atravesse a evolução sem a experiência conseguida a pesado tributo de amor, para poupar-se ao afligente joeirar na dor, a perene mestra e sábia amiga dos corruptos e corruptores, defraudadores todos eles das leis soberanas. O *carma*, pois, é a verdade estabelecendo os critérios, os arbítrios do futuro, emboscada em nossa consciência vigilante que, a seu turno, é "Deus conosco".

*

O ar fresco da noite, penetrando em lufadas pelas janelas da carruagem, conseguiu acalmar Girólamo, que parecia angustiado e exaltado simultaneamente. Estacando o carro antes da *Porta Ovile*, saltou ainda esfogueado e, com Francesco, se adentrou pela estalagem regurgitante, sorvendo amplo caneco de fino *chianti,* que fazia famosa a *bisca*. Transcorridos alguns minutos, e estimulado pelo suave licor, cuja dosagem de álcool lhe penetrava o sangue, convidado pelo amigo, ambos saíram na direção do Palácio T., para a ceia e posterior surtida pelas casas de prazer espalhadas pela cidade libertina.

Os tocheiros ardentes e as lâmpadas de óleo crepitantes ofereciam à residência de Francesco aspecto festivo. A movimentação de servos ativos e a agradável música que chegava da *Via dei Moro* produziam nos moços, excitados pelo vapor alcoólico, estranhas satisfações. O repasto, servido no pátio interno da mansão, próximo a caprichoso repuxo de água cristalina, cantarolante, foi acompanhado de finos vinhos e de alacridade. A anfitrioa, igualmente acostumada às explosões dos sentidos, apesar da sua juventude, proporcionava a Girólamo antevisões de facilidades que lhe seriam oferecidas ali, sem a necessidade da evasão para os centros embriagantes das profissionais do comércio dos desejos.

— Música! Desejo música! — gritou Francesco, açulado pelos licores.

Rubro e entusiasmado, avançou na direção da esposa e, arrebatando-a com ruído, ensaiou passos de dança ligeira, entre palmas e gritos dos servos e do hóspede, arriando, por fim, exausto, sobre a cadeira de alto espaldar, acolchoada e bordada de gobelinos, à guisa de trono, reservada ao dono da casa.

Girólamo, conhecedor que se fizera da alma humana pervertida, antegozou a embriaguez do amigo, imaginando apropriar-se da sua invigilante esposa, logo os bons fados lho permitissem. Sabendo que a melhor e mais eficiente técnica de conquista é fazer-se distante, ignorando a oferta e espicaçando, habilmente, o desejo naquele que se permitiu arrastar pela viciação, o moço pretextou visita a amigos, dispensando Francesco, que se apresentava incapaz de acompanhá-lo, e, com estudada cortesia, demandou a via pública. Teria tempo de cuidar da reprochável mulher, em momento próprio, sem qualquer perigo para a sua condição de hóspede e de amigo.

Toda a cidade vivia, naquele agosto, o entusiasmo e agitação próprios dos dias que precedem as festas do *Palio*. Hóspedes chegavam das cercanias, das cidades mais distantes, e as casas de estalagem, *alberghi,* pensões encontravam-se abarrotados. Os trajes coloridos inundavam as ruas, e os lampiões, presos às paredes ou pendurados sob os arcos das estreitas alamedas e becos, ofereciam claridade avermelhada, contrastando com o luar sonhador e argênteo que a tudo inundava.

De taberna em taberna, usufruindo até ao cansaço os prazeres imediatos, Girólamo parecia esquecido dos acontecimentos do dia que ainda não findara.

Em um único período diurno, a vida lhe facultara muito conhecer. Desabituado, porém, às cogitações menos vulgares, não se apercebia de que, estando à borda do abismo, aqueles eram os seus minutos finantes de loucura inconsciente. Afogava-se, pois, mais e mais, na taça da volúpia: se buscando viver, ou tentando finar-se, nem ele mesmo poderia saber. Certo é que, após os voluteios noctívagos, refugiara-se em afamado bordel, em que a inconsciência o dominara horas sem-termo, até o despertar no dia imediato, Sol alto, dorido, cansado, em desassossego. Informando-se do tempo transcorrido, procurou recobrar o ânimo e saiu precipite, na direção do lar que o hospedava, procurando justificar a falta em que incorrera, granjeando o perdão dos anfitriões, sem dúvida igualmente dissolutos.

Aqueles eram dias de festa e em tais comenos se perdoavam todos os deslizes morais, sob uma tolerância de falsa compreensão das fraquezas que os nobres se podiam permitir, em detrimento das classes desfavorecidas pela cornucópia da fortuna e pela condição do berço.

Depois de refrescar-se confortavelmente e narrar a Francesco a odisseia dos gozos exaustivos da véspera, aceitou o repasto frugal e procurou o leito para recobrar energias vitais, a fim de desperdiçá-las logo mais em nova diferente dissipação.

Eram vésperas da grande festa. A praça do campo, também chamada *Conchiglia*, estava ricamente decorada. O Palácio Público exibia já as bandeiras representativas dos diversos bairros que disputariam o *palio*. Coberturas foram distendidas sobre os balcões que circundavam o largo e as cores da cidade, em guarnições e *arazzi* bem cuidados, de tecidos valiosos, se encontravam desfraldadas, dando movimento e vida ao local das disputas. Colchões foram espalhados pela periferia circular do Campo, para forrar as paredes dos edifícios, impedindo-se quedas de consequências lutuosas. No centro do picadeiro se aglutinaria o povo e, em volta, na pista aladeirada, a grande *Mossa* daria começo à parte mais importante dos jogos. Na Torre do *Mangia* tremulava, desde cedo, a bandeira da cidade, em vermelho vivo, com a loba simbólica. E, contrastando com toda a luz e cor, as lajes do campo, divididas em nove setores, como evocando o Governo dos Nove, sobressaíam entre as listas longitudinais de pedra branca.

A cidade estava esplendente e as ansiedades espocavam nos peitos intumescidos de júbilos.

*

No solar di Bicci, a nobre Beatriz lamenta o consorte ausente. Da açoteia da casa vislumbra, a distância, os remotos sinais da Siena augusta e querida. Apesar do conforto que a mima, sentindo-se mais uma vez a sós, nessas constantes ausências do marido, deixa-se consumir por ignoto abatimento. Presságio mórbido atormenta-a e, sem poder disfarçar a inquietação, busca o conselho da velha aia que a acompanhou do lar, e fora sua predileta amiga no reduto paterno.

Intimamente, espera que o esposo, que supõe em Florença, a negócios, esteja a salvo de qualquer mal e retorne feliz aos seus braços ansiosos.

Ocorria, porém, infelizmente, que Assunta, nos espaços de tempo em que se via libertada momentaneamente da constrição obsidente do duque, refugiava-se no local em que se fizera comparsa dos hediondos crimes, investindo, assim, contra aquela que, de certo modo, supunha ocupar o seu lugar. Sumamente infeliz, o espírito da criminosa assassinada irradiava, com sua presença nefanda, insopitável mal-estar à jovem sensível, que, desconhecendo a tecedura das questões espirituais e desarmada da prece legítima — aquela prece que dulcifica o coração e ilumina o espírito —, recebia as influenciações perniciosas, intoxicando-se do fluido deletério da malfadada etrusca. Acostumada a um conceito de fé religiosa inoperante, por meio da qual os deveres maiores do crente são resolvidos pelo confessor, a jovem debatia-se na angústia, sofrendo a reação psíquica da adversária gratuita, que a sitiava inexoravelmente.

Sem outros recursos de que se pudesse utilizar, senão o amor da velha dama de companhia que a procurava encorajar, dissipando-lhe a apreensão, permanecia aflita.

— Nesta oportunidade, desde que o meu esposo saiu do lar — relatou a jovem senhora, nervosa —, experimento a desagradável presença de um ser intangível que me espia, raivoso, produzindo-me indizível mal-estar. Nas últimas horas, venho sofrendo sufocante sensação, parecida à asfixia produzida por mãos invisíveis que me alcançassem...

Não pôde dominar a emoção. O choro abundante aljofrou-lhe o rosto, em lágrimas quentes.

— Deve ser o calor, senhora — retrucou a serva, apreensiva —, nestes dias do ano, muito forte. A atmosfera sobrecarregada pelo pó torna-se quase irrespirável. Tudo isso logo passará, menina. Coragem! Quem já a viu assim, em outras épocas?! Façamos juntas um terço, para acalmá-la.

Fitando a jovem lívida, a ama, a diligente Vitória, notou-lhe o aspecto ofegante, o suor porejante, resolvendo conduzi-la à alcova. Esfregou-lhe substâncias aromáticas e chamando uma outra auxiliar puseram-se ambas a abanar a dama, quase desmaiada. O peito arfava, e, de quando em quando, crispava as mãos, traduzindo tormentoso desespero. Sem saber o que fazer. Vitória recorreu à oração. Erguendo os olhos, cravou-os no Crucifixo preso à parede do dormitório. Como de seu costume, tomou de um terço e tentou a comunhão com o Alto. A mecânica das palavras, articuladas sem qualquer vibração mental, como se valessem mais pela quantidade do que pelo estado de comunicação interior com o Pai, fazia-se uma litania.

Entrementes, a desencarnada, presa ainda às superstições a que se fixara enquanto no corpo, observando que a oração objetivava expulsá-la, a seu turno foi possuída de pavor e desprendeu-se da vítima, partindo dos sítios, tomada de angústia incoercível.

Beatriz, logo esteve liberta dos fluidos mefíticos que a venciam, foi acometida de constrangedor cansaço, vindo a dormir.

O sono de refazimento é sempre uma bênção. Desprende momentaneamente o espírito que, então, se renova, recompõe o equilíbrio orgânico e psíquico, estimulando as forças gastas a se refazerem.

A trama ultriz da perseguição espiritual apertava as teias que cingiam o invigilante criminoso às suas malhas.

*

No leito fofo, macio, Girólamo estremece. Parcialmente livre pelo desprendimento através do sono natural, seu espírito reencontra o *duque,* que o aguarda na Esfera Imortal. Vencido pelo abatimento do cansaço, a princípio não tem noção exata do que ocorre, naquele estado. Arrastado, porém, pela vítima, tornada sobrestante ímpio, este aflige com os recursos possíveis o desafeto ignóbil. O espírito do senense somente recobra a consciência espiritual após muito esforço, pois que, intoxicado pelos vapores do álcool, ingerido na noite anterior, tem também o espírito embriagado. Vendo-se em frente ao *tio* deixa-se acometer por incomparável pavor e tenta evadir-se, sem o conseguir. Fios invisíveis, poderosos, atam-no ao rival que, transformado em sicário desumano, zomba das suas aventuras e dos poucos valores de que podia dispor para a evasão. Sacudido pelo ódio que destila emanação venenosa, o duque arrasta o *sobrinho* inerme nas suas garras e leva-o às regiões tenebrosas do Mundo Espiritual, em cujos redutos experimentava a resultante da loucura que o envilecia...

*

O medo é verdugo impiedoso dos que lhe caem nas mãos. Produz vibrações especiais que geram sintonia com outras faixas na mesma dimensão de onda, produzindo o intercâmbio infeliz de forças deprimentes, congestionantes. À semelhança do ódio, aniquila os que o cultivam, desorganizando-os de dentro para fora. Alçapão traiçoeiro, abre-se, desvelando o fundo poço do desespero, que retém demoradamente as vítimas que colhe...

Da mesma forma que na Terra enxameiam redutos de *sombra* e dor, vales imensos de desgraçados que se aglutinam por leis de afinidades, valhacoutos de criminosos que respiram a mesma comunidade de homizio, em vandalismo desregrado, soutos sombrios de marginalizados morais, devesas para os que se refestelam na luxúria e participam dos seus conúbios, encontram-se esparsas, pela Terra e na intimidade das suas furnas, nos lugares pantanosos e desérticos da periferia, comunidades espirituais infelizes, que se rebolcam em estertores agônicos resultantes da infelicidade que elaboraram, produzindo vibrações de peso específico, pelos crimes perpetrados, nos tecidos muito sutis da organização perispiritual. Sofrem, sem consolo; agridem-se, sem termo; esfacelam-se, sem consumar os objetivos; afogam-se em sorvedouros que não cessam de arrastar, sem colimar a inconsciência, o que seria misericordioso; ardem em rescaldos abrasadores, sem fim; ultrajam-se, em desconforto total; fogem para *lugar nenhum,* sem abandonarem os recintos de miserabilidade em que se entrechocam; atiram-se em despenhadeiros sem fundo, nos quais esperam ir de encontro a lajes que os despedacem, sem consegui-lo; asfixiam-se em fundos fossos de lama... e desejam morrer, morrer no sentido de apagarem a razão, destruírem a consciência, esquecerem que vivem, não logrando êxito. Nenhuma palavra descreve esses verdadeiros Infernos, que a imaginação religiosa limitou, mas que, no entanto, se multiplicam punitivos, aglutinando os acumpliciados com a impiedade e a perversão dos que sintonizam, por processo de magnetismo poderoso, com os ali refugiados, em alongada desesperação. Quanto mais densa a carga mortífera de fluidos venenosos que hajam expelido, enquanto na Terra, mais se lhes agregam forças pesadas que os chumbam aos centros interiores do planeta, donde dificilmente se poderão libertar, senão quando soa o clarim da Divina Misericórdia, e corações compadecidos, na Terra, abrem os braços da maternidade para recolherem esses náufragos das antigas excursões carnais, revestindo-os de novo corpo, onde se refugiam buscando, temporariamente, esquecimento, reconsiderando atitudes por meio de expiações acerbas, nas quais a dobrez e a atrocidade se diluem nas células cerebrais, muitas vezes incapazes de construir o raciocínio, por limitadas, enfermas. Esses excruciados, quando podem desfrutar essa imerecida misericórdia do Pai Amantíssimo, escondem-se em corpos doentes e deformados, reaparecendo amolentados e sem meios de comunicação exterior, emparedados na concessão da matéria para fugirem dos comparsas que os tentam seguir, para darem longo curso a vinditas, vampirizações, conúbios amorosos molestos, açulamento das pungentes penas... Naquelas "trevas exteriores", reportadas pela palavra do Mestre dos mestres, não penetra a luz da compaixão nem o alívio da caridade; não se conhece a linfa que mitiga a sede, nem a côdea do pão que diminui a fome da aflição; estranha-se a piedade e não lucila a fímbria de qualquer claridade fraternal; tudo são dores que a imaginação humana não concebe e penas que nenhuma poesia trágica pode chorar... Incontáveis, são nutridos pelos pensamentos que permutam com a Terra e que de *lá* retomam, mantendo as fontes mentais dos homens abastecidas pela sua vazão peçonhenta. De *lá,* fluem subjugações espirituais, crimes que o despeito engendra, assaltos morais que a inveja articula, assacadilhas contra a honra e a esperança, vivificadas pelo egoísmo dos que se desgraçam... Chacinas são elaboradas e pavios de guerras são acesos, pois que, nesses multifários antros, os mais desnaturados e ferozes sobrepõem-se aos outros, criando governos desapiedados, hediondos, onde a justiça da força e da descompaixão aterroriza, esmaga com as patas do poder arbitrário. Dir-se-ia que os que ali se excruciam sofrem ao abandono, esquecidos das Soberanas Leis do Amor... No entanto, "cada um colherá aquilo que haja semeado" — ensinou o Cristo de Deus, o Justo e Manso Amigo dos homens. Escolhido por cada um o tipo de sementeira que melhor lhe compraz, este vê-se compulsoriamente obrigado a colher os frutos da livre eleição. Tais efúgios foram *construídos* pelas mentes em desalinho dos que chegavam da vida carnal, conduzidos pelo veículo da morte, e que despertavam para a realidade, buscando, então, evadir-se, esconder-se da consciência culpada e gerando vapores densos que os ocultavam, transformando-se em atmosfera própria para os engodos dos enganadores-enganados... Acumpliciados, muitos continuavam, depois da perda do organismo físico, elaborando as comunidades de aflição, por própria responsabilidade dos culpados. Mesmo assim, a vigilância do amor constantemente liberta, socorre e remove os que ali se retemperam para futuras lutas, pois que, em caso contrário, com as doses elevadas das lancinantes cruezas de que se fazem objeto, se pudessem retornar ao convívio dos homens, imediatamente, destruí-los-iam, tal a voragem primitiva de que se tornaram portadores. A Sabedoria Divina os cerceia, unindo-os pelo padrão do mesmo crime, para que entre eles, que se conhecem, praticantes das mesmas abjeções, experimentem o travo do exílio e, posteriormente, lampeje o desejo de tudo esquecer, para recomeçar, credenciando-os, assim, a novas experiências.

*

Para um desses redutos, onde agora sofria o duque as ásperas agruras de que Girólamo se tomara responsável, é que ele conduziu o sobrinho, a fim de produzir na sua memória espiritual o choque inicial do horror, por meio do qual a sincronização com a região da treva faria o culpado começar a pagar o pesado e duro tributo da regeneração impostergável.

Inerme, descomposto, o espírito encarnado foi arrastado ao núcleo de punição devida e, quando sentiu a atmosfera asfixiante e se pôde dar conta do espectro que o vituperava, foi acometido de tão pungente sofrimento que o corpo, no leito distante, traduzia a dor em gritos, estertores e agitação penosos...

O dia marchava alto e a cidade estava em bulha crescente. Sobressaltada pela atroada que vinha da peça do hóspede e estando a sós àquela hora, sem sopitar o desejo que a fazia fremir, Lucrécia, a anfitrioa desassisada, resolveu afrontar os códigos da moral e experimentar o risco de qualquer dano, correndo precipite pela recâmara, e, vendo hóspede agônico, avançou, audaciosa, e o despertou com agitação.

Atraído ao corpo, — sublime refúgio para os viciados e culpados —, Girólamo ergueu-se, descorado, trêmulo, a custo recobrando o controle dos sentidos estiolados. Vencida a primeira etapa do despertamento amargoso, dando-se conta da presença da bela mulher, apressou-se em explicar o grave incidente.

— Devo estar enfermo, — gaguejou, estremunhado —. Desde a saída do meu solar venho sendo vítima de pesadelos incessantes. Em lucidez, sinto-me acoimado por demônios vingadores e, agora, dormindo, sinto-me arrastado ao inferno...

— Meu belo *forasteiro* — retrucou a arisca, em leviandade imperdoável —, seu mal deve ter outra origem...

Sorriu, generosa, provocante. Acercou-se do moço alucinado, ainda, pelo receio e as sedas farfalhantes roçaram o corpo venal do rapaz. Dela se desprendiam os aromas fortes, luxuriosos, então em voga. Atraente, sabia como utilizar a arma da sensualidade. Curvando-se sobre ele, com o pretexto aparente de enxugar-lhe o suor, levou as mãos à face vincada por fundas olheiras, que Girólamo apresentava, e acarinhou-o. Subitamente abrasado, insensível a qualquer sentimento de gratidão ou respeito ao lar que o acolhia, espicaçado nos sentidos inferiores, aos quais muito facilmente dava campo, o ardente senense arrebatou-a e, fogoso, na volúpia de mais um cometimento sórdido, beijou-a demorada, sofregamente.

O tempo não lhes tinha significação, nem o local, que deveria ser sagrado, na condição de um santuário doméstico legalmente constituído. Na paixão que os desgovernava, iam dar curso ao atentado à dignidade, quando o moço, febril pelo desejo e lapso pelas perversões contínuas do corpo, *escutou* a estrídula gargalhada explodir dentro da cabeça.

Fulminado pelo desespero, empurrou Lucrécia sobre o leito, segurou a cabeça com as duas mãos e chocou-a contra as pedras da parede, como se a desejasse arrebentar. A mulher, surpreendida pelo inesperado insucesso, recuou, amedrontada, ao fitar o moço repentinamente possuído pela demência. Horrorizada, desceu a escadaria, para buscar o esposo no andar térreo da habitação nababa e explicar-lhe o desalinho do hóspede.

Informado do súbito mal-estar do companheiro, Francesco, que se encontrava no pátio interno do palácio, subiu a escada com celeridade e pôde impedir que o amigo enceguecido culminasse, naquele transe, numa tragédia imprevisível.

— Talvez te tenhas perturbado com o áugure, — falou-lhe, tentando acalmá-lo. — Não te deveria ter conduzido àquele local. Estavas agitado e talvez as informações e magias do louco tivessem-te afetado. Mandarei um servo chamar o médico e logo mais estarás pronto para enfrentar o dia quente, para nós promissor.

Ante a naturalidade do amigo, Girólamo aquiesceu e acalmou-se, prometendo asserenar-se.

Não podia, porém, compreender o que se passava. Sempre pudera dominar os impulsos nos momentos oportunos, dissimulando os estados íntimos, mesmo quando comandado por emoções violentas. Até ali era tido por cidadão honrado e nobre respeitado. Seu título aureolava-o de prestígio e, como *cavaleiro,* caminhava em destaque ao lado das personalidades de preeminência na cidade. Deveria estar enlouquecendo e a providência de chamar o médico parecia-lhe acertada. Aguardara aquele momento, reflexionava, para viver intensamente a vida noturna de Siena, nos dias da festa, e aquela enfermidade parecia disposta a impedi-lo. Não procurara os sogros por desejar que sua presença passasse despercebida. Planejava visitá-los após o prazer exacerbado, quando já estivesse de retorno, defendendo, com esse ato, a retaguarda. No entanto...

Pudesse, porém, o leviano ver além da barreira orgânica e enxergaria, contraído e carrancudo, o Duque di Bicci, irreconhecível na sua deformação exterior, agressivo, tendo Assunta a debater-se nas suas mãos poderosas, enquanto blasfemava, vingador, insaciável, desforçando-se naquela que ajudara o amante a arrojá-lo no couto da amargura. As expressões mais sórdidas, que escapavam dos lábios contorcidos de Assunta, traduziam a fúria de que se via possuída e o superlativo desejo de vingança que a vergastava, a alucinava. Ameaçava o antigo companheiro, em impar agonia. Desejando libertar-se, entrou, também, em agressão, mas, impotente para tanto, por ser responsável consciente pelos delitos de que agora se tornara vítima, renhiu demoradamente e desmaiou nas garras poderosas que a lancinavam...

Chegando o médico, este surpreendeu-se com a palidez do cliente. Fez-lhe um exame superficial, como era comum na época, e prescreveu-lhe várias duchas, aplicando-lhe uma rápida sangria descongestionante e mais alguns medicamentos, cujas fórmulas elaborou. Sugeriu repouso, depois do que poderia tomar um bom cálice de vinho...

Os sorrisos varreram a preocupação, encerrando a gravidade da doença.

O dia transcorreu morno e ativo. Saindo a pé com Francesco, para ligeiras visitas a amigos, ambos retornaram cedo ao palácio, a fim de retemperarem as forças para o *bal-masqué* que o Duque di Médici preparara para aquela noite, em homenagem às comemorações do dia imediato.

Os convites distribuídos anteriormente foram dirigidos a mais de duzentos ruidosos senenses e visitantes, empolgados com os surpreendentes prazeres que os aguardavam.

O Palácio Médici, em situação privilegiada da cidade, era uma imensa fortaleza, no acme de uma colina, entre árvores vetustas e cercado de largo fosso, que resguardava os jardins exóticos, de rosas variegadas, protegido pela *Viale dei Mille*.

A construção, erguida por Cosme I (Médici), é vetusta e sobranceira, donde se tem a visão da cidade engalanada.

Os salões da herdade seriam abertos, na oportunidade, ao grande público, para uma alucinante festa de prazer, das que a fizeram célebre em outros tempos. Já não desfrutando do mesmo prestígio do passado, desde a anexação da Toscana à Áustria, os Médici entregavam-se ao gozo, recuperando em dissipação o que perderam em destaque político. As autoridades governamentais, por motivos óbvios, receberam convite especial, com o justo destaque que a sua condição impunha. Ao lado das comemorações programadas para o dia imediato, rivalizava a festa dos Médici nos comentários generalizados. Não apenas a nobreza e os convidados especiais, mas o povo também, que normalmente se comprimia nos arredores, foi convocado podendo adentrar-se pelos jardins, ao ensejo abertos a todos, para ver o desfile da grandeza e do luxo, enquanto nos seus lares escasseavam o pão e a paz...

Conquanto Girólamo fosse considerado *persona-non-grata* no Palácio Médici, por motivos compreensíveis, a instâncias de Francesco e da esposa, que receberam honrosa solicitação, resolveu participar, desde que seria um baile de máscaras, em que se poderia ocultar o caráter sórdido da aparência social, na dissimulação pelo disfarce.

Lucrécia, abalada e ansiosa, ante o estado do homem cobiçado, com quem não pudera consumar a leviandade, gastou o dia nos aprestos superficiais para o baile.

A noite sobrepairou ao dia morno e quando as estrelas fulguravam no zimbório azul-escuro a cidade, ardendo em tochas resinosas e lampiões de candeeiros, fez-se deslumbrante. Luminárias especiais adornavam da praça do campo à fortaleza, mantendo luminosa a rota dos convidados álacres ao baile, insopitavelmente aguardado. A movimentação na via de acesso fazia-se ruidosa e gentes curiosas se amontoavam nas cercanias da entrada e no grande pátio-jardim de acesso ao palácio, em algazarra crescente.

As carruagens brilhavam nos vernizes novos e os cocheiros, em trajes de gala, exibiam o luxo dos seus amos embriagados pela febre dos sentidos. *Paggi,* em veludo carmesim e verde, ostentando as insígnias da família, espalhavam-se pelas escadas da entrada que davam assomo ao amplo salão, adornado de flores e tecidos custosos que lhe escorriam pelas paredes em *festoni*, combinados a guirlandas aromatizadas. Músicos florentinos e senenses, especialmente contratados, enchiam o ar de melodias. Os anfitriões recebiam os convidados deslumbrando-os com o excessivo poder econômico de que ainda desfrutavam. Roupas especialmente confeccionadas em Florença destacavam tecidos de fina tecedura, ajaezados de pedras preciosas, e as joias femininas encontravam relevo nos adereços, pulseiras, argolas e colares que eram exibidos pelos formosos duques. Meia-máscara, de veludo e *aigrette*, disfarçava a beleza sedutora da duquesa. Plumas esvoaçantes, sobre o cabelo artisticamente penteado, completavam-lhe a fantasia de *Manhã.* O esposo, em *broccatello* dourado, ostentava um jaleco de musselina de seda sobre camisa de amplas mangas *bouffants*, fazendo sobressair o colar precioso de esmeraldas adornadas de diamantes raros; tinha as costas guardadas por longa capa de seda trabalhada sobre *broccatello* prateado, que se erguia dos ombros em leque de pedrarias. As calças, justas e curtas, prendiam as meias longas por meio de uma *jarretière* veludosa, em laço delicado. Os sapatos de verniz, com fivela ampla, de prata, completavam-lhe a indumentária. Uma *parrucca* empoada dava-lhe o toque final, contrastando com a meia-máscara de couro trabalhado. Representava o *Dia*.

O capitoso vinho de Chipre, os tintos e brancos, os *chianti* e licores, o champanha fino, em abundância, corriam de pipas espalhadas por toda parte, e sobre o rico *buffet*, artisticamente decorado e ostentando jarras em prata lavrada, multiplicavam-se os tradicionais repastos: *crostini, panzanella, scriccioli, castagnaccio, frittelle, peci;* aqui e ali os famosos doces: *panforte, ricciarelli, berricuocolí*. Servos trajados em *livrée* desfilavam conduzindo bandejas de prata com frutos secos, aves defumadas ou com taças de cristal florentino e veneziano, de variegadas cores, atendendo aos pares que voluteavam pelos salões ou que aspiravam o puro ar da noite constelada.

As melodias embriagantes falavam de sensualidade e prazer, combinadas às emoções que davam curso a desgovernos cujas consequências, sempre imprevisíveis, arrastam a loucuras e insensatezes de toda espécie.

Quando o *coche* em estilo rococó, pertencente a Francesco, os conduziu a ele, à esposa e Girólamo, este, dominado pelas expectativas amplas da embriaguez do gozo, tinha os olhos faiscantes. Cobiçava introduzir-se naquele reduto, onde era detestado, e, espicaçado pela inveja aos poderosos, esperava ter, agora, oportunidade de dar vazão à onímoda ganância.

Indubitavelmente, o moço senense era garboso e possuía *aplomb* fascinante. Seus olhos coruscantes, negros e grandes, faziam-se guarnecer por longos cílios escuros, com sobrancelhas espessas e bem traçadas adornando-lhe a face morena e máscula, o que lhe dava um aspecto de ser mitológico, possuidor de grande força magnética, que atraía, qual mel, as formigas, os espíritos torturados pela lubricidade dos desejos carnais. No *coche,* forrado interiormente de cetim, cada um aspirava à maior soma de liberdade, para usufruir o ensejo de gozos mais violentos e arrebatadores. Lucrécia, ferida nos sentimentos feminis, esperava espicaçar o ciúme em Girólamo, flertando com outros convivas; Francesco, igualmente ávido de efervescências emocionais, fustigava-se pensando como libertar-se da esposa e Girólamo, desimpedido, cobiçava o mais amplo quinhão da noitada de extravagância e desregramento. Assim, logo se adentraram, justificaram-se uns aos outros, procurando cada qual a sintonia do prazer mais apetecível.

A festa transbordava alegrias e se desdobrava envolvente...

O baile deveria ser interrompido a meio, para apresentação de um espetáculo *buffo,* com teatro ligeiro e de contorcionismo, facultando recreio e descanso aos convidados.

Entre as árvores, no parque majestoso, armara-se adredemente um tablado, que, agora, feericamente iluminado, atraía todas as atenções. Música suave, de corda e pífaros, continuava embalando o ar ameno da noite avançada. Cantores regionais e atores contratados em Milão, Veneza e Florença se exibiam entre aplausos estridentes e gargalhadas que se misturavam às primeiras explosões de *ebbrezza*[10] chocante, na qual o homem desvela o íntimo primitivo, cerceado pelas convenções sociais e educacionais, desabrindo-se nesses momentos, em que se permitem cenas vandálicas e vulgares.

Uma das surpresas era constituída pela apresentação de jovem cantora popular paduense, que emocionava com a doçura da voz e a fragilidade da aparência. Dizia-se, mesmo, que vários homens se lhe arrojaram aos pés, cobiçando-lhe o amor. No entanto, na sua vida nômade com os zíngaros, que a custodiavam, a ninguém permitira o licor da juventude nem o

---

[10] *Ebbrezza* — embriaguez.

perfume estonteante do êxtase. Alguns acreditavam que os ciganos a haviam raptado na infância, vingando-se de algum nobre que lhes caíra no desagrado, culminando por amarem-na como filha predileta da grei. Supunham outros que nascera em Pádua, e tudo eram imaginações, para aureolarem o seu nome de magia. Alguma vida já fora decepada no silêncio da noite e nas armadilhas da impiedade, para deixar livre o caminho da jovem.

Exibia-se no colorido alegre dos seus trajos, com a cabeça resguardada por *pañuelo*, duas longas tranças negras de cabelo, com fios de ouro, caindo-lhe sobre o colo adornado de colares e trancelim reluzente. Tomando da *chitarra* ornada de fitas de seda brilhante, assentou-se no centro do proscênio e, ante o natural silêncio que a sua presença modesta e romântica impôs, dedilhando o instrumento harmonioso, começou a cantar. A melodia, que lembrava um gorjeio, balada de amor e tragédia, madrigal de dor e ternura, que traduzia a crueza dos dias que se viviam, dominava em notas vibrantes, para cair de súbito em pianíssimos comovedores.

> Eu era débil rouxinol
> Que a fantasia do canto embriagava!
> Cantava à luz do dia, ao sol,
> O festival de amor que me abrasava...

*

Ventura infinda me invadia a vida,
A dor em mim era desconhecida.
Sonhei voar contigo, no céu lindo;
Eras um falcão e destroçaste
Minha alegria, a vida me roubaste.

Oh! Desgraça, por amar-te tanto!...

A melodia chorava a pulcra avezita que o desejo infrene, falcão impiedoso, destruíra. Conquanto estivesse o auditório referto de pessoas de costumes reprocháveis, a canção da jovem parecia retratar uma visão desconhecida por aqueles seres, acostumados às paixões violentas, conseguindo, pelo inusitado, acalmar-lhes, momentaneamente, a sede da luxúria e do vinho.

Girólamo, por circunstância óbvia, lembrou-se de Assunta. Pareceu-lhe, no momento, que, no auge da juventude, aos primeiros lances da sedução, conseguira amá-la. Era um amor selvagem, feito de ímpetos e ânsias, mas possivelmente amor. Aliás, ele não sabia o que era o amor, além do fustigar das explosões do desejo. Ignorava o sacrifício e a renúncia, desconhecia a arte de esperar e nunca se permitira ceder, senão para retomar adiante.

Assunta reapareceu-lhe nas recordações e, por um instante, experimentou lampejos de remorso, como se lamentasse ter feito o que fez. Como se o frescor da noite e a melodia o humanizassem, deslocou-se psiquicamente do ambiente e voltou à colina de *San Miniato*, onde trucidara com punhaladas contínuas a infeliz amante. Devaneava, emocionado, quando *escutou* a gargalhada... Arrepio violento o sacudiu. Despertou estremunhado, ergueu-se e demandou o solar, para sorver amplo *bicchiere*[11] de vinho.

A doce voz continuava modulando o estribilho da canção:

> Oh! sventura di amarti tanto
> Triste manigoldo dell'alma mia
> Mi rubasti il cielo e l'incanto...

Pávido e trêmulo, arrebatou um copázio que espumava sobre uma bandeja em exposição e sorveu-o, desesperado. No íntimo, porém, sobrepondo-se ao aturdimento, continuou a *escutar* a gargalhada sardônica, acompanhada de objurgatórias e impropérios:

— Não fugirás, assassino! Assassino! Assas...si...no! Ladrão de vidas! FALCÃO destruidor!...

Sentindo o peito arfante e o espírito atroado, continuou a beber, buscando fugir da agressão mental, esquecido do baile, da vida, evadindo-se, até que o torpor alcoólico o vitimou desacordado.

Estabelecera-se, ali, em definitivo, a obsessão.

---

[11] *Bicchieri:* copo próprio para vinho; caneca.

8 A estranha personagem que surge do passado

Girólamo somente dia alto recobrou a consciência. Ignorava completamente como retornara ao Palácio T. Doíam-lhe a cabeça e todo o corpo, sentindo-se amolentado, indisposto. Logo recuperou os sentidos, ocorreu-lhe procurar os sogros, a fim de narrar as alucinações de que vinha sentindo-se objeto nos últimos dias. O problema se lhe afigurava grave, por considerar que nenhum mal-estar de ordem física o afligia. Jovem e animoso, aspirava viver longos anos, no entanto... Além disso, desejava figurar no desfile do *palio* logo mais, e certamente seria visto pelos familiares da esposa, que lhe não compreenderiam a atitude arredia, desconcertante.

Nesse comenos, Francesco, que já se refizera da noite gasta na insensatez, adentrou-se pela peça, saudando o amigo e fazendo-se acompanhar de servidor doméstico que trazia o desjejum.

— *Salve,* Girólamo!

— *Buondi,* Francesco!

— Que farra, moço! Como consumiste tanto vinho? Trouxemos-te desacordado, graças ao nosso *paggio,* que nos deu as tuas notícias, informando-nos que estavas *vencido...*

Algo constrangido, o amigo não pôde ocultar a perturbação.

— Que se passa, Girólamo? Estás estranho como nunca. Vejo-te empalidecer de súbito, e tremes. Estás enfermo?

— Sim! Creio estar enfermo — assentiu o hóspede, lívido.

— Se te sentes indisposto, chamarei o médico — redarguiu, cortês, o amigo.

— Não, não é necessário. Antes que chegasses, eu refletia sobre a conveniência de visitar os Castaldi. Penso em desfilar nas solenidades do *palio,* à tarde, e como toda a família de Beatriz estará no palanque de honra, não passarei despercebido. Justificar-me-ei da melhor forma possível, insistindo, todavia, para demorar-me contigo, a instâncias tuas.

— Aprovado! Sabes que a nossa é também tua casa. Após o desjejum, espero-te em baixo. Se desejares, irei contigo, em caso contrário... Coragem, homem! Hoje é o dia por que todos esperamos.

O bom humor do anfitrião contagiou Girólamo, que se ergueu do leito para o ligeiro asseio e repasto. Não obstante as desagradáveis enxaquecas resultantes da *ressaca,* a juventude ajudou-o no refazimento e, pouco tempo depois, galopava na direção do Palácio Castaldi, no outro lado da cidade.

A construção antiga refletia a opulência dos proprietários, por meio da torre alta, característica da época. Um pouco recuada da linha de construção na via de aceso, possuía belo jardim, e árvores frondosas davam-lhe agradável sombra em redor.

Recebido com espontânea alegria, antes que lhe viessem perguntas embaraçosas esclareceu Girólamo que a ausência da esposa se devia ao inesperado da viagem.

O Conde Lorenzo, todavia, interrogou-o com malícia e astúcia:

— Vieste ao *palio* sem Beatriz?

— Razões imperiosas fizeram-me assim proceder, — atalhou, com habilidade, o genro. — Estava em Florença, a negócios urgentes, e supunha retornar antes, de modo a trazê-la a participar dos festejos. No entanto, fui mortificado a demorar-me por mais tempo do que o previsto. De retorno a casa, acometeram-me sucessivos mal-estares, o que motivou a minha jornada diretamente a esta casa, para poupar Beatriz a preocupações desnecessárias. Logo que amanhã consulte algum esculápio e me asserene, tornarei ao lar e a trarei para um recreio no palácio dos seus pais...

— Sim, pareces-me cansado, — alvitrou o sogro.
— Onde estão a tua bagagem e compras? Vieste até aqui cavalgando?

— Não, — respondeu com naturalidade. — A viagem foi feita em *coche*. Encaminhei o empregado a uma hospedaria e aceitei o convite de Francesco, meu velho amigo, para ficar em sua casa, considerando a rapidez da viagem. Atribuí que tivésseis hóspedes aqui e confesso que precisava demorar-me um pouco com o companheiro...

— Ora, não há problemas... Gostaria que soubesses que iremos competir no *palio*.

O Conde mostrava-se descontraído e alegre.

— Que motivou a vossa atitude?

Um moço florentino que me veio oferecer serviços. Não o conheces. E após uma pausa, com um sorriso: — Vem, Girólamo, vem comigo. Ele está aprestando-se para o desfile. Representará o nosso *contrada* e desfilará com as cores da nossa casa: o branco, o verde e o vermelho. O *contrada oca*[12] apresentar-se-á pela primeira vez e esperamos vencer.

Tomando o genro pelo braço, desceu às cavalariças e apresentou um robusto e belo jovem de menos de

---

[12] *Contrada oca*: bairro do ganso.

18 anos, aprumado e queimado de sol, que parecia fogoso animal na raia da partida numa disputa hípica.

As cavalariças estavam movimentadas e, numa baia, admirável palafrém recebia conveniente tratamento de escovas e ração, para o desfile da tarde.

— Aproxima-te, Carlo! — o Conde Lorenzo chamou o moço, que somente possuía atenções para o animal e para si mesmo. — Este é o Conde Girólamo Cherubini, meu genro.

Fazendo uma curvatura respeitosa, o florentino saudou-os com todo o respeito, ao amo e ao nobre visitante.

No afã do entusiasmo, Dom Lorenzo tagarelava efusivamente:

— Garanto-te que é o melhor ginete que já esteve por estas bandas. Experimentamo-lo muitas vezes. Apostei expressiva soma de *escudos* e antegozo a vitória. Não te entusiasmas?! Deves estar, mesmo, enfermo. Retornemos... Mal suporto aguardar a hora... Aprontemo-nos, a nosso turno.

Quando o Conde Cherubini olhou, de relance, Carlo teve um lampejo desagradável, que lesto dissimulou. A sua vez, Girólamo sentiu-se desgostoso com a presença do florentino. Uma antipatia natural, recíproca, flechou-os a ambos, naquele defrontar de espíritos, em circunstância grave, embora a aparência contrária.

Dali saindo, Girólamo, despeitado com as homenagens que o sogro demonstrava para com o estranho, *bon gré, mal gré*, indagou:

— Donde o conheceis? Trouxe-vos ele carta de recomendação? Pareceu-me vulgar e atrevido. O quanto gostei do animal, detestei o cavaleiro.

— Não, meu caro, não é o que parece. Pelo contrário: é muito serviçal e bajulador. Foi-me encaminhado por Schiapparelli, o milanês. Estás cansado, enfadado. Preparemo-nos para a festa.

— Deverei apressar-me, também, retornando ao Palácio T., para reunir-me a Francesco. Estaremos no desfile entre as autoridades senenses disputando aplausos. (A vaidade fê-lo sorrir.) Como sabemos que estareis na praça, entre as representações mais importantes... Voltarei depois, para relatar-vos minha enfermidade e ouvir-vos.

— Não vais saudar a senhora condessa?

— Perdoai-me e pedi desculpas por mim. Logo voltarei. O tempo urge...

Conduzido ao animal que o aguardava, logo partiu.

Carlo, porém, não pôde refrear as lembranças. Mesmo após o afastamento do moço nobre, experimentou singular constrangimento. Tinha a impressão de conhecê-lo. Começou a sindicar entre os cavalariços e informou-se da origem do Conde Cherubini e das tragédias que aconteceram, alguns anos recuados, no solar di Bicci.

A tagarelice de servos e domésticos, bem como a leviandade de amos e patrões são responsáveis por muitas desgraças, em todos os tempos. A irresponsabilidade de uns e a frivolidade de outros têm veiculado muitas dores em forma de intrigas, traições, delações, calúnias... e verdades de muitos matizes, que poderiam ser evitadas.

Dando-se conta do peso de misérias que corroíam a personalidade do visitante. Carlo recordou-se de conhecer aquele rosto, aqueles gestos nervosos, aquele porte... O importante, porém, no momento, era o desfile e a tal entregou-se de mente e coração.

Enquanto galopava, Girólamo padecia de um presságio desconcertante. Carlo parecia-lhe um inimigo que pela primeira vez defrontava. A ousadia com que o jovem o fitara ferira-o mortalmente. Talvez nele se defrontasse consigo mesmo: aventureiro, atrevido, pusilânime... A verdade é que se sentia perturbado. Procurou banir da mente enferma as ideias deprimentes e acelerou o passo do animal.

As ruas regurgitavam de gentes. O sol estava a pino, e o ar parado, morno, desagradava. Havia, todavia, por toda parte, algazarra e movimento.

Logo chegou ao Palácio T., encontrou a vetusta construção decorada, festivamente, com as cores da família, os pavilhões novos a escorrerem das amplas janelas ogivais, e grande agitação dos visitantes e amigos, que se aprestavam para acompanhar o grupo do nobre Francesco. Apressando-se, Girólamo requisitou um servo para banhá-lo e trajou-se garboso, retirando da arca que trouxera o estandarte da família Bicci, com as borlas características, que eram herdadas da família M. Talvez a sua ousadia provocasse um atrito com os descendentes de Buonaventura, na exibição pretendida. Desejava, entretanto, firmar-se, em definitivo, no conceito geral da cidade, que esperava conquistar, malgrado a disputa que se travava em todos os recantos, pela supremacia dos novos donos do prazer...

Tivera anteriormente o cuidado de requerer às autoridades modificação no brasão da família, visto que doravante ele se transformaria no tronco de nova árvore genealógica, e adicionara o falcão — que bem o representava — aos símbolos do extinto duque. Naquela ocasião, exibiria à cidade, com garbo, as suas insígnias: conde e *cavaliere* Dom Girólamo Cherubini di Bicci!

Enquanto pensava, sentiu-se intumescer de vaidade e orgulho. Atingia, por fim, a ambicionada projeção social, pouco importando o preço que pagara para colimar os objetivos a que se propusera, desde há muito tempo. Enfrentaria a morte, os duelos e repetiria os homicídios, se necessário, para preservar o patrimônio árdua, cruamente conquistado.

Francesco penetrou na peça do hóspede e gritou:

— Avia-te, homem, ou perderemos o melhor...

Era guapo o amigo, reconhecia Girólamo, que muito o estimava. Alto e airoso, tinha a cabeleira abundante e encaracolada para dentro, a cair, em tom de mel, sob o capuz de seda que ostentava. O traje colante e em escumilha brilhante tornava-o um *deus* grego, por momentos descido à Terra. O rosto, de zigomas salientes, e os olhos fulgurantes traíam-lhe a masculinidade. Os lábios grossos, bem desenhados, refletiam a sensualidade e as narinas arfantes falavam das paixões dificilmente reprimíveis.

— Estou pronto! Desçamos!

Os amigos se apoiaram jovialmente, braço a braço, e desceram a larga escada, em ruidosa gargalhada. Em baixo, Lucrécia, cercada pelas damas de companhia, estava deslumbrante. Os moços ficaram estonteados. A jovem dama surpreendia-os, qual se fora um botão de rosa não colhido, saindo das primeiras pétalas a se entreabrirem...

À porta do palácio, formou-se pequeno cortejo: os amos, os porta-estandartes, os convidados, os áulicos e os amigos, que desceram na direção da praça do campo, já regurgitante.

Diante das autoridades presentes, fez-se o sorteio dos bairros inscritos, dos quais seriam destacados os que deviam competir. Logo após, começou o *corteo*. As multidões vibraram de entusiasmo.

Evocando os dias passados da cidade, suas glórias e conquistas, suas tradições e *folk-lore,* desfilam, pela ordem de importância, os representantes das diversas classes, tendo à frente as entidades governamentais e os componentes dos diversos bairros inscritos, destacando-se nas suas cores características. Crianças ostentam bandeiras dos *contrada*. Cada bairro se faz representar por treze figurantes. O jogo das bandeiras se faz brilhante e nele os exímios acrobatas conquistam ensurdecedores aplausos: é nota viva, comovedora, agradável na festa. E atrás, encerrando o cortejo, aparece o *Carroccio,* puxado por quatro bovinos selecionados, conduzidos, a seu turno, por dois homens encapuzados. Nesse carro de guerra está o *Pallium*— donde se derivou o nome da festa — que será entregue ao vencedor, e na qual está estampada a efígie de Maria de Nazaré. O *Pallium* faz-se guarnecer por quatro trompetistas, a rigor, que anunciam a hora culminante.

Tem início, então, a grande *mossa* dos animais escolhidos, representando os bairros liberados pelo sorteio. Os animais de raça, adestrados para a disputa, partem com desabalada sofreguidão, enquanto os partidários esganam-se aos gritos, louvando e encorajando seus jóqueis preferidos. A corrida sobre as lajes derrapantes é feita de emoções e receios. Alguns animais escorregam e atiram longe os condutores, que se ferem no atrito com as pedras luzidias.

O Conde Lorenzo, entre as autoridades, na tribuna de honra, freme e alardeia as excelências do seu palafrém, do ginete florentino e estertora, ansioso.

Girólamo, graças às deferências especiais do senhor bispo, que a seu turno indicou ao arcebispo aqueles que deveriam compor o *Carroccio,* como guardas de honra, figura em destaque, deslumbrado, provocando inveja e erguendo as insígnias da sua herdade e dos sítios que representava.

A chegada dos concorrentes deu ao Bairro Oca a honra de receber o *Pallium*. Desceram da tribuna o Conde e a Condessa di Castaldi, que, ao lado do florentino, empapado de suor, receberam das mãos de Sua Eminência o cobiçado troféu.

Carlo, ovacionado delirantemente, agradeceu o aplauso natural, espontâneo, estivo. Era o homem do dia. Os Castaldi foram cercados pelos amigos, pelos bajuladores, pelo povo e, com o animal, deixaram-se conduzir pela multidão, que carrega o ginete, entre delírios e animações. As cordas que isolam da pista a multidão são arriadas e toda a praça se transforma num imenso palco, para as festas regionais, bailes, teatros, espetáculos improvisados, e grupos alegres, tomando em odres trabalhados o capitoso vinho, relaxam-se no prazer.

Girólamo, conquanto os triunfos colhidos, martiriza-se com o êxito daquela estranha personagem, cuja lembrança o aflige e por quem nutre crescente despeito, que se transforma em surdo ódio.

À noite, o Palácio Castaldi está regurgitante e o nobre casal abre-lhe as portas aos amigos que os vão saudar, homenageando-os pela honra do alto prêmio conquistado. Empalmando as apostas numerosas, Dom Lorenzo retribui regiamente ao servo, atestando a generosidade de que se encontra possuído, e concede-lhe a liberdade de viver intensamente quanto possível aquela noite, que lhe será inesquecível.

Longas serão as horas de oferendas a *Baco* e às dissipações. Tem-se a impressão de que todo o povo delira e não há problemas na Siena triunfadora. Ninguém recorda o amanhã. "Hoje, agora, é o nosso dia, a nossa hora!" — gritam bandos álacres, agitados.

Tendo acompanhado o cortejo que seguiu, pressuroso, à casa dos sogros, Girólamo, ante a presença indesejável do moço engalanado pelos louros da vitória, cumpre o dever de banquetear-se e rever os amigos, retirando-se depois, na direção das tabernas e cassinos, onde a ilusão venenosa se desprende a peso de ouro e se faz colher com as ávidas mãos da loucura. Desgarrando-se de Francesco, que, após conduzir a esposa ao palácio, retorna aos ninhos de encantamento da cidade, misturando juventude e excessos, acorre ao *casino La Conchiglia*, para fruir as horas de enlevo e embriaguez.

Vencido quase pelos vapores do álcool e do fumo, que empestam o grande salão, o moço senense divisou Carlo numa banca larga de dados, exibindo as qualidades de ganhador.

— "Feliz no jogo, infeliz no amor" — cantarola, abraçando mulheres atormentadas e profissionais da luxúria. Apresentando a bolsa recheada de moedas, o hábil cavaleiro, invejado e comentado, desafia ao jogo. Espicaçado pela inveja e por injustificável ciúme, Girólamo aceita a provocação, e a sala silencia para ouvir, sentir e viver a disputa. O ar abafado, pestilento, enche todos os recantos. De quando em quando, espocam gargalhadas e gritos. Os dados correm no pano de feltro verde bem cuidado, as apostas aumentam e o conde, jogador ardiloso e inveterado, reduz o adversário a mísera condição, para a zombaria geral.

— "Feliz nos cavalos, desditoso nos dados, impotente no amor" — baldoa Girólamo, picado pela *jactance et forfanterie* que o dominam acerbadamente.

Vencido e humilhado naquele ambiente infeliz, ferido nos seus brios de ganhador do *palio*, Carlo sente que se deve desforçar do rival. Sai da sala em busca do ar da noite. Precisa pensar. Algo conspira contra ele, mas o seu signo o protege, — pensa revoltado.
— Doestos e chacotas zombam, na comparação que fazem dele com o nobre conde, com quem desejou duelar nos dados...

Não obstante a hora avançada, a cidade continua febril e a taça do prazer generosamente derrama seus perfumes abundantes e fáceis.

Depois de caminhar até a *Via del la Sapienza* e atingir a *Piazza de San Domenico*, o rapaz recebe as lufadas do ar brando, que sopram na larga área fronteira ao templo imponente. Olha o santuário, que é uma das glórias da cidade; aquele edifício teve o início da sua construção por volta de 1225 e término somente 240 anos depois, estando situado em local de destaque, donde oferece ampla visão da cidade, em várias direções. Sentando-se na relva macia. Carlo rebusca a imaginação:

O Conde Cherubini — pensa, estimulado pelo ódio que o domina —, após espezinhá-lo, deixou-o vencido ante todos... Embora sob o estigma das tragédias que deveriam esmagar qualquer homem, aparenta triunfo e galhardia... Conforme lhe narraram os pajens e cavalariços, falou-se que ele bem poderia ter contribuído para que a fortuna do duque lhe viesse às mãos, flutuando em abundante rio de sangue e crimes... O Duque di Bicci...

No mundo espiritual, o duque concertava um plano para atirar Girólamo entre as grades do cárcere ou no laço da forca. Estimulara, pela inspiração, a jovem senhora Lucrécia a cair-lhe nos braços, a fim de que Francesco o convidasse a duelo reparador, não colimando o desejo. Ajudado, agora, pela conjuntura das Leis desconhecidas para ele, — leis que trouxeram Carlo a Siena —, eis surgida a oportunidade ambicionada pelo inimigo desencarnado.

Aproximando-se do moço em reflexão, cujo pensamento desordenado conseguia perceber, conquanto não aprendesse a forma como lhe chegavam as vibrações mentais, começou a falar, acusador, acolitado por Assunta, em desalinho total, na sua deformação espiritual — vítima do homicida e vítima, simultânea, do novo sicário que a exauria em crua vampirização psíquica, roubando-lhe todas as energias e fazendo-a tresloucada, em longo curso de desesperação.

No lugar, distante da bulha, sob o aplauso das estrelas miúdas e faiscantes, engastadas na transparência do céu de verão, Carlo interrogava-se, freneticamente. A perseverança do ódio consegue, não raro, vencer os negligentes do amor e os comparsas da insensatez, graças à constrição atuante do pensamento que vibra destruição, aniquilamento.

Mergulhando cada vez mais nas recordações, exigindo da mente um esforço raro, passou a sintonizar com as duas entidades desditosas que lhe compartilhavam a aversão. Estabelecida a ligação psíquica, pôs-se a recordar a infância, os primeiros anos da juventude em Florença, quando pastoreava nas colinas de *San Miniato... (San Miniato* brilhou-lhe na mente, como o espocar de fogos). Reviu a cena de sangue. Sim, era de lá que o conhecia, era ele o assassino, cujo crime vira naquela primavera do horror — refletiu. — Na tela mental, estimulada pelas evocações e sincronizada com o pensamento dos verdugos espirituais, delineou-se o rosto de Assunta, debatendo-se no punhal certeiro do criminoso em fúria. Evocou o desespero que dele se apossara — mantendo vivas as tintas do crime hediondo e do soberbo assassino —, fazendo-o correr logo recuperou as forças e o comando das pernas. Sim, não havia dúvidas... Saberia cobrar a dívida ao infame. À *quelque chose malheur est bon*.[13]

Na ocasião, — continuava a desfiar o novelo das recordações —, comunicara ao pai, que o acompanhara ao local indicado e nada encontrara, senão os sinais da terra revolvida e as manchas de sangue dos animais em fúria, como lhe dissera o genitor, ao aplicar-lhe algumas bastonadas, afirmando-lhe que delirava... E como nada mais soubesse, perdurou-lhe a dúvida. Agora, tinha certeza.

Eletrificado pelo impacto da descoberta e encorajado pela inspiração perniciosa, Carlo retornou ao *casino* e fitou o homem semiembriagado, que o humilhara. De temperamento venal e orgulhoso, ele também não admitia competidor. Olhou-o de vários ângulos e

---

[13] "Para alguma coisa serve a desgraça."

quanto mais o observava, com severidade, mais se lhe acentuava a certeza sobre a procedência das suspeitas. No íntimo conturbado e na mente exacerbada, agora, pela dupla força da raiva pessoal e do ódio que lhe era transmitido, ocorreu-lhe — por transmissão mental — vender o silêncio, apavorando o criminoso, tática eficaz para vingar-se demoradamente, e — quem sabe? — denunciá-lo depois. A denúncia, é claro — refletia —, não surtiria o efeito desejado. Quem iria acreditar num cavalariço, ante a palavra do jovem conde e do seu respeitado sogro? Dar-se-ia até que ele seria chibateado em público e atirado a um catre, até à morte. O melhor e mais eficiente método seria inquietar-lhe a consciência — se é que a tinha —, obrigando-o a denunciar-se, ele próprio, mediante o conciliábulo da *chantage*.

Doía-lhe o corpo pela ansiedade e tremiam os músculos.

Acercou-se exultante e disse, sem maiores delongas:
— Com vossa permissão, senhor conde. Necessito falar-vos.
— A mim? — interrogou Girólamo. — Conseguiste mais dinheiro ou desejas pedi-lo a mim?

Algumas mulheres de aparência grotesca, na pintura e nos trajes, vários homens de vida duvidosa que se encontravam em torno do dissipador gargalharam, zombeteiros.

Dominando a impetuosidade e fazendo-se humilde, submisso, o florentino tornou:

— Perdão, senhor! Trata-se de assunto grave, se me permitis.

— Dize, homem. Que acanhamento é este, após o prejuízo?

Novas gargalhadas em troça espocaram. Girólamo realizava-se, ferindo e macerando o opositor vencido.

— Com vossa aquiescência, senhor, trata-se de problema da vossa família...

— Que tem minha família...

Girólamo saltou e mesmo *ubriaco*[14] aproximou-se do parlamentário e perguntou:

— Vens do Palácio Castaldi?

— É mais grave, senhor. Diz respeito à vossa vida, vossa paz.

— Saiamos, então, daqui, — acudiu o quase borracho.

Alguns vadios do *casino*, que cobiçavam a presa, a meio caminho da bebedeira total, para roubar-lhe as moedas, explodiram em exclamações de aborrecimento e enfado.

Os dois homens saíram à rua. Logo à porta, o senense inquiriu molesto:

— De que perigo se trata? Avia-te, ordeno!

---

[14] *Ubriaco:* bêbado.

— Calma, senhor. Não nos devem ouvir pessoas levianas.

— Que aparência de mistério é essa?

— Trata-se realmente de um mistério.

Avançaram alguns passos e, na *semiobscuridade* da viela, entre as pilastras de pedra de cantaria, sob os arcos superiores, onde os vultos pareciam mais estranhos. Carlo arengou:

— Necessito de vossa ajuda. Somente uma questão de tal monta me obrigaria...

— Qual o mistério que me envolve? — vociferou Girólamo.

Sentindo-se detentor de poderosa arma, Carlo refletiu sobre o velho provérbio: "*Chi va piano, va sano. Chi va sano va lontano*[15]". Logo explicou:

— Trata-se de uma ocorrência que vos envolve. — Fez uma pausa, para atingir melhores e seguros resultados.

Girólamo, enfadado, empurrou o contendor e pôs-se a caminho, de volta ao *casino*, protestando:

— Cavalariço imundo, incomodar-me!... Atrevido...

— Lembrai-vos de um domingo de primavera nas colinas de *San Miniato*, em Florença, senhor? — gritou-lhe. (Era sua grande cartada: vida ou desgraça. A

---

[15] "Quem vai devagar vai seguro. Quem vai seguro vai longe."

sorte estava lançada, pensou com sofreguidão.) — Eu estava lá...

Girólamo estancou o passo. Cambaleou. Um fogo de febre subiu-lhe à cabeça, os ouvidos zumbiram, como se as veias se agigantassem, quase a estourar. Rodopiou sobre os calcanhares e volveu. Apesar de quase vencido pela bebida, crispou as mãos e avançou na direção do ginete dos Castaldi, segurando-o pelas vestes com vigor e, face a face, ardendo de ira, com os dentes travados em ricto de ódio, indagou, com a voz subitamente enrouquecida;

— Não ouvi bem, miserável, canalha. Repete! Fala! Que desejas, verme asqueroso?...

— Acalmai-vos, senhor. (Carlo estava convicto de que atingira o objetivo, vingar-se-ia, agora, em longo curso de desforra.)

Tentando oferecer naturalidade à voz, falou com fingida humildade:

— Desejava que o senhor conde soubesse... Gostaria de ser-vos útil... As circunstâncias da *fortuna* me colocaram em *San Miniato*, naquele dia...

Os olhos de Girólamo fuzilavam. Mesmo na sombra, Carlo, igualmente robusto, viu o fulgor estranho daqueles olhos e sentiu as mãos de ferro, agora em torno do seu pescoço, enquanto a voz rouquenha gritava:

— Que viste, bandido? Abre-te, antes que eu mesmo te esgane!

Tentando desvencilhar-se daquelas mãos de aço, crispadas, Carlo retrucou, atordoado:

— Eu estava em *San Miniato* quando...

— Quando?!...

— Quando o senhor conde matou aquela mulher... Eu vi. (E ante o espanto de Girólamo, colhido pela surpresa do inesperado, que afrouxou um pouco a constrição, Carlo, de um golpe, desarmou o desafeto)

Aparentando desconhecer o a que se referia o florentino, o senense acercou-se e, fulminante, esbordoou-o com violência.

— Se fosses um homem da nobreza — aduziu com desprezo —, eu te convidaria a um duelo. Mas, um réptil dessa classe eu entrego às autoridades...

Sobrepondo a arrogância à razão, ensaiou alguns passos na direção do *casino*, esfogueado, em convulsão. O inesperado colhia-o em circunstância jamais desejada, cravando-lhe a lança de incomparável choque e dor. Não conseguia raciocinar com o necessário acerto. A violência da emoção superou o desalinho das forças pelo álcool, e, como suasse em bagas, passou a eliminar o tóxico. Parou a meio passo. Voltou-se e enfrentou o olhar do inimigo, imóvel, lábios contraídos, desafiador.

— Serei eu, senhor conde — revidou Carlo —, quem irá procurar as autoridades para narrar o vosso hediondo segredo. É certo que não sou nobre, mas posso sê-lo como vós o sois, lavando a condição plebeia no sangue das vítimas, como o fizestes com a vossa ganância. Não vos temo! Somos do mesmo estofo, *cavaliere* (E gargalhou com mofa).

— Matar-te-ei, miserável! (Girólamo avançou, estertorando.)

— Parai ou matar-vos-ei eu (O lépido moço recuou num salto felino, colocando-se a distância do agressor.)

Não me interessa vossa vida...

— E que desejas, cão?

— Vender-vos o meu silêncio.

— A calúnia só merece chibata e catre.

— Veremos como a cidade reagirá ao saber a notícia e relacioná-la com as tragédias do solar di Bicci... As circunstâncias da morte dos vossos parentes... (Sardônico e igualmente impiedoso, continuou a gargalhar.)

No mesmo momento em que se sentia desvairar, Girólamo *ouviu* a gargalhada de Assunta e distinguiu a voz do duque invectivar: "Assassino! Pagarás agora, assassino!"

O infeliz mancebo, a sua vez, trovejou expressões de louco e sem qualquer lucidez invadiu o *casino*, transtornado, perseguido pelas *Erínias*.[16] Palavras des-

---

[16] As *Eríneas* ou *Eumênides* eram deusas gregas a que os romanos chamavam *Fúrias*. Eram filhas da Terra, que viviam no Tártaro, com a missão de

conexas saíam-lhe dos lábios intumescidos. Segurando a cabeça com as duas mãos, correu de um lado para outro, perdido no mundo das sombras, nas quais perpetrara os crimes, e ululava. Nos ouvidos superaguçados, continuava ouvindo as acusações do *tio* e as imprecações de Assunta. Gritos e doestos sórdidos espocavam-lhe no cérebro e ele, açoitado pelo desespero, arrancou em direção a uma parede e arrojou-se de encontro a ela.

O pavor tomou conta do recinto. Dois dos seus muitos companheiros de orgias, surpreendidos pelo nefasto acontecimento, levantaram-se de repente e seguraram-no a contorcer-se no solo, a gemer, a sangrar, olhar perdido, músculos e carnes trêmulos: era um trapo, sacudido violentamente pela tempestade da insânia íntima.

O *cavaliere* Conde Dom Girólamo Cherubini di Bicci experimentava a segunda crise de loucura.

Através dos olhos sem luminosidade, ele via, além da realidade objetiva, o duque de pé, à sua frente, dedo em riste, empunhando longa chibata, com a qual o surrava desapiedadamente e, ao lado, Assunta, louca, megera nauseante, bailava e cachinava impudente, vingadora. Sofrendo o cilício que o *tio* lhe infligia,

---

punir os crimes dos homens. Faziam-se representar com os cabelos entrelaçados de serpentes, tendo um punhal numa e um facho aceso noutra mão. Tinham como nomes: *Tisífone*, *Alecto* e *Megera*. Pertenciam à Mitologia.

sentiu-se arrancado do corpo, à força, e foi obrigado a enfrentar as circunstâncias em que se arrojara voluntariamente. O corpo, exânime, tombou quase sem vida.

Recostaram-no em um leito, no andar superior do cassino-bordel, e alguém foi providenciar uma carruagem, para conduzi-lo ao lar dos sogros. A *villa* dos Castaldi estava em silêncio. Ante a gritaria dos que se encontravam fora, o guarda da entrada acordou e, cientificado do que acontecera, apressou-se a despertar os senhores. Imediatamente, Dom Lorenzo e senhora, tomados de inquietação, recolheram o genro ainda ensanguentado, promovendo meios de atendê-lo e diminuir os danos daquele insucesso, constatando que na agitação em que se debatia o genro este deveria estar bêbado, não dando maior importância ao incidente.

Dois lacaios foram designados a acompanhar a noite do mancebo, que continuou estremunhado, estertorado.

Carlo, o zagal florentino, quando viu o furor que se apossara do antagonista, fruiu a vã satisfação da vitória, comprovando, simultaneamente, que aquele homem não passava de um louco assassino. Agora, tinha certeza da legitimidade da sua observação e não o perderia de vista. Era-lhe uma presa fácil, que poderia modificar o seu destino. Propor-lhe-ia mudança de vida... Fá-lo-ia, sim.

"Agora, vamos ao prazer interrompido." — planeou.

Abandonando a rua deserta, demandou outros sítios.

A cidade acordou pachorrentamente, vagarosamente, exausta, no dia seguinte. O lixo abundava e as ruas estavam imundas...

Girólamo despertou febril, sem recobrar a lucidez, alquebrado, expressão de demente, olhar parado, fácies desconcertante. Às vezes, ria sem motivo ou se deixava vencer por crises nervosas que o sacudiam violentamente.

Dom Lorenzo despachou um moço de recados à herdade Bicci, encarregado de trazer a Condessa Beatriz. A jovem senhora, notificada da enfermidade do esposo, acudiu aflita a socorrê-lo, no palácio paterno.

A notícia chegou igualmente ao Palácio T., provocando em Francesco e Lucrécia sincera preocupação.

Por intermédio dos lacaios. Carlo manteve-se informado do que acontecia na intimidade do palácio, gozando interiormente a desforra e aguardando acontecimentos novos. Tinha a certeza de que os bons gênios, que lhe auguraram o destino futuro, premeditaram tais cometimentos para ensejar-lhe fortuna e regalias. Girólamo possuía mais do que podia dissipar e não lhe custaria muito repartir com o comparsa, elegendo-o amigo e preferido da sua casa. Reservou o tempo, esperando.

Logo chamado, o esculápio examinou detidamente o enfermo e, como este se encontrasse vitimado por febre e constantes delírios, nos quais o corpo em desequilíbrio sofria as vicissitudes do espírito aturdido, a sofrer o império do desconforto que proporcionava a si mesmo, foi taxativo: *maremma* toscana! Recomendou repouso excessivo e silêncio, prescrevendo clisteres e mezinhas outras. Comprometeu-se a retornar com assiduidade, acompanhando a marcha da enfermidade do paciente.

Sentindo o êxito do programa em plena execução, o desencarnado Duque di Bicci, no fragor da loucura de que também se via possuído, experimentou júbilo, o júbilo que, à semelhança de ácido, queima e requeima os que o conduzem. Considerava a partida ganha: Girólamo, à semelhança de Assunta, estava em suas mãos. Na ferocidade do ódio em que se consumia, não desejava que o desditoso jovem morresse de imediato. Comprazer-se-ia em vê-lo sofrer lentamente, como a cobrar a asfixia que padeceram seus filhinhos e Lúcia nas mãos ímpias do assassino. Assim reflexionando, a entidade folgou a constrição psíquica e a influenciação exercida sobre a vítima, a qual, vendo-se parcialmente livre dos fluidos danosos, recobrou alento, recuperando o controle sobre os órgãos dos sentidos físicos, a consciência, as lembranças...

Passaram pela sua mente os últimos acontecimentos, em esfera penumbrosa de sonho pernicioso.

Recordava-se da agressão espiritual sofrida, sem a compreender, todavia; evocou as ameaças e revelações de Carlo. A simples lembrança do móvel das dores que experimentava fê-lo desesperar. Possuidor de um caráter venal, tentou recompor-se para cuidar do desafeto, na ocasião oportuna.

As melhoras do enfermo, repentinas, foram saudadas festivamente como êxito do médico.

Uma semana depois, ainda convalescente, Girólamo, acompanhado pelo carinho da esposa, retomou ao solar altaneiro, nas colinas do pequeno ducado...

9 Subjugação impiedosa e nefasta

Enquanto o *coche* devorava as distâncias, na manhã de sol, acompanhando o esposo de retorno ao lar. Beatriz reflexionava sobre os presságios que a perturbaram nos dias transatos. As sensações aflitivas que a visitaram prenunciavam tragédia que, felizmente, não se consumou. Afervorada à devoção que mantinha com o santo de Assis, entregara-lhe, desde então, o espírito aturdido, confiando no socorro do *Poverello*. Asserenada da angústia, não dissipara da mente a estranha sensação de que estava vivendo em atmosfera maléfica. Era como se demônios se tivessem apossado da herdade em que vivia. Aliás, mais de uma vez instara com o marido para viverem uma larga temporada em Siena, onde não teriam dificuldade em adquirir um dos muitos palácios vazios, desde a grande crise que assolara a Toscana... O marido demonstrava amá-la verdadeiramente, não o duvidava, conquanto mantivesse naturais suspeitas em considerando as viagens frequentes que ele fazia, justificando-as com negócios complexos, intermináveis. Sempre que retornava, porém, mimava-a com presentes e tecidos, desejando-a bela e vaidosa. Por primeira vez, sentia que algo cruel os espreitava; a ela e ao esposo. Discretamente, mirou o jovem companheiro, reclinado em estofado de plumas, lívido.

Era belo! — considerou. — Talvez ele desejasse os filhos, que tardavam a chegar. Se lhe pudesse oferecer algum varão, enchê-lo-ia de orgulho e o reteria mais demoradamente em casa.

Os olhos se lhe encheram de lágrimas, pois que o amor, em qualquer expressão, dulcifica as almas, estruturando nelas as bases da verdadeira felicidade, que nem sempre os homens sabem preservar, quando a têm, ou construir, quando a não possuem real. Emocionada, tocou suavemente a nívea mão do amado, que estremeceu, descerrou os olhos e sorriu, um pouco intrigado.

— Que passa? — interrogou ele, cansado.

— Pensava! — retrucou ela, com ternura.

— Pensar? — contestou, gentil —, não é arte que pertence aos homens? Preocupada comigo? Isto logo passará. Deve ser o peso dos problemas que me têm afligido ultimamente.

— E por que não mos contas? Jurei que seria tua, na alegria e na dor, para a vida e para a morte. (A voz tremia e um assomo de meiguice emoldurava-a, transmitindo ao enfermo raios vivificantes e reparadores.) Amo-te muito, marido. Vejo-te preocupado, cenho carregado, arredio... Evito perturbar-te...

Aproximou-se ainda mais do consorte e o olhou com emoção.

O esposo fitou-a demoradamente e, por primeira vez, uma cogitação honesta dominou-lhe o pensamento. Talvez o cansaço, a perda de energias hajam-lhe facultado a lucidez, fazendo-o pensar. Pela mente torva, reexaminou os atos pretéritos e lamentou intimamente ser tarde. Logo, porém, refreou os lampejos que poderiam denunciá-lo, reassumindo a atitude de tola soberba, fechando os olhos, encerrando o benéfico entendimento.

*

Quando os homens se reconhecerem fracos e interdependentes uns dos outros; quando as nobres expressões da honestidade moral dirigirem os impulsos; quando os desejos grosseiros forem submetidos à reflexão e à competente disciplina; quando as máximas do Cristo se espraiarem além do Livro da Boa-Nova para se incorporarem ao livro dos atos humanos de cada criatura; quando o amor deixar de ser uma utopia e for exercitado pelos indivíduos, a felicidade reinará sobre as vidas na Terra e o Reino dos Céus, estabelecido desde então, se alongará indefinidamente.

Consideram os parvos e apressados, os gozadores e os cínicos que é impossível se transformarem sonhos em realidades; assentem os negligentes e os fracos, os impiedosos e facínoras, os displicentes e atormentados que a fé religiosa, a fé na vida futura, na imortalidade, é ópio embriagante e mentiroso, e deixam-se consumir por outros opiáceos, de imediata e maléfica consequência, a distância dos homens que auguram e logo esperam o primado do Espírito Imortal na Terra. Felizmente, amanhece já, em madrugada de esperanças, esse período, embora as nuvens espessas que teimam por perdurar nos céus da atualidade social e moral da Terra, nesta transição dos períodos evolutivos. Graças a isso, milhares de corações concretizam, no momento, as esperanças de Jesus Cristo, arrojando-se nos labores da fraternidade, em todos os sítios e lugares. Ei-los nas frentes das batalhas desconhecidas, contra a miséria de qualquer matiz, junto aos órfãos e obsidiados, aos ignorantes e revoltados, à velhice sem rumo e à enfermidade sem medicamento, elaborando e firmando as primícias da Era da Paz e do Amor.

Nos dias do amor, os homens se sustentarão uns aos outros e já não se farão lobos do próprio homem. A amizade se transformará em licor de entusiasmo, a correr nas veias dos sentimentos, conduzindo hemácias de simpatia nutriente, que se converterão em plasmas de vida sadia. O comércio psíquico com os infelizes do mundo espiritual inferior não mais se fará, porque, sendo sol, o amor é vida que anula e subtrai as forças nefastas, transformando-as.

O amor, por enquanto, na Terra, encontra-se oculto em jazidas profundas, das quais só a ganga, o cascalho tem merecido consideração. Os inesgotáveis filões permanecem desconhecidos.

Dia virá!... E já chegam esses dias esperados, em que o Paracleto se alastra na Terra, corporificando vidas e vidas recristianizadoras, na epopeia de lídimo renascimento do Cristianismo, em sua primitiva grandeza e eloquente pureza.

Dia virá!...

*

O colóquio, lamentavelmente interrompido pelo moço acossado, era inspirado pela senhora duquesa, tentando, em nome da Divina Providência, ajudar, diminuir consequências dolorosas, envolvendo os nubentes nas defesas que somente o amor, a prece, a caridade, podem proporcionar. No célere momento de intercâmbio salutar, energias balsâmicas e puras penetravam reciprocamente os cônjuges, emanadas da invisível mensageira da Luz. No entanto, acostumado ao clima mefítico em que se rebolcava, Girólamo não suportava a transferência de atmosfera, como se lhe produzisse mal a que era refazedora. A interferência da entidade benfazeja representava o amor do Sumo Pai, que dispõe de recursos capazes de retificar todos os males, modificando-lhes as estruturas em que se assentam e corrigindo os que produzem por meios próprios. Não é necessário que alguém se faça verdugo de outrem para que a Lei cobre os débitos do infrator. Há mecanismos providenciais que atuam automáticos e justos, refazendo e aprimorando espíritos, despertando consciências milenarmente ergastuladas na criminalidade ou na viciação; pululam meios salvadores e justiceiros, sem que outras consciências se entenebreçam nos meandros de agressões do mesmo jaez. Levantando-se do equívoco ou do agravo, da transgressão da ordem e do dever, o espírito pode recuperar-se mediante a elaboração dos valores éticos, que, em verdade, são a alma das sociedades, em todos os tempos.

Podia-se ver, ao longe, a colina e o vetusto solar di Bicci. A Condessa Beatriz falou, delicada, ao marido:

— Estamos próximo, querido. Logo mais chegaremos a casa.

Girólamo aprumou-se e olhou a herdade com os seus ciprestes altos, balouçantes. Um constrangimento interior seguido de mau augúrio sitiaram-no.

A alameda verdejante atraía. O amplo portão de acesso, em ferro trabalhado, escancarou-se à aproximação do veículo. No pátio amplo, a bela fonte jorrava linfa transparente.

A alacridade dos servos e de alguns aldeães que lá se encontravam produziu agrado nos amos que chegavam. Ajudado zelosamente pelos lacaios, Girólamo pôs-se de pé e seguiu direto à grande entrada, encimada pelas armas tradicionais, com a introdução que ele mandara completar, iniciando o seu período genealógico. É verdade que desejava filhos, para continuarem o clã, e como estes demoravam, nisso encontrava justificação interior para mais se entregar às fugas galantes...

Naqueles sítios, mesmo com o sol ardente, sempre se aspirava algum ar, na forte quadra do verão. Assim esperava o guapo senense refazer-se. Tivera o cuidado de transformar a peça da tragédia em sala de cômodo para diversos, raramente utilizada, senão quando chegavam hóspedes considerados. Ele próprio evitava, inconscientemente, a ala na qual se transformara em verdugo das vidas indefesas e sicário de si mesmo... Entretanto, na conjuntura que experimentava, voltava-lhe à mente, com assiduidade, o interesse de rever a recâmara, o que fez no dia imediato, como a vencer-se, sobrepondo a vontade aos primeiros lampejos de remorso.

Visitou-a constrangido e lá, embora a colocação das arcas e dos pesados leitos em posição diversa, com reposteiros novos, experimentou a fustigante recordação dos arranjos com que a mesma se apresentava na noite trágica e que lhe ficaram indelevelmente gravados. O dia era claro e de sol abundante, porém, sentiu-se mal, com dificuldade respiratória, como se tudo estivesse cheio de fumo e sombras. O mal-estar .que o acometeu dominou-o e fê-lo sofrer um vágado. Logo o corpo tombou, sentiu-se flutuar fora da indumentária carnal e, então, reencontrou o *tio,* a esperá-lo.

— Que pretendes, criminoso? — interrogou o fantasma do desencarnado. — Por que não proclamas os crimes cometidos? Não sabes que mesmo fugindo da mentirosa justiça dos homens não fugirás da de Deus?

Por miraculosa magia, o culpado não conseguia articular justificação ou defesa, nem podia fugir.

— Serei impiedoso para contigo — prosseguiu o Espírito atormentador —, e não te deixarei enquanto não me haja saciado demoradamente, após seviciar-te até a exaustão. Rogarás misericórdia e desejarás morrer. Morrerás, sim, é o que desejo, mas não como gostarias. E continuaremos unidos, infelicitados por ti mesmo... Agora, desperta, cobarde, para sofrer...

Casquinada aparvalhante explodiu no perseguidor e Girólamo despertou de súbito, atônito, saindo a correr, cambaleante pelas forças debilitadas, até o leito, no qual se arrojou, amolentado.

As lutas do enfermo prosseguiram em ritmo de dor, embora o desvelo da esposa e dos servos. Paulatinamente diminuíram as agressões obsidentes e, transcorrido um mês, voltara-lhe a cor da face e as melhoras pareciam prenunciar a cura total.

Interiormente, porém, o moço experimentava crescente pavor. Os movimentos inusitados surpreendiam-no dolorosamente e qualquer intromissão não anunciada fazia-o explodir de ira. Percebia-se-lhe o desgoverno dos nervos. Acordava a gritar, debatendo-se, agônico, com muita constância. Todos lhe notavam o caráter mau — dado que, anteriormente, escondia os sentimentos na polidez —, revelando-se suportável amo e péssima companhia. Inutilmente, Beatriz o cercava de carinhos. Repelia-a muitas vezes, fazendo-a receá-lo.

As atitudes desencontradas de que ele dava mostras intimidavam-na. Não poucas vezes, envolvido pela lubricidade, era fascinante e sabia conquistá-la; todavia, no interlúdio, fazia-se acerbo e a afastava, grosseiro, como se estivesse nas raias da loucura. Logo depois, recuperava-se e tomava, desculpando-se, dizendo-se perturbado, enfermo. A jovem condessa mandara notificar os pais, solicitando providências, na dura situação em que se encontrava.

Nos dias do outono agradável, enquanto os agregados e servos colhiam uvas para prepararem os capitosos vinhos, os ventos chegavam anunciando a mudança da temperatura e as velhas árvores se descoloriam, deixando-se carregar pelas lufadas contínuas, nas quais perdiam as folhas queimadas, o nobre saía a cavalo, galopando, revendo as terras da propriedade, alvitrando ordens, sugerindo modificações. Sempre, porém, aconteciam cenas pungentes entre ele e os empregados ou os aldeães que trabalhavam nas vinhas. Retornava colérico, grosseiro, intratável. Em outras oportunidades, quedava-se horas em silêncio, introvertido...

Atendendo ao apelo da filha, os condes Castaldi vieram de Siena, trazendo o médico e Carlo, para uma ligeira estada no solar di Bicci.

A alegria experimentada com a presença dos sogros se esfumou quando Girólamo identificou, num dos acompanhantes, o adversário insuportável. Tinha-o já esquecido. Vendo-o, acudiram-lhe as lembranças contraditórias que situavam o florentino no palco de muitas das suas atuais aflições. Desejou expulsá-lo, mas, incontinenti, lembrou-se de que talvez ali pudesse solucionar o problema desagradável que, então, enfrentaria com destemor.

Fazendo-se cortês quanto lhe permitia o estado de saúde, convidou os familiares e o médico a entrarem, e as horas sucederam-se aprazíveis, amenas.

Carlo exultante pelo ensejo e febricitado pelas expectativas, tão impiedoso quanto o contendor, fez-se conquistar pelos servos e cavalariços da herdade, interessando-se por saber quais os fâmulos mais antigos, os que conheceram o duque e seus familiares, como se desejasse, afavelmente, conhecer o passado do clã. Não teve dificuldade em informar-se da veracidade da história que já conhecia, embora não houvesse mais ninguém que, contemporâneo à época da desgraça, ali se conservasse. Nas cercanias, é claro, moravam muitos aldeães que bendiziam a senhora duquesa e ainda lhe choravam a morte, lamentando o horror que se abatera sobre o burgo, infelicitando quase todos. Veio, assim, posteriormente, a identificar de fora do pátio a parte superior da recâmara em que Lúcia e as crianças tiveram a vida ceifada, sem que os seus gritos abafados houvessem ecoado pelas várias janelas que espiavam para a imensa entrada e o largo patamar.

Mal se instalou, a Condessa di Castaldi convidou a filha a um exame da situação em que se encontrava o seu jovem marido. A inexperiente senhora, sem esconder a aflição que lhe dominava o íntimo, narrou:

— Tenho fortes razões para duvidar do juízo de Girólamo. Desde que retornamos de Siena, apesar de vê-lo recuperar-se fisicamente, contrista-me constatar que ele perde a razão a cada dia que passa. Embora não seja dotado de um caráter generoso, sempre soube portar-se como cavalheiro. Progressivamente, vem sofrendo de irascibilidade, tornando-se genioso e perverso.

Nesses momentos, transfigura-se e uma expressão de alucinado toma-lhe o belo rosto, deformando-o. Investe, então, furioso, contra tudo e todos... Já não é o mesmo esposo, tendo deixado há longo tempo de cumprir com os seus deveres conjugais... O que antes eu acreditava fosse consequência da enfermidade verifico, apavorada, tornar-se uma obsessão tormentosa. As alternâncias do seu temperamento chocam-me, e estou, também, por arrebentar as peias da convenção e do respeito que lhe tenho. Chego a temer que nos estados que assume ele não trepidaria em agredir-me...

— Concordo, então, quanto à gravidade do caso, — alvitrou a genitora. — Não há razão, porém, para alarme, por enquanto. Estamos com o Dr. Michele e, depois que ele seja convenientemente tratado, tudo se normalizará.

— Não me parece fácil, mamãe, — considerou a jovem. — Um mau presságio me aflige nos últimos tempos. Pelos dias do *palio*, enquanto o meu marido estava viajando — e eu ignorava que ele estivesse em Siena —, fui sacudida por inusitada aflição, como se as *sombras* que vivem na *morte* rondassem o meu lar, ameaçando-nos a paz... Receei enlouquecer...

— Filha, que disparates são estes? — interveio a mãe.

— Se o teu confessor for informado dessas ideias, que pensará de ti e da nossa família? Certamente andas a ouvir as superstições dessas gentes...

— Não é verdade, mamãe, — acudiu, pressurosa —, estou no meu perfeito juízo e, por isso mesmo, são grandes os meus receios... Este solar me desagrada. Nunca me atrevi a contar a qualquer pessoa o que ocorre. Agora...

— Estás, também, doente, minha filha, — interrompeu a condessa, com preocupação. — O clima deve estar fazendo-te mal.

— Ouça-me, antes, mamãe — rogou a jovem atribulada —, para compreender com maior segurança. Aos primeiros dias da minha ventura conjugal, fosse porque o enlevo me impedia de fixar pormenores, fosse porque estivesse inebriada, parecia-me viver a verdadeira felicidade. Paulatinamente, porém, comecei a notar que os servos evitavam a ala onde aconteceu a tragédia. Interrogando Margherita e impondo-lhe ordens, ela narrou-me que os servos e aias domésticos escutavam sons estranhos: gargalhadas, gritos e imprecações provindos da peça onde culminou o funesto acontecimento. Fiquei estarrecida, porque eu também tinha a desagradável sensação de perceber esses estranhos movimentos. A princípio, atribuía ao vento ou a ruídos de fora os estranhos sons, porém, acurando a observação, constatei que procediam da recâmara nefasta...

— Estás impressionada, filha querida, — interceptou a ouvinte. — Lamentavelmente, esses aldeães são muito ignorantes e supersticiosos, vivendo em experiências de magias incomodando os mortos, que estão muito bem mortos. Estranho-te com esses pensamentos.

— Também eu me estranho, — concordou, ensimesmada, a jovem, refletindo em torno das ocorrências afligentes que de forma desconcertante seguiam curso no solar —, porém, estou segura de que *alguém* aqui está a perseguir-nos e tenho certeza de que a doença de Girólamo "não é de Deus"[17]... Vejo-o desvairar, possesso, assumindo personalidade estranha; gargalha, estertora, apavora-se, como se desejasse fugir, sem poder... Desperta a gritar, segurando a garganta como se estivesse a esganar-se. Há algo, minha mãe, e eu temo.

A moça estava muito pálida. As mãos tremiam e o choro estava por arrebentar as comportas dos olhos e explodir abundante.

Buscando acalmá-la, a genitora tomou-a nos braços e perguntou:

— Tens orado, minha filha? Não achas que necessitas de ouvir o confessor para que ele te ajude e liberte dessas impressões?

— Não são impressões pueris e enganosas como possam parecer. Estou segura da existência dos *mortos*

---

[17] Expressão com que as pessoas mal informadas sobre os problemas espirituais e mediúnicos referiam-se às obsessões, fazendo conexões com as velhas objurgatórias da ignorância religiosa do passado.

rondando esta casa, que foi palco de insucessos pavorosos. Você não ignora que na Toscana é popular o dito: "Os que morrem assassinados ficam *vagando* e afligindo-se até se libertarem da desgraça que os consome."[18] Eu creio firmemente que os assassinados aqui, aqui continuam.

— Se prossegues com essas ideias... — revidou a genitora, segurando-lhe as mãos. — Que tens? Estás gelada, minha filha! Que se passa nesta casa, Deus meu!?

— Calma, mamãe! Ouça-me até o fim. Às vésperas do *palio*, conforme eu lhe dizia, subitamente senti-me mal. Encontrava-me na *açoteia*, fitando Siena muito ao longe, quando *escutei* blasfêmias e objurgatórias azedas de alguém que me odiava, expulsando-me daqui. Gritei pela minha aia e ambas rezamos o terço, advindo muita serenidade, logo após. Você sabe da minha contrição e confiança em São Francisco e a ele roguei por mim e pelo meu lar. Senti, então, uma como aragem de paz e, conquanto abalada, fui conduzida ao leito e dormi. Logo após, sonhei com a senhora duquesa; vi-a nitidamente, expressando a face da *Madonna*. Havia no seu belo semblante indefinível tristeza. Ela falou-me. No momento, eu a escutei e entendi; logo, porém, dissipou-se tudo na minha

---

[18] *Quelli che muoiono assassinati restano vagando e affliggendosi fino alla liberazione della loro desgrazia che li consuma.*

memória. Não a esqueci mais; e embora a angústia que me constringe, experimento, também, uma presença sutil como se ela, que é muito amada pelos que vivem neste burgo, estivesse a proteger-me, em nome de São Francisco. Será isto possível?

— Não tenho dúvidas —, redarguiu, então, com tino, a senhora. — Inteirando-se das desgraças que aqui se consumaram há quase um decênio, teu pai, que era amigo do duque, foi informado de que a duquesa era para essas gentes locais um verdadeiro anjo de bondade. Muito voltada para Deus, como tu mesma, era devota do *Poverello,* a quem amava com extremos de arrebatamento. Com certa regularidade, o marido a conduzia à Úmbria e de todos era sabido o amor que se nutriam reciprocamente. Desde que ela morreu, ele não mais fruiu qualquer felicidade.

— E Assunta, mamãe? — interpelou a jovem Cherubini. — Você ouviu falar alguma vez dessa mulher?

— Não, filha, nunca.

— Essa mulher servia a casa, na época dos acontecimentos. Originária de Chiusi, descendia dos antigos etruscos.

Após os fúnebres sucessos, desapareceu, rumando a Florença e de lá sumiu definitivamente. Os servos receberam a visita de um irmão seu, que veio procurar meu marido para inteirar-se do que ocorrera, como se Girólamo soubesse de alguma coisa... Por ignota força, parece-me sabê-la envolvida na desgraça...

— Deixa o passado e pensa no presente. Necessitas esquecer tudo isto para pensar na saúde do teu esposo.

— Reconheço; no entanto, uma coisa esclarece a outra.

— Todavia, isto perturba-te, sem levar-nos a lugar nenhum. É melhor esquecer o que não se pode retificar e viver o que se pode e deve gozar.

Ficou, então, concertado que Girólamo necessitava de muita assistência do médico e que deveriam passar uma larga temporada em Siena, especialmente naquela quadra do ano, já se fazia propícia às chuvas.

Logo lhe foi possível, Carlo solicitou e conseguiu entrevistar-se com Girólamo.

Acionado pelo estranho ódio que o corroía como vérmina, o ginete interrogou:

— Com vossa vênia, senhor conde, desejo saber qual a vossa resposta à proposição que vos fiz em Siena. Como não ignorais, pertenço à plebe e sou pobre.

O enfermo, sem dissimular a aversão que nutria pelo chantagista, fitou-o longamente, como a espreitar os mais secretos ardis e pensamentos de que ele fosse capaz, demorando-se em silêncio. Após largo período, em que os dois se defrontavam, medindo reciprocamente a extensão da torpeza que a ambos possuía, contestou com enfado:

— Gostaria que me refrescasses a memória com a tua estória caluniadora e sórdida.

Expressou-se com alta dose de calculado desprezo e acrimônia, objetivando escarnecer o desafeto ao máximo.

Orgulhoso e vão, o florentino ambicioso contestou:

— Disse-vos que sou testemunha, de vista, do crime que praticastes na colina de *San Miniato* contra uma jovem de nome Assunta.

A segurança do comensal dos Castaldi e a informação nominal sobre a jovem assassinada colheram o Conde de surpresa, impedindo-o de disfarçar o choque. Recompondo-se, porém, repontou:

— A quem te referes?

— À mulher que, segundo penso, participou dos crimes deste solar e teve os lábios selados para toda a Eternidade... (Sorriu expressivamente.)

Girólamo ergueu-se de um salto e avançou contra o adversário. Este, porém, gritou:

— Pensei, também, na alternativa da agressão e vos aviso: seria a última vez que atingiríeis alguém. Não vos perdoo a bofetada e pagareis alto preço pelo meu silêncio. Não vos atrevais por segunda vez, ou ambos partiremos para os Infernos, daqui mesmo. Eu advirto.

O agressor parou *vis-à-vis* junto a Carlo. Bufava, e o ódio fazia-o estremecer. O olhar desvairado despedia chispas.

— Que desejas, miserável? — inquiriu.

— Participar do vosso *dolce far niente*. A verdade custa caro e o silêncio sobre ela, muito mais.

— Eu te matarei, canalha. Será mais um, apenas...

— Talvez. A vida para mim nada vale, mas para vós, a vossa vida regalada deve valer muito. E é isto que eu desejo.

Estrugiu uma gargalhada de contentamento ante o pavor do senense, impossibilitado de qualquer atitude.

Ocorre que, não obstante a grotesca personalidade que possuía. Carlo era também um sensitivo, que facilmente sintonizava com o Duque di Bicci, desde a noite em que na *Piazza de San Domenico* cogitara do desforço contra o insensato inimigo. Fortemente inspirado, chegara à conclusão de toda a trama que Girólamo urdira e consumara.

Enquanto isto, Girólamo pensava como libertar-se do usurpador. Teria que correr o risco: matá-lo ou perder-se. À ideia que lampejou fulminante no cérebro doente, acalmou-se, conciliador, obtemperando:

— Se necessitas de dinheiro, posso ajudar-te. Quanto às tuas acusações perniciosas, procurarei esquecê-las. Não me esquecerei, porém, de ti, prometo-te!

— Estou avisado, meu amo, — retrucou com mal disfarçado sarcasmo.

Arrancando pequena algibeira de veludo que trazia pendente do cinto, atirou-a ao ávido chantagista, que anuiu, sorrindo:

— *Grazie, signore, grazie!*

Recuou em atitude servil e desapareceu além da porta, pelo longo corredor.

Girólamo, com o espírito aguçado pelo ódio, pôs-se a escoucear e gritou pelo pajem, que acudiu, aflito:

— Vinho, rápido! Quero vinho.

Da ira, passou à gargalhada trovejante. Chamados apressadamente pelo pajem, os familiares subiram à peça do conde e o encontraram totalmente louco. O médico e mais alguns lacaios seguraram-no, resolvendo atá-lo a fortes amarras, para impedi-lo de praticar qualquer desmando.

Beatriz, ante o impacto do choque, foi vencida por um desmaio e o pânico se estabeleceu entre os servos e auxiliares da casa.

A custo, o médico conseguiu fazer recuperar a consciência à jovem senhora que, sentindo dores violentas na região do baixo ventre, narrou ao esculápio o que vinha sentindo nos últimos tempos, e este não teve dúvidas em atestar que a senhora condessa estava em gestação, devendo ser mãe em breves meses. Necessitava acalmar-se para não perder o filho. Conquanto a grande dor, a perspectiva da maternidade inundou-a de júbilos e anteviu o momento de dizê-lo ao esposo, que desvairava na alcova contígua...

O Conde Girólamo Cherubini di Bicci ia ser pai!

Após a excitação na qual as forças vingadoras exploravam o alienado, este caiu em grande lassidão, adormecendo em agitado torpor.

Só no dia imediato o paciente despertou. Alheado a tudo, parecia desconhecer o próprio lar. A esposa e os familiares cercaram-no de carinho e dedicação, conseguindo, só a muito custo, fazê-lo recobrar a lucidez.

Depois da refeição matinal, quando parecia mais refeito, a esposa acercou-se carinhosa e anunciou:

— Girólamo, a felicidade entra em nossa casa: serás pai, muito em breve, graças a Deus!

Ele ergueu o sobrolho, sem compreender exatamente, ainda amolentado, distante. Não se pôde furtar ao enleio da ternura com que a futura mamãe o envolveu.

Reanimado com a energia balsâmica que dela se desprendia, invisível e revigorante, o revel readquiriu toda a lucidez, e, nublando os olhos, respondeu, comovido por primeira vez:

— Eu te agradeço, mas, é tarde, muito tarde para mim!...

Choro convulsivo irrompeu-lhe do peito opresso e, em desconcertante atitude, como quem deseja amor e paz, afagou o rosto esfogueado da consorte e o osculou jovialmente...

O médico e os familiares de Beatriz insistiram para que Girólamo aceitasse o alvitre de afastar-se dali, passando a temporada outono-inverno em Siena, facultando o nascimento do filhinho no palácio dos sogros.

Submetida a melhor exame, Beatriz teve a confirmação da maternidade que a fazia progenitora de um novo clã.

Foram baldados os esforços gerais para que ele aquiescesse em viajar. Embora um tanto alheado às coisas que ocorriam no lar, Girólamo não voltou a experimentar novo acesso de violência, nos dias imediatos.

Uma semana transcorrida sem qualquer incidente fez que o esculápio chegasse à falsa conclusão de que o desequilíbrio resultava, ainda, das consequências da febre palustre de que fora ele vítima, voltando, desse modo, os hóspedes aos seus respectivos lares, imediatamente, pelo médico tranquilizados.

Beatriz, apesar da enfermidade do esposo, que demorava longas horas perdido em meditações, mudo, sentia incontido júbilo, acompanhando o desenvolvimento do feto na intimidade uterina.

A Providência Divina recambiava ao corpo um dos que foram despojados da carne e dos seus haveres pelo homicida, fazendo com que viesse recebê-los das mesmas mãos que os tomaram arbitrariamente. O pequeno Carlo, que a criminalidade de Girólamo assassinara fazia oito anos, retomava ao lar, na qualidade de seu filho primogênito...

10 Suicídio abominável

Anunciava-se o Natal. As tempestades se sucediam contínuas sobre a região. Os céus enfurecidos sacudiam as árvores e levavam a terra em fluxos e refluxos incessantes. Dezembro era sempre o mês das tormentas brutais.

Girólamo vivia perdido nos seus cismares. Alheava-se de tudo e, quando brilhavam os olhos com discernimento, afogava as angústias em incessantes libações, que o prostravam. Nesses estados de bebedeira, parecia piorar gravemente. Fugindo à consciência dos crimes que o açoitavam desapiedadamente, açulada a mente pela pertinaz presença do duque — que na sua alucinação ignorava as providências superiores da vida, fazendo que Carlo, seu filho, renascesse em breve, para continuar a fruir os benefícios da evolução, já que ninguém fica à margem da Lei Divina —, quando seu espírito desejoso de olvido se desprendia parcialmente do corpo, expulso pelos vapores alcoólicos, caía sob a crueza do perseguidor, que o explorava abominavelmente...

Em Siena, dominado pela volúpia que o enceguecia, Carlo dava largas à própria insanidade moral. Logo retornara à cidade, começou a fruir o gozo em escala desmedida, entregando-se a toda sorte de engodos e prazeres. Mesmo com as regalias que lhe permitia o amo, o florentino excedia-se, retornando ao palácio sempre embriagado, quando não dormia fora dos cômodos reservados aos serviçais da casa. O cansaço e o amolentamento foram dominando-o com precipitação, gerando antipatia, que se generalizava entre os próprios companheiros das cavalariças. Além disso, os jogos e as noitadas contínuas culminaram por despertar suspeitas, quanto à procedência da súbita fortuna que desperdiçava.

Os comentários chegaram ao conhecimento da bonomia do conde, que, ante a insistência dos mexericos, resolveu convocá-lo a justa prestação de contas. Demonstrando a grande simpatia que lhe causava o moço, Dom Lorenzo indagou-lhe:

— Carlo, onde você consegue tanto dinheiro para gastá-lo à larga, a ponto de descuidar-se dos deveres, nas cavalariças, entregando-se totalmente à orgia?

O ginete astuto, compreendendo a delicadeza do momento, bajulador e hábil, esclareceu:

— Trata-se do prêmio que a vossa generosidade me concedeu, senhor Conde, e de pequenos *regalos* de outros admiradores, logo após o *palio*.

— Carlo, não minta! — redarguiu, severo, o nobre. — Estou seguramente informado de que na noite da festa você perdeu todas as posses para o meu genro... (Percebeu o súbito palor que tomou a face do palafreneiro.) Além disso, já se passaram mais de três meses, após o *palio*... Por mais generosos que tenham sido ou continuem sendo os presentes que você recebe, eles não podem cobrir suas despesas... Sou muito zeloso pela honra da minha casa, do meu nome, do meu título, e os que me servem devem servir-me com elevação. É claro que perdoo pequenos deslizes da juventude, mas não estou disposto a transigir com os grandes erros... Donde lhe vem o dinheiro? Sei que você não o está roubando de mim. De quem então? Responda-me, Carlo!

O moço desejou escusar-se, mas não se atreveu. Havia na face do homem caprichoso, conquanto capaz de largas explosões de generosidade, os sinais de que estava disposto a ir além, descobrindo tudo.

Maneiroso, o florentino obtemperou, com modulação servil:

— Perdoai-me, amo. Sucede que estou apaixonado e o meu amor não é correspondido, fazendo-me desesperar.

— E o dinheiro, Carlo? — pressionou.

— É exatamente isso, meu nobre amo — prosseguiu —. Quando estive com o *Cavaliere* Dom Girólamo, em sua herdade, acompanhando-vos, narrei-lhe a minha desdita e, compadecido da minha sorte, o nobre senhor resolveu devolver-me o que ganhara de mim nos dados, ofertando-me algo mais. Disse-me compreender o drama que me afligia e, agradecido pela forma como eu defendera as cores da vossa casa, ele resolveu retribuir-me a devoção...

— Muito bem, Carlo. Irei informar-me de Dom Girólamo quanto à veracidade do que você acaba de narrar-me, preferindo confiar até comprovação contrária, se esta vier posteriormente.

— Eu vos afirmo, senhor: jamais faria alguma coisa que vos pudesse molestar ou desagradar.

Despedido, o moço saiu cerimoniosamente, da forma que muito agrada aos iludidos da transitória posição na Terra.

Dali saindo, porém, inquietou-se. Tinha necessidade de advertir ao seu cômpar na infelicidade do crime. Pensando demoradamente, resolveu pedir ao amo uma licença para visitar familiares em Florença, de quem afirmava ter recebido notícias muito dolorosas e, como naqueles dias de chuvas as estradas eram difíceis de transitar, solicitou ao conde o empréstimo de um animal, no que foi atendido, partindo, então, a visitar o dementado senhor di Bicci.

Vencida a distância a muito custo, Carlo atingiu o Solar Cherubini-Bicci.

Foi agradavelmente recebido pelos servos da casa, que incontinenti o anunciaram à ama, considerando o estado do conde.

A condessa, surpreendida, supondo que houvesse acontecido alguma desventura em Siena, mandou chamá-lo imediatamente à sua presença, recebendo-o na sala em que bordava, acolitada por duas aias. O viajante apressou-se em tranquilizar a senhora, informando que seguia a Florença, a tratar de problemas pessoais, quando, colhido pela tormenta resolvera suplicar agasalho ali até que amainassem as chuvas. Jubilosamente reconfortada, a condessa assentiu.

— Apresentai, senhora — disse, servil —, minhas saudações ao nobre esposo, informando-o de que estarei inteiramente às suas ordens, logo o deseje para qualquer coisa.

— Muito obrigada, Carlo, pela sua atitude de cortesia. Meu marido apreciará devidamente o seu respeito. Darei suas saudações. Pode retirar-se.

— Com licença, senhora.

Quando Girólamo soube do indesejável visitante, não pôde esconder a mágoa e a ira, provocando na esposa o espicaçar da curiosidade para saber das razões do incômodo. Não desejando, porém, produzir contrariedades maiores, silenciou. No dia imediato, pela manhã, Carlo mandou solicitar entrevista ao enfermo, que parecia mais perturbado ainda. Justificava-se como desejoso de despedir-se. Recebido a contragosto, o conde lhe sentenciou:

— Não me roubarás mais uma moeda, cão!

— Acalmai-vos, senhor, — retorquiu o visitante. — Estou de passagem com destino a Florença e, de lá, partirei definitivamente. Pretendo seguir adiante e crescer... Sinto-me capaz de qualquer aventura e sou ambicioso. As oportunidades multiplicam-se em Veneza e pretendo rumar para lá. Venho despedir-me, senhor.

— Não era necessário, — remoeu o paciente, refletindo na face o lamentável estado em que se encontrava. — Não és aqui considerado e tua ausência não seria notada... Podes retirar-te, portanto.

— Um momento, senhor. Suporto as palavras azedas, mas não as ofensas graves. Afinal, a única diferença entre nós é a da oportunidade que tivestes e eu ainda não... Venho recordar-vos o meu silêncio...

Girólamo, que parecia disposto ao último lance, avançou com um punhal na mão, resolvido a qualquer tentame. O hábil contendor, no auge da força física e da agilidade, saltou, felino, empurrando violentamente o senense, que tombou ofegante, e, ato contínuo, dominou-o, tomando a arma e falando-lhe no rosto, com voz pegajosa, que traduzia a sua disposição terminante de não perder o evento:

— E o meu silêncio, senhor?

— Solta-me, bandido — estertorou o doente, cujas forças diminuíam ante o domínio taurino que o estatelava —, solta-me, infame, ou pagarás caro a afronta. Mandarei enforcar-te, mesmo que isto seja a última coisa que eu faça...

— Estais solto, senhor, — libertou-o, blasonando, o chantagista, que assumiu atitude arrogante, face à inferioridade do litigante enfermo —, mas daqui somente sairei remunerado, ou trarei as autoridades senenses para um doloroso inquérito... Soube que a família Médici tem os olhos sobre esta casa, não só os de Siena como os de Florença. Os peçonhentos estão sempre procurando a quem despojar, ainda mais no que foram vilmente despojados... Portanto, senhor, em vossas mãos a decisão...

Girólamo arfava, dolorosamente combalido. O declinar das forças orgânicas e o desequilíbrio da harmonia psíquica transformam a presunção e a altivez fanfarrona em humilhação amesquinhadora. Vencido, irreparavelmente vencido pelas armas com que sempre esgrimia à socapa, o antigo usurpador experimentava o frio gume da derrota. O outro sorria, e a sua embófia recordava no derrotado a própria audácia de outrora, com que, insensível, vilipendiava os dons da vida... Cambaleante, atirou na face do dominador, com supremo desprezo, a bolsa das moedas, recheada, praguejando:

— Encontrar-nos-emos... Verás...

Carlo afastou-se lépido, rindo, cínico, e desceu à cavalariça, partindo em seguida.

O dia úmido e sombrio estava carregado. Caíam bátegas e a trovoada ameaçadora fechava o tempo sobre a região, com relâmpagos e trovões.

Carlo, resguardado em pesado capuz, esporeou o animal e enfrentou a tormenta. O vento e a chuva fustigavam-lhe o rosto. Desejava, porém, atingir a estrada real, a *Via Cassia,* para alcançar a próxima hospedaria, evadindo-se da herdade, quanto antes.

Coriscos rasgavam a noite que se fez no dia e o cavaleiro, a galope, surge e desaparece na alameda que desemboca na estrada de acesso à via para Florença. Raios singram em muitas direções, acompanhados de trovões quais gargalhadas das *Fúrias.* O intrépido viajante sonha com as ambições. Repentinamente, um raio atinge imponente carvalho, que arde em célere clarão e rompe-se ao meio. O animal relincha e, assustando-se, atira longe o cavalgador, que tomba, recebendo em cheio o tronco decepado pela faísca elétrica. Um grito de horror escapa-lhe dos lábios e o imenso silêncio continua, somente interrompido pelo troar da tempestade violenta.

No solar, estremecendo e gritando, aparvalhado pela visão fantástica da tormenta que lhe produz recordações desesperantes, Girólamo se enfurece. Os servos se apressam em socorrê-lo e Beatriz ordena que seja atado a cordas.

De coração despedaçado e sentindo o horror da situação delicada, sufoca as lágrimas e as angústias, pensando no filho, e, acompanhada pela velha aia, entrega-se à desatrelada litania da oração.

O vento ulula fora e o solar estremece aos choques das forças desgovernadas da Natureza. As sombras invadem tudo, clareadas apenas nos espaços rápidos dos relâmpagos. Olhos fora das órbitas, o obsidiado, em subjugação total, luta nas amarras contra as entidades que agora se consubstanciam diante dele, em visões incessantes, alucinadoras. Tomando o aspecto tradicional das concepções satânicas, para dominá-lo mais ainda pelo pavor, o duque desencarnado aparece-lhe armado de tridente e investe, cruel. O demente grita, esbraveja, estorce-se nas grimpas afiadas, que parecem dilacerá-lo. A demência o aniquila, e a voz soturna do vingador esbraveja no pandemônio mental em que se contorce o atormentado:

— Confessa os crimes, antes que a morte te arrebate, usurpador de vidas e de bens. Roga perdão a Deus, antes que seja tarde demais!

— Beatriz, Beatriz, por que me abandonaste? Beatriz, socorre-me! O meu *tio* aqui está, matando-me. Beatriz, Beatriz, salva-me...

A senhora, ajoelhada com a ama, crava os olhos na imagem do Crucificado, presa à parede, e suplica a proteção Divina:

— Oh! Deus meu! Por que sofro tanto, senhor? Piedade para ele, para todos nós! — desespera-se a condessa...

— Os demônios me despedaçam, Beatriz, — baldoa o enfermo, entre as cordas, atado ao leito. — Oh! desgraça, mil vezes desgraçado...

— Coragem, Girólamo! — retruca a esposa — A tormenta logo passará. Mandarei alguém a Siena buscar socorro. Coragem!

— Será tarde, muito tarde... (Exaure-se numa voz que se apaga, enrouquecida pela dor e pelo cansaço.)

A noite avança e, conquanto a chuva amaine, o tempo continua carrancudo, pesado.

O silêncio no solar traduz o torpor que de todos se apossa.

O paciente, desfalecido, mergulha nas sombras desalentadoras do mundo espiritual inferior. Defronta-se com o *tio,* que o arrasta em espírito, aturdido, e fá-lo experimentar nefanda perseguição, implacável, que parece não terminar nunca... A sugestão perniciosa da sua voz, da sua mente corroída pelo monoideísmo do desforço, esmaga as últimas resistências e apaga os derradeiros lampejos de lucidez no moço senense...

O novo dia começa em brumas escuras, que cobrem a região.

Pela manhã, os servos encontram o animal que conduzia Carlo, no amplo pátio de entrada da herdade...

Dado o alarme, saem-lhe em busca e a menos de um quilômetro do portão central deparam-no morto, sob a árvore tombada. Conduzem o cadáver ao solar e um mensageiro ruma a Siena, para informar da tragédia o Conde Castaldi, rogando-lhe a presença.

O sepultamento é feito entre choros das pessoas da plebe, que se agasalham ali, amedrontadas. Tem-se a impressão de que as tragédias do passado recomeçam no burgo malsinado.

Libertado das cordas que o maltratam, o Conde Girólamo tem o olhar distante, vazio e não participa de nada que acontece em sua volta.

Logo após o enterro, quando os lacaios vêm assistir o amo, na noite que chega e a borrasca que anuncia repetir-se, ele levanta-se e, apontando a ampla janela rasgada na direção do céu pardo-cinzento, estremece, faz-se marmóreo e grita:

— Tirem Carlo daqui... O desgraçado está em sangue, arrastado pelo meu *tio*. Socorro!...

Os servos seguram-no e o conduzem ao leito. Ele debate-se e se acalma no sono ofegante da demência.

Quando os condes chegam, atendendo ao aviso da filha e ao seu pedido de socorro, a casa tem aspecto fúnebre.

— Vimos dispostos a levar-te para Siena, custe-nos o que custar. Levaremos também o nosso doente, que perdeu o uso da razão. Lá, talvez...

Depois de inteirados por Beatriz dos acontecimentos da véspera, e cansados da viagem, vencidos todos pelas emoções sucessivas, recolhem-se cedo, para o necessário refazimento.

A noite avança, e a borrasca desaba.

Girólamo desperta e, desvairado, *vê* e *ouve* Assunta, que o chama:

— Vem, perdoei-te. Poderás fugir. Vem comigo. Vamos à recâmara...

Teleguiado pela mente da comparsa desditosa, ergue-se do leito e, quando se dispõe a segui-la, *escuta-a* dizer:

— A corda... Traze a corda. É necessário.

O subjugado, olhos além das órbitas, cambaleante, no silêncio da noite clarificada pelos relâmpagos e de quando em quando sacudida pelo espocar dos trovões, adentra-se pela peça da ala esquerda. Ali estão: Lúcia e as crianças[19] a debaterem-se inermes sob o travesseiro de plumas, vigorosamente aplicado sobre cada uma. Ele ri, blasfema em surdina e Assunta impõe:

— Faze um laço corrediço. Fugiremos daqui. Ninguém nos alcançará. Unir-nos-emos. Vem, apressa-te!

Com as mãos nervosas, ele ata a ponta da corda em nó corrediço e lança-a por cima da trave de carvalho, na peça em sombra.

---

[19] Fenômeno de ideoplastia proporcionado pela consciência culpada.

— Outro nó, Girólamo. Traze a arca, a de cânfora, para mais perto... Sim, essa, traze...

Automaticamente, o jugulado obedece. Frio cortante o vence. As mãos estão geladas, e o suor escorre-lhe abundante.

— Sobe na arca; coloca a corda. Vem! Vem, eu te ordeno; vem!

— Sim, obedeço, sim...

— Salta! arroja o corpo para fora! Agora!

— Ai... iii... uughug...

O grito surdo não foi ouvido.

Girólamo suicidara-se.

Num clarão mais forte do relâmpago, quando os lacaios acordaram assustados e não encontraram o amo, deram o alarme. Acenderam-se tocheiros e velas, e saíram em busca. O alvoroço tomou conta da casa.

— Na recâmara da ala esquerda — suplicou Beatriz —, pelo amor de Deus...

Os servos e os condes Castaldi trouxeram o corpo do inditoso *cavaliere* para a alcova e logo após desceram-no para a câmara ardente, onde fora erguido um catafalco. A bandeira que ele ostentara no *palio* cobria o ataúde. Mensageiros foram despachados em todas as direções. O bispo de Siena foi chamado às pressas.

Após o desfalecimento demorado, Beatriz continuou inspirando cuidados.

Apesar da hora avançada, os agregados e os aldeães das cercanias foram chamados a prantear o morto.

Nas exéquias fúnebres, quando o cortejo se dirigia à capela mortuária para o sepultamento, o bispo, realmente comovido, depois das palavras habituais e formais, proferiu:

— *Requiescat in pace.*

Um calafrio percorreu os circunstantes, e alguns tiveram a impressão de escutar estridente gargalhada.

Possivelmente, pois eram o Duque Dom Giovanni di Bicci di M. e Assunta, que zombavam quanto às possibilidades de o Conde Girólamo Cherubini di Bicci "repousar em paz"...

O dia nevoento e sombrio morreu numa débil fímbria bruxuleante no ocaso...

O calendário assinalava 22 de dezembro de 1753...

Por exigência da viúva, a Condessa Beatriz di Castaldi Cherubini di Bicci, no *Duomo* de Siena, um ano depois, Sua Eminência Reverendíssima proferiu, entre júbilos generalizados:

— Em nome do Padre e do Filho e do Espírito Santo, eu te batizo Conde Dom Carlo di Castaldi Cherubini di Bicci...

As invioláveis e inabordáveis Leis Divinas davam curso à Justiça, à Misericórdia e ao Amor de Nosso Pai.

LIVRO SEGUNDO

1 Infeliz despertar no Além

Na superlativa angústia em que se encontrava, hipnotizado pelo ódio de Dom Giovanni, Girólamo, que oscilava na demência, entre as alucinações e o remorso que lhe deixavam o travo do desespero, não pôde refletir quanto ao gesto nefando da destruição da própria vida física, permitindo-se arrastar ao crime mais grave que o ser pode cometer contra si mesmo e a Divindade: o autocídio.

Sem qualquer reflexão, porquanto as forças infelizes acalentadas na mente em desalinho e no coração rebelde produzem constrição impiedosa, que termina por vencer aqueles que as cultivam, arrojara-se desde cedo na mais infeliz das situações, qual a que ora o surpreendia.

O suicídio revela no homem civilizado o estado aviltante a que ele relega a existência planetária, conduzido ao supremo ódio às Leis Divinas, por ver-se atingido pela inapelável força da evolução, cobrando ao infrator as dívidas não resgatadas. Nesse mister, o tempo não tem qualquer significação, importando não o período transcorrido entre o débito e o ressarcimento mas a dívida em si mesmo.

O suicida é um espírito soberbo e calceta que, na impossibilidade de atingir o fulcro da Divindade que lhe não permite continuar semeando destruição, alucinado pelas ambições crescentes e selvagens, se destrói, tentando, desse modo, alcançar o Sumo Espírito da Vida. Odiento e infeliz, arroja-se, porém, nos mais fundos despenhadeiros, cujo anteparo não consegue encontrar, experimentando inominável dor, enquanto perdurem as novas impressões que se lhe adicionam às angústias das quais desejou fugir e que o enlouquecem, sem roubar-lhe a consciência da própria insânia.

Os séculos de civilização, de ética e cultura não conseguiram fazer que o instinto de autodestruição — que apenas no homem se manifesta, já que os demais animais, não raciocinando, não se fazem vítimas do hediondo crime — fosse dominado pela análise fria e nobre da razão. Pelo contrário; parece que nas nações chamadas supercivilizadas, pelo abuso das faculdades que revestem o ser, o homem atira-se cada vez mais opiado no sorvedouro da autodestruição, consumido pelos excessos de todo porte, ensoberbecido pela técnica e amolentado pela comodidade perniciosa.

Se anteriormente a forca anunciava a presença da civilização numa cidade, o alto índice de suicídios num povo, atualmente, revela a sua elevada cultura. Cultura, no entanto, pervertida, sem Deus nem amor, sem vida nem sentimento. Cultura da inteligência, com amarguras do sentimento, altas aquisições externas sem qualquer conquista interior. Vitórias sobre as realidades de fora e escravidão aos impositivos de dentro.

Face às concessões facultadas pela moderna tecnologia e graças à decadência ética do mundo, favorecida pelo desgoverno e empobrecimento da fé nas grandes massas humanas, o ser marcha sob o azorrague de mil angústias, encontrando no suicídio a porta falsa para a equação de problemas que a ele compete resolver pelos processos da não violência, perseverando no dever sob o reto amparo do tempo. Impaciente, por acomodação ao imediatismo, cujos frutos sempre colhe na árvore da oportunidade ligeira, transforma a paisagem íntima num inferno, e entre as labaredas da inquietação levanta a mão que converte em sicário da vida e atira-se na inditosa loucura da *morte* voluntária, em busca de um *nada* que seria o repouso eterno, numa violação das mais graves ao Estatuto Divino.

Preferindo aceitar que o ser humano é um acidente biológico na escala zoológica, por retirar da sua consciência as responsabilidades para consigo mesmo, o homem cultiva o orgulho, a soberba, desenvolve a ferocidade, a rebeldia e jacta-se de ser o senhor do mundo, menos, sempre menos, senhor de si mesmo.

Vivendo na condição predatória de explorar a mãe--Terra quanto lhe facultam as possibilidades, faz-se ingrato, esquecendo de retribuir todas as concessões gratuitas que usufrui sem a menor consideração; a vida física e mental, o ar, a água refrescante, o fruto silvestre, a paisagem rica de colorido e perfume, a maravilha do sol, a bênção da noite, a dádiva das tempestades que lhe renovam a atmosfera... para somente pensar em si mesmo e nas baixas expressões do prazer animalizante.

Escravo nas paredes celulares, encarcerado nas limitações do sentimento, entorpece-se cada vez mais, até que um último grito de dor o arroja do acume da vida — que deve sempre ser cultivada a qualquer preço de sacrifício e sofrimento —, ao abismo em que se consumirá sem extinguir-se, enquanto lentos, pela dor aumentada, correrão os tempos, realizando o seu abençoado trabalho purificador.

Louca Humanidade! Conquista o mundo, transforma condições climatéricas, corrige o terreno, arrasa montanhas, retifica ilhas e as faz penínsulas, vence abismos com pontes audaciosas, reduz distâncias com aparelhos velozes, envia imagens sonoras e visuais a qualquer parte do orbe, graças aos satélites artificiais, atinge a Lua, mas prefere adiar o encontro com a consciência.

Vã Cultura! Estuda a História do passado e do presente, vaticina o futuro, arregimenta princípios de escolaridade intelectual, procede a julgamentos de vultos que foram fatores lídimos das civilizações, examina estratégias bélicas e recompõe monumentos de arte, na pintura, na estatuária, na arquitetura, na arqueologia, ressuscita partituras que trazem a música dos mundos felizes e, no entanto, prossegue descontrolada, estiolando esperanças e espalhando pessimismo, sem penetrar no imortal conceito do *Nosce te ipsum*,[20] mediante o qual poderia resolver os magnos problemas da vida, pelo autodescobrimento das virtudes e dos defeitos, desenvolvendo as primeiras e limando os segundos, em incessante labor de superação dos males acarretados pelas mesclas renascentes dos erros pretéritos, na busca da luz futura.

Insensata Tecnologia! Invade o microcosmo e decifra milhares de enigmas que antes infelicitavam a

---

[20] Conceito que se encontrava inscrito no pórtico do Santuário de Delfos: *Gnôthi seauton* e que significa: "Conhece-te a ti próprio", estrutura moral da filosofia de Sócrates, na sua escola maiêutica.

vida organizada no mineral, no vegetal, no animal e no homem, e criavam graves desconcertos nas formas vivas, identificando germens, vírus, flora e fauna de estrutura infinitesimal, adentrando-se pelos laboratórios para proceder à elaboração de fórmulas e soluções capazes de aniquilar os focos pestilenciais que fazem sucumbir o corpo, não conseguindo, porém, estancar as fontes do ódio, da inveja, da malquerença, do ciúme, do despeito, da intriga, da impiedade, da ira, do orgulho, do egoísmo — esses semens de ação corrosiva, por criarem campo de proliferação nos tecidos sutilíssimos da alma. Irrompe pelo macrocosmo e mede as estrelas, sonha com as colmeias globulares e as ilhas interplanetárias, identificando-as, classificando-as, conhecendo-as mediante os sinais de rádio, amando-as; prevê-lhes a idade, a distância em que se encontram, o envelhecer paulatino, a transformação pelo desgaste da energia em que se consomem, e até as visualiza nos movimentos célicos, em órbitas inconcebíveis, mas não utiliza as lunetas que penetram no continente do espírito, para estudar os centros de vida que gravitam em torno da nebulosa excelsa que envolve todo o Cosmo, como continente e conteúdo.

Após quase doze mil anos de Civilização, o homem parece apetecer em ser não apenas "o lobo do homem" mas o chacal de si mesmo.

O suicida é o imaturo desajustado na escola da vida, fugindo da consciência culpada para despertar de coração e mente estraçalhados.

Enquanto não rutilar a fé poderosa e pura, que traduza a verdade maior do Amor no coração da Humanidade, o homem fugirá da vida para a Realidade, afogando-se nos rios da Imortalidade, sem consumir-se no aniquilamento que tanto persegue, não colimando o cobiçado objetivo.

A ética, que na Antiguidade oriental afirmava o "espírito e negava o mundo", renasceu no Cristianismo, oferecendo no *pessimismo*, em relação ao imediato, o *otimismo* de referência à Imortalidade, com as credenciais da esperança e da paz.

No Espiritismo, o mais eficiente antídoto contra o suicídio — suicídio em cujo corpo sempre se encontram as fortes amarras da obsessão pertinaz, em conúbio danoso, de consequências imprevisíveis —, o *otimismo* no tocante à vida real e indestrutível estabelece uma ligação entre a cultura atual e as culturas pretéritas, em perfeita sintonia de ideais, dos quais a técnica e as modernas conquistas podem extrair os frutos opimos a benefício da Civilização contemporânea.

Provenientes de séculos de nefanda ignorância e contínuo primitivismo do sentimento, em que a força sobrepairou à legalidade e o absolutismo do poder esteve em mãos fortes e ingratas, engendrando misérias coletivas, infindáveis, renascem aqueles que foram *factótum* dos males, embrulhados nos tecidos dos resgates, experimentando, entre revoltas injustificáveis, o clima de dor e sombra que produziram para si mesmos.

Ambientados à dominação e açoitados pelas vítimas que se demoram em outra vibração da vida, raramente têm o caráter capaz de suportar os impositivos evolutivos, deixando-se solapar pelo desânimo e pela acrimônia, que culminam no suicídio enganoso e cruel.

Verdadeira chaga social, na velha Roma constituía honra dar a sua pela vida do Imperador, e não poucas vezes homens ilustres foram convidados ao suicídio, porque discordassem das diatribes e loucuras da sua época; Petrônio, o *arbiter elegantiarum,* Sêneca, o filósofo, passando à imortalidade o exemplo de Sócrates, o pai da Filosofia, que vem da Grécia antiga, condenado a beber cicuta. Todos eles, no entanto, sacrificados pela ferocidade do poder desmedido, tornaram suas vidas alicerces para as construções da dignidade humana, que sempre soube, também, expulsar do dorso os usurpadores e criminosos.

A liberdade humana num crescendo transformou-se em degradante libertinagem, nos dias modernos, e fez-se fator preponderante para tornar o suicídio uma solução, considerando que o desvitalizar da pujança do caráter faz que o homem seja somente o seu exterior dourado e enganoso, não as suas qualidades morais elevadas.

Período cíclico, que representa trânsito na evolução do ser e do planeta que o agasalha, o apagar das luzes da cultura otimista sob as sombras destrutivas do pessimismo impõe que surja um claro-escuro, uma fímbria representativa do acender de novas luzes que significam a madrugada do Novo Dia, no qual o aforismo latino *Veneratio vitae*[21] estabelecerá novas linhas de comportamento humano e social, facultando ao homem a vitória sobre as tentações da fuga, o primitivismo das sensações — altos objetivos que devem caracterizar a própria Humanidade.

*

Enquanto o suor lhe escorria pelas mãos álgidas, pela face e por todo o corpo, ao colocar a corda de nó corrediço no pescoço enlanguescido, com as artérias intumescidas a se arrebentarem nas têmporas, sob o guante odiento dos sicários implacáveis que o dominavam do Além-túmulo, não podia Girólamo ver nem sentir a turba exaltada de Espíritos infelizes que o seguiam em desordem e vandalismo hediondo, ávidos para se atirarem, tão logo fossem violentados os liames da vida carnal, sobre a energia em desassociação nos

---

[21] Conceito básico da ética latina, que significa "Respeito pela vida", em toda e qualquer manifestação.

despojos, quais abutres ou chacais que apenas aguardam a morte do animal para roubar-lhe as expressões cadavéricas.

A situação ali não diferia muito. Espíritos em deformações apavorantes, transformados em *vampiros* sugadores do fluido vital, em estado de incontida volúpia, amedrontados ante a possibilidade de perderem a presa fácil, açulavam o enfermo e transmitiam-lhe ideias desconexas e deprimentes, a fim de o tomarem nas mãos.

Desse modo, logo o corpo se projetou no espaço e a constrição da corda impediu a circulação sanguínea, através dos condutos arteriais, o espírito passou a experimentar imensurável asfixia, que lhe chegava dos estertores orgânicos, e enquanto se debatia no desespero de libertar-se da corda assassina, o suicida sentia já o efeito medonho do crime que acabara de perpetrar. Era como alguém que estivesse metido em roupa de ferro que possuísse a faculdade de encolher, estraçalhando rítmica, contínua, inexoravelmente o corpo entanguido, dentro de dimensões cada vez menores.

A impossibilidade de expulsar o gás carbônico dos pulmões e a ausência do ar que lhe acionasse o aparelho respiratório produziam uma sensação animal de angústia, como se fosse explodir numa imensa agonia que, a partir de então, não chegaria ao fim, não se consumaria...

A voz estrangulada na garganta, cujo pescoço estava quebrado; os olhos abertos, sem qualquer visão; a dor na região precordial, como se estivesse com um punhal transpassado, dilacerante; os músculos repuxados, a se deslocarem dos invólucros, e os ossos desconjuntando-se, somavam descomunal intensidade de dor, que o suicida não pôde suportar, sendo vencido, na superlativa desdita, por um vágado, no qual perdeu a consciência de si e de tudo.

Logo depois, despertou, encontrando-se na mesma situação de angústia.

Sucederam-se os intérminos desmaios, sempre despertado de cada um deles sob o guante do crescente horror, num mundo espectral de sombras espessas e de frio indescritível, que martelava nos ossos, parecendo lâminas finas e aguçadas a cortarem cada tecido, cada fibra, cada órgão já agora em desconserto total.

Cessada a irrigação do cérebro pelo oxigênio que o mantém vivo, começaram a morrer as células encarregadas do *milagre da vida* nos sentidos físicos e psíquicos.

Os plexos, violentamente agredidos, arrebentaram-se e, parecendo flores que desabrochassem intempestivamente, deixando escorrer inexorável o perfume, perdendo o pólen e a seiva, simultaneamente exteriorizavam as forças criadoras da vida, despejando as energias vitais de que se faziam depositários, atraindo a horda de vândalos espirituais, que se atiraram vorazes, vampirizadores, desesperados, sugando-as em inimaginável ferocidade.

Lobos esfaimados arrojavam-se uns sobre os outros, disputando o maior quinhão, a quantidade mais expressiva, enquanto as amarras perispirituais resistiam ao impacto do esfacelamento da vida física, sem desligar o espírito dos fortes vínculos com o corpo.

As funções físicas e mentais ficaram lamentavelmente interrompidas, advindo a morte da vida orgânica, nunca, porém, o desligamento espiritual, a libertação do criminoso, que acompanharia, doravante, a desassociação celular ergastulado no castelo de carne que desrespeitou: presídio, látego, túmulo a que se fixaria por longo período...

Nos sucessivos delíquios de que era vítima, o suicida não se apercebia do que se tratava.

Turbilhonavam na mente avassalada pelo estupor crescente da loucura, na qual não se apagara de todo a consciência, o desejo de morrer, que lhe armara as mãos com o laço criminoso, e a voragem do bailado macabro, em visões tormentosas, num crescendo aterrador, com dores superlativas.

Naquele martelar das impressões em atropelo sucessivo, supunha que se houvesse arrebentado a corda, não obstante as dores da constrição no pescoço e a asfixia... O sonhado esquecimento, que é o grande, o enorme engodo, não chegava. Rebolcava-se, todavia, pendente no laço, sofrendo o enforcar sem limite, que não atingia o fim.

Sob o impacto de tanto terror, não sentiu nem se apercebeu das ocorrências que tumultuaram o solar, o desespero da esposa, a infrene gritaria dos servos amedrontados, na noite tempestuosa, nem o ofício fúnebre, absolutamente inócuo, que era celebrado em memória do seu espírito, mas que não significava senão vã homenagem que se prestava aos despojos carnais em natural decomposição orgânica.

As exéquias, de tanto agrado dos orgulhosos, em hipótese alguma atingem os objetivos a que parecem propor-se. Realizadas na frieza litúrgica escrava do ritualismo chão, sem os vigorosos liames da comunhão pelo amor, não vibram em harmonia com os Planos Divinos da vida, constituindo antes presunção humana, que pretende, desse modo, subornar a Consciência Divina, numa aberrante invasão dos domínios superiores, como a querer modificar a estrutura da Justiça. Sob o amparo dos tesouros terrenos, que são os promotores das festas de homenagem fúnebre, os cantochãos e ofício remunerados não produzem qualquer benefício em relação ao espírito desencarnado, vinculadas essas manifestações pura e simplesmente às exterioridades mortais...

A chusma de desencarnados em opressiva condição de miséria interior, vândalos e escravos dos fluidos materiais, acompanhou o esquife à urna em que foi depositado na capela da família, prosseguindo na sucção das energias que se exteriorizavam pelo rompimento intempestivo do vaso carnal.

Aquele era o estranho mundo dos desencarnados. Sociedade idêntica à terrena, pela proximidade do veículo das sensações, de que somente alguns poucos conseguiam liberar-se, continuavam os Espíritos imanados aos hábitos da ociosidade perniciosa e das paixões degradantes.

Associados em magotes que se caracterizam pelas preferências em que longamente se comprazem, formam bandos e legiões que povoam as cidades, ou se congregam em regiões que infestam de forças deletérias, formando comunidades perniciosas, estabelecendo organizações de mando, nas quais se destacam os mais perversos, que passam à condição de condutores e administradores dos seus destinos.

Nessas colmeias de suprema miserabilidade moral e espiritual, o regime da força e da degradação consome multidões desvairadas, que se vão reduzindo às mínimas manifestações da racionalidade, em círculo de infelicidade que conduz, incessantemente, à demência, à bestialidade todos aqueles que se vinculam às suas tenazes... Dir-se-ia que ali não penetram a Misericórdia Excelsa do Amor, nem as bagas de luz da esperança. Repetir-se-ia a visão dolorosa das palavras que Dante divisara gravadas à entrada dos Infernos: *Lasciate ogni speranza, voi ch'entrate*! [22]

Naquelas desoladas e inenarráveis regiões, em que se aglomeram os trânsfugas, a mais fértil imaginação não concebe os dramas e as tragédias, os suplícios com que se lapidam, autoafligindo-se e afligindo-se uns aos outros, em sede incomensurável de reparação. O acontecimento, embora inconcebível pela dor que produz, é parte da Divina Mercê, que se utiliza de todas as circunstâncias de tempo e lugar, situação e forma para despertar os profundamente anestesiados nos centros da lucidez, hipnotizados pela febre dos desejos, que gravitam apenas nos instintos, ferreteados pela lancinante agonia, única linguagem que lhes pode chegar à acústica do espírito infeliz, impulsionando-os pelo incontido desejo de paz na desgraça em que padecem, para sair dos bastardos estados de primitivismo.

Entretanto, até que muitos despertem, passam-se séculos, que são consumidos nos submundos edificados pelas mentes terrificadas pelo mal e agrilhoadas às sensações selvagens, já que essas esferas de sombra e punição se espalham pela Terra mesma, em *purgatórios* e *infernos* temporários, mas de longa duração, justiçando as consciências obliteradas e os corações empedernidos.

---

[22] "Deixai qualquer esperança, vós que entrais!" — Canto III, versículo 9 — Inferno — *Divina Comédia*, Dante Alighieri.

Nesses lugares edificam os seus sórdidos e infectos pardieiros, utilizando-se da própria exteriorização mental, carregada de fluidos danosos, em que as emanações pestilenciais formam a atmosfera quase irrespirável para eles mesmos, que assim, lentamente, despertam para valorizar as bênçãos do ar puro da Natureza, nos futuros cometimentos reencarnatórios, a que serão compelidos pelo império da Lei, que um dia os alcançará.

Ali proliferam subtipos, em experiência nas primeiras tentativas da evolução, infensos ao sentimento, mergulhando no corpo e dele retornando pelo automatismo do Estatuto Divino em funcionamento coercitivo. Os albores da inteligência neles se fazem acompanhar das primeiras experiências na sociedade humana, em cujas oportunidades iniciam o progresso ou demoram-se na condição primária. Sempre chega, porém, o momento do despertar e a todos são facultadas sublimes concessões para o aprimoramento e a felicidade.

Os bandos que se arrastam inermes ou se tragam em fúria, deambulando pelas ruas e lugares onde podem exercitar a vampirização, por sintonia dos propósitos mantidos pelos encarnados, demoram-se entre os homens em perfeita comunhão mental, arrancando-lhes, por exorbitância, as energias físicas e psíquicas, no mais hediondo comércio que se possa imaginar.

Participando ativamente das tragédias que enlutam as criaturas, comprazem-se ante os infaustos acontecimentos, pelos *lucros* que podem fruir, vampirizando, normalmente, os que partem da Terra sem as armas de defesa da vida — que são as lâmpadas da caridade, as luzes do amor, as bênçãos da honradez, as energias da renúncia, as forças da humildade, que não conseguem sobrepujar, pois que fogem espavoridos ante o grandioso argumento do valor intransferível. Além disso, os Espíritos felizes, reconhecidos e amorosos, cercam aqueles que se lhes fizeram afins, protegendo-os das surtidas dos salteadores do Espaço, impondo-lhes a retirada...

Nos suicídios, no entanto, que pressentem, pois que são atraídos pela mente desvairada do desafortunado que o engendra, inevitavelmente associam-se para o *banquete* hediondo da vampirização. O mesmo ocorre no homicídio, quando a vítima desguarnecida dos recursos libertadores vincula-se, pelo ódio ou pelas vibrações nefastas, ao que lhe arranca a vida, caindo nos círculos desses vândalos desencarnados.

Girólamo oferecera o corpo em estertores à chusma de *vampiros,* cujas impressões dolorosas só mais tarde viriam atormentá-lo, adicionadas às supremas aflições que já o laceravam.

Vivendo no trânsito entre o animal e o homem primário, jamais cuidara da realidade do espírito, não produzindo qualquer fortaleza para agasalhar-se, além da sepultura, dos tormentos gerados pela infame tragédia do suicídio em que se atirara. Trasladou-se sem qualquer recurso de defesa ou título de merecimento que lhe facultassem repouso. Consciência obliterada para as manifestações do belo, do nobre e da virtude, despertava, agora, no país da realidade, com os destroços acumulados na avareza e reunidos pela criminalidade.

Na sucessão de vágados em que, alucinado, caía em exaustão, para acordar sob as mós das dores acumuladas, começou a sentir o cadáver no mausoléu em que se desagregava, atado pelos laços poderosos que a rebeldia não conseguiu atingir. Deu-se conta, então, a pouco e pouco, do grotesco infortúnio em cujo fosso se arrojara irremediavelmente...

Em bestial angústia, percebeu-se no desgaste orgânico que o afetava cruelmente, sentindo os milhões e milhões de vibriões que lhe percorriam as células, voluptuosos, como se estivessem na intimidade do espírito, e, por mais desejasse evadir-se do local, era compelido a continuar sem o amparo de qualquer lenitivo.

Simultaneamente, a sufocação, o enfraquecimento pela perda das energias de sustentação das forças psíquicas vampirizadas, as dores na cabeça, que se dilatava grotesca, pelo impedimento da circulação no cérebro, produziam-lhe indizível sensação. Só então, (quanto tempo transcorrera!) experimentou nos ouvidos, que pareciam destroçados por um petardo que espocasse dentro, incessantemente, as objurgatórias, as acusações, a mofa, a zombaria infernal dos que se nutriam da sua desdita.

— E agora, suicida? — interrogavam em zombaria desrespeitosa. — Para onde vais? Que pretendes, miserável assassino, suicida cobarde? Eis aí a morte! Estamos todos mortos. Onde esconderás a vergonha, o cinismo, a hediondez? Fala!

Gargalhadas de impiedade e cinismo explodiram, ensurdecedoras.

Pretendeu falar, furioso, açulado em toda a sua miséria, mas não pôde. Os centros da fala haviam sido atingidos profundamente e ele sentiu-se impossibilitado de pronunciar qualquer palavra.

A mente aturdida, no entanto, espicaçada pela gritaria, refletia: Morto?! Aquilo era a vida, não a morte. Fora, possivelmente, atirado a um cárcere imundo e estava a apodrecer, ao abandono. Não sabia, no entanto, como tal acontecera. O certo é que a corda se partira...

— Enganas-te, sicário dos outros. Morreste! Isto é a morte. Suicida, suicida! Pagarás, agora, todos os teus monstruosos crimes contra a Humanidade. Nada passa despercebido dos olhos vigilantes da vida. Aqui estamos. Somos a consciência do mundo, em regime de justiça, colhendo os desgraçados como tu para cobrar-lhes os crimes que têm passado impunes. Por que te apressaste em regressar? Não sabias que cada minuto no corpo oferece ocasião de reparar os males praticados? Agora, é tarde. Muito tarde!

Girólamo rebolcava-se, semiobnubilado e semiconsciente, sem entender.

— Desperta para o resgate, infeliz, desnaturado que és, como nós. Desperta para começar o martírio. Estás vivo e pagarás todos os teus crimes.

Muito lentamente, nas sombras densas passou a ver as figuras hediondas, as formas grotescas e, dominado pelo estarrecimento, planejou fugir, arrancar em disparada louca. Não pôde fazê-lo. As amarras que o jungiam, ao cadáver não o permitiram. Os liames perispirituais restringiam-lhe os movimentos, impelindo-o à participação consciente da responsabilidade. A justiça alcançava o criminoso evadido da organização física, mas não da vida!...

Nesse comenos, em que se sucedem as volumosas e contínuas desventuras, Girólamo vê, e estarrece-se, as figuras de Dom Giovanni e Assunta, suas vítimas, seus verdugos.

A máscara de dor e ódio das personagens enfurecidas e descompostas levam-no a demorado desmaio.

Tão pronto recobra a consciência naquele hórrido martírio, ouve com infinito pavor:

— Somos os teus atuais juízes — diz-lhe o duque —. Serás julgado e devidamente punido. Ainda não começaram os teus padecimentos. Disse-te que não ficarias impune, miserável. Acorda, logo, para a recuperação. Seremos os teus acusadores. Esperemos que se afrouxem mais os laços que te atam a esses restos, após o que serás trasladado ao Tribunal. Não fugirás, pois não tens onde esconder-te. Surpreendi-te, infame. Ninguém ou nada interferirá a teu favor, pois, além de tudo, és suicida. Acorda para pagar!

2 O julgamento sob o açodar da consciência

No ergástulo nefário onde se contorcia na abjeção do odioso crime, o suicida acompanhava toda a extensão do atentado praticado contra o corpo que lhe deveria servir de barco para atravessar o mar das vicissitudes, na busca do seguro porto do progresso.

Emparedado no estreito jazigo em que se via obrigado a permanecer, não poderia sopesar qual o infortúnio maior a que estava submetido: se o pútrido exalar da carne em demorada decomposição, se as sensações que lhe penetravam oriundas da invasão dos vermes a desagregarem as moléculas, se a asfixia do *laço* poderoso que continuava constringindo-lhe as carnes e impossibilitando a circulação, causando sensações impossíveis de descrever, se toda a cabeça, sempre prestes a explodir, se o deslocamento da medula... ou as angústias morais decorrentes da zombaria das turbas e turbas que, sucessivamente, se acercavam do sombrio local para chasquearem, atirando-se em incessantes alcateias sobre as últimas exteriorizações fluídicas, agora pardo-escuras, nauseantes e viscosas, ou se, finalmente, o medo do que o aguardava...

Os usurpadores da sua vitalidade pareciam obedecer a diferentes classes: a princípio, eram determinados sugadores que, após algum tempo, debandaram em alacridade, embriagados, e, assim, em continuação, as faces das sórdidas entidades chegavam a aparências grosseiras, incomparáveis, mesmo, às mais exageradas fantasias monstruosas, culminando pela apresentação dos últimos visitantes, que haviam perdido totalmente a forma humana e rastejavam-se dolorosamente, coleantes... Eram mil mortes e mil renascimentos na sepultura úmida e fria. Não havia espaço mental para o raciocínio nem a reflexão, porque tudo prosseguia no mesmo ritmo de alucinação e desdita, como razão humana alguma, enquanto na carne, poderia entender.

Transcorrida uma *eternidade,* naquele sem-fim onde os dias e as noites não se sucediam, demorando-se apenas uma longa e tenebrosa treva, Girólamo viu, estarrecido, chegar estranho grupo, trazido por Dom Giovanni.

— Eis aí — disse o antigo duque — o nefasto criminoso, cujas aberrações eu denunciei às autoridades.

O aspecto feroz dos estranhos e suas roupagens levaram a mente do amargurado suicida à lembrança das óleo-gravuras católicas, não tendo dúvida em reconhecer naqueles seres os sequazes do *Demônio*.[23]

Um deles aproximou-se, examinou detidamente os despojos consumidos na sua quase totalidade e, após demorada quanto complexa operação, desligou os últimos liames perispirituais do desencarnado, libertando-o das vísceras e ossos remanescentes.

Outro tomou de uma corda e atou as mãos do infeliz, segurando a outra extremidade de modo a retê-lo preso.

— Saiamos daqui, — disse o que parecia o chefe, e de todos o mais hediondo.

A imensa fraqueza não permitia ao desditoso manter-se sobre as pernas, que se negavam ao movimento. Todo ele era um trapo em convulsão, cuja aparência humana estava reduzida a destroços vergonhosos.

Incapaz de reagir, deixou-se arrastar pela indiferença dos algozes, que agora o defendiam dos bandos de vagabundos que antes o exploravam. Rumando por

---

[23] Obviamente, não se trata dos satanases ou diabos da Mitologia religiosa, que seriam aqueles anjos caídos e perdidos por toda a eternidade. Ocorre que os Espíritos maus assumem tal aparência, contando apavorar os que lhes caem nas mãos, sitiando-os com maior impiedade, por encontrar-lhes o campo mental explorado pela ignorância e pela astúcia religiosa que lhes inculcou as falsas ideias de um Inferno impossível. O fenômeno da ideoplastia na mente em desregramento ajuda a feição e a aparente realidade de tais seres.

caminhos sombrios, em que emanações sulfúricas, desagradáveis, faziam-se cada vez mais fortes, foi conduzido a profundo vale, sofrendo as pedras e a lama da vereda.

Na paisagem morta e gelada podia ver, entre as nuvens-chumbo, as encostas de penedias altas que formavam intransponível muralha naquele *país* donde ninguém podia escapar, senão à tutela da Divina Misericórdia.

O pavor em crescendo, na mente em frangalhos, fê-lo perder a noção de tudo.

Quando despertou, estava num cárcere muito semelhante aos da Terra, com a diferença única da aparência sórdida e da podridão reinante. Ao lado, outro infeliz algemado mergulhara totalmente na demência, repetindo sem cessar a mesma sílaba, fazendo recordar o célebre *Tan*, do antigo asilo de Bicêtre.[24]

A dificuldade respiratória, a sensação no peito e na cabeça eram, no superlativo das dores, os destaques mais afligentes.

Impossibilitado de falar e gritar, como se assim fazendo lhe diminuísse o desespero, o sentenciado àquela impérvia situação pôs-se a ulular em grunhidos

---

[24] Paciente estudado pelo Dr. Paulo Broca, fundador da Escola de Antropologia, que foi pesquisado vivo e depois teve estudado o seu cérebro morto, nele identificando a "terceira circunvolução frontal esquerda" como o centro da fala, também chamado "centro de Broca".

animais que lhe escapavam dos refolhos d'alma, agitando o tórax comprimido e favorecendo-se, ao menos, com a satisfação de exteriorizar todo o horror que o dominava.

Enquanto assim procedia, outros seres, possivelmente na mesma situação, soltaram bramidos e gritos, lancinantes apelos espocaram de todos os lados.

Simultaneamente, *ladridos de cães*, misturados a vozes que bradavam silêncio, faziam-se acompanhar do som da chibata descarregada no dorso dos prisioneiros do misérrimo cárcere desconhecido.

O choro convulso tomou conta das celas e a algazarra eram as exclamações de horror e desesperança dos presidiários.

Com o tempo, o antigo moço senense passou a experimentar as necessidades fisiológicas e, reduzido à condição animal, adicionou a fome e a sede ao tormento que não cessava...

Por fim, abriram a porta da cela e dois guardas arrancaram-no impiedosamente, açoitando-o, e impuseram-lhe o rastejar macabro até imenso salão, que parecia situado abaixo da superfície ou numa profunda furna. Tochas resinosas ardiam e a fumaça asfixiava.

O absurdo julgamento teve início.

O suicida, quase nas raias da loucura plena e total, foi arrojado a um assento brutesco e, sem a possibilidade de entender quanto se desenrolava ao seu redor e sobre seu espírito, passou a ouvir, com inaudito esforço, as acusações terrificantes.

Muitos eram os julgados do dia. Na sua vez, um ser infernal, de aparência chocante, arengou algumas palavras em latim, como se houvera pertencido a alguma organização religiosa da Terra, depois do que foram chamadas as testemunhas de acusação.

O primeiro a apresentar-se foi Dom Giovanni, que se transfigurara em horrendo quanto impiedoso algoz.

— Eu acuso Girólamo dos crimes...

E passou a citar, minuciosamente, todas as maquinações que culminaram nas contínuas tragédias perpetradas pelo acusado. Referiu-se às constantes interferências da duquesa, que, inclusive, suplicara-lhe, a ele, ora acusador, abandonasse os seus intentos de vingança; que retornara também, do Além-Túmulo, para impedir que o bandido continuasse a dar curso à longa loucura de destruir vidas, inutilmente. Nada o detinha; nem as incursões que ele próprio, senhor da herdade di Bicci, fizera, utilizando-se de um *sensitivo* grego para falar-lhe... Sustentou que não o deixou mais desde aquele instante, sitiando-lhe a mente nefária e insinuando que ele deveria pagar por meio da loucura e do suicídio os crimes cometidos, a fim de surpreendê-lo com as armas da justiça que naquela casa se ofereciam aos lesados, para punir os que os exploraram. Agora, solicitava permissão para apropriar-se do seu sicário e nele aplicar os corretivos que merecia, aplacando a sede que o devorava no ódio irrefreável.

Girólamo reviu as cenas nas quais fora implacável com as vítimas que lhe estremeciam nas mãos convertidas em garras. Repassou o trágico incidente do solar, quando do trucidamento das crianças e Lúcia, e reviu--as na mente marcada indelevelmente pela tragédia. Os seus ouvidos agora registravam, na memória do remorso a manifestar-se, os ruídos das indefesas crianças e o gorgolejar do sangue na garganta de Lúcia.

Súbito horror dominou-o e, pela primeira vez, compreendeu a extensão dos seus delitos e excessos... Lembrou-se de Assunta, a comparsa, e nesse momento acompanhou-a na descrição da sua própria tragédia, também acusadora, diante do *magistrado,* que parecia de pedra, com um semblante pálido, sem qualquer expressão de sentimento, desinteressado das desditas de cada um dos que ali vinham depor.

— Dei-lhe meu amor — lamentou a inditosa —, e ele tomou minha vida nas suas mãos, destroçando-me antes a honra e depois aniquilando-me o corpo. E eu que tanto o amei!...

A voz dolorida da cômpar antiga feria o verdugo impenitente. Só então pôde descobrir que também chegara quase a amá-la, mas resvalara pela rampa da ambição desmedida e selvagem, dos desejos infrenes em que se consumia.

Ante as acusações terríveis que lhe pesavam sobre a consciência, as dores outras, as agonias diversas pareceram ceder, para que tivesse ciência da enormidade dos seus desmandos e recebesse o castigo para o qual não se encontrava preparado...

Silenciando Assunta, o *promotor* acudiu relatando que as outras vítimas não foram encontradas, tendo desaparecido. (Ignoravam ou desejavam dar a impressão do desconhecimento do Divino Amparo que as recolhera, socorrendo-as em estância feliz, noutras regiões da Espiritualidade.)

Ergueu-se o *magistrado,* obeso e mau, grunhindo entre dentes, impassivelmente:

— Prisão perpétua! Que seja entregue ao prejudicado maior para que este o suplicie!

Munido de relho longo, cortante, Dom Giovanni acercou-se e, segurando o desgraçado, aplicou-lhe, ali mesmo no *tribunal* — para escarmento dos outros que seriam julgados, aumentando neles o pavor a estampar-se-lhes nos rostos macerados —, as primeiras sevícias, enquanto Assunta, deformada no seu *facies* de louca, prorrompeu em sardônicas e longas gargalhadas.

Dobar-se-iam os anos em decênios longos e sombrios, a partir de então, no estranho reino da impiedade e da loucura, resultado das mentes desavoradas e satânicas, que da Terra mesmo elaboram o suplício que supõem merecer, acalentando nos painéis da alma as tramas infelizes em que caem mais tarde, quando cessa o pulsar da vida orgânica no sentimento atormentado e no corpo ultrajado.

Os atos humanos são os corifeus da paz e os artífices do Inferno interior, que aguardam a consciência após a vitória do espírito sobre o corpo que perece.

Às religiões sempre coube o papel de esclarecer, ao invés de atemorizar e reunir mistérios desnecessários ante as leis do amor, simples e invioláveis, do Pai. Falindo nos objetivos elevados de conduzir o homem, conspurcaram as águas límpidas do Cristianismo, elaborando pelourinhos de urdidura múltipla para as mentes desataviadas ou tímidas que se lhes vinculavam, impossibilitadas de libertação. Engendrando pavores e liberdade ao preço ignóbil das moedas que enferrujam, deixaram o espírito dos povos sem as necessárias quão valiosas ferramentas do equilíbrio, atrasando longamente o desenvolvimento das criaturas.

Com o advento do Espiritismo, porém, abrem-se os pórticos da luz total e as claridades do amor e da sabedoria penetram os umbrais sombrios do orbe, proclamando a vitória do Cristo sobre a ignorância e a dominação dos enganados-enganadores do poder temporal.

Vinculado pelos crimes ao duque tornado revel, o vampirismo pernicioso do ódio irracional imantou as duas entidades, fazendo que a vítima continuasse a sucumbir, cada vez mais inerme, na vingança produzida pelo desafeto, igualmente tresloucado...

Transcorriam os decênios na luta tiranizante do sofrimento. Nos intervalos do expurgo da consciência culpada, Girólamo passou a recordar as visões que tivera da duquesa, quando ainda na carne, e concentrando-se, de quando em quando, nas lembranças que pareciam luz frouxa que se acendesse para logo apagar, foi-se fixando, lentamente, no desejo da paz, evocando o amor que recebera e, em consequência, passou a situar o pensamento em outras faixas da esperança, conquanto não tivesse lucidez necessária para discernir ou aspirar à tranquilidade.

O ser tragado pelo simum do deserto não pensa: luta pela sobrevivência de forma animal, sem o uso da razão, à semelhança do afogado que braceja em terrível busca de qualquer meio de salvação.

A duquesa, a seu turno, desde a consumação do suicídio pelo sobrinho invigilante, não cessava de orar. Mais de uma vez, utilizando-se de recursos sutis, pudera visitar os dois espíritos queridos entregues à voragem da desgraça a que se arrojavam, desditosos, sem, contudo, poder interferir nos destinos que lhes comprazia experimentar, para não violar as Leis Supremas que dirigem a vida.

Mediante o pensamento vigilante, porém, alongava-se até aos redutos de infortúnio e suplicava por eles, envolvendo-os, e aos demais supliciados, no lenitivo da sua oração de reconforto. Por obra de seres abnegados, aqueles sítios de sordidez e punição frequentemente são visitados por desconhecidas aragens que, por momentos, diminuem a agudeza das dores e renovam a atmosfera carregada.

Na mente de Girólamo, em crescente desejo de reparar e diminuir as dores excessivas, surgiu um intercâmbio benéfico, de cuja continuidade resultariam os planos libertadores, para o futuro, de todos os implicados nas sucessivas tragédias.

Assim, algumas décadas passadas, a duquesa conseguiu dos Espíritos Superiores que Dom Giovanni e Girólamo fossem recolhidos das penosas circunstâncias em que se encontravam, para reiniciarem a caminhada, recuperarem o tempo e reaparelharem-se para a vida. Na mesma dimensão de misericórdia foi o apelo estendido a Assunta e a Carlo, que sofriam noutros recintos a desídia da loucura pessoal decorrente das desregradas existências.

Considerados os títulos da benigna senhora, os infelizes foram, cada um a sua vez, recolhidos dos tormentos em que se debatiam e levados a esferas de refazimento, pois que enxameiam, também, os pousos de paz e os redutos de reconforto, onde os trânsfugas se retemperam para o amanhã, lares de amor e misericórdia onde vigem as concessões da ventura, multiplicados em nome do Sumo Pai para o exercício da virtude e as experiências do bem, quais escolas de luz e hospitais de recuperação, em que se amparam todos aqueles que, mesmo inveterados criminosos, aspirem à redenção, dispostos ao tributo do recomeço na Terra da sua anterior desventura.

Recebidos em recintos próprios, considerando as diversas enfermidades de que se faziam portadores, face ao desrespeito das Leis, passaram a tratamento generoso, por meio dos tempos, enquanto se lhes refaziam os centros do perispírito desgovernado e se medicavam as imensas feridas da alma.

O sacerdócio da cura exige largo período junto ao leito dos portadores dos profundos males que destroçam os tecidos delicados da estrutura perispiritual.

Vivendo os pesadelos dos antros em que se encontravam anteriormente, traduziam a loucura que deles se apossara e que deveria ser dirimida à força de muita caridade, para que o reinício na Terra, em nova provação, lhes concedesse o retempero de ânimo, porquanto, se a Justiça da Terra invariavelmente tem a preocupação de punir, sem nunca retribuir ao amor e à retidão, por considerar que tal é dever, a Justiça Divina objetiva corrigir e amparar, estimulando todos os pródromos da esperança, a fim de que se multiplique e transforme em sementeira de abundante reconforto e paz.

Só a pouco e pouco Girólamo passou a dormir, recolhido a longa hibernação, na qual se apagariam as impressões gravadas na mente desvairada.

O duque, igualmente hospitalizado, foi tratado pelo carinho de enfermeiros sábios que buscaram frenar a ardência e a volúpia do ódio sob os pensos do sono refazedor e calmante.

Assunta, devidamente atendida, começou a experimentar assistência maternal e amiga, a fim de despertar-lhe os sentimentos superiores da feminilidade, em promessas redentoras para o futuro.

E Carlo, igualmente socorrido, ele que se permitira penetrar na trama daqueles destinos, foi medicado nas lesões danosas que o martirizavam, preparando-se todos, sem o saberem, para novas incursões na carne bendita, onde expungiriam, pelo imperativo do renascimento, os erros, formando a família da fraternidade, que é o primeiro passo para a família do amor.

Graças ao sublime concurso do amor, por meio do paulatino transcorrer do tempo, aqueles Espíritos rebeldes, à semelhança de milhões de outros tantos, mergulhavam nas dúlcidas águas dos rios do sono, para que fossem diminuídas, a princípio, e depois apagadas, quanto possível, as impressões muito dolorosas causadas pelos períodos longos de perversidade a que se entregaram.

Enfermeiros abençoados, que fazem da existência o miraculoso recurso do auxílio ao próximo, desdobravam-se nas enfermarias em que se encontravam internados, aplicando-lhes recursos múltiplos de refazimento, atenuando no perispírito os efeitos das calamidades vividas, especialmente em Girólamo, de modo a reajustá-lo para o tentame futuro sem violento comprometimento da matéria de que deveria revestir-se, resgatando, em etapas, os graves compromissos firmados com a ferocidade e o vandalismo.

Quando lhe permitiam os deveres superiores, a senhora os visitava, oferecendo-se para atendê-los, aplicando-lhes valiosos fluidos de refazimento e meditando à cabeceira do esposo profundamente hibernado — tratamento de grande significação para o estado de desvairo a que o mesmo se permitira entregar.

Naqueles momentos, conquanto a elevação de que era portadora, não sopitava as lágrimas, e pérolas transparentes rolavam, falando das suas dores ante os lances de agonia e sombra por onde deveriam recomeçar aqueles amores.

Ocorre que não há Céu para quem tem na retaguarda os seres queridos, perdidos nos dédalos da treva.

O Reino de Venturas seria um lugar deserto, caso ali não estivessem os anelos do coração, representados por aqueles outros Espíritos amados, a quem todos nos entregamos e em cujo concurso sublime defrontamos a alegria de lutar e o estímulo constante para crescer.

Dir-se-á que a felicidade é uma conquista pessoal e intransferível. Todavia, ninguém suporta vencer os múltiplos estágios da purificação se não colocar o ideal do amor como meta próxima e remota. Próxima, na representação do ser vinculado ao sentimento superior e, remota, na dimensão do Cristo, representando o Excelso Amor.

Face a essa inatingida meta, aquela veneranda mulher, que alcançara a ventura de ser feliz, descia dos Cimos às baixadas, fazendo recordar o sol jornaleiro visitando as furnas, para ministrar luz e vida, sem contaminar-se com a emanação pestilencial do charco que oscula e depura.

Vendo-a em atitude de reflexão profunda, ante o leito alvinitente do enfermo amado, em que a inconsciência arrancava, de período a período, estertores patológicos que refletiam as profundas intoxicações espirituais absorvidas no largo período de quase um século, graças ao ódio corrosivo, emanado e absorvido pela fonte mental dele mesmo, não se poderia negar que a felicidade jamais se expressa em regime de solidão, de individualismo, de personificação única. É hálito de luz que se transfunde, enquanto clarifica e liberta das trevas envolventes.

Os enfermos, todavia, não obstante o carinho de que eram alvo, não conseguiam facilmente anular todo o passado de choques violentos e conúbios degradantes, a que se fixaram fortemente, com outros seres infelizes dos recintos donde procediam. Assim, mesmo amparados, recebiam, não poucas vezes, a visita mental dos antigos comparsas e, nesses momentos, eram dominados por singulares pesadelos que os atormentavam, fazendo-os reviver, por meio do intercâmbio dos pensamentos afins, as antigas torturas das furnas...

3 Projetos e esperanças futuros

No seu formoso e santificante labor na esfera em que progredia, a senhora Ângela planejava o porvir dos entes queridos, estudando com técnicos da reencarnação os recursos de que poderia dispor e examinando, ao mesmo tempo, as probabilidades de êxito, possivelmente remotas, tendo-se em vista a gravidade dos delitos dos implicados, mas que, de qualquer forma, diminuiria a carga dos débitos por meio do bendito concurso do corpo, na escola terrena.

Obedecendo ao programa traçado, Carlo já havia sido conduzido ao corpo, dois decênios antes, e Beatriz o seguiu, sob cuidadosos delineamentos, para servirem de pais a Girólamo, enquanto as crianças e Lúcia, vítimas da tragédia, se encontravam reencarnadas na Itália, dando curso aos compromissos relacionados com as suas vinculações naquele país.

Girólamo, Giovanni e Assunta deveriam renascer nas terras moças do Brasil, — onde já se encontravam o chantagista e a antiga condessa —, isentas do perigo dos grandes carmas coletivos, onde a alma generosa da brasilidade oferecia oportunidades a milhões de exilados espirituais da Europa e da Ásia, carecentes de recomeços, longe dos antigos sítios em que faliram, contando com o olvido temporário e a distância dos fortes vínculos constantes de hábitos, de heranças raciais, de costumes, de culturas que lhes seriam propiciatórios à reincidência nos mesmos desequilíbrios que então deveriam corrigir.

O Brasil ser-lhes-ia, como já o era para muitos, a Canaã festiva e rica, de solo ubérrimo e nobre, em que poderiam construir o porvir, exatamente quando os ideais libertadores da escravatura começavam a brotar nas almas generosas e superiores dos idealistas que reencarnaram com os elevados misteres de acabar com o maligno quisto da degradação humana, que o ambicioso europeu introduzira nas terras jovens do Cruzeiro do Sul.

Espíritos de escol estavam solicitando ensanchas para pisarem as terras da Esperança, a fim de se tomarem construtores de um povo diferente e bom, caracterizado pela mansuetude e assinalado pelos sentimentos do coração, em cuja constituição celular estivessem presentes os élans da resignação, haurida na raça negra escravizada, a altivez do silvícola indomável e a ternura do ibero-europeu que lhe conquistara as praias e se adentrava pelo organismo virgem das florestas imensas.

Missionários da fé percorriam os seus imensos caminhos, levando a palavra do Crucificado Redivivo, e a Boa-Nova encontrava guarida natural nas mentes em libertação da grilheta do pretérito, enquanto as ânsias nativistas ampliavam os horizontes da pátria em construção, para que esta pudesse desfraldar, um dia, a flâmula do amor, na representação do lapidar conceito: "Deus, Cristo e Caridade", que serviria de lema ao santuário que se ergueria logo mais no seu solo, traduzindo o compromisso assumido por Ismael junto a Jesus, no que dizia respeito ao renascimento do Cristianismo na Terra, exatamente àquela hora...

Antes, a França tivera o privilégio de hospedar no seu solo os grandes mensageiros da vida, conquistando os títulos de enobrecimento capazes de fazê-la paradigma da Civilização e da Cultura... Vivia, porém, o seu período máximo e mais brilhante, quando o *Consolador,* em lhe chegando ao seio, convocava os espíritos geniais ao seu estudo, dentre outros Allan Kardec, o eleito pelo Espírito de Verdade, que tinha a incumbência de reacender as chamas da Fé no báratro das angústias humanas e das vãs conquistas.

Nas grandes concentrações realizadas no Mundo Espiritual, estudantes de vária procedência tomavam apontamentos quanto às sublimes tarefas do Espiritismo e rogavam mergulhar na carne para projetarem a claridade inapagável da mensagem cristã, facultando ao mundo, absorvido pelas conquistas bélicas e pelas ambiciosas discriminações de toda ordem, recursos para a sobrevivência honrada.

Sábios venerandos do passado retornavam nesse período à indumentária carnal e antigos pensadores gregos e romanos reassumiam as formas de condutores do pensamento para dialogarem com as consciências, levantando os monumentos da razão e do discernimento que foram glórias do espírito humano, desde o século XVIII.

Santos da abnegação e da renúncia retomaram o cajado de pegureiros e voltaram a palmilhar as sendas da fé, ensinando pelo amor e pela caridade as esquecidas lições do Evangelho, no tumulto das ambições em desgoverno, resultante da vitória tecnológica, em verdadeiro êxtase de triunfo.

Pioneiros da Ciência reencarnavam pressurosos, para apagar as últimas sombras da teimosa ignorância, arrancando da superstição a experimentação, como base para qualquer tentame, e criando — ou recordando, com a consequente materialização do ideal? — as bases das ciências novas, que se encarregariam de amenizar as agruras da vida, interpretando os múltiplos e complexos enigmas do ser humano...

Poder-se-ia dizer que as estrelas baixavam à Terra, em verdadeiras vias lácteas de luz, para preparar o futuro da Humanidade, concomitantemente com a chegada do "Espírito Consolador" que Jesus prometera e que deveria fixar-se no mundo, para ficar eternamente com os homens...

Já era da planificação superior que o Brasil receberia a mensagem da Boa-Nova com todo o seu contingente de esperanças, agasalhando no seio do povo — Espíritos em ressarcimentos libertadores — a imperecível diretriz do Cristo, evocativa das primeiras horas do seu ministério entre os homens, no passado.

Os círculos da Treva simultaneamente conspiraram, vezes sem conta, contra os programas da redenção humana, enquanto o espírito coletivo da Humanidade adquiria experiências pelos sucessivos evos, sintonizando com as ideias de abastardamento e, não raro, conseguiam aqueles cultores da desordem e da perturbação consórcios mentais com muitos encarnados, produzindo intercâmbio nefasto, mesmo nas expressões da fé cristã, gerando, em consequência, graças à natureza ainda animal do homem, espetáculos de hediondos fanatismos e desconcertantes desequilíbrios.

Ideais que repontavam como alicerces de sustentação coletiva repentinamente sofriam acirradas e aguerridas perseguições; homens assinalados pelas luzes da inteligência e pelas glórias do sentimento elevado produziam emoções coletivas, dirimindo velhas dúvidas, e princípios libertadores da fraternidade e da justiça incendiavam mentes admiráveis, para depois transformarem-se nos mesmos males que objetivavam combater, derrapando nos excessos que condenavam; organizações e sociedades, alimentadas pelos mais nobres programas, atingiam a alma dos povos e, sem explicação lógica, de pronto convertiam-se em lúridas instituições de amparo ao crime e defesa dos fortes, todos eles penetrados pelas vigorosas mentes que se atrevem identificar-se com o *Anticristo,* que reponta e reaparece nos múltiplos quadros da atividade humana, tentando obstaculizar a marcha do progresso e a vitória final do Messias Nazareno nos países das criaturas terrenas.

Acima, no entanto, de todas as conjunturas, o Cristo vela.

Nauta Divino, comanda a embarcação que o Pai lhe confiou, seguramente, na direção do porto da felicidade.

O *Consolador,* agora, conquanto no movimento entre os homens não esteja indene às várias convulsões de grupos e indivíduos, permaneceria diamantino, por ser dos Espíritos e estes poderem "soprar onde querem", sem interferência de ninguém nem temor a coisa alguma, a poder temporal ou organização terrena.

Nesse clima de esperanças e projetos futuros, as entidades benfazejas programavam o renascimento dos seus tutelados na Terra, e, entre elas, a senhora Ângela.

O livro dos espíritos estava programado para aparecer oportunamente em Paris e emoções felizes visitavam os benfeitores interessados pela evolução da Terra. Mensageiros acercavam-se dos homens, preparando as mentes e apressando os métodos para a farta divulgação futura. As "vozes do Céu" ensaiavam os primeiros chamados e a sementeira da luz encontraria o solo preparado no coração humano.

Favorecida pelas bênçãos que então se espalhavam por toda parte, a antiga Duquesa di Bicci rogou permissão para que retornassem os seus pupilos à Terra, chegada a hora do recomeço inadiável.

Após articular com os administradores do Posto de Recuperação em que se refaziam os beneficiários da sua atenção, a abnegada mensageira solicitou um encontro, em noite próxima, com os futuros reencarnantes, agora em convalescença lenta e benéfica.

O duque apresentava-se consideravelmente refeito, desaparecidas as antigas impressões deformantes do espírito atrozmente desventurado.

Girólamo, quase liberto das agudíssimas dores, recuperara muito do antigo aspecto, conservando dificuldade respiratória que o acompanharia na investidura carnal próxima, como remanescente do suicídio ominoso.

Regularmente calmos e lúcidos, receberam a visita da entidade, surpresos e felizes.

Conquanto houvessem sido adredemente preparados para o reencontro, este converteu-se em comovedora cena, em que as antigas personalidades ferozes se transformaram, ao impacto do amor, em dóceis cordeiros, vencidos pela sentimentalidade que lhes dormia latente na alma.

A noite calma parecia respirar paz, lá fora, quando a duquesa penetrou a recâmara.

— Oh! bem-aventurada do senhor! — exclamou Dom Giovanni. — Por Deus, que vindes fazer aqui?!

— Trazer-vos as boas-novas da esperança e da paz, — elucidou, irradiando beleza incomum, a senhora Ângela.

— Bem senti que fostes vós quem nos arrancou dos Infernos, — externou, comovido, o Duque di Bicci.

— O Inferno — redarguiu, delicada —, é construção nossa e vive conosco, enquanto perseverarmos no desrespeito ao Código Divino do Amor. O essencial, porém, é esquecer o passado para reconstruir o futuro...

Girólamo, comovido até ao âmago, chorava silencioso, com a respiração entrecortada, dorida.

A duquesa acercou-se do antigo esposo, ora sentado ao leito, osculou-lhe a fronte e, tomando a sua mão direita e a esquerda do *sobrinho* desnaturado, falou com entonação inesquecível:

— Ambos são amores da minha alma desde há muito tempo. Fracassos e esperanças, sonhos desfeitos e planos estiolados jazem por terra, culminados com toda a loucura de que vos deixastes fazer vítimas, mui recentemente. Que são, porém, os séculos no relógio da eternidade, senão minutos que podemos multiplicar para nossa desdita ou repetir para nossos júbilos? Assim sendo, o passado, embora não estando morto, deve demorar-se esquecido até que as circunstâncias opostas produzam sua desintegração, quando todos nos permearemos da luz divina do amor e do perdão total.

Fez um oportuno silêncio, de modo a infundir responsabilidade nos dois, ensejando-lhes gravar o que ouviam, indelevelmente, nos painéis da memória espiritual. Logo depois, deu curso à entrevista:

— Perante a Lei Divina, não há vítima nem algoz. Somos todos infratores levianos dos códigos, passando a sofrer-lhes as correções intransferíveis. Diante disso, todos os atentados que praticamos atingem a harmonia da vida, que permanecerá em desequilíbrio até que a refaçamos com ingentes esforços e farta contribuição de lágrima e dor. No entanto, todos podemos gozar da oportunidade de reeducar-nos, voltando ao cenário dos erros para recomeçar as experiências e conseguir o triunfo sobre as próprias paixões.

Voltareis à Terra, em novo berço, em zona diferente daquela em que temos começado e repetido lições entre enganos e amargas conjunturas, que nos têm dolorosamente dilacerado o coração. O senhor nos permite ventura imerecida, qual seja a de renascerdes sob as luzes das estrelas rutilantes do hemisfério sul, no Brasil, a terra nova da promissão...

Não encontrareis os condicionamentos que vos lembrarão os graves delitos, nem estareis a braços com as mesmas famílias espirituais, de cujo seio vos afastastes pela loucura da posse arbitrária e da justiça tiranizante.

Mergulhareis num pequeno feudo em que florescem o café e o açúcar, onde tereis oportunidades múltiplas de crescer, ajudando à terra nova no seu crescimento de exercitar a justiça. Ali, Girólamo poderá devolver a Giovanni a indébita apropriação de que se fez autor, nos idos difíceis do século passado...

Assunta nascerá perto e, em ocasião oportuna, reaparecerá junto a ambos. Cuidado, porém...

Como se estivessem hipnotizados pela mentora sublime, os dois Espíritos permaneciam serenos, comovidos, silenciosos.

Ela parecia ver o amanhã, conquanto apreensiva, e eles, sem compreenderem realmente toda a profundidade do programa apresentado, anteviam o futuro de bonançosas alegrias e bendita reparação.

Passados alguns instantes de reflexão, prosseguiu:

— Tende cuidado! O orgulho é o dileto filho do egoísmo e este é o câncer que desgasta o organismo humano, exaurindo as possibilidades de sobrevivência do ser. Confio em Nosso Pai e rogo-vos coragem no compromisso. Por mais ásperas vos pareçam as veredas, são elas atapetadas de delícias que não mereceis. Mesmo que sejam sombrios os dias primeiros, estarão eles clarificados pelo sol da esperança, que é dádiva de infinita misericórdia para nós, que somos inveterados desrespeitadores da Bênção Celeste. A vida será a grande mestra e as experiências, em lições diárias, forjar-vos-ão para a vitória do bem. Levantai o ânimo e tolerai-vos se vos não puderdes de início amar. Foram tomadas muitas providências e investidos muitos recursos de abnegação para a vossa empresa. Tenho rogado e conseguido o auxílio de nobres e elevados Espíritos, que estarão ao vosso lado, ensejando-vos harmonia e entendimento. Confiai em Deus e não temais!

Silenciou novamente, como se guardasse para o fim a notícia mais importante. Acarinhando o antigo consorte e fitando Girólamo, abatido, molhado de pranto, acrescentou, comedida:

— Beatriz já está na Terra há quase vinte anos, enquanto Carlo encontra-se igualmente reencarnado, comprometendo-se ambos a receberem Girólamo, que a primeira amara e o outro explorara no reduto do lar. Assunta aparecerá logo depois, sequiosa de reparação, atormentada e infeliz ainda. Giovanni terá o lar da dificuldade, a princípio, a fim de receber a devolução dos haveres depois, em circunstâncias bem traçadas, naturais... Conhecerá a pobreza para preparar-se para a abundância. Quantos perigos, porém, tereis que vencer!

Houve um choque nas entidades ainda temerosas. Antes, porém, que alvitrassem pessimismo ou contrariedade, a senhora interveio:

— Eu estarei ao vosso lado, carinhosamente, amando-vos e inspirando-vos, se me concederdes a ventura da possibilidade, abrindo os vossos corações aos princípios do enobrecimento e do dever a que se deve vincular o ser humano no avatar redentor. Muitas vezes, em desprendimento parcial pelo sono, voltareis aqui e teceremos nossas coroas de sonhos e de venturas, com vistas ao êxito do retorno... Orai e tende fé! Jesus vos abençoe e a todos nos ajude!

Estava aureolada de safirina luz. A face irradiava plenitude de paz e toda ela parecia antiga *madonna*, no esplendor da graça e da felicidade.

Osculou os dois, como se fossem filhos da alma, e afastou-se...

Os diligentes enfermeiros acercaram-se para atender os pacientes, impedindo que se perturbassem em demasia ou se deixassem consumir por expectativas desnecessárias.

Começariam logo os aprestos para a reencarnação dos antigos inimigos senenses.

Imenso silêncio, na noite prateada, invadiu a peça em que os dois, devidamente socorridos, adormeceram, na antevéspera de realizações novas e futuro promissor.

4 A família Aragão e Souza[25]

O canavial novo, a perder de vista, oscila ao vento, ondulante e verde, contrastando com as tarefas de cafezais brilhantes, parecendo um desafio luxuriante às íngremes muralhas da Serra da Mantiqueira, que se encosta, corcova a corcova, ganhando altura ao longe. O tom marrom-pardacento do capinzal sob a canícula, perdendo vitalidade, enrubesce os outeiros no lusco-fusco do entardecer.

Em baixo, serpenteante, preguiçoso e largo, o rio Paraíba desliza suavemente, arrastando as riquezas que deposita nas margens e a vida que as suas águas sustentam no imenso e fértil vale...

---

[25] Por motivos óbvios, preferimos substituir os nomes das personagens, bem como omitir, conquanto toda a trama seja legítima, a designação da cidade onde transcorreram os acontecimentos que estamos narrando.

A casa-grande, esparramada no terreiro amplo e largo, de horizonte que se perde, é o centro dos interesses do latifúndio florescente.

Aqui e ali, abrem-se, em flores abundantes, os ipês coloridos, os *flamboyants,* as paineiras e acácias viçosas, que confraternizam com as árvores frutíferas do pomar em festa.

Distendida pelas cercanias, a senzala branca é mancha de cal no contraste das canas verdes e do cafezal exuberante, ao fundo, e o braço do rio que se contorce alcança e lambe quase as alvenarias do engenho novo de açúcar, febricitado pela ação contínua, a fim de dar vazão à aluvião que chega do corte recente, após a queimada da palha nos lotes distantes.

Outras habitações esparsas, de colonos diligentes e prósperos, falam da ufania do senhor coronel Frederico de Aragão e Souza, proprietário das imensas terras ricas que margeiam o rio, no abençoado vale da promissão.

Naquela região, a decadência cafeeira abre perspectivas para novas tentativas agrícolas, enquanto o "ouro verde" se translada para o leste da província. São realizadas as primeiras experiências açucareiras no vale, bem assim as de arroz, onde antes somente se produzia café.

Homem reconhecidamente avaro, conquanto de hábitos morigerados, conseguira ampliar a fortuna que herdara dos seus pais, portugueses de nascimento, que se radicaram naquela região há mais de meio século passado, plantando o "ouro verde".

Consorciado com dona Maria Amélia de Albuquerque e Souza, de ascendência paulistana, de que muito se orgulhava, senhora prendada e culta, pois que recebera educação em colégio de monjas francesas, que lhe propiciaram hábitos refinados, encontrara na esposa o vínculo precioso para manter as relações na capital, mediante as quais os seus produtos granjeavam ótimos preços no mercado interno, especialmente o café, no porto de Santos, e nas lutas constantes da exportação.

Altivo, desempenado, compleição robusta, nos seus quarenta e poucos anos começavam a pratear os primeiros fios de cabelo, o que lhe oferecia aspecto respeitável, impondo incontinenti e natural respeito aos escravos e servos da casa.

Filho único, sua mãe desencarnara quando ele contava quinze anos.

Aprendera, no entanto, com o pai a administrar a fazenda e as terras férteis, que constituíam motivo de espairecimento e do ânimo de vida que mantinha o genitor, após a partida da companheira, que idolatrava.

Não fora amante dos livros o coronel Aragão, resultando disso o abandono dos estudos, mas com plena integração no trabalho diário, com avidez surpreendente, o que lhe fez granjear o respeito e a admiração de todos.

Quando ocorreu a desencarnação do pai, vítima de enfermidade atroz e pertinaz, não lhe foi difícil assenhorear-se do patrimônio, dando curso a empreendimentos ousados, que se coroaram de êxito constante. Adquirira, de imediato, mais terras e ampliara as plantações antigas, introduzindo a cana-de-açúcar, de modo a produzir o dobro do que o genitor conseguira realizar com sacrifícios inauditos.

Conhecera a esposa através de amigos interessados na união das posses de ambos, para maior rendimento das fortunas reunidas. E o matrimônio, que se dera em circunstâncias muito comuns na época, em que o amor chegava depois, principalmente para a sentimentalidade feminina, proporcionou-lhe o complemento de paz — paz relativa — que ambicionava, para remate da desmedida cobiça.

Dona Maria Amélia, delicada e frágil, que descendia dos velhos troncos étnicos de São Paulo, fazia-se ornar de dotes preciosos do coração e de inteligência viva e brilhante. Falava fluentemente o idioma pátrio, o francês e conseguia desembaraçar-se com relativa facilidade em espanhol. Lia também em latim, principalmente os livros sagrados, sendo profundamente religiosa e recatada, exemplo vivo da dama ideal, pacata e nobre, possuidora dos recursos capazes de completar as ambições do ávido senhor dos cafezais e do engenho.

Espírito afável, cultivava o gosto pela poesia romântica, cheia de lirismo, e pelo condoreirismo nascente, na temática de Castro Alves e Tobias Barreto, que invectivavam contra o ominoso tráfico de escravos. Regularmente prendada, entregava-se à arte do bordado com verdadeiro encantamento, em cuja tecedura preciosa fugia, pela imaginação, à vida bucólica, integrando-se na paisagem febril e culta da capital, de cuja atividade cultural sentia falta.

Discreta quanto silenciosa, cuidava dos deveres do lar com esmero, falando somente o estritamente necessário. Gostava de receber hóspedes, no que também contrastava com o esposo. Nos dias festivos, sua bela mesa de jacarandá lavrado se revestia de toalhas alvíssimas e engomadas, em linho bordado ricamente, sobre a qual se dispunham a coleção de louça de Sèvres e os cristais preciosos de Veneza, presentes de matrimônio que lhe oferecera sua mãe.

Sua cozinha era comentada e os pratos regionais muito elogiados, o que lhe constituía uma das maiores alegrias.

Era generosa para com as escravas, principalmente as que se faziam mães.

Desde os primeiros pruridos das leis libertadoras — que, diga-se de uma vez, causavam fortes reações nos escravocratas, especialmente no temperamento áspero do coronel Aragão, seu esposo —, ela interferia a benefício dos negros.

— Devemos possuir sentimentos de compaixão — rebatia, quando lhe era permitido dialogar com o marido —, especialmente para com as mães. A maternidade é luz divina e pouco importa onde se apresente. Será diferente o perfume do lírio que brota no jardim, no charco ou no pântano?

E o marido, então irritado, preocupado com lucros, reagia:

— Escravo não é gente. Lembre-se que o próprio vigário Lourenço, da cidade de G., escreveu, no passado, veemente protesto contra essas leis absurdas, informando que negro não tem alma, como o reconhecem Sua Excelência Reverendíssima, o bispo de Coimbra, e outros príncipes da Igreja. Você não ignora que muitas das *cargas* que chegaram à corte, até há pouco, eram abençoadas pela Igreja. Não me fale, portanto, de piedade, em se referindo a essa gente...

— Todavia — redarguia ela, argumentando —, o leite que nutriu nosso filho veio do seio de uma escrava, que também amamentava o próprio filho. Não fosse isso e o nosso Antônio Cândido teria morrido, ante a impossibilidade de ser alimentado por mim...

— Isto, porém — revidava, transtornado —, é serviço para negra...

— Dar a vida do filho, desnutrindo-o, para ofertar vida ao filho do senhor?!

— Fazem-te mal essas leituras, mulher, — reagia, cofiando os bigodes longos e bem tratados —. Num dia em que nos desentendamos, eu terminarei por proibir na minha casa esses livros de poetas sonhadores, partidários da abolição...

E apressava-se em afastar-se do cenário da discussão.

Não obstante, a senhora, cercada pelas escravas nos misteres a que se entregava, usava o pão da misericórdia, a água da piedade e recordava o Crucificado de braços abertos... Não seria Ele, na cruz, costumava refletir, um símbolo? Aqueles braços, que nunca se fechavam, não se encontrariam oferecendo amparo aos infelizes e aqueles lábios entreabertos não estariam a murmurar o eterno apelo: — "Vinde a mim..."? Não fora Ele o primeiro Libertador? Não arrancara os escravos ao mal a que se submetiam? Não se erguera contra o abuso do poder, tornando-se o Amparo dos perseguidos?

Nublavam-se-lhe, então, os olhos, e não saberia dizer se por compaixão dos cativos, ou pela emoção decorrente da lembrança do Amigo Divino dos infelizes, ali sempre contristado, contemplando as misérias infligidas aos seus, chorando a dor deles. Mergulhava em cismares, e a saudade do filho chegava-lhe qual armadura pesada, que caísse sobre os seus ombros frágeis.

Sua débil constituição brindara-a apenas com um único filho, que era sua alegria: Antônio Cândido, hoje estudando muito longe do seu coração, na distante Coimbra, a cidade da cultura e do saber portugueses...

Aquela solidão interior macerava-a. Fugia na direção do quarto do filho, quando angustiada, e revia-o na tela da memória, brincando, sorrindo, e escutava a voz estridente do anjo querido parecendo uma cascata de cristais partidos, produzindo música divina num piso de rochas de ouro... Pela imaginação, voava de retorno ao passado e reencontrava-o gárrulo e débil — saíra à fragilidade da mãe —, castigado pela dificuldade de respirar, atormentado e dependente, afogando-se no seu amparo. Amava aquele filho com todas as forças da vida.

O pai, é claro — ela o desculpava ao relacionar os acontecimentos —, estava sempre imerso nos negócios e não tinha tempo para cuidar do filho. Talvez não fosse por isso. Sejamos francos: na sua cobiça desmedida, ele amava apenas o dinheiro, a si mesmo, num narcisismo feito de avareza. A verdade é que não gostava do filho. Sentia repulsa pelo corpo que dizia não se parecer em nada com o seu. E para que culminassem as diferenças, o rapaz era dado a leituras e não ao trabalho. Não suportava o calor nem o frio, impossibilitado, portanto, de zelar no futuro pelos largos recursos que lhe cairiam nas mãos, mais hoje, mais amanhã. Evitava-o. Sim, essa é a palavra: evitava-o!

Rebuscando no fundo da alma, a mãe chegara a essa conclusão: é como se, decepcionado por não ter gerado um filho que pudesse lutar selvagemente, ao seu lado, para dominar mais, resolvesse ignorá-lo, refugiando-se no trabalho incessante, em que se realizava.

Surpreendia-o a esposa, não poucas vezes, sorrindo ao galopar com Bernardo, o filho dos colonos espanhóis, forte como um touro e altivo como uma coluna de mármore em soberba posição... Sentia ciúme daquele filho de estrangeiros, que parecia tomar o lugar do seu filho. Era visível a predileção do coronel por ele. Aliás, tomara conhecimento de algumas conversas de cozinha, em que muitas verdades falam nas bocas irreverentes dos escravos e dos servos:

— Todo mundo sabe que o coronel gostaria que Bernardo fosse seu filho e Antônio Cândido houvesse nascido...

— Caluda! — gritava sempre alguém mais vigilante.

— Ora essa — replicava a vingança dos oprimidos, na fala da revolta —, ninguém ignora que o pai mandou o rapaz, ainda menino, para Portugal, somente para se ver livre da presença dele, assim delicado e asmático... Cruz!...

Essa era a verdade: seu Antônio Cândido era um asmático. Os médicos da capital informaram que sua vida... (nem gostava de pensar), sua vida não teria possibilidades de ser muito longa, principalmente ali, à margem do Paraíba: de ar sempre abafado, sempre úmido, irrespirável no verão, insuportável no inverno para a constituição fraca do filho.

O marido usara, também, essa argumentação, antes de mandá-lo a Coimbra:

— O clima lá é excelente — dissera —, e como o menino é muito inteligente, poderemos aproveitá-lo para que seja um herói das letras, já que não tem constituição para o serviço do campo...

Havia ironia e despeito na frase, bem o reconhecia. Confortava, porém, sabê-lo inteligente, — ora, e muito vivaz, memória lúcida, exceto nas horas em que era tomado por aqueles injustificáveis pavores, senhor Deus! — exclamava com a alma opressa.

E pela mente revia as cenas: desde infante, o choro convulsivo, misturado à dispneia angustiante, despedaçava-o, dilacerando-a, mantendo os pequeninos olhos dilatados como se visões terrificantes o apavorassem.

Tomava-o, então, nos braços e orava à Mãe do Redentor, suplicando amparo para o seu "rebento". A custo, ele adormecia, estremecendo, gemendo, inquieto... Anos dolorosos aqueles! Depois, à medida que crescia, a impaciência do pai para com ele a martirizava. Podia-se ver-lhe a enfermidade desenhada no rosto pálido e nos estertores do peito, as dores na garganta, contínuas, e os pavores noturnos.

— São monstros, mamãe — falava, ofegante —, que me querem matar... Eles aparecem e se desmancham, horríveis, diante dos meus olhos... Salve-me, mamãe!

— Chame Jesus, meu filho! — falava, em lágrimas —, peça a Ele proteção.

— Tenho medo, mamãe!

— Medo! — bradava o pai encolerizado. — *Isto* nunca será homem. Ainda mais com uma mãe que o mima e o acobarda. Chego quase a detestá-lo.

E descarregava a raiva nos negros, nos filhos dos negros, mesmo naqueles que, em plena infância, serviam como animais de carga.

Naqueles estados de fúria, parecia enlouquecer: investia contra o que estava à frente, violento, em frenesi de ira.

Consultado mais tarde, o médico achara que o clima de Coimbra ser-lhe-ia bom e lá, talvez, a enfermidade amainasse. Assim, apartara-se do filho há quase cinco anos. Saíra do lar um fedelho e voltaria um homem. Suas cartas davam conta dos progressos conquistados: logo mais seria bacharel e viria ao Brasil, para um período de repouso, pretendendo retornar só depois, para concluir o curso de Advocacia.

Naquelas cartas, ele extravasava a alma. Na última, que lia emocionada, após outros temas, ele escrevera:

> Sonho com o nosso país, mas vejo-o manchado pelo cancro da escravidão... Enquanto o homem se fizer

o perseguidor do homem, desgraça-se a si mesmo, imagine, minha querida mamãe, que me afloram à mente lembranças muito torpes, como se em alguma época eu tivesse vivido em furnas odientas e houvera despedaçado vidas, eu que me aflijo ante os que sofrem! Nesses estados, que me recordam os da infância, sofro amarguras sem-nome e, como se pesadelos dominassem minha mente, revejo-me em cenas de sangue, de luto e dor. *Desperto* em angústias, muito embora tais visões me ocorram, com certa frequência, em plena lucidez.

Considere que as notícias que você me manda da nossa terra felicitam-me. Acompanho os progressos realizados pelos abolicionistas cearenses com alegrias crescentes. Chegaram-me às mãos alguns exemplares de *O Cearense*[26], que dá notícia da criação de sociedades interessadas na "alforria espontânea" dos escravos, que vinha tendo curso desde os dias da emancipação norte-americana, com pleno apoio, inclusive, do governo, naquela província, que está dispondo de verbas para tal finalidade, seguindo o exemplo do Piauí...

---

[26] Jornal publicado em Fortaleza, no século passado, que se destacou pelos editoriais e opiniões favoráveis ao movimento abolicionista naquela antiga província, ao lado de outros como, *A Posteriori*, *O Libertador*, etc.

Posso atinar com as reações do papai e a sua liderança na região, indo contra os ideais libertadores. Posso ver, pela imaginação, o escravo nas mãos do nosso feitor, vertendo pranto de sangue...

Recordo-me da *leva* que chegara do norte à corte e dali ao nosso cafezal... Nunca me esquecerei daqueles olhos de tristeza, iguais aos olhos da minha mágoa interior e do surdo sofrimento do meu coração, que parece escravo sem esperança de alforria, numa noite de muitas sombras, cuja luz única é o círio aceso da sua lembrança, mãe querida, clareando-me a senda e aquecendo-me, embora de longe.

Lamento a hedionda guerra, ceifando vidas para aplacar a sanha do ditador paraguaio.

Sigo relativamente bem de saúde. As crises asmáticas diminuem agora na primavera e, conquanto as minhas resistências não sejam muitas, passo regularmente. Não se preocupe em demasia.

Chegam-me notícias da França, pelos periódicos que lemos na biblioteca da universidade, a respeito de uma doutrina nova aparecida há alguns anos, que tem à frente um certo senhor Allan Kardec, antigo professor respeitável e muito amado — autor de diversas obras pedagógicas assinadas com o nome de Denizard Rivail —, que vem escrevendo muitos livros sobre um movimento filosófico de nome *Espiritismo*. Segundo essa doutrina, o homem são as suas vidas anteriores, de cujos deslizes sofre na Terra todas as consequências, aprendendo a repará-los, a fim de crescer em espírito e dignidade. Eu mesmo tenho refletido sobre o assunto e parece-me de uma clareza meridiana. Aqui, porém, vivemos sob o jugo clerical (perdoe-me, mamãe!) e o que havia de esparso foi destruído.

Espero solicitar a amigos, que passarão as férias de verão em França, que me consigam alguns desses livros, a fim de instruir-me sobre o assunto, quando lhe darei conta oportunamente. Aliás, pretendo, após as festas de encerramento do currículo, com a "queima das fitas" e o recebimento do competente diploma, voltar a casa e assim podermos passar o Natal deste ano juntos e, possivelmente, de acordo com a minha saúde, ficar na fazenda por uma grande parte do ano vindouro de 70.

Dona Maria Amélia levou a mão ao peito arfante e inundou-se de lágrimas.

A carta terminava com protestos de saudades e expressões de carinho, narrando, inclusive, que fora encaminhada uma outra ao pai, na qual apresentava os projetos do retorno.

À mesa do jantar, encantada e irradiando felicidade, falou ao marido sobre as notícias trazidas pelo correio da capital, que o filho enviara.

— Eu também recebi carta dele, — respondeu secamente —. Só espero que venha disposto ao trabalho e que faça jus à despesa descomunal que me dá, com os seus estudos na Europa.

— Peço vênia para recordar ao meu esposo que é *nosso* o dinheiro — esclareceu, quase a medo —, pois que eu contribuo com os bens da minha família, que por lei me pertencem, pertencendo-nos a ambos todos os bens, em considerando o nosso matrimônio, não é verdade?

— Não falemos sobre o assunto, então.

— Desejo, todavia, informar que pretendo, com sua permissão, aguardar meu filho em Santos, na ocasião própria.

— É possível, se tivermos negócios lá por tratar.

Os diálogos eram sempre curtos e rudes.

Fitando-o, conjeturava a dama: Pensar que cheguei a amá-lo, a ele que somente a si e ao ouro ama!

A mulher, porém, submissa e obediente ao esposo, era antes um adorno e objeto de uso do que propriamente o anjo do lar, o santuário da vida, naqueles dias.

O coronel Aragão, em verdade, digamos a verdade, não pertencia a qualquer corporação militar.

A "patente" fora herdada do seu pai, que a adquirira, por compra, nos dias do Primeiro Império, graças a amizades expressivas que mantinha na corte, entre portugueses que se rebelaram contra a coroa ultramarina.

Achava a esposa uma estroina, embora a vida que a mesma se impunha, considerando-a extravagante por exibir um luxo desnecessário aos convidados, nas festas tradicionais: encerramento da colheita, fechamento do engenho, santos padroeiros, missas na fazenda. Além disso, ela se permitia alardear a sua ascendência, o que muito o irritava. Pensando mais acuradamente, compreendia, porém, que fora muito feliz com a escolha: ela não se fazia exigente — exceto quando dizia respeito ao filho —, era meiga e sabia esquecer suas explosões de ira e azedume. Somente não lhe podia desculpar o favoritismo que mantinha em relação aos escravos. Não parecia descender de plantadores de café, em cujas glebas de terras a chibata arrancava o sangue do dorso do cativo insubmisso e preguiçoso.

Ele preferia os escravos procedentes do norte, nas *levas* que chegavam à corte do Rio de Janeiro, selecionados por estrangeiros que se davam ao tráfico interno quando as secas ameaçavam as fazendas nordestinas e os senhores os trocavam por ninharia, em barganhas que estavam enriquecendo muitos compradores de lá.

Desagradava-o a situação então dominante na corte.

O Segundo Império, com as suas assembleias legislativas, estava sendo muito condescendente com os abolicionistas e, naquele ano, talvez a tolerância decorresse do estado de guerra em que vivia o país, desde a invasão de Uruguaiana pelo Paraguai.

Naqueles dias, o imperador rumara para o território miseravelmente dominado e somente saíra dali após vê-lo livre.

A guerra, porém, continuava arrastando-se lentamente, custando preciosas vidas e braços que faziam falta à lavoura, que sofria decadência e aflições naqueles tristes anos.

A economia nacional estava abalada, e a frivolidade dos cortesãos, sempre inúteis e vãos, espicaçava no coronel Aragão as farpas da idiossincrasia e da revolta.

O imperador não escondia o seu caráter abolicionista e todos sabiam que recomendara aos seus ministros que estudassem meios de conceder liberdade aos cativos, vagarosamente, desde os idos de 66. Ele mesmo oferecera liberdade aos seus, colocando prêmios a quem lhe imitasse o exemplo nobre.

Ante a perspectiva da chegada do filho, retornando de Coimbra, gostaria de iniciá-lo no zelo e na guarda da propriedade. Temia, porém, que o filho fosse apenas um inútil usurpador do seu esforço, na acendrada luta pela preservação do patrimônio. Era, todavia, seu único herdeiro, e não tinha como esquecê-lo.

Suas reações imprevisíveis eram conhecidas na casa-grande e na senzala, no engenho e na plantação.

Escravo não lhe recebia perdão e para vendê-lo a outro senhor, despedaçando a família, como escarmento para outros calcetas, era questão de somenos importância.

Inevitavelmente, entre os negros chegados do norte sempre havia alguns loucos que sonhavam com quilombos, anelando liberdade ou pensando fugir, na busca insofrida de retornar aos eitos antigos, junto às famílias que ficaram nas terras longes e tórridas do nordeste.

Os que conseguiam evadir-se, porém, não chegavam a percorrer distâncias expressivas: eram trazidos ao tronco e ali sofriam as mais horrendas punições, ante as quais a perda da vida era martírio suave, em considerando os que sobreviviam mutilados, inúteis, mais infelizes ainda.

Apesar disso, a liberdade se debate no elo da escravidão e como um condor tem ânsia de voar muito alto, arrebentando todos os grilhões, para plainar no infinito. Quanto mais soezes os métodos de asfixia do homem, mais amplas as ambições de libertação. A flor presa ao solo, impossibilitada de voar, arrebenta perfumes que correm nos rios do vento, a se perderem na amplidão: assim a alma humana. Mil vezes a morte no sacrifício, à vida na indignidade escravizante! — anelavam alguns, e concordamos com eles.

Naqueles dias de abril, ainda ardentes, por um amanhecer de domingo, o feitor descobriu que quatro negros se evadiram na noite anterior, como sombras fugindo da sombra.

Imediatamente, foram dadas ordens pelo coronel Aragão, para que se preparasse a busca.

Ministrado o alarme, a azáfama tomou conta da propriedade.

Servos diligentes e escravos subalternos, infelizes, tomaram dos cães, prepararam os animais para o feitor e o amo, em algaravia ensurdecedora.

Os mais velhos negros entregaram-se às orações pelas almas dos fugitivos e as mulheres choravam, amarguradas. Havia entre eles a solidariedade que a desgraça consolida — único elo que os sustenta na desdita e fulgura na sua noite, quando o sol da esperança se reflete no aço de que se constitui a cadeia que os ata uns aos outros.

— Que falta fazem esses fugitivos?! — interveio dona Maria Amélia, junto ao marido, rosário nas mãos, como se estivesse orando pelos desventurados.

O olhar de fera enjaulada que lhe lançou o esposo soberbo e mau fê-la estremecer.

Ele a empurrou, ferido no seu ódio selvagem, e sem uma palavra, lábios a tremer e máscara horrenda em que se transformara a face, afastou-se, rumando ao terreiro convertido repentinamente em braseiro de emoções desencontradas.

— Deixe-me acompanhá-lo, senhor, — gritou. Bernardo, matreiro e bajulador. — Eu serei útil: sou veloz como o potro e tenho o olhar da águia, descobrindo um cativo no inferno, se lá ele ocultar-se.

E sorriu, confiante.

O coronel gostava de arremetidas dessa natureza, mesmo que falsas.

Bernardo era altivo, sim, reconhecia, e na sua postura morena os cabelos bastos e desalinhados refletiam a esbelteza de um nobre antigo.

— Tome de um cavalo e venha comigo! — determinou o coronel Aragão.

Da varanda larga, de velhas lajes de barro cozido em tijolos quadrados e muito lavados. dona Maria Amélia acompanhou o diálogo e não pôde evitar o olhar de vitória que o marido lhe dirigiu, da sela do animal. Ela abaixou a cabeça, única fuga de que dispõem os que não podem ou não devem lutar nos combates inglórios. Os soluços sacudiram o seu corpo delicado.

Os animais e os perseguidores saíram em gritaria; a poeira levantou-se do chão, que começava a abrasar-se ante o dia vitorioso.

Abriu-se a cancela, à frente, e os caçadores partiram vitalizados pelas emanações da própria miserabilidade.

5 A funesta caçada

O coronel Aragão, num misto de ira e júbilo — ira causada pela evasão dos escravos e júbilo pela oportunidade de ir caçá-los —, avança à frente do grupo, em fogoso animal que, em passo picado, garboso, parecia participar do orgulho do senhor das terras.

Bernardo, exultante, esporeia o corcel, exibindo os dotes de cavaleiro destro, ante o olhar compassivo do amo, cujo rosto se reveste de sorriso enigmático.

Ao lado, "Zé" Francisco, o feitor, chibata enrolada no cabo de madrepérola, olhar de lince, beiços grossos, mulato robusto, aguardava, com crescente ansiedade, o instante de aplicar o corretivo nos "negros fujões".

A matilha fareja, irrequieta, presa pelas correias de couro curtido, em coleiras largas e fortes. Sacudindo a cauda, os cães avançam, latindo.

O dia esquenta paulatinamente, abafado; o cafezal próximo e o canavial ao longe balouçam sob as ligeiras lufadas do vento morno.

O Paraíba se esgueira aqui, numa curva, apressado, alarga-se adiante, dolente, refletindo em turbilhão de luzes oscilantes os dardos do sol de ouro.

De um lado, o dorso espinhal da Mantiqueira e do outro as serras da Cordilheira do Mar, que ora estreita o vale, ora o alargam, facultando horizontes amplos e planície ubérrima, onde as plantações exultam, luxuriantes. As matas, escassas no local, alteram-se com o solo descampado, e as dobras dos morros, em sucessão de cadeias, parecem valhacoutos naturais, que podem servir de agasalho aos fugitivos.

"Zé" Francisco sugere, em voz arrastada:

— Dividamos o grupo, meu amo. Uma parte segue o lado direito do rio e a outra atravessa para a margem oposta.

— Bom alvitre, "Zé", — retruca o senhor.

Bernardo e o amo avançam pelo lado da propriedade, na direção fluminense, enquanto o capataz segue o rumo que leva às terras paulistas.

"Nego" Sabino — verdadeiro *cão farejador* — procura pegadas recentes no chão. Rastejador famoso, dizia-se que identificava os fujões pelo cheiro no ar e não somente pelas marcas no chão.

Fala-se por toda aquela região sobre *quilombos* espalhados no ponto convergente das Províncias do Rio, São Paulo e Minas Gerais, algumas léguas adiante, onde os negros faziam mocambos e enfrentavam, armados de varapaus e outros instrumentos primitivos, os feitores e perseguidores que apareciam, provindos das propriedades vizinhas. Evadidos de toda a parte ali se acolhiam, mesmo os que se largavam das plantações da freguesia de Campos, encontrando pouso e segurança nas matas ainda virgens das encostas das serras, naqueles limites, onde abundavam a água, a caça, e o acesso era difícil.

Bernardo alvitra ao amo, com o riso bailando nos lábios:

— Será que os negros, patrão, não se encontram no quilombo da serra?

— Não creio provável, Bernardo — respondeu o senhor —, porque não haveria tempo de alcançar tão grande distância. Calculando que hajam fugido ao anoitecer, estando a pé, a esta hora já cansados e em desespero, devem levar pequena vantagem sobre nós.

— Que pretende fazer com eles, meu senhor?

— Discipliná-los pelo prejuízo e pelo incômodo, para que saibam até à morte que negro nasceu para servir branco e, depois, partir para o inferno.

O mote selvagem agradou consideravelmente aos perseguidores, que estrugiram em gargalhadas zombeteiras.

Era realmente uma caçada, uma caçada humana. Não podendo combater as feras interiores que rugem e assaltam o íntimo, ao homem compraz atacar os que considera *inimigos* de fora, que transforma em feras —, e quando coagidos, então, é natural que agridam e matem.

O coronel Aragão sua, em bagas, desagradável exsudação pegajosa. O chapéu de aba larga impede o sol, mas não o mormaço úmido. O porte altivo diminui ao peso do cansaço.

Passa do meio-dia quando "Nego" Sabino, que rastreia à frente, manda informar ao amo ter encontrado vestígios dos fugitivos. Conseguira a pista que logo mais os levaria aos perseguidos.

Novo alento transparece em todos os rostos. Vai despachado um negro, para avisar o feitor, que se adentra pela margem oposta do rio.

Antegozando o privilégio de seviciar os escravos, o coronel arranca do suporte o velho arcabuz de cabo envernizado, em madeira preciosa e ajaezada de arremates de prata trabalhada, para qualquer emergência. À cinta, que apalpou, sente a presença da pistola de cano longo e, acionando as rédeas do animal arisco, avança resfolegante na direção do servidor que marcha à frente. Bernardo e os outros seguem-no, incontinenti.

As feras caçam os infelizes, que deixam pegadas profundas no chão dos seus sofrimentos.

O caminho se estreita e perde-se na mata, entre as curvas descendentes dos serros, por onde correm os riachos transparentes, cantando à sombra das velhas árvores altaneiras.

Um pouco mais e ouvem-se gritos, ameaças e ordens.

Em pequena clareira, os fugitivos, lanhados pelas sebes e tiriricas, com a carne em brasa pelo cansanção e outras plantas urticáceas, arquejantes, tentam refazer as energias.

Os olhos de alucinados saem das órbitas ante a surpresa, e o suor em manchas no rosto brilhante expressa todos os sintomas do pavor.

"Nego" Sabino e alguns outros cativos preparam-se num arremedo de cerco e bradam:

— Ninguém corre! Acabou-se a fuga!

É o bastante. O medo é inimigo traiçoeiro e forte: esmaga os poderosos e enfurece os fracos.

Os sitiados rilham os dentes alvos, dilatam-se-lhes as abas das narinas e, insultados pelo desespero, investem para qualquer resultado, bordões ao ar, transformados em animais que defendem as crias — resguardam as próprias vidas, que estavam dispostos a perder, em troca de continuarem privados de viver!

Chega o coronel Aragão e sem titubeios levanta o arcabuz, apoia-se à sela e dispara. O espocar do tiro derruba um rebelde e o sangue jorra abundante do ventre atingido.

A vítima estertora em paroxismos dolorosos, tenta deter a vida que se esvai pelo orifício rasgado no ventre, a face transformada em terrível máscara, geme, grunhindo, e tomba, recurvado: está morto!

É a vitória do animal sobre o homem, o que não é novidade, apressemo-nos a ratificar.

Os restantes, tremendo como varas verdes, arrojam-se ao solo e, em exclamações pungentes, começam a chorar, cantando seus dolentes e tristes "mântrans" da fé natural, legado sublime da *pátria-mãe*, perdida além dos horizontes, que a obstinação — único direito do hilota: permanecer obstinado no ideal intimo — consegue manter acesa, apesar da violência usurpadora do cruel dominador de suas vidas.

Bernardo, presto, salta do animal e arremete sobre os infelizes com expressões de sórdida selvageria, agressivo e perverso.

Todo homem fraco apresenta-se forte ante a submissa fraqueza dos vencidos: abutres imundos aguardam a queda da presa para, esvoaçantes, penetrar-lhe as carnes com as garras e os bicos aduncos.

O relho assovia no ar e o suplício tem início. O couro curtido levanta-se e abaixa em ritmo, lanhando o dorso esfarrapado da miséria, que não reage.

Ali, dobrados sob a infinita amargura, tornam-se insensíveis à dor física, pois que os abismos da alma são mais profundos do que as crateras abertas pelo fustigar do vendaval da impiedade humana. A cada chibatada, ressoa sem eco o brado surdo do desespero em esmagamento.

O coronel Aragão, com a calma da cobardia moral que se sente amparada pela vitória sobre o oprimido, ordena que se atem os sobreviventes a uma árvore, até a chegada do hediondo "Zé" Francisco, seu capataz.

Não, ele não desce da sua posição para manchar as mãos no sangue dos escravos.

Os minutos passam pesados e macios, quebrados pelo choro convulsivo dos aterrados prisioneiros e aplaudidos pelo silêncio da morte dominadora sobre o cadáver do escravo agora em liberdade...

Com a chegada do feitor, cujas grossas feições estão em esgar de nefasta alegria, o grupo criminoso respira tranquilidade.

Quem poderá supor as tramas do horror na mente aparvalhada dos cativos: duas vezes cativos?! Sabiam que a morte significava liberdade, mas esta, que arrancava definitivamente o homem do ergástulo, era-lhes negada, como aqueloutra, que arrebenta a grilheta dos braços, das pernas e do pescoço, tampouco lhes seria concedida. Oh! trágico destino o do homem que é vítima de outro homem!

— "Zé" Francisco — grita, pausado, o senhor —, precisamos exemplar os negros.

— Às ordens, patrão, — acode o outro.

— Desejo marcar os traiçoeiros para que não me repitam o crime, nem eles, nem outros. Arranque-lhes um pedaço da orelha direita, de cada um deles.

A frieza da voz sem emoção já era um gume afiado: a lâmina da maldade, acionada pela inteligência irrigada pela animalidade dominante, corta, inclusive, os tecidos da alma.

Os infelizes traduzem no peito arfante, no rosto deformado e no corpo sangrando o medo que os bestializa.

Bernardo, conquanto constrangido ante a bárbara arremetida do amo, para fazer-se simpático ao algoz, talvez sentindo os lampejos do antigo ódio a reacender, inconscientemente, em labaredas da própria desdita, concorda:

— Ensinemos-lhes o que é a justiça!

O senhor, altivo, sorri e passa a mão suarenta no bigode cuidado. Os olhos se estreitam nas órbitas, num tique nervoso que expressa a surda loucura que o vence paulatinamente e entreabre os lábios finos, normalmente contraídos, num riso mefítico, num esgar de triunfo.

A lâmina, arrancada da capa ajustada ao cinto, no cós da calça do feitor, rebrilha no ar.

Com passo firme, ele avança na direção dos indefesos, atados pelas mãos e pés ao tronco da árvore, e, com golpe seguro, arranca parte do hélix e do lóbulo direito de cada orelha. O sangue salta abundante e o pedaço é atirado longe, com suprema indiferença.

Cada infeliz decepado deixa escapar apenas um grito, e somente um deles, por ser mais jovem, ainda não forjado na galé da hedionda justiça do homem branco, deixa-se vencer por um delíquio.

— Manda os negros prepararem uma tipoia, — ordena o coronel Aragão.

Agilmente é cortado um trocho e com as cordas improvisam-se as amarras, pelas quais se enfia um pedaço de pau.

— Que os companheiros carreguem o cadáver até o terreiro da senzala! — arremata o senhor, com indisfarçável desprezo.

O triste troço começa a volta.

A tarde cai. Entre as sombras das árvores vetustas, miríades de insetos em revoada prenunciam a chegada da noite, logo mais.

O coronel convida Bernardo à partida e ambos avançam à frente. Deseja atingir a casa antes do grupo, em vitória. Realizara-se. Era o senhor temido, e também detestado.

Em galope apressado, começam a descida, buscando a orla do rio, em baixo.

O animal, picado pela espora e frenado na brida, relincha, o ginete irado comanda.

O poente penetra, filtrado pela folhagem densa, e mancha o chão de sombras tremeluzentes. A rampa, recoberta de pedras redondas e de pequeno porte, provoca derrapagens dos cascos ferrados do animal.

A tarde desagradável cansa, ou talvez o relaxar da tensão produza um descongestionamento da ansiedade, agora transformada em afrouxamento dos sentidos.

Bernardo grita:

— Uma cobra, senhor, à frente!

O destro cavaleiro segura a brida, saca da pistola e dispara. O cavalo, colhido de surpresa, relincha e refreia o passo, sacode a cabeça e salta. As rédeas caem da mão vigorosa do coronel Aragão, enquanto o manguapa corcoveia e dispara, adentrando-se pela mata em carreira louca.

Num átimo tudo acontece, qual o raio de pequena duração e terríveis consequências, na tempestade.

O cavaleiro bate a fronte na galhada baixa das árvores e, tonteado, cai da sela. O pé direito, com o impulso da queda, prende-se à caçamba, que se enrola violentamente, e o corpo segue arrastado entre troncos decepados e as pedras da vereda que se abre ante o impacto desabalado.

Bernardo grita e investe, automaticamente.

O animal, no entanto, continua furioso, a rasgar-se pela mata, carregando o corpo que se despedaça pelo chão, enquanto a voz rouquenha do cavaleiro, em gritos, faz súbito silêncio.

É um momento de estupor inenarrável. Embaixo, à margem do rio, o animal para, ofegante, sacudindo-se. Um pouco mais acima, entre galhos arrebentados e sangrando muito, o poderoso coronel Frederico de Aragão e Souza agoniza. Os olhos revirados, a boca arrebentada, a cabeça com vários cortes, em sangue e terra, a perna quebrada, com fraturas expostas, o peito ralado e fundo corte no pulmão direito, ele estertora. Estremece a vida orgânica, expulsando o espírito atordoado.

Bernardo brada e clama em desespero, até ser ouvido pelo magote que logo vem atrás.

Seguem-se cenas lancinantes de pavor e assombro. A noite ameaça com sombras, menos densas, possivelmente, do que as que cerram os olhos do corpo do coronel Aragão, que ali mesmo desencarna.

Dois servos preparam uma padiola improvisada e conduzem o amo à casa-grande, na propriedade, alguns quilômetros distante.

Um batedor marcha, despachado, para anunciar a tragédia.

A notícia acende a senzala e a casa-grande é dominada pelo sofrimento.

Dona Maria Amélia, dócil e sofredora, fica hebetada ante o infortúnio, incapaz de tomar qualquer providência ou gerir qualquer ação.

Sacudida pelo sofrimento superlativo que a surpreende dolorosamente, a nobre senhora, acolitada por diversas escravas e servas diligentes, fica à espera do corpo, acalentando remotamente a esperança de que tudo não passe de um pesadelo cruel e impossível, esperando ao menos que um sopro de vida permaneça no companheiro impetuoso.

Segurando o terço maquinalmente, passa as contas sem poder pronunciar na linguagem do pensamento um murmúrio de oração. A esperança é a lâmpada acesa dos sofredores.

A funesta caçada culminou caçando o caçador.

Em última análise, o perseguidor é sempre alguém que vive perseguido interiormente, qual um espelho que reflete a imagem que tem diante da sua face.

O corpo é trazido à sala de visitas, muito larga, na entrada da casa, e colocado sobre um leito improvisado.

Impossibilitada de tomar providências, dona Maria Amélia permite-se recolher à alcova, assistida pela serva e duas das escravas mais devotadas, que lhe participam da dor, enquanto lhe aplicam, chorosas, sais perfumados e unguentos.

Os escravos aprisionados são atirados à senzala e atados ao tronco, enquanto o corpo do outro é entregue aos familiares, que o vão prantear, entre as sombras da desdita, no casebre infecto e nauseante... À volta dele, os pais encanecidos, aturdidos, quase não conseguem chorar.

A governanta da casa logo despacha um escravo para avisar o sacerdote, na cidade, e um servo faz-se preparar para seguir pela madrugada à capital, levando a notícia do infausto acontecimento à família da senhora, com o informe de que o sepultamento será à tarde daquele dia.

É claro que os familiares de dona Maria Amélia não poderão estar presentes ao enterro, mas faz-se necessário que venha alguém assistir a ama, colhida pela suprema dor da separação.

Expedita e calma, a senhora Marcionília manda encomendar o caixão, comanda a ordem, convoca os servos e empregados, colonos e escravos, para que se comece o velório.

Providências tomadas às pressas e notícias correndo a cavalo pelas redondezas anunciam a tragédia.

Uma lua muito pálida olha do alto, enquanto o rio continua correndo entre braços e curvas multiplicadas no vale.

À meia-noite, todos são convocados ao ofício que a tradição recomenda proferir. Sacudida por incessantes crises de choro, a viúva faz-se presente, acompanhando a voz ritmada das *rezadeiras,* com a alma em frangalhos.

Bernardo, à porta, como estátua de dor, fita o cadáver do amo com o coração esmagado e o espírito vencido.

Que pensa? Quais as ideias que lhe sacodem os recônditos da memória? Donde identificava aquele cômpar, que talvez lhe houvesse no remoto passado sido instrumento de vindita, graças a cujo liame com ele se afinava? Como ficaria agora, face à ausência do amo? Todo aquele patrimônio passaria às mãos de Antônio Cândido, que fora seu amigo de infância, aliás, com quem brincava na infância, pois que nunca se afeiçoara a ele, esta é a verdade. Como voltaria o antigo companheiro? Guardá-lo-ia na conta de amigo, quando se visse investido da riqueza?

Sentiu um travo amargo na boca, face à reflexão. Surda animosidade contra o ausente começa a perturbá-lo.

Fazia muito tempo que não o recordava. Era como se ele não existisse. Acompanhando o amo, sentia-se partilhando o poder.

Ante o inesperado, como portar-se? A senhora era generosa, mas era mãe, e toda mãe é ávida de ambição para com o filho — raciocinava.

Assim, visitado por pensamentos desencontrados, nublou os olhos, e lágrimas discretas foram vertidas no silêncio da noite, à porta de entrada, pelo desempenado filho dos colonos espanhóis.

A noite é longa quando a dor chora sem consolo, como longos são os dias do infortúnio para quem não possui um círio de esperança aceso no tocheiro do coração. Infindáveis os caminhos dos que jornadeiam solitários e demoradas as realizações do espírito expectante.

O dia surge, enquanto o engenho silencioso parece chorar nas peças imobilizadas das suas engrenagens. O café seca ao sol nos tabuleiros, espalhado. A moenda cala e o luto se levanta sombrio pela rica propriedade, subitamente empobrecida — porque a desgraça moral significa perda de incalculáveis valores da vida.

Da cidade e do campo, fazendeiros e serviçais, citadinos e colonos afluem à casa-grande, e o cortejo fúnebre parte ao entardecer, na direção do cemitério público.

Dona Maria Amélia, atendida pelas famílias das redondezas, permanece acamada, enquanto a senzala chora o morto e lamenta a viúva.

Informada dos lances da tragédia pela tagarelice das servas, logo saído o enterro toma a decisão de mandar libertar os cativos e atendê-los com pão e água, até que se estabeleçam providências a seu respeito. Manda que o escravo morto seja enterrado na área reservada aos cativos, na própria fazenda. Uma cruz tosca e retorcida vai fincada no solo revolvido, ao lado de outras que assinalam a libertação que a eles era negada...

A apatia e a tristeza envolvem os sítios sombreados pelo fantasma da tragédia.

Dois irmãos de dona Maria Amélia chegam da capital, no dia imediato, acompanhados das esposas, que permanecem ao lado da cunhada, tentando reanimá-la. Em profundo abatimento, que doravante minar-lhe-á as forças fracas do organismo já depauperado, ela parece distante.

Atendendo ao pedido da senhora, a governanta escreve longa missiva a Antônio Cândido, colocando-o a par do infortúnio e rogando-lhe a presença para assistir a mãe enferma, logo receba a correspondência.

Receio — escreveu, comovida, a servidora fiel e zelosa — que a vossa abençoada genitora não suportará por muito tempo o luto decorrente da angustiante viuvez. Passa horas mergulhada em sombrio alheamento e a sua face cansada revela o desgaste do corpo frágil, como se esse estivesse conspirando contra a vida que teima em resistir ao embate, porfiando no desafio da existência.

Vinde depressa, senhor! Vossa mãe necessita do vosso cuidado!

A casa está mergulhada em sombras agourentas.

A senzala chora sempre e, aproveitando-se do estado da nossa patroa, "Zé" Francisco descarrega sua fúria nos cativos que foram os causadores indiretos da desdita do amo, o senhor coronel Aragão, vosso pai.

Segundo estou informada, um dos negros já perdeu a vida: um dos que teve a orelha cortada, e a sua morte não foi doença mandada por Deus, não, senhor. Ninguém diz nada, mas todo mundo sabe. Evitamos falar à patroa para poupá-la a dores maiores, que lhe seriam fatais.

Vosso tio Casimiro propõe-se tomar conta de tudo. Que Deus me perdoe: vosso tio Casimiro!

Com ele aqui, eu somente ficarei até à vossa chegada, para não deixar vossa mãe em abandono. A sua esposa, dona Matilde, já parece a dona da casa. Não são intrigas, não, meu amo: é a voz da verdade, para que tenhais ideia exata do que se passa.

Bernardo, o filho dos espanhóis, parece que deseja abandonar tudo, interessado que está em partir para outra fazenda, no leste, onde o café está oferecendo fortunas, como se o daqui já estivesse dominado por pragas e tudo arruinado. É assim mesmo: "quando o navio está em perigo os ratos fogem logo" — bem diz o brocardo.

Os cativos choram o senhor e rezam pela senhora. Todos os servos esperam pela vossa chegada.

Que vos abençoe a Mãe do Redentor!

A carta, minuciosa quanto possível, terminava com as expressões costumeiras, repetindo a urgência de que se revestia o assunto e rogando mais uma vez a presença do moço. Pouco mais de um mês transcorrido após a desencarnação do coronel, retorna ao lar Antônio Cândido de Aragão e Souza, para substituir o pai nos empreendimentos que lhe cabiam por herança natural.

A Lei Divina tem curso.

A proibição do tráfico de escravos, paulatinamente, desde a "Lei Eusébio de Queiroz", em 1850, e as condições mesológicas consideradas desfavoráveis contribuem para a decadência, em ritmo acelerado, dos cafezais no Vale do Paraíba, plantações que vão transferidas para outra área, conquanto ali não se extingam de todo, por muitos anos seguidos, continuando a ser, ainda, fator de economia regional.

6 Bernardo e Antônio Cândido

Após longa e estafante viagem, presa de inquietação e amargura crescentes ante o impacto da notícia da tragédia, Antônio Cândido foi acometido, logo chegou, de sucessivas crises asmáticas, que lhe puseram a vida por um fio.
 O encontro do jovem de compleição delicada e sua mãe enferma revestiu-se de cenas pungentes e dolorosas. A pobre senhora não se refizera do fundo golpe moral sofrido com a desencarnação do esposo e definhava a olhos vistos. Muito sensível, deixara-se impressionar lamentavelmente pela ocorrência funesta. Não lhe saíam da mente as lembranças lancinantes da visão do esposo transformado em pasta de carne e sangue, deformado, ele que estuava de vida e arrogância. O imprevisto parecia um *castigo* divino. Bem o pressentira ela, quando lhe rogara abandonasse à sorte os

fugitivos, apelo que redundara inútil, se não agravara a ira e os sentimentos mais grosseiros do marido. Toda a sua esperança se voltara, então, para o filho distante, coração e alento da sua dorida existência. O organismo, porém, sofrido por vários anos de inenarrável saudade e de solidão interior, minado pelos inúmeros conflitos íntimos, deixava-se agora consumir como a palha devorada pela avidez da chama. Somente os olhos se mantinham acesos, conservando aquele brilho que o amor consubstancia e vitaliza, negando-se a apagar-se.

Aos primeiros dias, quando da chegada do filho, as horas de pena e de saudade se encheram de recordações e lágrimas, entrelaçadas as mãos, como se os dois corações desejassem interpenetrar-se numa comunhão de alegria e dor buscando apagar as impressões de horror que perduravam teimosamente.

Na senzala, os escravos falavam à meia voz e os servos repetiam notícias algo desagradáveis. Narravam que *ouviam* os gritos do senhor pela fazenda e não poucos afirmavam tê-lo *visto* desvairado, a rastejar, corpo dilacerado e expressão de loucura estampada na face deformada...

Com o agravamento do estado de saúde de Antônio Cândido, o médico fora convidado a estabelecer-se ali, a fim de assisti-lo nas duras crises da asma que lhe angustiava o corpo débil, confrangendo a alma vê-lo, em asfixia lenta e tormentosa, sob o látego de justa reparação que a Lei impusera ao infrator, que no passado debandara do corpo pelo soez passo do suicídio.

Na alcova, dona Maria Amélia, exaurida, padece e no quarto do rapaz o corpo debilitado do filho estertora.

O fantasma do sofrimento reunira ali suas roupagens e se albergara triunfante na herdade florescente e rica, onde, no entanto, era escasso o pão da paz e pouca a água da alegria.

O tempo é, no entanto, um inexorável enxugador de lágrimas. Lentamente, a juventude reagiu no herdeiro dos Aragão e Souza e às proximidades do Natal já se encontrava refeito, mais disposto, acostumado ao duro lance, cujas consequências não se apagariam de todo na sua vida.

Conquanto melhorada, dona Maria Amélia não tinha permissão do médico para abandonar o leito, vitima que se encontrava de sério distúrbio cardíaco, devendo resguardar-se de esforços desnecessários a fim de ter a vida alongada.

O tio Casimiro, que assumira ambiciosamente a direção da propriedade desde a desencarnação do cunhado, embora sem abandonar os compromissos em São Paulo, demorou-se quanto lhe foi possível na casa da irmã, tentando persuadi-la a entregar-lhe todo o espólio, considerando a indiferença que o sobrinho demonstrava para com os valores que o pai lhe legara pelo direito natural. Descoroçoado pela resistência da genitora de Antônio Cândido, resolvera abandonar aqueles sítios, retornando, revoltado, ao próprio lar, jurando destorço contra aqueles obstinados idiotas, conforme os conceituava acremente.

A ambição é semelhante a um vapor letal que penetra e enlouquece o seu sequaz.

Com as proximidades do Natal, havia expectativas de bonança no país.

Desde que fora nomeado, em março passado, comandante das forças em operação, na lutuosa guerra contra o Paraguai, o Príncipe Gastão de Orleães, Conde d'Eu, genro do Imperador, falava-se que as lutas logo cessariam. Com o crescente enfraquecimento das forças paraguaias, todos aguardavam que nos primeiros dias do ano entrante fosse decidido o esforço titânico para terminar com o sonho catastrófico de poder arbitrário, acalentado pelo ditador Solano López.

As convocações de braços moços e de corpos jovens para a hedionda máquina da guerra prosseguiam e os apelos das autoridades se faziam veementes, com as consequentes ameaças de punições aos que faltassem com o dever de se oferecerem em holocausto à pátria. Todos os sacrifícios eram pequenos para que se pusesse fim à trágica luta, que já se alongava lamentavelmente, com incalculáveis prejuízos de vidas de parte a parte, especialmente dos cativos enviados ao campo de batalha, em número crescente...

A pouco e pouco, o ritmo da fazenda foi tomando à normalidade.

Acolitado pelo administrador, Antônio Cândido pôde manter os compromissos assumidos pelo genitor, e como o ano não fosse dos melhores, gerando dificuldades entre todos os cafeicultores do vale, que passavam por terrível crise, agravada dia a dia pelo desaparecimento das plantações, que se transladavam para a área leste da província, conseguira desincumbir-se relativamente bem dos negócios em andamento na ocasião em que se dera o trágico desfecho da desencarnação do pai.

Enquanto isso, nas repartições competentes tramitavam os documentos de legalização da herança vultosa.

A princípio, por ocasião do retorno ao lar, o jovem estudante não tivera interesse em apertar os laços com o descendente dos espanhóis.

A enfermidade que logo o acometera impediu que Bernardo solicitasse permissão para mudar-se, tentando triunfar noutros sítios. Era como se se sentisse impossibilitado de tomar uma decisão, sabedor como era do estado do atual patrão, a quem o médico proibira experimentar emoções mais fortes, que lhe poderiam ser fatais. Assim, resolvera esperar oportunidade que lhe parecesse proveitosa para afastar-se da herdade, que já não era a mesma desde que partira para o mundo da morte o senhor Aragão.

Já disse que Bernardo era de compleição robusta, taurino e vigoroso. Olhar penetrante e estatura mediana, mais para alto, representava bem a raça originada na Andaluzia. Moreno, desempenado, era um guapo *muchacho,* atraente e agradável, conquanto as reações bruscas de que dava mostras, revelando desconfiança bem pronunciada a respeito dos que o cercavam. Tinha, porém, maneiras cativantes e gestos delicados, apesar de não ter recebido educação refinada, ora bem, educação quase nenhuma. Seus pais haviam emigrado da pátria natal e consorciaram-se no Brasil, ali mesmo no Vale do Paraíba, nos dias gloriosos do café, empregando-se como colonos na propriedade da família Aragão, quando começava a prosperidade dos sítios. Logo depois do nascimento do *niño*, por uma feliz coincidência a casa-grande se enchia de júbilo com a chegada do primogênito, ensejando incomparável alegria ao coronel, que esperava fazer do filho um homem cobiçoso e dominador.

Por ironia do destino, o descendente dos Aragão e Souza parecia enfermo desde o berço, apresentando problemas graves do aparelho respiratório e dos quais nunca se libertaria. Era tímido e de caráter pusilânime na infância. Medroso, parecia sentir estranha perseguição que lhe empanava a tela mental, como se sofrendo contínuo pesadelo interior que o martirizava, afligia a mãe e revoltava o pai, que se via frustrado na ambição dominadora.

Os meninos, conquanto a condição social diferente, cresceram juntos, brincando os mesmos folguedos e atraídos por mui diversa preferência.

Enquanto a família Aragão contratara preceptores para a educação e instrução do filho, o *espanholito,* como ficara apelidado Bernardo, fora conduzido à faina rude do solo, o que lhe engendrara desconhecida antipatia pelo amigo, rebelando-se interior e quase inconscientemente pela diferença da sorte. Na ignorância infantil, como depois na juvenil, não podia compreender por que ele deveria trabalhar em tarefas grosseiras, enquanto o outro, o filho do patrão, tinha acesso ao conforto, aos livros e a servos. Aliás, não lhe aprazia muito estudar, conquanto pela mente enternecida dos pais passasse alguma vez a ideia de ver o filho cursando uma escola, desejo que logo se desvaneceu ante a necessidade da luta pela sobrevivência.

Bernardo afeiçoou-se, então, aos labores fortes: montaria, trabalho da terra, construções, derrubadas nas serras, desenvolvendo o corpo e curtindo o espírito na aspereza e tornando-se azedo. Estranha afinidade o ligava ao patrão, por quem passou a nutrir singular afeição, na razão direta em que se distanciava do amigo juvenil, evitando-o quanto lhe permitiam as possibilidades, sem trair suspeitas, para poupar-se ao desagrado do senhor.

Antônio Cândido, sofredor, sempre asfixiado pela pertinaz enfermidade do sistema respiratório, tinha unhas arroxeadas, olhar assustado, fraco. Sim, era de constituição orgânica débil, atingindo a idade adulta com as características do homem cansado, triste, marcado por imensa melancolia, como se tudo resultasse de um remordimento interior inexplicável, que dificilmente o deixava sorrir. Evadira-se, pois, por meio dos estudos e pudera, desse modo, fugir às limitações físicas pela imaginação, percorrendo a literatura da época com a avidez de esfaimado de paz e beleza.

Enquanto o amigo era ardente e apaixonado, despertando emoções violentas nas moçoilas da região, que o caçavam seguidamente, espalhando sorrateiras e hábeis armadilhas das quais sempre escapava, ele, o filho do senhor, parecia evitar a explosão do amor. Também não possuía aquelas atrações externas que provocam as paixões imediatas. De olhos grandes, algo fora das órbitas, e testa larga, revelando contínua palidez e ombros arqueados, ofegante, caminhava com passo lento. Conquanto tivesse o rosto anguloso e o nariz aquilino, um tanto grande, conseguia inspirar afeição tranquila, essa amizade que os corações sofridos produzem nas almas sensíveis e nobres.

Não é que não sentisse o amor cantar na alma. Em Coimbra, deixara-se tocar profundamente por uma jovem de beleza trigueira e sedutora, Catarina Maria, que tivera ocasião de conhecer na *Quinta das Lágrimas*, local doce e tristemente evocativo da desdita de Inês de Castro, nas cercanias do cantante Mondego, sempre sonolento e largo, a lamber os veneráveis choupos que se multiplicam naquele clima temperado e úmido da região. Fora queimado pelo olhar ardente da moça, que ora o espicaçava, ora o desprezava com um jeito todo especial. Mesmo arrebatado, não se encorajara a dirigir-lhe a palavra. Eram aqueles os dias das conversas amorosas por meio das flores e ele, ávido de esperanças, chegara mesmo a aprender a identificar os sentimentos pelos jogos florais. Informara-se onde residia a sua diva, porém manteve o segredo da sua cobiça amorosa entre os tristes e solitários anseios do coração dorido, castigado pelos estranhos presságios da amargura íntima...

Retornando ao lar e experimentando a agrura da tragédia paterna, aumentou-se-lhe a tristeza, a se transformar em profundo sulco na face e dor no coração. Do que adiantam as posses, pensava, quando escasseia a paz?... A verdade é que o jovem resgatava os débitos rudes da vida anterior, em que subestimara os direitos alheios e espoliara os incautos que se lhe fizeram vítimas inermes. A Justiça alcançava-o agora, na rota do necessário e inadiável ressarcimento, aprendendo nas limitações e traumas interiores a valorizar as bênçãos da vida, acumulando os tesouros inalienáveis da compaixão, do respeito ao próximo, da construção do bem. Por tudo isso, fizera-se paladino interior da "causa dos negros". Estimulado pela generosa lei do Imperador, que concedera liberdade aos seus escravos, planejava fazer-se pioneiro, na região, arrancando as cadeias escravizantes dos homens, oferecendo-lhes oportunidade de ganhar o pão em luta igual, com dignidade, em regime de liberdade.

Esse desejo, de que participava, também, a genitora, parecia lenificar-lhe as dores silenciosas que curtia continuamente. O plano, no entanto, deveria ser estabelecido em bases de realidade, para não destruir a economia da casa, predispondo-se à inimizade dos demais fazendeiros locais, que o acusavam de estimular a rebelião dos cativos com impossíveis concessões.

Bernardo, em contrapartida, tinha repulsa pelos submissos infelizes cativos. Neles identificava a fraqueza, a submissão, a inferioridade que o seu caráter vigoroso detestava. À ideia de que o novo amo poderia libertar o que considerava uma caterva, revoltava-se, e sentia não poder vê-los em igualdade de condições com os animais, como os tratava.

"Zé" Francisco, a sua vez, o capataz, não conseguia sequer imaginar ver-se constrangido a lidar com os negros em regime de convivência igual, preferindo, antes, perder a renda do emprego a nivelar-se àquela gente.

Surdo ódio começou a desenvolver-se nos escravocratas, e ondas de informações malsãs tomaram curso, gerando um clima desagradável e ameaçador contra o jovem herdeiro. Em compensação, o devotamento dos infelizes redobrava em gestos de carinho e zelo, assistindo a ama envolvendo o patrão.

Para diminuir o luto e a apreensão crescente na herdade, resolveu o jovem proprietário convidar o padre Sigisfredo para celebrar a "missa do galo" no adro fronteiriço à capela, convidando amigos e latifundiários outros do vale, de modo a apagar as sombras demoradas que cercavam o lar, por ocasião do Natal que se avizinhava. É bem verdade que muitos acreditavam ser ainda muito recente a data da desencarnação do genitor, ao mesmo tempo em que concordavam com a possibilidade de resultados confortadores para todos.

Desse modo, o sacerdote foi convidado pessoalmente por Antônio Cândido, que lhe revelou o plano de homenagear, também, a memória do pai, por meio da libertação de cinco dos mais velhos cativos, na noite evocativa do nascimento de Jesus, iniciando, por esse meio, o programa de libertação paulatina. Ensejaria, também, aos recém-libertos a oportunidade de continuarem na propriedade, trabalhando a soldo ou facultando-lhes dar às vidas o destino que lhes aprouvesse. Fá-lo-ia na porvindoura oportunidade, esperando que o sacerdote, no sermão, abordasse o problema sob o ângulo da fé cristã, que a todos faz irmãos, consoante a própria lição viva e inconfundível do Cristo.

Concertados os pormenores da solenidade religiosa e da recepção fraterna aos amigos e demais proprietários, o jovem passou a aguardar com ansiedade o momento de tão grande significação para a sua vida, momento com que desde há muito sonhava, passando a participar ativamente da campanha libertadora, que logo mais engrandeceria sua pátria, extirpando a chaga ulcerada e danosa da escravidão humana...

Nesse comenos, quase às vésperas do Natal, Bernardo solicitou e conseguiu uma entrevista com o patrão. Desejava pedir-lhe dispensa e permissão para afastar-se. Foi imediatamente trazido à presença de Antônio Cândido, que o recebeu afetuosamente, sob as emoções de expectativa feliz que vinha acalentando com sofreguidão.

— É verdade o de que estou informado — começou o patrão —, quanto ao teu desejo de abandonar-nos?

— Sim, meu amo — retrucou o *espanholito* —. Desde a morte do vosso pai, tragédia que tive a desventura de ver e sofrer na carne e na alma, que estes sítios me atormentam. Como não ignorais, sempre devotei ao vosso genitor uma afeição e respeito muito grandes. A partida dele, deste para o outro mundo, esfacelou-me a vida. Nem mesmo quando meu pai sucumbiu sob o peso de uma árvore, na derrubada da serra, sofri tanto. Assim, pretendemos mudar-nos: minha mãe e eu tentaremos a sorte no leste...

Colhido de surpresa, e diante daquele moço simpático e viril, Antônio Cândido, sem poder compreender o que se passava no seu íntimo, foi envolvido em dúlcido magnetismo e teve os olhos orvalhados de lágrimas. Não saberia dizer se eram de amizade pelo companheiro, se emoção originada no desejo de ajudá-lo na conjuntura, se da gratidão pela sua devoção, de todos conhecida, para com o extinto, se nascida dos refolhos da alma, evocando longínquos acontecimentos que o tempo não conseguira apagar...

Levantou-se, enlaçou delicadamente os ombros fortes do colono e fê-lo sentar-se. Podia-se ouvir-lhe os estertores brônquicos e a penosa respiração entrecortada, pela boca sempre entreaberta.

Enquanto se sensibilizava, o amigo sentia singular repulsa, e dali não se evadiu pelo respeito à circunstância imposta à sua condição social. Outro temperamento, porém, reagiria sem dúvida de maneira mui diversa, com o tesouro da compaixão.

— Amigo, falou, pausado, o filho do coronel Aragão —, não sou e nunca serei amo de qualquer pessoa, especialmente de um companheiro dos dias da minha infância. A posse é apenas circunstancial: hoje em minhas mãos, amanhã nas tuas, mais tarde... Ninguém detém a aurora ou o poder. Os recursos passam, a vida transita. Não nasci, reconheço, para esta vida. Tenho planos para o futuro, e nos meus planos ocupas um papel relevante, seja pelos motivos que tu mesmo enunciaste, o da tua afeição ao meu pai e da tua assistência a ele, seja pela confiança que sempre me inspiraste... Nasceste para dominar e só mesmo o destino explica essa diferença de *sorte* entre mim e ti. Se assim és, eu sigo marchando sob espessas sombras e dores íntimas, ansiando por outros labores, acalentando diferentes ambições. Amo também a vida, sim, mas apiado-me dos que sofrem e não me posso permitir a severidade ou a aspereza para com ninguém... Não, não sei mandar, ou dirigir, ou impor.

Sem que pudessem perceber, aquele era o momento culminante das vidas de ambos. Do mundo espiritual, a nobre duquesa, que nunca deixara de assistir os tutelados da alma, promovera a entrevista e agora inspirava o antigo *sobrinho* diante do esposo do passado.

Os acontecimentos obedecem invariavelmente a cuidadosa planificação, de modo a atingirem os objetivos superiores da vida. O homem, porém, desatento, não se permite sintonizar com os fatos e as leis, avançando precípite, irresponsável, e deixando-se arrastar pelo volume das coisas que o absorvem e terminam por dominá-lo, quase sempre destruindo-lhe as mais caras expressões da vida.

A veneranda matrona, que esperava o ensejo de fazer que a Justiça Divina se realizasse sublime naqueles párias em redenção, utilizava-se, agora, dos canais da inspiração do *sobrinho,* mais dúcteis, graças ao patrimônio das lágrimas vertidas e das dores experimentadas, para atingir o espírito do companheiro revoltado e cultivador do ódio implacável, que a reencarnação não conseguira de todo apagar ou desviar. Assim, a conversação teve curso.

— Tu sabes — continuou Antônio Cândido — que as condições climáticas desta região nunca me fizeram bem. Sinto-me morrer paulatinamente, sob asfixia inominável. Minhas noites são longas e cansativas. Desse modo, aqui não posso continuar por muito tempo. Minha veneranda mãe, desde os lutuosos acontecimentos que a prostraram ao leito não é mais a mesma. Vive sob o peso das amargas recordações e se extingue como uma chama que consome um combustível que não se renova. Tenho pensado...

A voz do moço fez-se mais pausada. Revolvendo as sombras das paisagens íntimas, profundamente fincadas nas raízes do pretérito, passou a experimentar visível mal-estar. Muito lívido, inspirava compaixão.

A entidade desencarnada aplicou-lhe recursos revigorantes nos centros perispirituais, ajudando-o, de modo a que pudesse concretizar em palavras e depois em atos os projetos acalentados no silêncio das meditações.

Bernardo, no entanto, ante o quadro confrangedor, refletia: "O fraco é forte pelo poder econômico e ali estertora, enquanto eu, que sou forte e galopo visões de domínio, me vejo constrangido a lutar e sofrer para as migalhas do pão e do teto..."

Surdamente, a cólera passou a minar-lhe os sentimentos, desfechando dardos de ressentimento injustificável.

Certamente, reacendiam no espírito as velhas chamas do ódio vigoroso c detestável.

Fora do recinto, anoitecia lentamente e as sombras dominavam a sala, ouvindo-se as onomatopeias que acompanham as trevas após o entardecer, o *cricri* dos grilos, as cigarras a se arrebentarem e todas as mil vozes da Natureza.

Quase silhuetas na escuridão dominadora, os dois moços ali definiam o futuro espiritual, sem o saberem.

A velha e ampla sala, rasgada pelos largos janelões, espiava pela varanda agradável o verdor do capinzal e do canavial desaparecendo nas fantasmagóricas composições do arvoredo e dos morros distantes, mergulhados na noite.

A senhora Marcionília, subitamente, penetrou o cômodo conduzindo brilhante candeeiro de pé, em cristal, e colocou-o sobre a mesa trabalhada, de verniz, recoberta com ampla toalha branca de linho. A luz clareou os rostos dos interlocutores, em silêncio momentâneo, e os dois miraram-se, colhidos quase pela surpresa.

Na pausa natural da conversação, e na penumbra, tinham-se distanciado pela imaginação, por ignotas evocações; colhidos pela luz, se interrogaram no mistério dos silêncios mentais: onde se haviam encontrado antes, donde chegaram, e por quê?

A diligente servidora, sempre pontual, informou:

— Menino Cândido, quando deseje, o jantar poderá ser servido.

— Mais tarde, *nhá* Onília — retrucou o moço.

E voltando-se para o companheiro, como se despertasse de sonolento estado d'alma, prosseguiu:

— ... Tenho pensado em tornar-te o capataz da nossa casa.

— Mas, senhor, e como ficará "Zé" Francisco, que tem sido zeloso e fiel?! Não desejo...

— Ora, não te preocupes com ele. Reservo-lhe uma boa empresa, à frente do engenho de açúcar. Lentamente, modificaremos as culturas em nossa propriedade, dando preferência aos canaviais, no momento mais rendosos, a exemplo de outros senhores das redondezas.

— Reconheço que é bondade de vossa parte, no entanto, não me encontro capacitado para a posição.

— És jovem e os jovens aprendem rapidamente. Tens força e és ambicioso. O mundo pertence aos fortes, aos lutadores, e desejo ofertar-te a oportunidade. É como se reconhecesse dever-te algo que desejo resgatar. Trasladar-nos-íamos, mamãe e eu, para São Paulo, onde eu iria cursar a Academia de Direito, e aqui serias as nossas pessoas, dando-nos contas, com a frequência necessária, dos resultados da tua administração. Lá, na cidade, além dos estudos, eu cuidaria pessoalmente da colocação dos nossos produtos, poderia até mesmo abrir um escritório... O meu desejo real, porém, é demandar a corte, posteriormente, e lá estabelecer-me. Cobiço integrar-me no movimento abolicionista e espero ser dos primeiros a libertar os nossos cativos...

— Pois é um grave erro, patrão — arremeteu, quase descontrolado. — Além do ódio de que serieis vítima, cavaríeis a vossa ruína com as próprias mãos. E que fariam esses miseráveis? Negro nasceu para...

— Calma, Bernardo! Não podes ser extremista a esse ponto. Como se pode odiar o próximo por uma questão da cor da pele? Qual a diferença entre qualquer um deles e outro homem? Somente na pigmentação se percebe a diversidade. Não sejas assim: não os odeies; são nossos irmãos.

— Perdão, patrão. (Estava ofegante, as narinas arfantes, os lábios grossos afinados num ricto na face pálida.) Odeio-os e os desprezo. Não são meus irmãos. Aprendi com o vosso pai a detestá-los... Bem dizia o coronel que o filho que tinha era um poeta, um sonhador...

As palavras *poeta, sonhador* foram pronunciadas com pejo, desagrado, ironicamente.

Antônio Cândido fitou-o de frente, tentando penetrar a cidadela daquele caráter duro, antevendo as possíveis consequências de conceder-lhe poderes sobre as vidas escravizadas, e prosseguiu, espicaçando-o:

— Pretendo, neste Natal — disse, esperando a reação —, conforme concertei com o padre Sigisfredo, em homenagem ao Redentor da Humanidade, libertar cinco negros velhos, retirando deles a hedionda canga da maldição...

— É arrematada loucura — revidou o empregado. — Preparai-vos para sofrer muitos infortúnios. Estou cientificado de que alguns donos de terras vizinhas pretendem tomar a justiça nas mãos e manter atitudes contra vós, se arranjardes dificuldades, colocando-vos na defesa dessa ralé. Senhor Epitácio ameaçou...

— Ameaçou?! — interrogou, inquieto, Antônio Cândido.

— Ameaçou mandar atear fogo no canavial novo... — respondeu à meia-voz.

— Pois se ele o fizer, chamá-lo-ei à responsabilidade e não descoroçoarei enquanto não o tiver punido, mesmo que para tanto seja necessário recorrer ao próprio Imperador.

E acalmando-se:

— Deixemos esses problemas para o momento próprio. Aceitas a minha proposta ou ainda pretendes deixar esta casa, que foi e tem sido o teu verdadeiro lar? Aqui não tiveste patrão, porém amigos, e não te posso afiançar que o mesmo ocorra noutros lugares. A tua mãe tem sido amiga da minha, e o teu lar nunca experimentou qualquer dificuldade que não fosse suprida. O meu pai jamais ocultou a sua preferência por ti, mesmo diante de mim...

A duquesa desencarnada acercou-se do rebelde e envolveu-o em ternas vibrações. Sem poder identificar o que experimentava, subitamente sensibilizado, passou a sentir imensa saudade do protetor. Abaixando a cabeça, comovido, assentiu:

— Prometo aqui ficar e respeitar as vossas ordens, mantendo lealdade e dedicação.

— Bravos! — explodiu Antônio Cândido, levantando-se e aplicando gentil palmada no ombro do amigo. Mamãe será informada da nossa conversação e sei que participará do nosso júbilo.

Avançando na direção do corredor, ordenou o idealista:

— *Nhá* Onília, pode servir o jantar.

A senhora aprestou-se, acompanhada de uma serva.

— Coloque um prato a mais — disse o amo —, para o Bernardo, que fará a refeição conosco.

— Senhor, eu deverei...

— Não discutamos; faça-me a vontade. — redarguiu.

A prestimosa servidora doméstica meneou a cabeça, em desagrado, enfadada e, dirigindo-se ao interior, saiu a reclamar à meia-voz.

No alto, as estrelas brilhantes e, em baixo, o rio preguiçoso, seguindo o curso lento, moroso e persistente, e a trama dos destinos desenvolvendo-se inevitável.

7 A inesperada visita e o doloroso reencontro

Os aprestos para o Natal na fazenda movimentavam alegremente senhores e escravos, em azáfama contínua, transformando a paisagem triste que teimava por dominar desde a desencarnação do coronel Aragão. A viúva, estimulada pelo júbilo natural do filho, apresentava sensíveis melhoras na saúde e graças às perspectivas de renovação, quais prenúncios para mais agradáveis dias, encorajou-se a escrever ao irmão, que retornara a São Paulo, agastado ante a impossibilidade de transformar-se no testamenteiro do cunhado, com direito a dirigir os negócios, de cujos lucros, naturalmente, esperava retirar largos estipêndios. A carta delicada solicitava a presença dos familiares, bem como de alguns amigos que estivessem dispostos a uma estada tranquila fora do bulício trepidante da capital da província. Os incômodos da viagem seriam compensados pelos resultados reconfortantes da vida campesina, dos panoramas novos e do justo repouso na herdade, que lhes abria generosamente as portas.

Bernardo, desde a entrevista mantida com Antônio Cândido, fez-se menos taciturno e mais encorajado a aceitar o novo amo com disposição favorável.

O ex-capataz, simultaneamente, empolgou-se com a perspectiva de crescimento ao lado da usina, que prometia expansão com alta rentabilidade econômica, respirando-se, então, suave clima que desde há muito ali não era habitual.

Os escravos e colonos traduziam no júbilo natural o acerto das atitudes do senhor que, conquanto jovem, conseguia produzir valiosa harmonia entre todos, por meio de medidas benignas e promissoras de necessária paz.

Nhá Marcionília comandava os servidores com forte pulso administrativo, zelando antecipadamente para que não faltasse o mínimo conforto para os convidados.

Foram espalhados convites, por meio de mensageiro especial, por entre os fazendeiros das redondezas, e a grande maioria de pronto informou do prazer em aquiescer à gentileza, prometendo fazer-se presente com as respectivas famílias.

Enquanto isso, Antônio Cândido, em feliz conúbio com o padre Sigisfredo, preparou o documento de libertação — a carta de alforria —, referente a cinco dos mais velhos cativos, cujas cabeças de neve, no contraste com a pele negra, produziam uma como auréola de paz, conquistada sob o jugo da servidão. Aqueles homens cansados e sofridos, que viveram sob o esmagar das rodas dentadas da tirania, alcançaram, pela resignação e pela morte total de quaisquer aspirações, o justo tributo da paz interior, para culminarem com o reconhecimento alheio, por meio da liberdade conseguida legalmente dos homens.

Às vésperas do natalício de Jesus, chegou a família do tio Casimiro Marcondes, constituída pelo casal e dois filhos jovens: uma gentil menina, na flor da adolescência, e um guapo mancebo de pelo menos 20 anos; traziam em sua companhia a senhorinha Ana Maria Loureiro, amiga dos jovens, que se fazia acompanhar dos pais, portugueses de nascimento, ora radicados no Brasil.

O senhor Loureiro associara-se comercialmente ao senhor Casimiro e as duas famílias estreitavam, cada dia mais, os laços da amizade.

Os anfitriões redobraram gentilezas para acolherem os visitantes simpáticos, que emprestavam presença citadina ao burgo interiorano, trazendo as novidades da moda e a alacridade juvenil.

Já disse que Antônio Cândido, conquanto possuísse espírito sensível para as expressões da arte, especialmente para a poética e arrebatadora necessidade afetiva, tudo esmagava sob singular abatimento e tormentosa angústia interior. Evitava mesmo enredar-se nas malhas da delicada rede do prazer, fugindo quase inconscientemente às certeiras flechas de Eros. Desde, porém, que chegaram os seus familiares e ele pudera recepcionar os hóspedes, estranha impressão, inquietante, apossou-se de sua alma.

Ana Maria era bela: tez alva e cabeleira basta, singularmente negra, contrastando com o fulgor dos olhos resguardados por cílios longos e escuros; o rosto anguloso, de zigomas salientes, produzia belo destaque no confronto com os lábios carnudos e o bem moldado nariz aquilino. O queixo delicado era assinalado por um suave sulco que produzia na moldura da face uma expressão sensual, provocante, que a jovem, conhecedora dos dotes de que se fazia portadora, sabia manejar com habilidade estranha. Contava 16 anos e era de temperamento arbitrário, apaixonado, de certo modo produzindo incessantes desgostos aos pais, em face das contínuas situações difíceis que provocava quando nos saraus da cidade e nas festas familiares. Esperava-se que na viagem viesse a comprometer-se com o jovem Marcondes, uma promessa de segurança e de paz nas duas famílias.

Embora o moço não escondesse o interesse, acostumara-se desde cedo à vida irregular, dissoluta e boêmia, saltitando de prazer em prazeres, sem que se houvesse saciado até então. Seus pais, por sua vez, esperavam que no matrimônio viesse ele a encontrar segurança e responsabilidade. Assim, a união com Ana Maria seria, portanto, um consórcio utilitarista, que beneficiaria a todos. Aliás, não se cogitava muito a esse tempo das necessidades emocionais e afetivas dos cônjuges, pois que à mentalidade da época "o amor sempre vinha depois", o que gerava, não raro, dramas e martírios, nos quais muitas mulheres viveram crucificadas e submersas em dolorosos silêncios, sofrendo o suplício de Tântalo, nos escaldantes rochedos do desespero infrutífero.

Ana Maria sabia, por informação dos jovens amigos, que Antônio Cândido não era personalidade muito querida no seio da família, que o considerava usurpador de bens e que, segundo a proverbial leviandade e ganância dos despeitados, tais posses deveriam pertencer a todos. Além disso, a versão fizera-se mais vigorosa desde o frustrado tentame do senhor Casimiro, de apropriar-se habilmente do espólio, como gostaria, realizando uma falsa gerência que redundaria na miséria dos herdeiros e no aumento da sua abastança pessoal. Sem que pudesse identificar as razões, ela nutria curioso interesse por conhecer o jovem latifundiário, insistindo com os pais para que viessem participar das festas de fim de ano na fazenda.

Filha única e caprichosa, habituara-se a conseguir a realização dos desejos, mesmo que para tanto fossem necessários ardis pouco recomendáveis.

Agora que conhecera o rapaz, experimentara por ele desagradável repulsa. Ambiciosa, nutriu ignoto desejo de assenhorear-se da fortuna do jovem, que lhe poderia conceder todas as loucas paixões da vida. Leviana e astuta, não lhe passara despercebido o olhar ansioso e tímido do anfitrião, resolvendo intimamente provocá-lo, com as armas de que fosse capaz, à guisa de divertimento.

Recebidos galhardamente, após o asseio e ligeiro repouso da fatigante viagem, acomodados confortavelmente na ampla residência acolhedora, dirigiram-se à mesa para o jantar, prestigiados pela presença de dona Maria Amélia, a anfitrioa, que desde a tragédia que consumira a vida do esposo pela primeira vez abandonava a alcova.

O sofrimento produz sinais inigualáveis no corpo e na alma. Quando revoltado, os seus sulcos parecem crateras em que fervilha o desespero e a rebeldia transborda; quando, porém, resignado e parcimonioso, retrata na tristeza de que se reveste um halo de paz interior e libertação, que alcandora aquele que o conduz como archote clarificador. Era o que a face da dona da casa refletia.

A presença de dona Maria Amélia produziu a alegria espontânea dos servos e da governanta, que conduzia os escravos com mestria, de modo a impressionar favoravelmente os convidados.

A conversa à mesa girou em torno das últimas novidades aparecidas na capital da Província e os jovens, com alacridade, narraram as notícias chegadas da corte, da Europa, as alegres frivolidades juvenis.

O senhor Casimiro procurou inteirar-se, da irmã, sobre a diligência do sobrinho à frente da administração da fazenda, enquanto Antônio Cândido, discretamente, observava a visitante, que se sabia visada pela curiosidade do jovem. Mal surgiu o ensejo, antes mesmo de encerrada a lauta refeição, imprimindo naturalidade à voz, disse Ana Maria:

— É a primeira vez que faço uma viagem por estas bandas. Encantou-me a visão do rio coleante, serpenteando entre os morros, sumindo aqui para reaparecer ali, preguiçoso e dolente.

Sabendo-se ouvida pela delicadeza de todos, prosseguiu no mesmo diapasão de aparente naturalidade:

— Aprazer-me-ia muito seguir-lhe o curso pela margem, caso alguém esteja interessado em levar-me a conhecer a propriedade da família Souza.

— Ora, minha cara, — retrucou Marcondes, com galanteria —, estar a seu lado é razão de justo e renovado prazer e não seria eu quem perderia qualquer oportunidade de acompanhá-la.

— E o senhor Antônio Cândido — continuou com palavras medidas — não nos poderia conduzir, mostrando-nos coisas interessantes a respeito da vida do campo?

Colhido de surpresa e ante a satisfação geral, o descendente do coronel Aragão assentiu:

— O prazer, senhorita Ana Maria, será especialmente meu.

Marcondes não pôde trair o enfado face ao inoportuno convite que a moça fizera. Evidentemente, pensou ele, aquiescera em viajar à fazenda para fruir a oportunidade de burlar a vigilância das famílias, entregando-se à colheita de sensações imediatas, ao lado da jovem frívola. Saberia, no entanto, ante o imprevisto, encontrar ocasião de lograr os intentos acalentados.

Como estivessem cansados da viagem, foi sugerido que se recolhessem aos aposentos, para o necessário repouso.

O dia de Natal amanheceu esfuziante.

Da senzala chegavam os cantos dolentes, em que se misturavam os lamentos da saudade e as emotividades da esperança nas bocas dos infelizes escravos.

O adro fronteiriço à capela fora enfeitado e as roupas claras, listradas dos cativos contrastavam com o luxuriante do canavial e do cafezal ao fundo.

A pequena igreja apresentava-se caiada de novo e brilhava o sol. Bandeirinhas coloridas oscilavam à pequena brisa, que desapareceria tão logo o dia morno e abafado atingisse a plenitude.

Perus e leitões eram preparados na ampla cozinha, bolos típicos, à base do milho e dos derivados da mandioca, recendiam aroma apetitoso pela casa-grande.

Todos amanheceram dispostos, alegres, menos Antônio Cândido, que tivera uma noite inquietante, com a alma presa de angústias pressagas. Aquele era um dia significativo para a sua vida, acalentado fazia anos.

Não passou despercebido dos hóspedes o abatimento retratado no rosto empalidecido do anfitrião.

Ao café matinal, Ana Maria interrogou o amigo:

— O nosso passeio poderá consumar-se hoje?

— É evidente — retrucou Marcondes —, pois outra coisa não há a fazer-se aqui senão comer, dormir e andar um pouco...

Houve alguns sorrisos.

— E o senhor Antônio Cândido acompanhar-nos-á? —indagou, faceira.

— Seria muito agradável fazê-lo, senhorita, — respondeu pausado. No entanto, faz-se-me necessário adotar várias medidas de urgência, que me impedem o prazer. Pensei, todavia, em solicitar ao capataz conduzi-los ao rio, ficando às suas e às ordens do caro primo.

Terminada a refeição, Bernardo apresentou-se ao amo para as instruções do dia, ocasião em que foi apresentado a Marcondes e à sua jovem amiga.

Quando Bernardo defrontou a moça formosa, empalideceu visivelmente, experimentando estranha ansiedade. Esta não o percebera, por estar interiormente contrariada com a evasão de Antônio Cândido. Ao voltar-se, deparou com o olhar brilhante do jovem *espanholito* e sentiu-se, também, abrasar. As chamas de estranha paixão crepitaram intempestivamente nela, fazendo-a abaixar as vistas, ruborizada.

Naquele átimo de minuto, considerou interiormente: "Com Antônio Cândido, a ansiedade transformou-se em decepção: um misto de desprezo e revolta. Todavia, com este peão de porte altivo e sobranceiro, que me fita nos olhos, lívido de emoção, dominando-me singularmente, o vulcão de meu mundo interior pôs-se em convulsão! Que se passa? Que estranho capricho do destino me situa neste lugar?" Parecia-lhe que sempre estivera sob a expectativa de um infortúnio, de uma tragédia, como se aguardasse que aquilo agora acontecesse.

Tomou-lhe a mente sombria perspectiva. Levou a mão inconscientemente ao rosto: estava afogueado!

O capataz fez uma mesura e curvou-se sob forte impressão.

Ao erguer-se, indagou do patrão quais as suas ordens.

— É do meu desejo que seles dois animais — disse Cândido — para os nossos hóspedes e que os acompanhes a um ligeiro passeio pela propriedade, até à margem do rio, antes que o dia se faça desagradável.

— Com prazer, senhor —, aquiesceu, satisfeito, afastando-se pressuroso.

Quando as animálias estavam prontas, retornou à casa-grande e colocou-se à disposição dos visitantes.

Vestia a jovem um traje de equitação que mais lhe destacava a silhueta do corpo e, apoiada ao braço do mancebo, dirigiu-se à frente da casa, para logo saírem seguidos pelo garboso empregado.

Antônio Cândido fitou o grupo, contristado, deprimido. Gostaria, sim, de acompanhá-los, de estar ao lado da diva, ouvir-lhe a voz e a gargalhada cristalina. Receava, porém... Algo naquele corpo grácil sensibilizava-o. Os olhos, traduzindo o ardor da vida estuante na jovem, em fulguração moça, ao fitá-lo, queimaram-lhe a alma. Desejou de pronto permanecer ao seu lado. Sentiu-se, todavia, profundamente constrangido pela expressão percuciente com que ela o penetrava, como desejando desnudá-lo. No seu tormento, tornara-se quase um anacoreta, buscando fugir do sexo e esmagá-lo, como se sofresse a necessidade de libertar-se da sua constrição violenta, qual se fora um abismo em que houvera sido precipitado pela própria incúria, temendo novo insucesso. Sentia-se lisonjeado pela oportunidade de ser o anfitrião de uma bela mulher e desgostoso pela impossibilidade de possuí-la, tornar-se-lhe o companheiro, dela recebendo as dádivas deliciosas do jogo carnal. Pela sua mente inquieta e sofrida, em nebulosa constrangedora naquele dia, experimentou a sensação de reminiscências longínquas, que ele não podia identificar donde procediam, no tempo, nem no espaço. Sob a dorida busca interior nos refolhos da memória, velada fortemente pela conjuntura carnal, deixou-se arrastar pelo devaneio e naturalmente lhe acudiu uma reação incomum de antipatia ao primo e de suspeitas contra Bernardo. Quase recriminou-se por tê-la deixado seguir acolitada pelo capataz, cuja aparência física, em contraste chocante com a sua, fazia-no um adversário vitorioso por antecipação na luta do amor.

Nhá Onília, que o observava de soslaio, percebendo-o pálido e cansado, sob o abatimento da noite de insônia e da indisposição que se lhe desenhava na face sombreada de preocupações, acercou-se-lhe, generosa, e arrancou-o do cismar, indagando:

— Triste, menino Cândido?

— Cansado, *Nhá* Onília; cansado e preocupado...

Desejando imprimir outro rumo à ligeira conversação, asseverou, discreto:

— Pesam-me hoje graves responsabilidades. A minha vida doravante deverá mudar inteiramente de rumo. Pressinto que se acumulam...

— Fale, menino! A sua velha amiga sabe muito bem dos seus padecimentos e da sua soledade. De que receia, meu filho? Parece esperar uma tragédia.

Recorde-se que hoje é o dia do Natal. Já foi ver a sua mamãe?

— De fato, minha amiga, hoje é o dia do Natal... Irei ver mamãe. Muito obrigado pela lembrança.

Ao lado da genitora, o rapaz não pôde ocultar a preocupação. Não que receasse as ações estranhas dos fazendeiros locais. Afinal de contas, se prejuízo houvesse da sua atitude, esse seria apenas seu e da sua mãe, não tendo obrigação de prestar satisfação a quem quer que fosse. O presságio morbífico era-lhe, porém, penoso e se lhe desenhava na tela mental semirreal, corporificando-se de forma intraduzível em termos comuns.

A madura senhora, que experimentara na saúde expressivo refazimento, olhou o filho, sofrendo interiormente. Amava-o muito, — considerou em silêncio.

Também ela despertara naquele dia com intraduzível inquietação íntima. Era como se forças desconhecidas continuassem a conspirar contra a sua família, numa trama de crueldade bem planejada.

Percebendo a preocupação materna, Antônio Cândido tentou tranquilizá-la, esclarecendo que as emoções mais recentes, a preocupação decorrente da próxima libertação dos cativos, uma das primeiras na região, a chegada dos visitantes criaram-lhe natural sobrecarga emocional, que logo mais desapareceria, assim mergulhasse nas atividades do dia.

Despediu-se, demandou o escritório, para a tomada de providências indispensáveis ao bom andamento dos labores programados, e mergulhou nos serviços urgentes.

Fora da casa o dia estuava. A alacridade, o alvoroço eram gerais.

Bernardo, revelando larga descontração, explicava aos visitantes, enquanto cavalgavam, os novos planos do amo, que pretendia transformar largas faixas de terra em canaviais, ora oferecendo amplos lucros para os seus donos.

No íntimo, porém, o moço, que pudera permanecer indene às setas de Cupido, transtornava-se sob os estímulos de Ana Maria, ardilosa, que igualmente fora sensibilizada por ele.

Havia, entretanto, uma larga distância a vencer, de modo a que as aspirações de ambos pudessem transformar-se em realidade.

A jovem não conseguia gostar de Marcondes, embora informada dos interesses das duas famílias em consorciá-los. Convinha-lhe a aliança, pois que ambicionava o matrimônio, tendo em vista as possibilidades que lhe seriam facultadas, de continuar a privar dos engodos sociais, considerando as fraquezas morais do seu pretendente. Certamente, pensava nas possibilidades econômicas da família do candidato, e isto conseguia ser-lhe um motivo bastante agradável para aceitar a proposta dos seus genitores, sem maiores complicações. Além disso, percebia-se desejada pelo rapaz irresponsável, pensando em, com o tempo, dominá-lo por meio das "artimanhas do amor". No entanto, naqueles momentos, sentindo-se conduzida pelo belo *espanholito,* sofria um arrebatamento estranho, que a vencia com sofreguidão. A verdade é que acalentara antes o desejo de conquistar Antônio Cândido, por ser-lhe um partido mais vantajoso, mesmo que isso redundasse num provável escândalo. O dinheiro saberia silenciar a maledicência, e o tempo se encarregaria de colocar as cinzas do olvido sobre o que acontecesse. A presença, porém, do rico senhor de terras causara-lhe desagrado. Ela sentia necessidade de um homem dominador, vigoroso, nunca de alguém que lhe inspirasse compaixão ou cuidados. Não obstante, percebera no olhar e no constrangimento que se apossara do fazendeiro que ele seria capaz de lutar, com todas as forças, numa batalha que lhe despertasse interesse.

Pretextando motivos para manter a conversação animada, inquiria, fazia-se interessada pelas nonadas do caminho, brincava com as paixões dos rapazes ao lado, esquecida do quanto deveria zelar, a seu próprio benefício.

— Parece-me — disse-lhe Marcondes — que a paisagem interessa-te mais do que a minha presença. Se assim for, poderia deixar-te à vontade...

— Qual, meu amigo! — respondeu, surpresa e ardilosa —, os cenários são a moldura preciosa para a nossa amizade e por isso atenho-me tanto à sua tecedura. (Falou com o propósito de provocar ciúmes no capataz, aguardando os resultados.)

— Se vos convém — esclareceu o guia —, poderei voltar a casa, deixando-vos, ou ficar a distância, aguardando ordens. (Bernardo contraiu o lábio, num gesto de revolta mal contida.)

— Ficaremos a sós, Bernardo, redarguiu Marcondes. Não necessitaremos mais de ti. Saberemos voltar. Podes ir.

O fogoso servidor esporeou o animal e sem maiores considerações retornou, com a cabeça em febre. Odiava a sua condição de servo. O dinheiro valia tudo, pois que por meio dele o homem dobrava outros homens, o crime recebia impunidade e a desonra era bem acolhida. Fortemente impressionado por Ana Maria, sabendo-se aceito pela volúpia da doudivanas, conquanto reconhecesse o abismo que os distanciava, jurou, ali mesmo, lutar pela posse da mulher desejada, usando fossem quais fossem os meios de que pudesse dispor. Logo que o amo se afastasse da propriedade, o que estava previsto para os primeiros meses do ano entrante, e se sentisse capaz de enfrentar a situação, encontraria um meio de conquistar a ardente citadina. Aliás, esperaria ocasião de narrar-lhe o tormento que sua presença produzira no seu coração, antes que ela retornasse à capital.

Minado pelos pensamentos deprimentes, espicaçou o animal e disparou na direção da casa.

*

A Lei de Causa e Efeito aproximava, para o necessário entendimento fraterno, os comensais das antigas tragédias, a fim de repetirem as lutas em experiência redentora.

Párias espirituais, eram aquinhoados com a bênção do necessário refazimento, situados em posições diversas para expungirem, todos em conjunto e cada um em particular, as velhas dívidas, superando as antigas rixas, dominando as anteriores paixões, de modo a conseguirem os títulos meritórios favoráveis à futura alegria pura e real satisfação, sem as contravenções aos direitos alheios nem os atentados à liberdade do próximo. Calcetas, identificavam-se uns com os outros por meio das vibrações que de si evolavam, à semelhança de animais que se reconhecem pela sutileza do faro e se podem unir ou estraçalhar, conforme estejam açulados os instintos devastadores.

Na vida de todo homem, várias vezes a Justiça Divina coloca os tesouros da oportunidade, que são franqueados para a conveniente utilização, pouco importante que se chamem dor ou alegria, poder ou posição, amor ou soledade, escravidão ou liberdade, de que se devem munir os espíritos para a sábia aplicação, de cuja conduta resultarão os cometimentos futuros e as futuras alegrias.

Não sendo o homem senão uma experiência em evolução, todos os instantes da conjuntura carnal são-lhe valioso tributo que deve ser com propriedade aproveitado, para o seu próprio bem. Não sendo a vida na Terra mais do que um ensejo evolutivo, as diversas situações em que se encontram as criaturas decorrem das suas próprias condições espirituais.

8 Alegrias que se transformam em maus augúrios

A azáfama natural do dia encarregou-se de produzir rumos diversos nas atividades das várias pessoas em expectativa quanto à festa anunciada.

Mesmo mergulhando a mente nos problemas intrincados que lhe dizia respeito solucionar, Antônio Cândido experimentava surdo tormento a inquietá-lo. Embora reconhecendo a ilegitimidade dos pensamentos que teimavam por dominá-lo em relação a Ana Maria, quase comprometida com o seu primo, sentia o eclodir de paixões recalcadas penosamente, à semelhança de catadupa que estivesse prestes a irromper por meio da represa que lhe dominasse o volume crescente de águas em tumulto.

As reminiscências das vidas pretéritas, quando repontam entre espíritos comprometidos, conseguem, não poucas vezes, produzir sistemáticas e duradouras impressões, que são o próprio vínculo do compromisso mediante o qual malograram e em cujas diretrizes ascenderão na edificação dos programas de enobrecimento a que se encontram ligados.

A sua agoniada estrutura orgânica não lhe criara os graves tormentos morais decorrentes do sexo, até aquele momento. Atravessara a quadra da juventude e começava a idade adulta com equilíbrio e alguma serenidade, embora sofrendo, esmagado interiormente por frustrações dolorosas, decorrentes do abuso das funções genésicas no passado, cuja procedência obviamente ignorava. Agora, no entanto, face à mulher vibrante de juventude, de sensualidade, despertavam--lhe os centros da emotividade em desgoverno, que sempre procurara asfixiar, sem o ter conseguido, conforme o desejo veemente.

Bernardo igualmente padecia, por primeira vez, impressões de tal natureza. Acostumado às leviandades da idade, não se vinculara de maneira alguma a qualquer moça, em caráter especial. Todas as suas atenções viviam voltadas para a glória do poder econômico, numa volúpia surpreendente para as suas condições de trabalhador subalterno, que fora até há pouco.

O encontro com a hóspeda do patrão despertou--lhe estranhos, vigorosos sentimentos. Na tela mental desenhavam-se figurações difíceis de traduzir.

Sentia-se senhor das possibilidades de mando sobre aquela rapariga de olhar de fogo, e, ao mesmo tempo, nutria cru desprezo por ela. Acordado e sacudido na sensualidade, sem as rígidas disciplinas da educação e da cultura, assumiu atitude selvagem, de desejo irrefreável, qual animal sob os gritos do cio, em referência à jovem que o fazia sofrer. Não encontrava como conciliar o terrificante anseio e as suas responsabilidades, ante a moça que, conforme tudo indicava, não lhe poderia pertencer. Todavia, ruminava, nos devaneios que então lhe passaram a povoar o cérebro, a ilusão do que supunha felicidade a qualquer preço, caso ela estivesse disposta a segui-lo e fossem legítimas as suspeitas de que ela se sentira igualmente sensibilizada pela sua pessoa. A verdade é que não a retirava da mente. Mesmo afastando-se da casa-grande, no restante do dia, mais de uma vez procurou pretextos inconscientes para retornar, acalentando a esperança de vê-la, ouvi-la, gozar-lhe a presença fagueira, confortadora.

Ana Maria recebera dos pais a educação que se podia ministrar a uma jovem naqueles dias. De temperamento rebelde, não conseguia refrear os próprios impulsos descontrolados. Redundavam inúteis todas as tentativas de discipliná-la nos padrões vigentes. Precoce nos arroubos afetivos, criara não poucas vezes situações embaraçosas, que fizeram o genitor ameaçá--la de internamento conventual, dedicando-a a uma ordem de religiosas, único meio, dizia, de conservá-la honrada.

No auge das calorosas discussões, a jovem, a sua vez, ameaçava suicidar-se a submeter-se à clausura. O pai, conquanto a severidade de que se sentia revestido, nutria especial carinho pela filha, terminando por relevar-lhe a reprochável conduta, graças às artimanhas da hábil menina.

Seu pai, que procedia das áridas terras do Algarve, viera ao Brasil acompanhando os genitores, na esperança de "fazer fortuna", e a mãe, lisboeta de nascimento, trasladara residência para a corte em companhia da família, alguns anos antes, transferindo-se todos, posteriormente, para a capital da Província de São Paulo, onde se conheceram e se consorciaram. Não eram abastados, mas podiam considerar-se independentes, pois que o senhor Loureiro era próspero negociante, laborando ativamente em exportações que lhe davam rendas largas, aumentadas agora as possibilidades mediante a sociedade com o senhor Casimiro.

Já disse que Ana Maria não se sentia estimulada por Marcondes. Fora mais ou menos concertado pelos pais de ambos o negócio matrimonial, no pressuposto de que os jovens, por serem atraentes, se fascinariam reciprocamente, ante o impacto natural da atração física. Ela aceitara a ideia. Agora, porém, que se encontrava na casa-grande da fazenda, passou a sentir estranhas e singulares emoções. Durante a tarde, ora experimentava inusitada sensação de pavor, ora o explodir de desejos lúbricos, não saciados ainda.

Bernardo produzira-lhe indescritível ansiedade: cobiçara-o e temera-o! Enquanto brincava disfarçadamente com as suas paixões, sofria interiormente duro receio, que a espicaçava, dominador. Antônio Cândido era-lhe um motivo de curiosidade. Se ao menos fosse mais agradável de aparência! — pensava. Durante aqueles dias resolvera como decidir o futuro, já que se encontrava numa trama de destinos, em cuja rede sentia envolvido o seu próprio porvir.

Os convidados começaram a chegar, enquanto a tarde caía.

Caleças e cabriolés, *charrettes* elegantes trazem a burguesia *raffinée* das vizinhanças, em alacridade.

O anfitrião desdobra-se, recepcionando os visitantes, e a senhora Maria Amélia, na imensa sala de visitas, atende prazerosamente velhos amigos, evocando os dias felizes do passado nos salões elegantes da capital. Pelo seu pensamento repassam as lembranças das polcas e mazurcas alegres, das valsas, enquanto ali, aos primeiros tempos, a alegria dos colonos e servos nas festas regionais apresentavam para ela a quadrilha sertaneja... Naturalmente, recordou-se do marido, e, repentinamente, os olhos se lhe nublaram de pranto ante a evocação. Nos lutos da viuvez, todas as suas lembranças faziam-se repassar de amargura. Vendo agora o filho e a jovialidade dos amigos, ali reunidos em festa de gratas emoções, assinalava os efeitos do carinho com que sempre envolvera o esposo e que ele, temperamental, paulatinamente destruíra, tornando-se verdadeiro verdugo doméstico. Certamente, fizera-se o dono da casa e da fazenda, mandando e desmandando, todavia, morrera detestado!

Não havia, porém, tempo para reminiscências. Tornava-se indispensável estar em calma para ser gentil, retribuindo com sorrisos a presença das senhoras e cavalheiros, jovens e velhos que aquiesceram ao seu e ao convite do filho.

A chegada do padre Sigisfredo produziu maior soma de alegrias nas pessoas que já se movimentavam pela casa feericamente iluminada. Candeeiros de prata encontravam-se dispostos com simetria pelos diversos ângulos das salas e corredores, enquanto outros, de pés, lançavam claridade de sobre os consolos e mesas.

A larga mesa, revestida de linho suíço bordado, estava posta: prataria e cristais, louças de Sèvres e o bom vinho importado.

Nhá Marcionília anunciou a hora do jantar. Os convidados e hóspedes foram conduzidos à sala e, à velha moda francesa, foi servido o lauto repasto. Os servos e escravos revezavam-se afanosamente, conduzindo iguarias e serviços. A governanta, estuante de alegria, comandava a legião de auxiliares com mestria, a tudo atendendo em tempo e ordem.

Os convidados da capital, amigos e familiares não ocultavam o júbilo, enquanto a conversação tomava rumos surpreendentes, variando desde os negócios de exportação à decadência do café no vale, bem como das possibilidades de plantação da cana-de-açúcar às frivolidades da moda...

À cabeceira, dona Maria Amélia fitava o padre Sigisfredo, colocado à sua frente. O sacerdote, conquanto muito religioso e fiel, era, também, amante dos vinhos capitosos, *adorador* de Baco e escravo dos manjares opíparos.

A lauta refeição transcorreu regada a vinhos finos e em clima de alegrias.

Antônio Cândido, no entanto, por mais esforço que buscasse desenvolver para manter-se em otimismo, não conseguia vencer o acabrunhamento que o martirizava. As emoções que se entrechocavam interiormente consumiam-no e a expectativa pelos resultados do empreendimento que logo mais encetaria produzia-lhe inenarrável ansiedade. Ante o impacto dessas preocupações, o problema da asma se lhe tornou mais incômodo, contristando acompanhar-lhe a agonia e a dificuldade respiratória. Antes que o repasto fosse concluído, rogou licença para afastar-se da mesa, justificando-se com o próprio estado, e, apesar da preocupação da genitora, retirou-se, demandando o adro da casa, iluminado e cheio de movimento.

Continuava chegando peões e fazendeiros, amigos e competidores de aspecto folgazão. Encaminhando-os à intimidade do lar, afastou-se lentamente do bulício, para ouvir a Natureza bordada de estrelas, ciciando suas vozes no dorso do vento brando e fresco.

Aguardara aquele instante com sofreguidão, agora, porém, temia. Receava o fantasma do desassossego, como se ele o seguisse implacável e logo depois viesse desferir-lhe golpe mortal, irreparável. Sem que pudesse explicar, repassou mentalmente as cenas mais importantes da existência, sempre assinalada pela dor, pela tristeza, pela enfermidade, pelo desinteresse e quase antipatia que o genitor lhe votava. No íntimo, não desejava ser dono de coisa alguma. Era-lhe, aliás, a posse um fardo desagradável. O que ambicionava era, ou melhor, daria tudo por ter a mente pacificada, comungar a dádiva da alegria sem jaça, e, no entanto, quando esperava a possibilidade de acalentar o sonho de tranquilidade, eis que lhe surge a jovem sedutora, fazendo-o mais acabrunhado. Por primeira vez, pensava na ventura do matrimônio, na emoção de ser amado, de poder possuir um colo generoso — claro que além da ternura e devoção de sua própria mãe — em que pudesse se refazer. E talvez ter nos braços o prêmio de um filho — essa felicidade que nem todos os genitores, porém, sabem aquilatar!

O pensamento desatrelou o carro do equilíbrio e pôs-se em desalinho no moço sofredor. Lágrimas dolorosas sulcaram-lhe o rosto magro e anguloso, somente vistas pelos astros longínquos. Percorreu desse modo a longa via dos solitários, atravessando a "selva escura" do desespero, a sós. Após a demorada evasão da presença de todos, retomou, renovado, balsamizado, com ideias...

A hora estava avançada e a movimentação se tornara grande, na casa e seus arredores. Todos se aprestavam para a missa. Procuravam-no já, preocupados ante a inquietação de dona Maria Amélia.

O sacerdote concertou os últimos detalhes do gigantesco passo que pretendiam dar naquele momento e dirigiu-se à porta da singela capela, onde se erguia o altar para a celebração.

A cerimônia litúrgica transcorreu dentro dos limites habituais e, ao terminá-la, após a bênção tradicional, o sacerdote teceu considerações em torno do significado do nascimento de Jesus, o Libertador por Excelência — a palavra *libertador* foi pronunciada com acento muito significativo —, acrescentando que as bases do Cristianismo são o amor, o perdão, a caridade, a misericórdia, tão esquecidos naqueles como em todos os dias da Humanidade.

Tomado de sincera emotividade, o velho religioso deixou-se arrastar pela inspiração da desencarnada, a antiga Duquesa di Bicci, que, embora ciente dos graves perigos que logo mais eclodiriam, supervisionava do Além os acontecimentos que envolviam os amados familiares de outras vidas. Entidades generosas outras, da nacionalidade brasileira, que se movimentavam em prol da libertação do homem escravo, acorreram, pressurosas, ao local, para contribuir positivamente no tentame, de modo a diminuírem as consequências nefastas que a intolerância sabe acionar e a perversidade pode difundir.

À medida que prosseguia, brilhante, o sermão, começou-se a murmurar quanto à loquacidade do sacerdote, habitualmente de poucas palavras, principalmente abordando, embora discretamente, problema tão grave quão inoportuno, conforme pensavam os escravocratas presentes. Havia, mesmo, um movimento de enfado entre os convidados da capital e os das fazendas vizinhas... Ele, no entanto, continuava, predicando e advertindo quanto ao exemplo do Cordeiro de Deus...

Bernardo, ao longe, somente possuía olhos e ouvidos para a mulher de quem se enamorara, vendo-a, leviana, a atiçar Marcondes e buscando com os olhos em fogo o pálido proprietário, seu anfitrião. Surdo martírio espocou, então, na alma do jovem, antes livre das atribulativas cordas da paixão carnal.

Terminada a alocução, o sacerdote convidou Antônio Cândido ao proscênio singelo em que se erguia o altar e confiou-lhe a palavra.

Dona Maria Amélia, que se encontrava sentada à frente, ergueu-se e encorajou o filho com os olhos fulgurantes e a sua atitude hierática. Havia uma rara nobreza na dama resoluta. O rosto bem traçado saía, alvinitente, da mantilha de rendas negras que lhe caía da cabeça cravejada de fios prateados, presa por formoso *peine* espanhol trabalhado.

Houve um silêncio espontâneo, como se todos soubessem que algo ia acontecer.

Os negros calaram a algaravia e se aproximaram mais...

Todos tornaram-se apenas ouvidos atentos.

Antônio Cândido, sem delongas, disse:

— Homenageando o nascimento de Jesus, o Salvador dos homens, e reverenciando a memória de meu pai, é da minha e da vontade de minha mãe o que passo a expor, contando com o apoio da lei dos homens e o da Igreja, aqui representada pelo padre Sigisfredo, de tudo cientificado e concorde.

A pausa expressiva antecipava os fatos.

— Através desta *carta de alforria* — continuou, desataviado —, e honrando o Imperador, Sua Majestade D. Pedro II, concedemos a liberdade aos cativos cujos serviços à nossa casa os credenciam a uma velhice de descanso e de independência. São eles: Benedito d'Aruanda, Manuel José Bonfim, José Quintino...

— É um louco, esse degenerado, — bradou alguém, interrompendo a leitura.

— Morte ao traidor! — gritaram outros, vociferantes.

— Que desacato, miserável! Pagarás o atentado cobarde — revidaram diversos.

Blasfêmias e gritos, altercações e rebeldia irromperam violentos, como se um pavio aceso atingisse um paiol abarrotado de explosivos.

— Saiamos daqui e tomemos providências — explodiram, coléricos, quase todos —, antes que a caterva do excomungado nos tire a vida.

— Partamos a defender nossas terras e cafezais! prorromperam as vozes, em açulamento de ódio.

Repentinamente, o terreiro se transformou em pandemônio, as senhoras mais sensíveis desmaiaram e uma gritaria infrene, uma atroada tomou conta da casa-grande e do adro à frente da singela Igreja.

Carruagens e cabriolés, *charrettes* e animais foram trazidos por escravos e colonos apressados, e pouco depois o imenso pátio da casa apresentava-se quase deserto...

Antônio Cândido, que esperava a reação organizada dos vizinhos, continuou em pé, indiferente, como se desejasse exatamente aquela atitude. Realizava-se, talvez, no íntimo, dando mostras de uma força e uma coragem que é superior a músculos e braços, à brutalidade e à destreza física. Fizera-se um herói moral — o verdadeiro homem!

Dona Maria Amélia avançou tranquila e abraçou o filho.

O padre Sigisfredo permaneceu orando; e os cativos, sem compreenderem, tardos de raciocínio e cansados de sofrer, só a pouco e pouco se foram assenhoreando do ocorrido.

Os hóspedes da capital estavam estupidificados.

O senhor Casimiro, familiares e amigos ficaram inermes, escandalizados. Acreditavam que os seus anfitriões haviam enlouquecido e receavam tomar atitude.

Nessa hora, o jovem fez-se ainda maior. Refeita a calma, momentaneamente, concluiu:

— Como dizia: ... Félix de Jesus e João d'Angola, todos cinco, a partir desta hora e data, são por mim declarados livres, podendo aqui ficar por sua espontânea vontade ou partir para onde lhes aprouver. A todos entregarei um documento de alforria, que vai por mim assinado e testificado pelo sacerdote da nossa paróquia.

Os escravos foram tomados de alvoroço: era dor e era alegria, evocação de todo um passado e destruição dele, em poucos instantes decisivos na história de suas vidas.

O país, por essa época, tinha aproximadamente 10 milhões de habitantes brancos e mais ou menos 1,4 milhões de escravos no eito do padecimento. Era necessário fazer-se muito. Aquilo era apenas um vento de longínqua esperança.

Aproximaram-se os homens envelhecidos, agora livres, acompanhados das mulheres e crianças, lavados de lágrimas, e se ajoelharam ante os amos, beijando-lhes as mãos e soluçando em silêncio, demoradamente.

Bernardo, logo recobrou a lucidez do que ocorrera, retirou-se estremunhado, blasfemando, odioso.

Lentamente, os minutos foram colocando os acontecimentos no painel do que se chama realidade e as pessoas foram-se adaptando à ideia, até então parecida absurda, impossível, irreal.

Dona Maria Amélia, o filho, os hóspedes recolheram-se à casa-grande, enquanto na senzala as emoções choravam abraços e inquietações pela impossibilidade de alcançarem a extensão profunda e significativa daquele momento.

À porta larga da entrada, *Nhá* Onília, igualmente emocionada, tomou a mão da senhora e beijou-a. Algumas escravas receberam os senhores ajoelhadas e todos foram convidados a sentar-se à mesa, para ser servido ligeiro ágape antes do repouso.

De fora, chegava o lamento e o canto dos filhos da África, evocando seus *deuses,* bendizendo os seus *anjos tutelares...*

A consternação dos convidados era visível.

O senhor Casimiro, desejando interferir nos negócios da casa, arremeteu:

— Creio que estás louca, minha irmã, se concordas com a atitude desastrada de Antônio Cândido. Não sabes o que isso pode representar para a economia do país, começando desde agora, aqui mesmo neste lugar?

A senhora olhou-o tranquilamente.

— Podes imaginar — continuou, acreditando-se aceito — o que farão os latifundiários vizinhos? Já supuseste se todos esses negros se reunirem e exigirem liberdade? E se, rebelados, resolverem roubar-nos as vidas, ainda hoje, saqueando a casa e tomando a posse de todos os bens?

— Pensamos, sim — redarguiu serena —, todas as possibilidades que apresentas bem como outras mais que não relacionaste, e concluímos pela decisão que foi tomada. Aliás, isto é apenas o começo do que faremos em nossa casa. Desejamos prosseguir, logo tenhamos oportunidade e possamos fazê-lo. Meu filho bem o disse: que agia de comum acordo comigo.

— Pois não ficaremos mais nesta casa de loucos, — esbravejou o ganancioso citadino. — Iremos embora pelas primeiras horas da manhã.

— A nossa casa sente-se muito honrada — afirmou dona Maria Amélia, imperturbável — com a presença do meu irmão, sua família e dos nossos caros amigos. Mas, quem dirige o nosso lar somos meu filho e eu...

— Muito bem! — disse Ana Maria, que se ergueu e osculou a destra da senhora. — Os negócios da família devem ser respeitados, pois que não temos nada com isso. (E olhou Antônio Cândido de maneira inesquecível).

O jovem, estimulado pelo olhar ardente, procurou externar um leve sorriso, sugerindo:

— Tenhamos calma. Afinal de contas, cinco escravos não nos fazem qualquer diferença. Não somos os primeiros. Recordemos que hoje é o dia do Natal e o próprio Imperador, há algum tempo, libertou os escravos que lhe pertenciam, sem alarde ou dissensão. É natural que a surpresa a todos tenha colhido de maneira dolorosa. Fazemos questão que o titio e os nossos hóspedes continuem honrando nossa casa por mais tempo. Não têm necessidade de viajar de inopino, mal chegaram...

O senhor Loureiro procurou, então, intervir, conciliador, e os ânimos se foram acalmando, até à hora do repouso.

O padre Sigisfredo pernoitou na fazenda e ao amanhecer voltou a celebrar missa, para as pessoas que se levantaram mais cedo, principalmente escravos e servos.

Antônio Cândido, como era de esperar, não pôde dormir. Na manhã seguinte, encontrava-se desfeito e atenazado pela enfermidade cruel.

Após o desjejum, em companhia do sacerdote, demandou a cidade para dar ciência às autoridades do que fora feito e tomar outras providências, quais solicitar garantias contra possíveis atentados dos opositores mais reacionários, pensando em qualquer possibilidade de dano que desejassem causar. À tarde escreveria diretamente ao Imperador, dando-lhe ciência do ocorrido.

O senhor Casimiro não conseguia dissimular a contrariedade, tendo evitado retornar à própria casa por consideração ao sócio, que demonstrou interesse em demorar-se por mais alguns dias, traduzindo grande prazer na permanência ali.

Ana Maria, logo após o desjejum, procurou manter agradável diálogo com dona Maria Amélia, que muito se mostrara sensibilizada com o seu gesto na noite anterior.

É bem verdade que os seus pais foram severos na repreensão por ter-se ela intrometido em assuntos domésticos que lhe não diziam respeito. Todavia, agira sob um impulso insopitável, como se desejando diminuir o impacto dos acontecimentos que poderiam ter consequências desagradáveis ali mesmo.

Marcondes, porém, e seus familiares mostraram-se alarmados com a falta de decoro da moça, apresentando-se irresponsável e descomedida. Para ela, porém, isso não representava nada, graças ao desinteresse demonstrado pelo pretendente. Estava certa de que com Antônio Cândido, que revelava acentuada bondade, poderia atingir o máximo das suas ambições, se se consorciasse com ele. Com esses pensamentos, acercou-se da senhora e, após parabenizá-la pela ação de firmeza, deixou transparecer fingido interesse pela causa abolicionista, meio eficaz de fazer-se simpática e granjear os objetivos a que se propunha.

Dona Maria Amélia, bastante inteligente e culta, falou-lhe, naturalmente motivada, acerca das suas ambições interiores quanto à felicidade do filho, nada mais interessando senão vê-lo ditoso, estando disposta a tudo fazer para que ele — o rei do seu pequeno mundo — atingisse a plenitude da glória, da fortuna e da paz.

— Sinto-me imensamente tocada pelo senhor Antônio Cândido, — externou a jovem. — Há nele uma melancolia que me comove. Desde que ouvi falar seu nome no seio da família do Marcondes que tenho tido crescente curiosidade por conhecê-lo. Não é certamente o Adônis que eu esperava, mas parece-me o homem ideal para fazer feliz uma mulher...

Colhida pela confissão espontânea da jovem, e ignorando-lhe os reais sentimentos, perguntou-lhe a anfitrioa:

— E Marcondes, minha filha? Não estás comprometida com ele? Exceto se a admiração pelo meu filho não vai além de amizade fraternal...

— Em verdade, senhora — retrucou a moça com altivez —, eu nunca aceitaria realmente um esposo que não fosse aquele por mim escolhido. Temos ambos percebido as manobras dos nossos pais a nosso respeito. Felizmente não nos amamos. Estamos, isto sim, procurando um contrato comercial confirmado pelo matrimônio...

— Convém considerar que os pais — propôs dona Maria Amélia — escolhem para os filhos o que acham de melhor, mais conveniente... Mesmo na Europa, conquanto o grande progresso das arremetidas feministas, a família pertence ao pai, que a dirige e comanda. Seria naturalmente para os teus pais uma contrariedade muito séria se eles viessem a saber dos teus sentimentos opostos à sua vontade, a respeito do matrimônio que planejam.

— Nem tanto, senhora, — elucidou a moça —. Eu sei como manejar papai, que até hoje me tem atendido em tudo... (Sorriu muito significativamente.)

Dona Maria Amélia fitou-a com límpidos olhos, e pensamentos duplos se mesclaram na sua mente. Aquela menina amadurecida — indagou intimamente — poderia fazer seu filho feliz ou desgraçado? Seria amor ou ambição? Reconheceu, porém, que ela seria o máximo que o filho poderia desejar e talvez nunca vir a conseguir. Sorriu por sua vez e quedou-se na cadeira de balanço a refletir, a considerar...

Ana Maria, sabendo ter atingido o fulcro do seu intento, afastou-se, interiormente confortada.

Os dias subsequentes transcorreram normalmente, sem fato algum digno de nota. As ameaças dos opositores de Antônio Cândido foram obrigadas a aguardar oportunidade própria para serem descarregadas.

Bernardo evitava quanto possível o amo que, estimulado pela jovem, passou a nutrir esperanças de um futuro compromisso.

Marcondes, constatando que desperdiçava o tempo na monotonia da fazenda, provocou uma altercação com o genitor e sem mais delongas retornou à capital, sozinho, deixando o senhor Casimiro tragar surda revolta, ao lado da esposa igualmente rebelada. O possível compromisso com Ana Maria estava, portanto, desfeito, o que permitia à jovem exultar, dando curso ao plano de consorciar-se com o rico proprietário, sonhando, ao mesmo tempo, com leviandades que lhe poderiam ser caras e fatais no futuro.

9 No ano de 1870

1870 é o ano em que o ditador Solano López sofreu a máxima derrocada e viu ruir o sonho da ambição guerreira, após as duas batalhas desastrosas de Peribebuí e Campo Grande, para experimentar em Cerro Corá o último e funesto combate, terminando, assim, a Guerra do Paraguai, para alegria dos brasileiros e demais membros da Tríplice Aliança. É o ano em que Luís Napoleão Bonaparte, o Pequeno ou o Carbonário, deixou-se arrastar, em julho, à lamentável guerra contra a Prússia, sofrendo irremediável derrota e permitindo-se fazer prisioneiro, em Sedan, a 2 de setembro, quando, então, foi destronado, em Paris, dois dias após, sendo eleito Thiers presidente da França, que facultou o retorno à Pátria de todos aqueles que curtiam doloroso exílio, graças à mão indigna do monarca que traíra a República... Antes disso, alistou-se Guy de Maupassant para defender a pátria na infeliz guerra franco-prussiana. Simultaneamente, Garibaldi colocou-se a serviço do governo republicano de França e conseguiu ser nomeado comandante das forças irregulares da Borgonha. Nesse ano, o Barão do Rio Branco rumou, com seu pai, ao derrotado Paraguai, a fim de tratar das relações daquele país com o Brasil, revelando a sua genialidade diplomática. Apareceu no Brasil o primeiro manifesto contra a Monarquia e a favor da República.

O mundo despertava: Alexandre Gavazzi, na Itália, assumiu a direção da Igreja livre, unindo todas as diversas facções litigantes da União das Igrejas Livres da Itália. A infalibilidade papal foi debatida duramente, após Carlos Emílio Freppel haver preparado o Concílio Vaticano I (1869) e cujos serviços lhe renderam o prêmio de ser nomeado bispo de Angers. A Bahia recebeu, emocionada, o poeta Castro Alves, amputado do pé direito, tuberculoso, que publicou então, ali, o clássico *Espumas flutuantes*. Haeckel apresentou a monografia *Monera*, enquanto Taine publicava a sua obra capital de filosofia: *Da inteligência*. Metchnikov tomava-se professor de Zoologia e Anatomia Comparada, em Odessa, e os cirurgiões mais distintos, acompanhando a pista dos nervos *aferentes* e *eferentes,* localizavam, em definitivo, no cérebro, a sede dos cinco sentidos, pondo termo a longa e inútil contenda científica. Publicou-se o célebre *Código italiano*, que serviu de modelo para muitos outros no mundo, inclusive do Brasil, e Guilherme Gladstone conseguiu, na qualidade de primeiro-ministro da Inglaterra, uma lei ser aprovada contra a opressão sofrida pelos lavradores arrendatários...

E muitos outros acontecimentos tumultuavam o mundo, subitamente convocado à revolução tecnológica, que se iniciava ao impacto das ideias revolucionárias da Ciência, à pesquisa psíquica, que surgia nos maiores centros de cultura, e enquanto o homem sonhava com o saber e perseguia a felicidade...

Era Presidente da Província de São Paulo Antônio da Costa Pinto e Silva e a capital contava 31.000 habitantes, aproximadamente.

Nesse ano, na Fazenda E., na antiga freguesia de G., então cidade desde algum tempo atrás, o *destino* desatrelou o corcel de muitas paixões, enredando espíritos comprometidos na cruel teia da desdita, por precipitação e loucura.

O Ano-Novo da Graça de Nosso senhor Jesus Cristo de 1870 começou com sombrias perspectivas para a família Aragão e Souza.

Desde a decisiva libertação dos cativos promovida por Antônio Cândido as relações entre ele e o capataz Bernardo fizeram-se reservadas e frias.

O *espanholito*, ferido no seu orgulho e decepcionado pelos rumores de ordem sentimental que envolviam o amo e Ana Maria, deixou-se dominar por surda revolta que, a pouco e pouco, se foi transformando em ódio, como a ressumar dos recônditos do espírito atribulado.

Herdeiro dos próprios atos, o espírito padece sempre as consequências das suas atividades, aquelas que mais o sulcaram, produzindo as angustiantes sensações que o atam à desdita.

Conquanto a generosidade de que dava largas mostras, Antônio Cândido não conseguia conquistar completamente o seu servidor e companheiro dos anteriores folguedos infantis. Arredio e suspeitoso, Bernardo fez-se taciturno e acabrunhado, revelando maior ferocidade do que habitualmente no trato doméstico e com os servidores que trabalhavam às suas ordens. Revelou maior odiosidade ao braço escravo e muitas vezes, sem justa causa, conduziu ao potro da correção os cativos que lhe caíam na infelicidade do desagrado. Nesse sentido, o antigo feitor contribuía vivamente para o estado geral de descontentamento do atual capataz. Diga-se a verdade: ante a impossibilidade de tomar qualquer atitude contra o proprietário libertador, o senhor Epitácio Jeconias, homem-fera, conhecido selvagem na roupa de civilizado, vizinho a Antônio Cândido, contratou "Zé" Francisco, traiçoeiro e ambicioso caboclo de maus pendores, para criar ânimos exaltados e descontentamento na propriedade do seu antagonista.

Conhecido escravocrata impenitente, saíra da festa do Natal dominado por ira selvagem, jurando vingança incontida. Reunira, no dia imediato, na sua casa, os que se diziam prejudicados, para tomarem providências contra o filho do coronel Aragão, e que nada puderam fazer por falta de recursos legais. Ameaças de incêndio nos canaviais e de boicote no comércio do café e açúcar pareciam improdutivas, por estarem todos dando começo à nova lavoura, ao lado dos arrozais que se faziam promissoras culturas naquelas terras. Os cafezais do jovem produziam larga safra, que era bem recebida na capital da Província, reservada grande parte para exportação. Terminadas as delongas infrutíferas, somente poderiam aguardar ensanchas de cultivarem o desprezo, atitude cobarde dos que são fracos de forças morais.

O moço, porém, continuava imperturbável. Tendo a consciência lenida pela tranquilidade do dever cumprido, aprimorava-se na meditação, resgatando as dívidas pesadas do passado espiritual. Assistido vigorosamente pela tia do pretérito, permitia-se inspirar, de modo a sensibilizar Bernardo, que lhe compartia o cálice das cruas amarguras do século anterior, quando desceram aos vãos imundos e imensos da desesperação injustificada.

Elucide-se que a antipatia crescente no espírito de Bernardo não se devia apenas ao episódio da noite de Natal.

A vida é uma grande tecelã e nas suas malhas ajusta os sentimentos ao império da ordem, para que o equilíbrio governe todas as ações entre as criaturas.

Antes que retornassem à capital da província, os familiares do senhor Casimiro e do senhor Loureiro de Albuquerque Santos precipitaram inesperados acontecimentos amorosos, que desfechariam resultados surpreendentes entre os membros das diversas famílias.

Com a partida indesculpável de Marcondes e a confissão espontânea de Ana Maria à senhora Maria Amélia, os eventos tomaram rumos inesperados.

A matrona do clã Aragão e Souza passou a observar de logo, com melhor atenção, a sua hóspeda, dispensando-lhe especial carinho, e a moça, astuciosa, de pronto voltou-se a homenagear a enferma, que passava a maior parte do tempo no leito, obedecendo às prescrições de repouso, ora mais rigorosas, após as emoções vividas na noite da *Missa do Galo,* de modo a não experimentar desnecessária recidiva, que lhe poderia ser fatal. Demorava-se, então, a jovem por várias horas conversando ou dedicando-se a trabalhos de crochê, o que muito alegrava a senhora e demais damas, que se alongavam em diálogos demorados. Quando a sós com a anfitrioa, porém, o tema era invariavelmente Antônio Cândido.

A mãe exultava e a jovem, a quem aprazia brincar com emoções, ambicionando possuir um dia os haveres que ali a deslumbravam, deixava perceber o seu interesse, talvez legítimo, talvez não, pelo moço de fraca organização física, mas de têmpera moral relevante.

Os senhores gastavam o tempo em passeios a cavalo, em caçadas e pescarias, para reorganizarem as forças gastas nas atividades comerciais a que se entregavam.

Nhá Marcionília, com a intuição aguçada, parecia não gostar de Ana Maria e demonstrava-lhe perceber a intenção. Mantinha-se reservada em relação à moça e, em sentido oposto, muito dedicada à jovenzinha Margarida, filha do casal Casimiro, que mais se alegrava brincando com os filhos dos cativos e dos colonos, ora no paiol, ora nas varandas largas...

Antônio Cândido também percebera nos dias imediatos a atitude acessível e quase provocadora de Ana Maria, e perturbava-se. Sentia-se invadido por estranha atração e desconhecido receio. A jovem lhe acenava com a ambição que todo homem persegue para o matrimônio; no entanto, não sofreava o imenso constrangimento que a sua presença lhe causava. Conservava-se, todavia, gentil, quase galante.

A moça, acostumada às facécias da juventude, procurava meios de ver Bernardo, cujo porte altivo a impressionava, e, quando lhe surgia ensejo, dirigia-lhe a palavra, conquanto fizesse perceber a distância social que deveria existir entre ambos.

O *espanholito*, estimulado, cúpido e inquieto, sofria ingrata reação íntima: tomaria a jovem de qualquer forma, de quem quer que aparecesse como opositor, mesmo que isso lhe custasse tudo... Como, porém, fazê-lo? — era a interrogação que nos últimos dias o atormentava, hedionda, constante, feroz.

Logo teve oportunidade, dona Maria Amélia chamou o filho a uma palestra na alcova, enquanto os hóspedes se encontravam recolhidos, à noite — transcorreram apenas cinco dias após os sucessos do Natal — e falou com franqueza:

— Já pensaste que futuro darás à vida, meu filho? (Havia imensa doçura na voz materna e preocupação na sua ternura.)

— Preocupo-me, mamãe, primeiramente, com vosmecê, que é a razão dos meus dias. O futuro, Deus cuidará...

— Não me venhas com evasivas, Antônio. Eu bem sei das ansiedades do teu coração de homem e tenho-te observado. Dissimulas quanto podes e, todavia, falas sem palavras das tuas dores e dos teus desejos secretos.

— Que quer dizer, minha mãe?

— Que a menina Ana Maria te agrada.

— Nem poderia ser diferente. Mas, isso não chega a constituir-me uma preocupação.

— Ocorre, no entanto, que agradas também à jovem, meu filho!

— Não me parece... Vejo-a ainda menina, perseguindo sonhos. Confesso que não sei. Não desejo envolver-me em questões sentimentais, conquanto...

— Conquanto?

— Conquanto haja sido essa jovem a que melhor impressão me causou em toda a vida.

— Pois afirmo-te que Ana Maria receber-te-ia com muito agrado.

— Mesmo sabendo-me enfermo e retraído como sou? Como sabe vosmecê, mamãe?

— Ela mo disse. Temos conversado demoradamente desde o dia santificado do Natal, e o tema tem sido a tua pessoa, a história da nossa família, teu pai, teus estudos na Europa...

E dando maior ênfase à voz, a senhora acrescentou:

— Eu a receberia com muito agrado para minha nora. Desejo que o saibas. Afinal de contas, estou muito cansada e enferma, não gostando de partir antes...

— Não me fale nisso, mamãe. A senhora viverá muito, a fim de receber nos braços os netos caso Deus mos venha oferecer algum dia.

— Não sei, meu filho, não sei! Tenho-me lembrado muito do teu pai e parece-me senti-lo, infeliz, derrotado, a nosso lado. Nossa casa experimenta uma agressão desconhecida, impalpável, sombria. Logo que possamos, gostaria de sair daqui. Sei que os teus inimigos hoje, furibundos, tramam algo. Não, não sei se é coisa do Céu ou da Terra... Não compreendo. (A senhora falava como se estivesse monologando alto, revelando suas preocupações, suas noites de meditações.) Entrego tudo a Deus e à Mãe do Redentor, para que nos tenham nas Suas mãos e nos defendam.

Antônio Cândido pensava no que acabara de ouvir. Dona Maria Amélia, porém, voltou a indagar:

— Falaste-me por carta de um certo senhor francês que se interessara por questões dos mortos, quando ainda estavas em Coimbra, lembras-te? Tem-me voltado à mente o que me escreveste. Desinteressaste-te desse assunto desde que aqui chegaste? Que houve?

Convocado à realidade outra vez, o moço elucidou:

— Era um célebre professor chamado Rivail, que professava, também, a doutrina do magnetismo e que, atraído aos fenômenos das "mesas girantes e falantes", muito em voga nos primeiros anos da década de 50, constatou serem produzidos tais fenômenos pelas almas dos mortos ou Espíritos. A filosofia disso decorrente levou-o a escrever, sob o pseudônimo de Allan Kardec, que, segundo um dos seus guias, fora o nome que ele tivera em antiga reencarnação nas Gálias, como druida, uma obra, *O livro dos espíritos*, que se transformou rapidamente num dos mais procurados, não apenas por parisienses mas por pessoas do mundo inteiro. Segundo essa Doutrina, chamada Espiritismo, os mortos não se acabam na sepultura, prosseguindo a experimentar o resultado dos atos que lhes marcaram a existência planetária. Seus fundamentos são a *reencarnação,* a *imortalidade da alma,* a *comunicação com os mortos,* a *pluralidade dos mundos habitados,* mas acima de tudo a crença em Deus e a prática da caridade...

— Creem eles em Jesus, o nosso Salvador?

— Sim, é óbvio. Segundo li, Jesus é para os espiritistas — nome pelo qual se fazem conhecer os adeptos do Espiritismo — o Espírito mais perfeito que Deus ofereceu ao homem, para lhe servir de modelo e guia.

— Jesus e Deus não são uma mesma e única pessoa, conforme ensina a Igreja?

— Não, mamãe. Deus é o Pai de todos, é o Autor da Criação. Jesus é o Seu Filho Excelente, Governador da Terra, digamos assim... Lamentavelmente, não me pude aprofundar no estudo dessa Doutrina. Espero, porém, fazê-lo, logo voltem os meus colegas das férias de verão, a alguns dos quais solicitei que, de retorno da França, me enviassem livros e folhetos sobre essa muito consoladora Filosofia.

Silenciando por algum tempo, considerou o jovem:

— A doutrina da reencarnação não é nova. Nas antigas civilizações e culturas do passado, ela desempenhou papel preponderante, constituindo mesmo a base central das religiões dos tempos recuados. Através dela, o que nos parece incognoscível assume configuração clara e lógica, ensejando perfeita compreensão dos destinos humanos.

A senhora ouvia o filho, comovida.

Mergulhando em profundas indagações que antes fizera, nas longas meditações do passado, e inspirado pelo Espírito da Duquesa di Bicci, que conduzia delicadamente a conversação, prosseguiu:

— Interrogo-me muitas vezes a respeito das razões do meu, do nosso sofrimento: vosmecê tão boa e papai tão áspero; eu tão fraco e enfermo e Bernardo tão forte, viril, ágil. Busco-o e sinto-me repelido como se me odiasse, sem mesmo saber por quê. Admiro-o e receio-o. Quando resolvemos nomeá-lo nosso capataz, entregando-lhe nossa propriedade, eu tinha a singular sensação de que lhe estava a devolver algo que tomara, embora não consiga identificar exatamente quê, ou como, donde, ou por quê. Desde a chegada de Ana Maria que sofro sentimentos controvertidos... Será que não nos vimos antes, noutra vida, não nos encontrando reencarnados outra vez todos, como ensina o Espiritismo? Na hipótese de ser verdadeira a teoria da reencarnação, nossas vidas formariam elos de uma grande corrente, eles esses do mesmo grupo, ora desagregados, ora reunidos... Penso nisso várias vezes, sim. É uma pena que a religião católica esteja sempre adversa a tudo, inimiga permanente de todas as ideias novas, diga-se de passagem, e velhas também, quando não lhe pertencem. Falei ao padre Sigisfredo sobre o assunto, e o bondoso velhinho ficou escandalizado, dizendo-me que tudo aquilo que está fora da Igreja constitui pecado e que não devemos examinar... Por pouco não sorri. E não o fiz, respeitando-lhe a honestidade e o fervor quase ingênuo de homem bom.

— Falam-me as escravas — ajuntou dona Maria Amélia — que também eles cultivam um *deus dos mortos* e que na senzala há muitos que *recebem* os que já partiram. Aqui mesmo em nossa casa, o d'Aruanda, que libertamos há pouco, é para todos o único que pode fazer as invocações e que dá as instruções que vêm do Além. Fiquei aterrorizada...

E depois de alguma reflexão prosseguiu a senhora:

— Disseram-me até que o teu pai — (que Deus o tenha num bom lugar!) — apareceu-lhes nos trabalhos, com aspecto de animal: desfigurado, ignorando o que lhe aconteceu e impossibilitado de traduzir os sentimentos de horror de que padecia... Os escravos fizeram rezas e outras coisas que ignoro, mas ele não melhorou. Tenho pensado em mandar celebrar missas incessantes pela sua alma, para tirá-lo do purgatório, se é que lá se encontra.

— Segundo a ciência do Espiritismo — retrucou Antônio Cândido, desejoso de elucidar a genitora —, as missas de nada adiantam aos que desencarnaram, conforme expressão própria, de referência aos que morreram. Muitas vezes angustiam o espírito, que se vê colhido pelas exéquias sem a menor noção do que lhe ocorreu. O ideal são as orações sinceras, partidas do fundo do coração e proferidas por aqueles que os amam; são os atos de caridade em sua memória, as evocações de carinho, deles lembrando sempre nos seus momentos melhores, pois que tudo quanto a eles se refere e é lembrança má transforma-se em látego que os aflige, e mesmo as lágrimas de desespero que são vertidas à sua lembrança se convertem em ácido que lhes queima e requeima o ser... Tenho orado por papai e dele me lembro com gratidão.

Houve um silêncio expressivo. Ambos tinham os olhos umedecidos e pareciam unidos indelevelmente naquele momento de nobre comunhão com a Verdade.

Foi Antônio Cândido quem rompeu a quietude, dizendo:

— Nossos hóspedes já devem estar dormindo desde há muito. Tudo são silêncios, e vosmecê deve estar cansada. Vamos dormir, mamãe. Amanhã continuaremos. Vou pensar.

Beijou delicadamente o rosto da genitora, diminuiu a luz e saiu.

Não foi, porém, para o quarto. Dirigiu-se à larga varanda da frente da casa e deixou-se encantar pela noite tranquila, orvalhada de luar. Alongou os olhos e adivinhou o Paraíba prateado a correr vagaroso, incessante, conduzindo fertilidade e vida pelo vale.

Uma soledade imensa dominou o jovem.

Raras vezes o homem experimenta essa sensação de nada e tudo, um misto de abandono e presença. Um rocio de mãos imateriais acariciou-o, e um sussurro muito íntimo assomou-lhe à consciência, nascido nos sem-fim do espírito.

Envolvendo o tutelado, a duquesa *falou-lhe* dos perigos iminentes à frente, para os próximos dias. Advertiu-o quanto à presença de Ana Maria, concitando-o à fraternidade junto a ela e a que abandonasse aqueles sítios, entregando-os ao capataz, antes de outras decisões.

O moço não escutava com os ouvidos, *compreendia* pelos condutos da inspiração e sentia-se consumir por desconhecida agonia. Profunda emoção dominou-o, e ele não pôde conter as lágrimas.

As lágrimas da solidão silenciosa são muito mais doridas, embora, à semelhança de chuva oportuna, revigorem o solo crestado do espírito.

O rapaz demorou-se em meditação e quando buscou o leito levava o coração lenido por suave paz, que o vitalizava.

Despertou refeito, após um sono reparador que não experimentava desde há muito.

Às primeiras horas do dia, retornou à alcova materna e narrou à genitora a resolução de levar ao conhecimento do senhor Albuquerque os sentimentos que o faziam enamorado de Ana Maria, formulando o pedido de noivado para o primeiro dia do ano, desde que a jovem o aceitasse espontaneamente. Com a aquiescência materna, Antônio Cândido comprometeu-se a ouvir a moça, logo o evento se lhe fizesse promissor.

As horas transcorreram alegres e movimentadas.

Ao entardecer, o anfitrião convidou a visitante a ligeiro passeio pelo pomar fronteiriço à casa-grande e, enquanto caminhavam, falhou-lhe sem rodeios:

— Não ignoras, Ana Maria, que nutro sentimentos mui profundos a teu respeito.

A moça olhou-o com fingido espanto.

— Se concordas — deu maior ênfase às palavras —, estou resolvido a proceder ao pedido de noivado junto ao teu pai, imediatamente, marcando nossas bodas para logo que seja possível.

— Não posso ocultar que me senti sensibilizada pelo senhor Antônio Cândido desde quando o vi por primeira vez, ao chegar a esta casa hospitaleira.

— Trate-me com menor cerimônia, por favor.

— Está bem. Assim, informo que para mim seria uma honra poder receber o seu nome e participar da sua digna família...

A palestra alongou-se por algum tempo, estabelecendo os futuros consortes os planos iniciais e afetivos da união para o porvir.

Quando retornaram a casa, ambos regozijavam-se.

Ana Maria correu a uma entrevista com a genitora, enquanto Antônio Cândido tomou a mesma providência. Dona Maria Amélia, naquela noite mesma, comunicou ao senhor Loureiro as intenções do filho, rogando-lhe permissão para que o noivado fosse anunciado no primeiro dia do ano entrante.

A notícia alegrou escravos e servos, correndo célere pela fazenda.

O senhor Casimiro e esposa, conquanto contrafeitos com o desenrolar dos episódios, dissimularam a contrariedade, aceitando com aparente alegria o compromisso em programação, como sendo medida eficaz de unir as famílias, qual anterior desejo que já se nutria, embora em outros termos.

No festivo dia 19 de janeiro, com a presença do padre Sigisfredo, especialmente convidado, às 11 horas da manhã, foi feito o pedido e, logo após, servido um lauto almoço aos hóspedes, seus familiares e a alguns poucos amigos igualmente convidados para a ocasião.

Esta a razão central da animosidade que voltou a dominar Bernardo em relação ao amo, tornando-o mais arredio e tumultuado. Intimamente, não se conformava com aqueles sucessos imprevistos. Era como se um enorme peso subitamente o esmagasse, roubando-lhe a alegria de viver. Recusava toda e qualquer assistência afetuosa da mãe e atirava-se ao trabalho exaustivo, na vã tentativa de tudo esquecer ou de aumentar a própria ferocidade, deixando-se minar nas resistências espirituais pelo ódio ao senhor, que lhe tomara a caça. Na desdita espontânea a que se entregava, ruminava que toda a culpa era do dinheiro, da diferente posição social, e a inveja — essa peçonha venenosa, capaz de destruir as mais belas construções do espírito humano — matava-o, inspirando reações escabrosas.

As circunstâncias da existência obedecem a caprichos sutis da Lei Divina, que escapam aos mais hábeis psicólogos ou aos mais ardilosos pesquisadores. Na impossibilidade de os decifrar ou entender, atribuem-nos todos, inconsequentes e irresponsáveis, ao *acaso* que, então, responde por tudo quanto a ignorância não consegue explicar.

No dia imediato, ao entardecer, buscando espairecimento no bucolismo da paisagem, Ana Maria afastou-se da casa-grande, despreocupada, dirigindo-se à margem do rio, a distância não muito grande.

Embora não experimentasse verdadeiro amor pelo noivo, considerava-se segura no empreendimento em elaboração para o futuro. Seria capaz de suportá-lo como esposo e até mesmo de estimá-lo. O essencial para o seu temperamento não era realmente o amor...

Ensimesmada em suas reflexões, não percebeu que Bernardo, vendo-a, seguiu-a discretamente, e quando se encontravam longe da observação curiosa de alguém o capataz dela se acercou.

Surpreendida a sós, a moça externou estranheza, mas não sopitou o agrado ante a presença do jovem mancebo.

— Desculpai-me, senhorita —, começou o moço, com sofreguidão mal dissimulada na voz trêmula — a surpresa. Vendo-vos, porém, acompanhei vossos passos acalentando o desejo de ser-vos útil em algo inesperado, zelando pelo vosso bem-estar.

Agradavelmente lisonjeada, Ana Maria sorriu, estimulando a conversação.

— Toda a fazenda se alegrou com o vosso noivado — acrescentou, com indisfarçável mal-estar —, causando, porém, surpresa essa decisão repentina.

— A quem, Bernardo — respondeu, ruborizada —, causaria surpresa o meu compromisso de noivado com o senhor Antônio Cândido?

— A mim, senhorita — apressou-se em responder —. Infelizmente, sou homem ignorante e de poucas posses, o que me impede o atrevimento de vos dizer o que me vai pela alma, infelicitando-me desde o dia em que aqui chegastes. Não tomeis por ousadia a minha atitude, antes ouvi-me por comiseração. Nunca tive problemas até vos encontrar. Eu era livre como os pássaros do céu, mas isto foi no passado, porque agora estou encarcerado no desespero, tragando o desgosto de saber-vos em breve pertencendo a outro, só porque ele é mais rico e poderoso do que eu.

— Não permito que me fales assim — revidou a donzela —. Afinal, eu estou comprometida com o teu patrão, que tem sido bom para contigo e para com todos.

— Por isso o odeio — descarregou o angustiado —. Não o desculparei por tomar-vos de mim, pois que sei — perdoai-me, imploro! — que não vos sou indiferente. Mas, desgraçado de mim, sou pobre!

— A pobreza não é desonra...

— Mas é impedimento. O pobre é como cão que se vê obrigado a lamber a bota do amo para conseguir um osso oferecido por compaixão... E eu nunca me submeteria a isso.

— És orgulhoso!

— Não o escondo, mas sou, também, sensível à beleza e ao amor. Vós o amais senhorita? Dizei-me, por Deus! Dizei que estais seduzidas pelo poder, pela fortuna do infeliz enfermo que vos comprou a vossos pais...

— Não te concedo o desrespeito — gritou contrariada —. Não destruas o meu sonho de felicidade, pois nunca te permiti o atrevimento...

— Sonho que é uma ilusão, da qual despertareis em pesadelo de arrependimento tardio. Antes a miséria com honra do que a fortuna...

— Bernardo, olha que eu darei ciência disso ao teu patrão. Deixa-me em paz!

— Perdoai-me, senhorita! Não que eu o tema: perdoai-me se vos magoei. Não me darei paz sabendo que fui descortês. Sou um homem bruto, acostumado às duras lutas da vida, não frequentei escolas nem tenho linhagem... Sou possuidor apenas de um coração ardente, um espírito apaixonado, que perdeu a paz e a esperança de ventura...

— Tranquiliza-te — acrescentou, abaixando a cabeça e a voz —, eu também não sei o que se passa comigo. Sinto-me tocada pela tua presença, mas agora é tarde...

— Não, não é tarde. Fujamos daqui!

— És louco?! Não nasci para a pobreza, nem para a miséria... Não sobreviveria. Não posso... Demos tempo ao tempo... (Havia no rosto da menina-mulher uma expressão indefinível, que ninguém poderia traduzir, qual reflexo do pensamento que lhe relampejou no espírito.) Espera!...

— Não suportarei esperar... Odeio-o e vos odiarei também, por toda a minha vida.

Esfogueado, aturdido, trôpego, Bernardo afastou-se com a tempestade rugindo no ser, como a destroçar tudo por dentro, tresloucado, em febre. Os *depósitos do subconsciente,* sob o impacto das emoções violentas do momento, libertaram os miasmas das lembranças passadas, e sinistra ideia penetrou-lhe a mente, estrugindo no corpo em contorções vigorosas e desequilibrantes.

Ana Maria, trêmula pelo inesperado do acontecimento, retornou a casa apressadamente e trancou-se no quarto, procurando recompor-se para não despertar suspeitas. Perdera, porém, a falsa serenidade que apresentava com bem estudada dissimulação, sofrendo o primeiro golpe na leviandade.

Após as festas dos Reis Magos, os visitantes citadinos voltaram à capital e Antônio Cândido prometeu à enamorada visitá-la oportunamente, em cuja ocasião seria marcado o matrimônio.

10 Numa certa manhã de chuva: uma tragédia

O suceder dos dias não diminuía a angustiante paixão de Bernardo, pelo contrário: recrudescia a animosidade ao amo e a revolta contra os escravos. Submetia-os aos rudes trabalhos com atitude impiedosa, passando a ser temido, pior do que isso, também detestado.

A impiedade consegue recolher os amargos frutos da própria sementeira nos espinhos produzidos pelo ódio das suas vítimas.

Enquanto Antônio Cândido passava aos olhos dos forçados como a representação do bem, o capataz significava-lhes o mensageiro do mal.

Com a ausência dos visitantes, a casa-grande tornou à normalidade e dona Maria Amélia, mais animada quanto ao futuro da família, exteriorizava a antiga gentileza e alegria que lhe eram características do espírito sensível. O noivado do filho significava-lhe a materialização do anseio materno de vê-lo feliz, dando continuidade ao clã, fadado ao desaparecimento pela falta de sucessores. A hipótese de ele continuar os estudos na capital, na respeitável Academia de Direito, parecia coroar as suas aspirações, as únicas razões de continuar a viver.

Naturalmente, não lhe passaram despercebidos os gestos de leviandade e filáucia de que dera mostra a menina Ana Maria. O matrimônio, porém, se encarregaria de acalmá-la, produzindo nela os resultados valiosos que formam a dama tranquila e nobre. Nesse particular, sabia de como seu filho era exigente e quanto lhe representavam os valores morais, que ela mesma procurara inculcar-lhe no espírito desde cedo. Assim pensando, dava curso aos planos íntimos, acalentados com emoção.

Ana Maria, porém, desde o encontro inesperado com Bernardo, sentira o eclodir de desconhecida paixão. Tudo que nela havia de violência e desejo recalcados espocou subitamente. Aquele homem, que externava as emoções com virilidade e sobrançaria, rasgou-a interiormente, desvendando o continente do seu espírito inquieto. Pareceu-lhe sempre ter sonhado com alguém que a arrebatasse, dominador, impetuoso como ele, e, ante a confissão que escapou dos seus lábios em febre, não saberia impedir submeter-se-lhe aos desejos, impudentemente. Foi necessário que todo o seu orgulho gritasse, enxotando-o, para que se pudesse libertar da incômoda quão apetecida presença. Nunca, porém, esqueceria aqueles dois olhos hipnotizadores que a queimaram com toda a força da paixão desmedida. Receara cair naquele instante e provocar um escândalo, exatamente quando se lhe delineavam os prognósticos favoráveis da fortuna.

Antônio Cândido inspirava-lhe, a distância — refletia demoradamente —, ansiedade e expectativa; todavia, ao seu lado, a enfermidade que o martirizava constituía-lhe um desagradável tormento. É como se amasse e odiasse o noivo, numa incongruente atitude. Queria-o e temia-o, também. Fitando-o, por meio da memória, parecia-lhe impossível temer tão frágil ser, que, apesar da organização física delicada, dera a todos, no dia da libertação dos escravos, na sua fazenda, a prova do caráter inquebrantável e forte de que se fazia possuidor, causando a profunda impressão que lhe despertou maior interesse, um interesse perturbador.

A prática da virtude, como a do desejo, decorre quase sempre do estado espiritual do homem, isto é, do seu grau de evolução. Aqueles que se fizeram temidos pela força do temperamento rude, logo se inclinem para os objetivos elevados desenvolvem a mesma potência de energia, lobrigando os fins a que se propõem com o vigor empreendido.

A noiva, agora, pensando em calma, sentia-se receosa.

O matrimônio se lhe apresentava com o impositivo de residir na Fazenda E., onde teria de sofrer a presença do homem que lhe incendiara a alma, ao lado daquele que, no entanto, representaria para sempre o dever impostergável de ser fiel...

Visitada frequentemente pelas dúvidas, transferiu para o futuro as preocupações do presente e deu curso às atividades febricitantes dos preparativos do enxoval.

Seus pais externavam o júbilo decorrente do compromisso da filha com Antônio Cândido, moço de ótimos antecedentes e de sólida fortuna, que tinha pela frente as perspectivas de um futuro promissor. A realidade se lhes apresentava dourada, com maior dádiva do que ambicionavam.

Quando Marcondes foi informado do noivado de Ana Maria, e sofreu a carga do despeito dos pais, deu de ombros, semiembriagado, indiferente, parecendo mesmo feliz por libertar-se do que lhe parecia uma incumbência desagradável: a de ligar-se a qualquer moça naqueles dias.

Logo surgiu oportunidade, informado que estava dos maus-tratos impostos aos escravos, Antônio

Cândido convidou o capataz a uma entrevista e exprobrou-lhe sem titubeios o vil comportamento.

O *espanholito,* surpreendido com a atitude do patrão, tentou reagir, sendo obstado pelo amo, que o advertiu com inusitada severidade. A discussão fez-se acalorada e azeda.

Ignorando a aversão que dominava o empregado, Antônio Cândido perguntou-lhe diretamente a razão das ações grosseiras e do mau cumprimento dos deveres nos últimos dias, sendo rigoroso ao solicitar o respeito que a sua posição de amo exigia dos subalternos.

Colérico, odioso, o capataz não ocultava a revolta que o dominava. Numa explosão de ira, baldoou:

— Se os meus serviços não vos convém, despedi-me.

— Um empregado nunca faz falta ao patrão — advertiu Antônio Cândido —, principalmente quando soberbo e desrespeitador. É o que farei. Na minha casa sou eu quem dita as ordens e não admito que se imponha carga pesada sobre os ombros de ninguém, mesmo que se trate de escravo. Se o emprego que te concedo não agrada, proporciono-te a solicitada dispensa.

Houve um silêncio de agouro.

Pela mente de Bernardo sucederam-se cenas terríveis, arrancadas do fundo da memória espiritual.

O ódio é artesão cruel, que termina por enrodilhar os que o cultivam nas malhas que tece.

O afastamento — considerou intimamente — representava a perda da oportunidade de rever a amada, afinal de contas, o pivô real do incidente. Fugir significava-lhe permitir a vitória do outro e sabia que não seria possível suportar a certeza do triunfo do homem odiado com a mulher querida. Mil vezes a morte, ou...
Ideia infernal fulminou-o. Todo ele se inteiriçou e, controlando a própria impetuosidade, pronunciou as palavras que lhe pareciam difíceis de ser ditas:
— Desculpai-me, senhor! Não estou passando bem de saúde, ultimamente. (As últimas palavras saíram-lhe com dificuldade dos lábios.)
Ser grande nos gestos de pequena monta é tarefa possível somente aos que sabem diminuir-se diante das próprias conquistas, e Bernardo, que vivera na Erraticidade por longos anos escravo da própria desdita, não poderia, tão rapidamente, galgar os degraus ásperos e nobres da escada da evolução, que são pavimentados com as pedras da humildade e da renúncia, para alcançar os altiplanos da paz verdadeira.
Antônio Cândido, a quem os estados de exacerbação produziam infinito mal-estar, pálido, muito pálido, em profunda astenia, aproximou-se do capataz e disse-lhe, ofegante:
— Não há de ser nada. Eu te desculpo. Esquece o incidente, a infeliz altercação, porém, abranda-te em relação aos cativos...

A custo, mantinha-se de pé. Nos recessos da alma experimentava o reacender da animosidade. Vendo o atrevido à frente, sofreu hedionda repugnância por ele. O despeito assomou-lhe à consciência e a reação inesperada foi a de avançar e despedaçá-lo. Toda a força do opositor e sua esbelteza ofendiam-no na fragilidade e dependência a que se encontrava submetido.

Sucedeu que, por primeira vez, Girólamo e Dom Giovanni se defrontaram vencidos pelo ódio soez, a renascer e reviver do passado, malgrado a indumentária nova, diversificadora, que não conseguia, entretanto, abafar todo o ímpeto das reminiscências pretéritas.

Imediatamente, Bernardo retirou-se, resmungando: "Nunca me esquecerei da humilhação impingida. Obrigar-me a desculpar-me, o fracote!"

Restabeleceram-se os liames da aversão do passado. A senda a percorrer era sombria, agora, e espinhosa.

O amo, vitimado pelo açodar dos sentimentos negativos, longamente recalcado, foi obrigado a recolher-se ao leito e à velha terapêutica antiasmática, pois que, agitado pelos nervos em descontrole, a respiração passou a sofrer a presença da enfermidade ultriz.

Dona Maria Amélia, notificada do incidente, não pôde sofrear a revolta e, por pouco, a situação não se fez mais complicada, ao desejar expulsar o rebelde dos limites da propriedade. O filho desencorajou-a, com delicadeza, informando da própria necessidade de repouso, para imediato refazimento.

As chuvas chegaram desastrosamente. As trovoadas de verão irromperam, inclementes. Avalanchas interrompiam as estradas precárias, transbordavam os rios.

O Paraíba, normalmente manso, tornou-se furioso e suas águas invadiam estrepitosamente as terras baixas do vale, destruindo lavouras carinhosamente plantadas e deixando à passagem os sinais terríveis da devastação. Troços e árvores arrancadas pelas terras dos desabamentos nas margens represavam as águas, que ultrapassavam os diques naturais e enxurravam com violência crescente, espalhando desolação e horror. Casebres humildes eram arrancados e quando a tempestade amainou, a sombra da morte pairava sobre vidas humanas e de animais, aumentando a desgraça com as altas somas do prejuízo decorrente das lavouras destruídas e dos campos devastados.

O rio continuava em violência, recebendo as águas dos afluentes e das zonas ribeirinhas, onde a fúria das chuvas prosseguia implacável...

Na primeira manhã, logo diminuíram o clangor dos trovões e a aluvião produzida pelas águas, Antônio Cândido e Bernardo saíram a visitar a propriedade, seriamente danificada. Os vestígios do dilúvio eram visíveis, em abundância. O rio crescera desmedidamente e persistia ameaçador. Do lado oposto, podiam-se ver as galhadas quebradas, as árvores destruídas e as marcas nos diversos aclives, por onde as enxurradas produziram sulcos violentos e fundos. A paisagem ora estuava de força e ora surgia destruída pelo ímpeto da tormenta...

O filho do coronel Aragão, contristado face ao volume dos prejuízos e à necessidade de refazimento da lavoura justafluvial, não percebeu o cenho carregado do capataz, visivelmente perturbado.

Bernardo, há dias, não era mais o mesmo de outrora: recusava alimentar-se, no lar, e dava mostras de desequilíbrio por nonadas. Tinha os olhos sem luminosidade e emagrecera celeremente. Quando se lhe perguntavam as razões desse estado, do seu definhamento, evadia-se com justificações e desculpas, ou descambava para o mau humor. A pobre mãe preocupava-se, na sua humildade, sem conseguir descobrir o martírio do filho. Recorreu mesmo a dona Maria Amélia, que, forrada de sentimentos elevados, prometera ajudar no que lhe fosse possível. Mais de uma vez, a genitora surpreendera-o falando a sós, como em conjeturas a alta voz, altercando com as sombras, ressuscitando as lembranças tristes das sórdidas regiões donde viera.

Digamos sem delongas: Bernardo, o belo mancebo descendente de espanhóis, enlouquecera, estando no período primário das alucinações, em que a realidade desaparecera ante as manchas da ilusão, e os fatos perdem o significado ao impacto das suspeições irracionais.

— Os danos são incalculáveis — disse Antônio Cândido ao amigo, apeando-se do animal e voltando-se para trás.

Mas, não pôde prosseguir. Bernardo tinha os olhos fixos, vidrados, inexpressivos. Encontravam-se à borda do rio, numa parte alta, enquanto as águas lodosas rolavam em baixo, estrepitosas.

— Que tens, homem de Deus?! — inquiriu o senhor.— Não passas bem de saúde?

O outro mudou a direção do olhar e cravou-o no patrão, com dureza. Lívido e trêmulo, gritou:

— Nunca mais me roubareis coisa alguma, bandido!

— Enlouqueceste, repentinamente? — perguntou Antônio Cândido, colhido pela terrível surpresa. — Que te tomei, por acaso?...

— Não vos recordais? Tomastes-me tudo: a alegria, o amor, a razão de viver. Pagar-me-eis agora. Eu esperava por este momento.

— Bernardo, sabes o que estás fazendo? Recua, eu te ordeno! Afasta-te de mim!

O pavor estampou-se-lhe no semblante. Naquele átimo, percebeu que seria assassinado pelo empregado. A mente pareceu arrebentar-se por dentro e incontido tremor dominou-lhe músculos e nervos, fazendo-o alucinado, também. Desejou investir contra o assaltante da sua existência: não pôde fazê-lo. Estava paralisado pelo medo.

O capataz avançou, pausado, rouco e deformado.

— Apieda-te de mim! — rogou o amo. — Dar-te-ei o que desejares, mas não me tomes a vida. Dize o que queres...

— Nada. Não quero nada — rosnou, esfogueado, a boca em baba pegajosa. —. Não desejo nada.

Aproximou-se, até que ambos sentiram a respiração opressa um do outro, em escapamentos descompassados, violentos, sôfregos.

O enfermo, vencido totalmente pelo horror do momento, não pôde dizer mais nada. Sentiu as duas mãos de ferro agarrarem-no, arremessarem-no no ar, e logo o choque sobre o rio, as águas crescendo, por todos os lados, crescendo, o peito arfante, a asfixia desesperadora, o ódio que lhe rutilou no cérebro, as forças arrebentando-se no tórax, a inconsciência...

Bernardo gritou:

— Justiça! Fiz justiça. Maldição!

A boca se lhe fechou em trismo, os olhos saíram-lhe das órbitas, o corpo estremeceu e, totalmente louco, atirou-se igualmente sobre o leito agitado do rio, desaparecendo em seguida nas águas sujas, em desalinho...

Na borda do lugar em que a tragédia ocorreu a duquesa, em lágrimas, não conseguiu impedir que se consumasse o terrível desatino.

*

Como Antônio Cândido não retornasse para o almoço, a genitora demonstrou preocupação e *Nhá* Onília, sempre expedita, mandou chamar "Zé" Francisco, para que ele se inteirasse do ocorrido.

Nesse ínterim, os dois animais retornaram à casa-grande sem os rapazes, provocando imenso alarido. Dado o alarme, os escravos saíram em busca: homens, mulheres e crianças. Buscaram por toda parte, sem encontrar vestígios de Antônio Cândido ou Bernardo. Reviraram toda a propriedade, inutilmente. O desespero retornou à casa-grande e à senzala. As duas mães, abraçadas na mesma dor, sofriam, provocando incomparável sofrimento em todos.

A imensa noite de vigília e expectativa de nada adiantou.

Um escravo foi despachado para notificar às autoridades, pois suspeitou-se de algum ardil, motivado pela vingança de alguém interessado na vida do jovem e do seu capataz, em razão do ato de libertação pelo primeiro promovido. O padre Sigisfredo, cientificado, veio apressadamente, e a espera fez-se longa e descoroçoadora.

Maior é a dor quando se lhe não conhecem as causas. E terrível a expectativa de quem aguarda a mensagem da tragédia, em forma de notícia lutuosa.

A manhã despertou leve e a terra encharcada respirava renovação.

Ninguém dormira. Às primeiras horas, recomeçou-se a busca.

Alguém alvitrou a possibilidade de os dois terem sido tragados pelas águas.

Iniciou-se, então, a minuciosa procura, que redundaria na confirmação macabra do infausto acontecimento.

Menos de quinhentos metros abaixo do local do homicídio e do autocídio, os escravos deram com o corpo do senhor, já deformado, preso às ramagens das árvores, num bifurcamento das águas, quase à margem.

Mais adiante, o cadáver de Bernardo flutuava, inchado e rasgado pelos trochos das madeiras flutuantes, igualmente preso aos destroços.

Em padiolas improvisadas, foram trazidos, entre o choro convulsivo dos escravos e as lamentações generalizadas, para a casa-grande, a fim de serem velados e sepultados.

Dona Maria Amélia, diante do filho morto, foi acometida de um desmaio e ao despertar não mais recobrou a razão.

A mãe do *espanholito,* ferida no imo d'alma, após o sepultamento do filho, destroçada interiormente, partiu da Fazenda. E, em busca dos parentes que residiam no leste da província.

O senhor Casimiro, em nome da Lei e amparado pela Justiça, apoderou-se da fazenda, para onde se transladou com a família, retendo a irmã louca na propriedade e assistindo-a até a morte, que ocorreu pouco depois.

Nhá Onília ofereceu-se para servir ao padre Sigisfredo, os quais, durante muito tempo, sofreram a desgraça dos amigos queridos.

A menina Ana Maria, fundamente golpeada, renunciou a outra tentativa de matrimônio e, perseguida pela memória de Antônio Cândido e Bernardo, passou a sofrer das faculdades mentais.

A tragédia ocorreu no dia 25 de janeiro de 1870, e era uma certa manhã de chuva.

Os párias espirituais retornaram à Erraticidade após malograda existência, irredentos, para sofrerem o guante da própria agressividade...

*

Vários decênios se dobariam uns sobre os outros, para que a lucidez deles se assenhoreasse.

No passado. Dom Giovanni imantou-se em vampirização perniciosa sobre Girólamo. Agora, Antônio Cândido, despertando e conhecendo a infâmia de Bernardo, transformou-se no seu verdugo, repetindo a façanha que antes sofrera, desta vez na condição inclemente de cobrador.

O inenarrável sofrimento os empolga e irá perdurar incessante por muito tempo, até que a interferência Divina modifique o quadro desolador.

LIVRO TERCEIRO

1 O Consolador

O grupo constituía-se de reduzido círculo de pessoas devotadas à causa da Verdade. Sinceramente penetrados do espírito de serviço e amor ao próximo, entre eles recendiam as suaves fragrâncias da caridade cristã, em ativo exercício pelo bem geral. Estudiosos sinceros e sistemáticos da Nova Revelação, a ela se davam quanto lhes permitiam as forças, no incansável labor de restaurar a verdade evangélica entre as criaturas humanas. Graças a isso, enflorresciam-se-lhes as mais altas expressões do trabalho e da fraternidade, da comunhão de pensamentos e da oração em conjunto, enquanto cada um somava esforços pela transformação interior, mister a que se impunham todos os membros da célula espírita, no sentido de conseguirem melhor e maior integração no espírito da Causa, com o aprimoramento das qualidades morais do próprio ser em evolução.

Não raro, antes de mergulharem nas concentrações espirituais, de cuja prática resultava o intercâmbio benéfico entre as duas esferas, comentavam, dominados por legítimo júbilo de que se encontravam possuídos, sobre a excelência do *Consolador*. Sem dúvida, a mensagem de Allan Kardec possuía as excelsas diretrizes capazes de estancar as lágrimas nas nascentes e anular o efeito dos males, erradicando do homem as torpezas morais e os cânceres em desenvolvimento no cerne do ser. Além disso, tendo o mestre lionês conceituado a caridade como a única diretriz de salvação, sintetizava o complexo compêndio dos conhecimentos humanos um só aforismo, o qual, todavia, expressa em definitivo a aspiração máxima do espírito, por ensejar-lhe o entrosamento perfeito entre os lavores da inteligência e a sublimação do sentimento.

Vezes sem conta alongavam-se aqueles estudiosos em considerações valiosas retemperadas de exórdios à vida, ao amor e à sabedoria Divina, a retratar-se na justeza das Leis, especialmente na *grandiloquência* do *carma*, como única resposta aos males que lapidam a Humanidade, fazendo-a avançar. Repassavam, então, o multimilenário conhecimento sobre a reencarnação, desde as complexas civilizações do passado — remontando aos povos primitivos, que nos seus iniciais conhecimentos nela estruturaram a marcha em direção ao porvir — às culturas da antiguidade oriental, todas informadas do processo incessante da evolução por etapas múltiplas e contínuas, até a liberação final dos débitos que constituem o mau uso das funções e faculdades que a vida outorga. Entreteciam comentários sobre a cultura judia-greco-romana, na qual encontravam, das augustas fontes da informação, a Revelação ao homem necessitado de paz, por meio das linhas do pensamento ético e filosófico, por meio do qual é possível ao homem atingir a elevada posição de espírito puro, pelos processos da razão e do amor, na superação das paixões. Não mais as expressões hediondas do pavor nem as violentas exigências dos morticínios, quando se conhece o nome de Deus. A justiça da misericórdia soergue-se do caos e edifica o santuário da fraternidade, unindo todos os homens como verdadeiros irmãos. Nesse capítulo, a integérrima figura do Cristo de Deus assumia proporções inimagináveis nos estudos, e, à medida que se alongavam, Espíritos felizes ao lado de todos colaboravam com a inspiração que dimana dos elevados Cimos, donde os destinos humanos são conduzidos com sabedoria e perfeição.

Fossem quais fossem, porém, as lições lavradas à base do interesse incessante de aprender e aperfeiçoar-se, Jesus a todos arrebatava pela mansuetude e energia, pela pureza e vigor, pela renúncia excelsa e austeridade de que dera os mais substanciais exemplos em toda uma vida dedicada à elevação do mundo e do homem, culminando no supremo sacrifício da autodoação total, em regime de abnegação jamais igualada — rota e aprisco para os tresmalhados de toda ordem, que desde então podem fruir a felicidade da integração nos elevados propósitos e objetivos da existência.

Ali, naquele singelo santuário, respirava-se o clima do Cristianismo primitivo, restaurado pela perfeita comunhão entre homens e espíritos desencarnados, nos contínuos conúbios com as esferas da Luz e da Vida. Verdadeiro colégio Galileu transladado no tempo e no espaço, na dimensão ilimitada da sua simplicidade, entre as paredes modestas de um exíguo recinto, confraternizavam a Terra e o Céu, em estreito consórcio de espiritualidade.

Diferentes não são as células do Consolador, a se espalharem hoje pelos diversos rincões do mundo, especialmente no continente sul-americano, e particularmente no Brasil, onde os débitos coletivos não geraram os gravames infelizes que lhes imporiam os dolorosos e longos resgates de comunidades inteiras sob o jugo das superiores e necessárias reparações.

Onde se acendem as luzes do Espiritismo espocam as claridades do Cristianismo, revivendo as incomparáveis *comunidades do Caminho,* onde o *odor* do Cristo balsamizava feridas do corpo e do espírito.

Homens, mulheres e crianças, tocados pelas belezas da *Religião dos Espíritos,* compreendem, então, a imperiosa necessidade de crescimento e renovação, de modo a apressarem a transformação da Terra para *planeta de regeneração* e amor, onde o monstro da guerra não encontre vítimas indefesas nem as sombras do mal se agasalhem, assenhoreando-se dos países espirituais das criaturas. Dispostos a sofrerem, se necessário, os espetáculos dos antigos circos, vivem no centro de picadeiros sem fronteiras, lutando e relutando contra as feras enjauladas nos subterrâneos esconsos das paisagens íntimas, travando já a gloriosa batalha do espírito contra a matéria em lancinantes encontros, nos quais se lhes despedaçam os sonhos ilusórios, que se diluem, ao clarão benéfico da esperança na imortalidade, sob o sol sublime da crença. Devotados ao eficiente trabalho de ensinar e corrigirem-se, de curar e libertarem-se das enfermidades morais — donde procedem todos os males que afligem, vergastam e corrompem —, de auxiliar e ajudarem-se na melhora íntima, intransferível quanto inadiável, de predicar a tolerância, o perdão e a solidariedade, impondo-se a vivência dos postulados morais do Grande Estatuto de que se fazem vanguardeiros, são os cristãos novos renascidos e multiplicados galileus que o Mestre mandara dois a dois, diante dos quais os Espíritos se submetiam, podendo "pisar serpentes e escorpiões", sem que nada ou ninguém pudesse algo fazer contra eles... Repontam e renascem, povoam aldeias e invadem as grandes metrópoles e os "Espíritos se lhes submetem", os males não os atingem e as iniquidades não os seduzem, vencendo-os por compreenderem que a verdadeira alegria — fiéis ao espírito de humildade que os deve conduzir sempre e incessantemente — não é a que advém porque "os Espíritos se submetem", mas a que oferece regozijo somente quando tiverem os nomes escritos no Céu.

Sendo o "novo sal da Terra", cuidam de manter o sabor, a fim de contribuírem em definitivo para a implantação do Reino, e são, também, "a luz do mundo", para que não haja trevas.

Caminham entre os homens e são homens a se diferenciarem pelo "muito amor" com que se amam, ovelhas brandas que se veem, não em regime de exceção ante os lobos, mas em convívio para a ferocidade deles dulcificarem, repetindo Francisco de Assis face ao *lupo* de Gúbio... por amor a Jesus!

Antecipam, vivendo-a, a Era da Fraternidade!...

O grupo espírita sediava-se no subúrbio do Meier, na então capital do Brasil, cidade de São Sebastião do

Rio de Janeiro. Contrastava com a modéstia da sua aparência a superior lição cristã que ali se vivia.

O Brasil naqueles dias encontrava-se em regime de absolutismo do poder... O Estado Novo fora criado mui recentemente, havendo insegurança e ansiedade por toda parte. Conjunturas políticas dolorosas, que poderiam explodir em graves convulsões sociais, para dano da grande nação, foram sufocadas, remanescendo pequenos conciliábulos de caráter nefando sem maior significação. As prisões entulhavam-se, e forças espirituais negativas conspiravam contra o país. Ódios e perseguições injustificáveis teimavam por prosseguir o circuito da mesquinhez e das vinganças selvagens... Jesus, porém, velava e seus mensageiros trabalhavam ativamente, apagando sombras e esparzindo esperanças.

Em todas as células cristãs do Espiritismo, a oração conjugada ao otimismo e ao espírito de comunhão fraternal pelo Governo e pelo povo sofredor estabeleciam barreiras de luz, e o magnetismo do amor imantava os depositários dos dons governamentais, de modo a que pudessem colimar os sublimes deveres de conduzir com segurança e justiça a nacionalidade... Os prepostos do Cordeiro assumiam posições e ajudavam na instauração da ordem e do bem, do progresso e da paz.

*

No último dia de novembro de 1937, os membros fiéis do grupo reuniram-se como habitualmente, para o ministério da caridade espiritual em favor dos sofredores da Erraticidade inferior.

Aberto *O evangelho segundo o espiritismo*, o diretor da sessão leu com voz emocionada:

> Deus consola os humildes e dá força aos aflitos que lha pedem. Seu poder cobre a Terra e, por toda a parte, junto de cada lágrima colocou ele um bálsamo que consola. A abnegação e o devotamento são uma prece contínua e encerram um ensinamento profundo. A sabedoria humana reside nessas duas palavras. Possam todos os Espíritos sofredores compreender esta verdade, em vez de clamarem contra suas dores, contra os sofrimentos morais que neste mundo vos cabem em partilha. Tomai, pois, por divisa estas duas palavras: DEVOTAMENTO e ABNEGAÇÃO, e sereis fortes, porque elas resumem todos os deveres que a caridade e a humildade vos impõem. O sentimento do dever cumprido vos dará repouso ao Espírito e resignação. O coração bate então melhor, a alma se asserena, e o corpo se forra aos desfalecimentos, por isso que o corpo tanto menos forte se sente, quanto mais profundamente golpeado é o Espírito. — O ESPÍRITO DE VERDADE (Havre, 1863).[27]

---

[27] *O evangelho segundo o espiritismo* — 52. ed. FEB.

Terminada a leitura, a emoção orvalhava todos os olhos.

Erguendo-se, em atitude de respeito, e visivelmente transfigurado pela fé e pelo amor, o diretor dos trabalhos proferiu a prece inicial e declarou iniciada a fraternal tarefa socorrista da noite, em nome de Deus e de Jesus.

No silêncio em que se escutava o pulsar da vida, as sublimes vibrações da prece derramavam ondas de reconforto e serenidade.

Quando o homem ora contritamente, arrebenta as amarras que o retêm à fragilidade do barro orgânico e ascende aos Cimos da Vida, donde fluem as providências da Misericórdia Divina, banhando-se interiormente nos rios infinitos da graça. Impregna-se de esperança e antevê os dias do porvir risonho que o aguarda, após vencida a batalha ingente contra as torpezas que o limitam e jungem à dor. Descobre a antemanhã do espírito e considera as mesquinhas concessões da Terra, superando com júbilo os ditames das paixões. Verifica que as dificuldades e os espinhos, as incompreensões que padece no vero ideal não merecem maiores considerações nem mais acerbas agonias. Sente a paixão pelo dever e roga aos excelsos embaixadores do Reino que lhe concedam a honra de resgatar, suplicando sejam antecipadas muitas das dívidas, de modo a que mais rápida e facilmente sejam elas liberadas, a fim de gozar a perene primavera que vislumbra. Enxerga e compreende o desvalor das coisas realmente insignificantes que o inquietam e o espezinham, bagatelas da caminhada humana que então passa a desconsiderar. Sobrepõe-se, então, às frivolidades, às dores, aos engodos, às ambições desvairadas e somente o ardor pela liberdade aciona-lhe as peças da engrenagem do sentimento e da inteligência, para conquistar a glória do bem...

Quando o homem ora verdadeiramente vinculado ao espírito da prece, penetra-se de indescritíveis emoções transcendentes, desenovelando-se dos fios pesados da vestidura física, e abandona a carapaça das construções mentais habituais, nas quais experimenta asfixia e angústia, para flutuar nas esferas da Luz. Longe de toda sombra e além de todo receio, bendiz as circunstâncias constrangedoras de sofrimento e pena em que se encontra; agradece o buril lancinante que o macera em forma de ingratidões de pessoas queridas e calúnias em lábios amados; perdoa o inimigo gratuito que lhe surge à frente, no caminho, passando a ver nele um auxiliar da sua regeneração; desculpa o perseguidor que investe prepotente contra as suas melhores construções, nele encontrando um fiscal severo, que é o amigo ignorado a precipitá-lo para a permanência na correção dos atos e na lealdade do dever. Modificam-se-lhe, dessa forma, os painéis do quotidiano, sob a forte luz da imortalidade...

Quando o homem ora, anseia partir da Terra, mas compreende, também, que ela é sua mãe generosa, berço do seu progresso e local da sua aprendizagem. Reconhecido, então a esse colo de generosidade, não se abrasa pelo egoísmo, relegando-a ao desprezo ou ao abandono... Mesmo elevando-se, eleva-a, e retorna para ajudá-la, contribuindo pelo seu e pelo progresso dos que nela ainda jazem na ignorância, dos que transitam para a inteligência e daqueles que voam para a angelitude. Orando, o homem se integra no espírito da vida e o amor domina-o, fazendo que retorne à esfera das atividades refeito e renovado, para entregar-se ao amor.

O homem espiritual, santo ou apóstolo do bem, o missionário da compaixão ou esteta da beleza, o sacerdote da ciência ou herói da renúncia, o embaixador das artes ou prócer da indústria, o benemérito da Humanidade ou mestre do pensamento evadiam-se das refregas, constantemente, viandando pelas estradas luminosas da oração em busca das nascentes da inspiração, para suportarem as dificuldades e prosseguirem robustos na defesa dos elevados objetivos a que se entregavam em total regime de abnegação, e retornavam revigorados e rejuvenescidos, mais integrados no espírito do ideal, fazendo-se mais fortes quando aparentemente vencidos e mais arrebatados quando as conspirações pareciam destroçá-los, dando-lhes vigor para o labor em prol da Humanidade — a perene paixão de todos eles!

Orando, Jesus venceu as dores do mundo e suportou o fardo dos homens.

Através da prece, o homem sintoniza com os anjos e ouve-lhes os murmúrios canoros...

A sala modesta do grupo estava referta de vibrações luminosas e apaziguadoras. O intercâmbio espiritual logo teria início. Entidades felizes, conduzindo os atormentados do Além-Túmulo, apresentavam-se no ministério da caridade. Os médiuns, em profunda concentração, por meio da qual buscavam a sintonia indispensável, registravam as impressões iniciais da psicofonia.

A entidade diretora das tarefas socorristas expôs em linhas gerais e breves a necessidade de manutenção do equilíbrio, na concentração, para que fosse conservado o padrão vibratório imprescindível ao bom êxito dos serviços, advertindo, mais uma vez, sobre a gravidade do cometimento e a responsabilidade dos que participavam de tão nobre labor.

Ato contínuo, respeitável matrona, que servia em transe sonambúlico, transfigurou a face e em estado de tormentosa agonia exteriorizou a presença de infeliz desencarnado. Simultaneamente, outro médium agitou-se, e as duas entidades atormentadas, em estertores que traduziam a incomparável desesperação de que se encontravam possuídas, ululuaram, estorceram-se, gemendo, impossibilitadas de traduzir em palavras a dor superlativa que as vergastava.

Passistas acorreram, por instrução do diretor, em auxílio aos peregrinos das Trevas e, socorrendo-os mediante o concurso balsamizante da prece e da transfusão de energias, que os penetravam por meio do veículo da mediunidade, diminuíam neles a agrura do ressarcimento vigoroso quanto necessário. O salutar concurso dos fluidos benéficos, a exsudação abundante, pelos médiuns, diminuíam-lhes a intoxicação consequente aos longos decênios de angústia punitiva nas regiões tenebrosas, nas quais se atiraram voluntariamente... tendo abrandadas, agora, a sofreguidão e a asfixia...

*

A mediunidade é bênção de Deus, quando colocada a serviço da caridade. Por ela veiculam as forças do amor e o beneplácito dos Céus, diminuindo as acres provanças e as pungentes expiações a que se relegam milhões e milhões de seres desassisados, dominados ainda pela miserabilidade de que se encontram possuídos multimilenarmente, sem forças de destruírem as algemas escravizantes. Porta de acesso à paz é via redentora. Estágio que faculta a ascensão, quando entorpecida pelas negaças e venenos do egoísmo ou da insensatez, transforma-se em resvaladouro para a rampa da alucinação de longo curso. Iluminada pelas estrelas do amor e da caridade, sublimada pela renúncia e pela abnegação, torna-se ponte magnificente por onde transitam as esperanças da Verdade para as consolações na Terra e pelas quais se elevam os anseios da flagelação em busca de lenitivo... O médium a serviço da vida transforma-se em mensageiro encarnado das messes e benesses do Cristo Jesus e do Amantíssimo Pai, integrando-se cada vez mais nos objetivos a que se aplica, graças à reencarnação. Por meio dele abundam palavras e roteiros eficientes, capazes de levantarem o ânimo alquebrado e revigorarem as forças combalidas; revivem as expressões de amor dos que atravessaram o umbral de cinza do túmulo; ouvem-se as músicas da alegria plena; veem-se as luzes, os seres triunfantes da imortalidade que retornam distendendo mão caridosa e segurança inabalável para segurar os que estão à mercê da própria desídia ou tombados no caos da desesperança... Bem-aventurados são todos eles, os que se dão ao ministério sublime da fraternidade misericordiosa, abrindo os braços aos padecentes de todos os rumos, na Terra ou no Espaço, em nome de Jesus, que a todos nos serve de Modelo Incomparável e Guia Soberano!

*

Quando aqueles Espíritos conseguiram balbuciar, com dificuldade quase insuperável, as primeiras expressões tartamudeadas, estorcegando-se em agitação dolorosa, exclamaram verbetes de horror, acrimônia, ódio... O ódio devorava-os, mantendo-os em desvario compungitivo. Lutando nos abençoados aparelhos mediúnicos e lentamente apropriando-se dos instrumentos de que se utilizavam, conseguiram retomar paulatinamente — graças ao ambiente saturado de elevadas vibrações de amor e bondade, em incessantes ondas de oração — o uso da palavra, blasfemando, então, acusando-se reciprocamente...

Contendores odientos, recém-saídos das esferas bastardas das *geenas* purificadoras, traziam impregnada no âmago do ser a cólera indisfarçável e prosseguiam vencidos pelas tenazes da loucura. Sem atinarem com as circunstâncias novas de tempo e local — perdidos no abismo de si mesmos em região onde "rangem os dentes" e nenhuma luz penetra —, recordavam apenas as razões da desgraça que os desgovernava...

Choram, gritam, altercam, ofendem-se e suas vozes são dores cruéis na própria dor...

— Amados irmãos, parai e meditai! — enuncia, compungido, o encarregado da palavra da Vida.

Verdadeiro anjo de luz, veneranda entidade aproximou-se do expositor e transmitiu-lhe pelos fios invisíveis do pensamento quanto devia e podia ser dito aos desventurados filhos da ilusão. Repentinamente, fazendo-se luminoso, também, aureolado de rutilante claridade, o diretor das tarefas atendeu aos antagonistas em duelo da mente e da palavra, que não chegavam a vias de fato por estarem limitados no organismo mediúnico.

A bem-aventurada, tratava-se da antiga duquesa dona Ângela di Bicci, que rogara aos nobres condutores do pensamento humano e conseguira a permissão para recambiar das baixas regiões do planeta terrestre, onde se rebolcavam na desdita, os membros da antiga tragédia de Siena, a fim de conseguir-lhes novo recomeço, em esfera de redenção, pelos métodos santificantes da expiação libertadora. No seu afã de servir, para conseguir a ventura de receber de volta, aos braços, os amores que se transviaram nos séculos passados, não recusara nos tempos idos renascer na longínqua herdade. Como não se considerava triunfante na luta, enquanto eles se entregavam ao dissabor da vindita, infeliz vindita, que parecia não ter mais termo, reiniciava os abençoados esforços. Orara e hipotecara seus bens espirituais, sua felicidade, suplicando segui-los na Terra, em espírito, conseguindo, mercê de tão nobre mérito, o mergulho dos acumpliciados na infelicidade em novo corpo carnal, sob conjuntura aflitiva, única, porém capaz de redimi--los e salvá-los, estancando a onda crescente que os estiolava no seu bojo e os reduzia à misera condição de párias, em nefando processo de degeneração nos fulcros do perispírito, graças à rebeldia e à afronta às Leis Soberanas da Criação.

A delicada missão da noite fora por ela pessoalmente comandada, mediante o carinho dos instrutores daquele grupo, de modo a que múltiplas providências fossem cuidadosamente concretizadas a benefício dos resultados que esperava colimar.

Trouxera, também, Lúcia, que tivera importante papel no homicídio múltiplo do passado, já que Assunta e Carlo haviam voltado ao corpo físico, na mesma programação, há alguns anos.

Naquele recinto iluminado pelo amor do Divino Cordeiro de Deus, em cuja pobreza recendiam os perfumes da esperança e em cujos alicerces se levantavam alguns dos *pilotis* do templo da fraternidade universal do futuro, iniciava-se elevado ministério.

Conquanto o semblante de bem-aventurada, sabia-se que ela sofria, refreando as emoções que a visitavam naquele momento, acalentado desde decênios a fio, entre o trabalho pela redenção de muitos e a prece intercessora contínua. Fiel e confiante no tempo e na Misericórdia Divina, não descoroçoara, visitando-os, embora invisível a eles, nas sombras temerosas a que se arrojaram. Nesses momentos, sua presença refreava-lhes a tormenta devastadora, amenizando a aspereza da lapidação que se lhes fazia indispensável para a elevação dos espíritos soberbos e ingratos. Aqueles eram, portanto, instantes preciosos e culminantes na sua vida espiritual.

Acolitada por Lúcia, que, embora não possuísse a mesma elevação, revelava nobreza e paz, traía no semblante a grave preocupação que a afligia. Ligada por liames de safirina luz àquela que se fazia a missionária do amor inefável e da caridade superior, a antiga serva orava, mergulhada em profunda concentração. Ao império das energias transmitidas pela benfeitora desencarnada e por outros instrutores do plano espiritual, inacessíveis, por enquanto, ao conhecimento científico, as vibrações eram coadas, pelo dirigente encarnado, em forma de radiações, que lentamente penetravam as mentes sofredoras, produzindo incomparável sensação de refazimento. Contudo, porque se houvessem demorado por imenso período nos *círculos da sombra*, imanados aos caprichos nos quais se consumiam, um deles, em impulso irrefreável, grunhiu:

— Nunca o perdoarei!

Era o antigo Conde Girólamo, macerado pelos insucessos da última e infeliz jornada.

A outra entidade, que se caracterizava por um *facies canis lupo,* que deformava a expressão do rosto da médium, em profundo transe, arremeteu, revidando em roufenha voz, que fazia recordar ladridos ou uivos selvagens em articulação humana, produzindo grande mal-estar em todos:

— Desgraçado, desgraçado, eu tampouco te perdoarei!

Vitupérios grosseiros, expelidos entre baba pegajosa, explodiam incessantemente, enquanto o doutrinador, amparado pela duquesa que o inspirava com ânimo firme, dizia:

— Irmãos amados: o ódio a lugar nenhum conduz, terminando por aniquilar aqueles mesmos que lhe caem no rescaldo venenoso de que se constitui. O ódio elaborado pelas vibrações viciosas da personalidade doentia atinge em primeiro lugar aquele que o vitaliza... Temporária fornalha, consome as energias dos que lhe são fonte de manutenção, deixando destruição após o resultado nefasto da sua passagem... O amor, ao inverso, é geratriz de paz a engrandecer e libertar as almas para os voos sublimes da vida...

Ninguém espera que vos perdoeis um ao outro, por enquanto. Desejamos que vos perdoeis a vós mesmos! Rebuscando as fontes das causas, as apagadas impressões do rancor, vê-las-eis nebulosas, sem consistência, a reviver apenas na fixação do revide, pela emanação pestilencial do seu antigo vapor...

Dobar-se-ão os séculos antes que as raízes do mal sejam arrancadas do mundo. Aqui não se encontram vítimas nem algozes. Deparamos enfermos que recusam a oportunidade da saúde, na sua execranda condição de dementes. O mínimo raciocínio conclama o homem ao despertar para a realidade... Longe das claridades da vida, vós vos consumis em reminiscências do passado de leviandades horrendas, olvidando o futuro promissor, que vos acena, generoso, com harmonia e paz. Felizes os que esquecem o mal para fixarem as linhas básicas do amor e da humildade. O homem são os seus esforços na construção da vida, não o orgulho que é baixeza, nem a falsa honra que é mesquinhez.

Os pensamentos, vibrando em uníssono entre os componentes do grupo, em fervorosa oração intercessora, transformavam-se em força magnética a vibrar positiva e negativamente, consubstanciando uma corrente alternada de alta frequência, a canalizar o socorro da mensageira, que a seu turno o recebia das Fontes Superiores da Vida, atingindo os antagonistas em luta, em forma de partículas-projéteis luminosas que alcançavam os enfermos, modificando-lhes nos *centros de força* do perispírito as expressões vitais.

Paulatinamente visitados pelas diferentes e contínuas descargas, afrouxaram-se-lhes as fortes emanações odientas e caíram em semiaparvalhamento, constrangidos pelos liames dos sensitivos que os retinham mergulhados nos fluidos físicos e psíquicos de que se faziam instrumentos, a fim de poderem ouvir e refletir com segurança.

— Pensai em Jesus, o Excelso Injustiçado — prosseguiu o doutrinador. — Recordai-o crucificado indevidamente, sob o ultraje da ingratidão de todos... Não nos teria sido bastante claro o seu ensinamento de compaixão pelos ofensores e de piedade para com os verdugos? Amigo de todos, padeceu apodos e voz alguma se ergueu em sua defesa. Todavia, retornou ao seio dos companheiros ingratos, perdoando-os e ajudando-os no crescimento espiritual, embora o medo que os dominava nas circunstâncias difíceis em que se debatiam, em dúvidas injustificáveis e cruéis. Ei-lo novamente a conviver com os mesmos torvos corações que o abandonaram no instante azado do testemunho, levantando neles o ânimo combalido e ensinando a rota libertadora. Jesus não é um símbolo: é a Vida em alta expressão de realidade, falando a todos os seres do mundo, incessantemente!... Sua lição inesquecível representa incentivo urgente que não podemos deixar de aplicar em nosso dia-a-dia redentor.

Após uma pausa, e emocionado, continuou:

— Quem teria dado o primeiro golpe, motivador da desgraça? O que se fez trânsfuga hediondo ou o que lhe armou a mão inadvertidamente? Onde a semente inicial da desgraça? Conhecemos o passado de que nos recordamos. E antes dele? Não será, então, melhor esquecer, desculpar, desde que todos somos a soma dos próprios atos, na contabilidade das experiências acumuladas desde priscas eras que não lobrigamos tão cedo conhecer!? Recordai Jesus, irmãos aflitos e necessitados. A sua

Doutrina, hoje como ontem, é de consolação para os que se entregaram às vascas da desesperação e perderam o rumo da verdade e da vida... Utilizai-vos, pela sua misericórdia, por meio de quem muito vos ama, das roupagens de criaturas da Terra para que as vossas vozes nos alcancem os ouvidos e as nossas palavras vos cheguem ao entendimento, despertando-vos... Já não estais no catre horrendo da província em que vos tendes demorado. Raia nova aurora, começa dia novo de farta luz. Fulguram bênçãos em vossa direção. Jesus vos chama. Abandonai a treva, trocando-a pela claridade sublime que vos deslumbrará logo mais. Não receeis. Ninguém vos julgará. Tendes sido juízes e réus nas mãos da própria sandice e imperfeição...

O amigo dos sofredores chorava. Imensa piedade, no conúbio espontâneo que se fizera entre ele e a entidade amorosa, irrompia-lhe da alma, envolvendo os asseclas do horror. Semi-incorporado pela veneranda benfeitora, prosseguiu:

— Enquanto recordais o passado maléfico, esquecestes-vos dos amores que tivestes, em cujo seio experimentastes calma e refazimento vezes incontáveis. Estão aqui conosco os que participam das vossas vidas. Dilacerados quanto vós mesmos, perdoamos para sermos felizes, sem cogitar de fazer justiça, já que somente Deus, e apenas Ele, pode aplicá-la com a necessária sabedoria. Acalmai-vos, para ouvir e entender...

Nesse comenos, em que as emoções visitavam todos, carregadas de ondas saturadas de amor e caridade envolventes, um terceiro médium, já em transe, com doçura interveio:

— Paz convosco, irmãos em Cristo!

— Sou Lúcia, que retorna ao vosso caminho, em nome de Deus, Nosso Pai, para dizer-vos da Sua inefável bondade. A nossa benfeitora Ângela, aqui conosco, conclama-me no sentido de interferir em vossa dor, pelo muito amor que tem por todos nós, os mais necessitados de conforto e ajuda.

Colhidos pela surpresa, os dois comunicantes foram sacudidos no imo, violentamente, por aquelas palavras, e, num átimo, como à hora da desencarnação, voltaram ao pretérito longínquo, porém sempre presente. Não lhes foi mais possível manter a atitude inicial. Choro convulsivo, desesperado, irrompeu-lhes como gigantesca represa violentamente arrebentada ao impacto do próprio volume das águas.

A sessão abençoada atingia o clímax.

Chorai, sim, pois o pranto do arrependimento é como chuva generosa a cair sobre jardim sedento. Controlai, porém, as próprias lágrimas, para que se não façam enxurrada destruidora, que deixa após a passagem lamaçal e destroços. O Cristo também chorou, não poucas vezes, sem deixar, no entanto, que o desespero Lhe transformasse as lágrimas em caudal esfacelador.

Levantai, portanto, o ânimo! Soa a hora em que estas dores cessarão para recomeçardes o aprendizado na Terra, que a nossa volúpia infamante tanto ultrajou...

Pela importância elevada do momento, a comunicante fez uma pausa expressiva de alta significação:

— Voltaremos à Terra gentil e acolhedora para recomeçar... Todo recomeço é difícil, especialmente para nós, que teremos de refazer corretamente tudo quanto desfizemos pela precipitação e inadvertência... Tivestes a concessão superior da provação redentora, que rejeitastes pelo conciliábulo mantido em nome do ódio... Perdestes, ainda, pela rebeldia longa, o ensejo de refazimento suave, por meio das Leis Generosas... Agora, tudo será diferente. O senhor disse: "Basta!" Repetireis a façanha do entendimento fraternal, pelo impositivo da expiação libertadora. Colhereis os calhaus deixados pela via que agora percorrereis, e mesmo que desejeis desperdiçar o ensejo não vos será possível. As construções do ódio vitalizado longamente, os atos perpetrados contra as leis da Vida plasmaram para os vossos futuros corpos as limitações que vos criarão interdependências, de modo a que um se realize e sobreviva por meio do outro... Por enquanto, é tudo de que vos posso informar...

Ante a revelação gradual que externava sobre os destinos futuros, Lúcia silenciou por alguns instantes, continuando de forma inolvidável:

— Também eu, também eu retornarei ao proscênio das nossas inabordáveis aflições. Ofereci-me para receber-vos a ambos nos braços, na condição de filhos diletos da minha alma, para que assim, atritando-nos e recolhendo-nos no amor, alcancemos a vitória final sobre nós mesmos, sobre as nossas paixões avassaladoras, nossos primitivos instintos que perduram... Daqui sereis recambiados para outro reduto de amor, onde aprendereis a lição da amizade, esquecida por vós, exercitando o entendimento e a compreensão, adaptando-vos às futuras formas, em cujas engrenagens aprimorareis os sentimentos e meditareis em torno da real Justiça, que é aquela que promana da Divindade e de que arbitrariamente vos utilizastes somente para infringi-la, afligindo-nos a todos nós... Adestrada desde há algum tempo para o mergulho no corpo, logo seguirei... Acima de nós, como anjo tutelar das nossas vidas, a senhora, que todos amamos, continuará do *lado de cá,* seguindo-nos de modo a impedir futuros insucessos, empenhando todos os seus tesouros de amor, até o dia em que nos possamos reunir numa grande e ditosa família, depois da redenção...

Houve um grande e eloquente silêncio.

O choro convulsivo estancou e a veneranda entidade, ajudada pelos mensageiros da Luz, recolheu os adversários de si mesmos e os encaminhou para uma das muitas casas transitórias do Pai. Lúcia, porém, prosseguiu:

— Rogo-vos, irmãos, que vos recordeis de todos nós, nas vossas súplicas ao senhor da Vida. Quiçá nos encontraremos pelos caminhos do mundo, no amanhã. Incluí-me em vossas orações, de que muito necessito para a empresa que logo mais começarei. Deus vos pague a caridade com que nos recebestes, a nós, os desrespeitadores da vontade do Pai, que reconhecemos ser!

A emoção prosseguia visitando e lenindo os corações do grupo de trabalhadores do Consolador.

A hora avançava e o tempo urgia. Ouvida a mensagem final, que transmitia a palavra de conforto e refazimento para todos, foi encerrado o labor cristianíssimo da noite.

2 Vinte anos depois

A tormenta desabara sem preâmbulos, ameaçadora, seguida pelo caudal desastroso de que sempre se faz instrumento. O dia estivera quente em excesso e cúmulos borrascosos dificultavam a aeração. Pesava o denso ar abafado. Dezembro, na cidade do Rio de Janeiro, é mês de tempestades imprevisíveis. A noite surgira ameaçadora e asfixiante. Quando os trovões começaram o clangor e os relâmpagos fuzilavam em *ballet* macabro, grossas bagas e depois a chuva torrencial caíram rudemente. As águas que descem das encostas dos morros, acumuladas, transbordavam do rio Maracanã e atingiam volume ameaçador, espraiando-se até atingira larga Praça da Bandeira.

No abrigo de bondes, ensopado e vencido por preocupação crescente, o Dr. Oscar Silva reflexiona, algo contraído: Fora arrematada loucura sair de casa em uma noite daquela. A condução, que rareava, impossibilitada de correr pelas ruas alagadas, tornava cada vez mais difícil o acesso à sua residência, no outro lado da cidade, no bairro das Laranjeiras. Seu automóvel deixara de funcionar, alguns minutos antes. Resolvera deixá-lo. E agora...

Homem maduro e experimentado pelas lutas diárias, podia ser denominado um vitorioso. Probo, era cumpridor rigoroso dos deveres. Nascera em lar humilde, o que não impedira de dar curso a um programa superior de vida, estudando com ingentes esforços, continuamente, até à aquisição do título universitário, quando já adulto. Esforçado, continuava a prosperar. A fortuna para ele não constituía realmente razão de triunfo. Antes, considerava-se ditoso pela forma como pautara a vida desde cedo.

Severo consigo mesmo, não se permitira a viciação dos hábitos em voga, especialmente os a que se entregavam os *nouveaux riches*. Os haveres de que podia dispor reunira-os durante a Segunda Guerra Mundial, em cujo período estivera quase às portas da falência, por evitar as concordatas desonestas, porém lucrativas, digamos em outras palavras: roubos legais!

A sorte surpreendera-o mediante a valorização dos produtos importados que distribuía, em sua casa comercial — derivados do petróleo — e, com o consequente aumento dos preços, pela repentina alta, multiplicaram-se-lhe as possibilidades financeiras, sem que para isso fosse necessária a inversão de novos capitais ou mesmo as transações desonestas.

Considerava-se feliz, porque conseguira edificar no lar a verdadeira consciência espírita, não obstante algumas dificuldades que demoravam. Militante da Doutrina de Jesus desde a mocidade, fora discípulo das ardentes pregações do poeta Adolfo Oscar do Amaral Ornellas. O inspirado vate agitara-lhe a alma juvenil e verbo flamívomo do engenheiro militar Manoel Vianna de Carvalho rasgara-lhe paisagens sublimes no mundo interior da alma.

Ouvindo-os e meditando, enquanto eram moças suas carnes, compreendeu as supremas verdades da vida e a elas se entregou, tocado profundamente, fascinado por arrebatadora e perene emoção.

O Evangelho do Pastor Galileu constituiu-lhe estímulo e regra áurea de comportamento. Espírito simples, amava o bem e, caráter integro, esposara a virtude como legítimo guia de conduta.

Rechaçava a mentira mesmo quando esta se chama conveniência. E, quando vigoravam as atitudes dúbias para a aquisição de valores ou para brilhar nas posições de relevo, preferia o prejuízo com a consciência reta à vitória manchada pela culpa.

Na profissão abraçada, ouvira dizer muitas vezes que através da vingança se consegue a justiça e pela astúcia a verdade. Desfraldava, porém, a flâmula da honestidade e, policiando-se, não se permitia viver as duas faces mundanas: o homem interior vulgarizado pela indignidade e o homem social de honra mascarado.

Todos os lances da sua vida estavam fortemente vinculados ao Espiritismo. No Consolador, haurira forças e coragem para perseverar nos propósitos nobilitantes da existência.

Residia em confortável mansão no elegante bairro das Laranjeiras. Aquinhoara a família com as concessões que o dinheiro consegue, mas não se permitira o luxo de deixar que os filhos se banqueteassem, enquanto estiveram com ele, sob sua guarda e orientação, com as filosofias materialistas, ou no lar pudessem dar vazão aos desmandos, sob o olhar complacente de um pai falsamente tolerante, mas que em realidade não possuísse compostura moral, como ocorre amiúde. Usando a severidade, sem fazê-la um relho, e a bondade, sem a tornar conivência com o erro, podia considerar-se realizado na educação dos filhos, um rapaz e uma jovem, ambos agora consorciados, reproduzindo-se na bênção preciosa de filhos, netos que eram os olhos e os sorrisos dos avós.

O seu dever religioso era parte integrante da sua agenda diária.

Por isso, conquanto as ameaças do temporal, não tergiversara em apresentar-se no templo espírita, ali próximo, numa das ruas transversais, para o labor da caridade espiritual.

Ajudar os amargurados do espírito era-lhe uma incumbência feliz.

Seu verbo simples e desataviado, a inspiração de que sempre se via objeto dissipava as sombras e confortava os desesperados que, através da psicofonia atormentada, se apresentavam desligados das farândolas desditosas da Erraticidade infeliz, para seguir os rumos da esperança.

Há poucos anos frequentava o grupo donde agora saíra. Militava, porém, desde há muito, pouco mais de trinta anos, na direção de algumas casas ou na colaboração espontânea e franca, onde quer que lha solicitassem.

Otimista, e extrovertido, não chegava à deselegância da inconveniência. Justificava a sua alegria de viver e o prazer de estimular os outros como um dever espírita, elucidando que o encontro com a verdade alegra o homem e o liberta da amargura, facultando-lhe a antevisão das paisagens melhores da esperança. Sabia, no entanto, ser comedido, produzindo sua presença agradável sensação de segurança e paz naqueles que privavam da sua generosa amizade.

Aquela noite, porém, preocupava-o. Não se lembrava, faça-se justiça, de um temporal tão violento quanto aquele. Via a água lodosa subir em catadupas e agora quase a cobrir o abrigo no qual se agasalhava. Outras pessoas ali se reuniam, de semblante preocupado, e, não fosse o resfolegar do trovão ofegante, ao longe, e a chuva contínua, tudo o mais eram silêncios e ansiedades, em conspiração com o receio ante possíveis calamidades.

As casas, penduradas nos acumes dos morros, de frágil construção, certamente estavam sendo visitadas pelo pavor e os pés veludosos da morte descalçavam-se àquela hora, para triunfalmente pisotear vidas.

Os bueiros e escoadouros não davam vencimento ao volume de águas pluviais, e a vegetação arrancada às encostas, trazida pelas enxurradas, com barro abundante, entupia os canais, impedindo o curso normal dos rios.

Continuava a tormenta.

O advogado Oscar Silva pensava em comunicar-se com a família, a fim de tranquilizar o lar; ilhado, no entanto, com alguns outros que foram colhidos pela tempestade, não encontrava como libertar-se da situação ameaçadora, num crescendo grave.

Em tal conjuntura, recordou-se de orar.

A prece é sempre veículo de intercâmbio com Deus. E, refletindo, considerou mentalmente: "São os Espíritos os agentes da Natureza, logo, aquela tempestade..." Acalmado íntima e surpreendentemente, graças à elucubração feliz, tentou fugir ao ambiente hostil das forças em fúria e, encostando-se a uma das paredes laterais, deu curso à oração. Era uma forma de evadir-se da aflição e de aspirar melhor atmosfera, longe das conjunturas desagradáveis do momento.

Logo fizera silêncio interior, começando o murmúrio da prece, pareceu ouvir, ou melhor, escutou realmente triste e dolente voz, que chorava uma canção de súplica. Uma quadra em destaque, no dorido lamento, dizia:

Ditoso quem tem de Deus
Saúde, fortuna e paz;
Desgraçados filhos meus
Que o desespero desfaz!

O canto chorava ou o choro cantava a dor, com enternecimento que vibrava nos ouvintes apreensivos e molhados.

O Dr. Oscar ergueu o olhar e logo adiante descobriu um grupo de curiosos formando um círculo apertado, não se furtando à observação de que algumas pessoas erguiam os ombros — a clássica indiferença humana ante a dor do seu irmão, como a jogar fora o fardo da responsabilidade que a circunstância lhe põe às costas, como a pedir-lhe socorro — e afastavam-se.

O lamento, porém, prosseguia:

Até entre as flores se encontra
A diferença da sorte...
Eu vivo chorando a vida
E a vida me leva à morte...

O trovão e a tormenta pareciam produzir patético estribilho.

A canção, feita de retalhos e improvisos, cantava sua aflição. Talvez indiferente à chuva, ou indiferente à indiferença dos homens que se deixaram calejar ante as dores que não fossem a sua própria dor, a voz feminina, ora doce, ora cansada continuava...

Estranhos mistérios da vida!

Singular piedade tocou o homem que mergulhava nas delícias da prece e ei-lo, quase sem perceber, afastando algumas cabeças curiosas e, curioso também, buscando descobrir a cantante da melopeia do sofrimento.

Olhou-a e por pouco não se sentiu petrificar.

Aquele rosto pálido, aureolado por cabelos negros, longos e molhados, que emolduravam a tez descarnada, com os zigomas apontados para fora e os dois olhos igualmente negros, brilhantes, falando sem palavras na face macerada, parecia-lhe familiar. A infinita tristeza dos tristes e a acabrunhada resignação dos desgraçados possuem ignota beleza.

Andrajosa, a mulher jovem carregava em ambos os braços duas crianças que dormiam, ou, talvez, prostradas pela miséria, demoravam-se no delíquio da fome ou na febre do desconforto.

As marcas da miséria espiritual estampavam os sinais da expiação punitiva naqueles retalhos humanos.

Sem poder impedir o impulso que o conduzia, o advogado avançou com delicadeza, porém com firmeza, e adentrou-se pelo círculo, acercando-se da mulher que, olhar parado e lábios semimortos, prosseguia com a litania de mendiga.

Ali estavam delineamentos para a pena realista de Flaubert, tela e tintas para o pincel verbal, moralista e teológico, de Tolstoi, retratando em carnes humanas a desventura sem-fim.

Abaixou-se e fitou-a, notando, contristado, os rebentos que lhe jaziam nos braços cansados, cobertos de trapos...

— São seus filhos? — perguntou com delicada entonação na voz que traía interesse fraternal.

— São filhos de Deus, que chegaram na minha desdita —, respondeu no mesmo tom em que cantava, maquinalmente.

— Você, porém, é tão jovem — retrucou — e já é mãe?!

— O infortúnio não tem idade — murmurou, ainda indiferente. — E entre os infelizes os sofrimentos chegam cedo...

— Como se chama você? — voltou a interrogar.
— Lúcia, senhor! — contestou.

Havia clima de desgraça e desesperança em tudo: na sua forma de responder, no seu desinteresse pela vida, digamos a verdade: aquilo não era viver.

O nome, pronunciado com melancólica entonação, pareceu rasgar a alma do homem interessado no infortúnio daqueles párias.

*

Em toda parte os párias andam a sós. São os miseráveis que o mundo venceu e tomou-lhes as oportunidades de sobrevivência. Reúnem-se em maltas de criminosos e farândolas de tristes; assomam com esgares de feras e, truculentos, fazem-se agressivos, no país do esquecimento onde estabelecem morada. São os que tiveram negado o direito de viver, conquanto sejam os frutos amargos da árvore da sociedade malsã.

Os párias não têm nome, usam apenas uma designação a que se acostumaram a responder. Sua família são os encontros fortuitos, seus amores a aventura amarga, suas paisagens as sombras das pontes, as margens dos rios, os pântanos e as palafitas, os morros e as favelas, donde espiam, filosofando com o cinismo da miséria, os outros...

Mas, esses são os párias econômicos, os abandonados sociais.

Os outros, os párias de luxo, esses brilham na ilusão e se refestelam no conforto em que amolentam o caráter, já debilitado, e esfrangalham as esperanças frouxas dos outros párias, tomando-lhes, ou, para ser exato, roubando-lhes os direitos humanos que também deveriam ter, mas não têm. Aqueles, os párias por falta de dinheiro e família, são chamados "chagas sociais", mas os outros, os que fulguram em manchetes de jornais, não têm epíteto, porque não há substitutivo para a expressão *câncer moral*.

Onde estes últimos estão, são eles que têm a miséria e fomentam-na, proclamam acusações contra a impiedade e são os responsáveis pela criminalidade de vário porte, enjaulando nas próprias garras a justiça que os não alcança nos crimes violentos que praticam com as mãos enluvadas; são os que se utilizam das leis em falência para cercear a liberdade daqueles que já são prisioneiros de si mesmos, nas paredes sujas da infelicidade, e trancafiá-los nos cárceres onde colocam guardas armados, fazendo que os carcereiros, que os espionam e sobrecarregam de injúrias, não passem, afinal, de prisioneiros que tomam conta de outros prisioneiros.

Muito maior do que se pensa é a legião dos párias.

Enxameiam nas vielas sórdidas das cidades e nos casebres das vilas ao abandono, inundando, também, os palácios e os apartamentos onde vivem os homens de alto coturno, em cujas existências a degradação fez morada, e de onde a vergonha, por não suportar o assédio da imundície moral, foi expulsa, enxovalhada, a pedradas de ironias e desdém... Fugindo de si mesmos, são incapazes de fitar-se no espelho da consciência, esses párias do poder temporal, que mergulham nas drogas alucinantes para sonhar o pesadelo da mentira que os asfixia, empedernindo-lhes os sentimentos e vencendo neles as mínimas expressões de humanidade.

Há, porém, os párias em redenção.

Sofrem e choram, embrulhados no manto da dor e da soledade, expurgando-se, para galgar a montanha da sublimação, após a demorada marcha pelo charco das paixões em superação. Párias pela ausência de luz, que somos quase todos!

A maioria desses párias atua rebolcando-se nas misérias sociais e morais em que se abastardam cada vez mais, aprofundando feridas que só o escoar dos séculos pungitivos poderá cicatrizar. Outros, porém, sorvem as fezes da aflição corretiva, para retornar aos ninhos de luz donde se evadiram entorpecidos pela loucura do descuido, fugindo às Leis do Divino Estatuto. Impossibilitados de crescer pelo método da razão que conduz, marcham empós da libertação na galé da carne, impedidos de piorar a própria situação.

Ninguém alcança o Reino do Céus senão após o pagamento da dívida, em totalidade de resgate. Mas, ninguém se desata da Mãe-Terra sem reequilibrá-la nas leis de harmonia, mediante as quais ela também progride. Todo infrator, que a desorganiza, imanta-se-lhe ao seio e vincula-se-lhe na constrição evolutiva de repetir o trabalho redentor até que ela se refaça dos atentados, voltando a governá-la a ordem, em ritmo de equilíbrio.

Os párias em redenção sublevam-se, às vezes, mas, aves impossibilitadas de voar, vigiadas pelo falcão do sofrimento, que as espia com agudos olhos, arrastam-se na ascensão e só a pouco e pouco galgam os alcantis donde um dia poderão desprender-se, na direção do infinito azul do Cosmo.

*

Lúcia! — refletiu o Dr. Oscar Silva. — Donde a conhecia?

Esqueceu-se da chuva, do vento, da tormenta, da enxurrada e perdeu a noção do tempo e do espaço, para buscar nos refolhos do espírito aquele nome.

Martelavam-lhe, dilatadas nas têmporas, as artérias latejantes. Os lábios se lhe fizeram ressequidos e a garganta ficou túrgida. Seria Lúcia... — gritou-lhe a memória, rebuscando na intimidade dos neurônios as impressões que evocassem as imagens do passado — ... e miraculosamente veio-lhe à lembrança o apelo: "Rogo-vos, irmãos, que vos recordeis de todos nós, nas vossas súplicas ao senhor da Vida. Quiçá nos encontraremos pelos caminhos do mundo, no amanhã..."

Quase desfaleceu.

Não seria possível! — pensou. — Era *coincidência* demais para ser real, ou pelo menos para que a lei se cumprisse de maneira tão vigorosa.

Respirava algo ofegante.

Passaram-se — continuou refletindo — quase vinte anos, ou um pouco mais...

A cena da sala singela, iluminada pela prece e transformada em hospital-escola de amor, onde a dor era lenida e a cirurgia espiritual se fazia sem empecilhos, voltou-lhe à mente, rica em detalhes, perfeita em precisão, nobre em sua beleza ingênua e pura.

As lágrimas correram-lhe pelos olhos, abertos desmesuradamente. No entanto, somente enxergava o passado. Rememorou os demais membros do grupo que foram partícipes do acontecimento. Por onde andariam? — indagou. — O tempo apaga impressões e afasta amizades quando não são mantidas pelo combustível do intercâmbio afetivo. Oh! Deus!...

Tinha as mãos trêmulas e frias.

Acercou-se mais. Sentiu estranha emoção, que parecia impedi-lo de aproximar-se e o impelia a desvendar os segredos da vida naqueles tecidos sujos e rasgados pelo sofrimento. A custo, balbuciou:

— Lúcia!... Lembra-se de mim?

As pessoas em volta apuravam ouvidos, mas a chuva, o trovão e o vento lá fora, tão perto e muito longe, impedia-as de ouvir; aliás, elas não estavam interessadas em nada, curiosamente espiavam, contemplavam a cena pungente porque não tinham mesmo o que fazer, senão esperar que cessasse o temporal.

A pobre moçoila parou de cantar-mendigando e meneou a cabeça na sua direção. No fundo das órbitas, os dois olhos negros e entranhados de tristeza mergulharam em indagação sem palavras.

— Não sei, senhor! — respondeu, cansada —. Não me lembro, não, senhor.

Só então ele percebeu sua excessiva palidez, ainda mais lívida na frouxa luz da lâmpada de pequena luminosidade, que oscilava no fio, ao alto. Os ossos das clavículas à mostra e a pele a rasgar-se sob o império da fome, da desnutrição...

— Seus filhos — continuou, medindo as palavras, valorizando-as — são enfermos?! Estão dormindo?

— São doentes, os pobres desgraçados, sim, — confirmou com a voz e com a cabeça.

Quase estava chorando. Nunca ninguém lhe falara com ternura. Toda a sua vida fora uma luta surda e cruel, agredindo ou fugindo, sofrendo o medo, esse verdugo dos fracos e esquecidos. Tudo a amedrontava, desde menina: o lar, os pais. Sim, deve ter tido pais; não recordava bem. Sejamos francos, os filhos de mães solteiras nunca têm pai, porque estes se demoram escondidos, ocultando a indignidade na cobardia em que se acobertam. E mãe, às vezes, não possuem também. Nascem, apenas nascem, sobrevivendo alguns, quase mortos, porque os recalques e as dores que os malsinam são a longa morte na vida.

Depois — continuou pensando —, lembrava-se da fome desde a tenra idade, aquela dor longa de punhal em sentido transversal no estômago, que, por fim, parecia não ser mais dor e sim um vazio que produzia sono e provocava cansaço, aquele aniquilamento do nada. É verdade, ninguém nunca lhe falara. Não havia tempo: enxotavam-na, pura e simplesmente, ou lhe atiravam restos de pães que iam mesmo arrojar fora, por imprestáveis. Falar, não; nunca lhe falaram: ou gritos ou xingamentos.

Aquela onda — não sabia o nome do que sentia —, aquela ternura produziu-lhe lágrimas. É a gota que faz transbordar o vaso referto literalmente: a gota de ternura e compaixão que as pessoas recusam oferecer aos párias, que também sentem e amam, têm sede de entendimento e necessitam do orvalho da compreensão para que se lhes não estiolem as últimas fracas forças.

Começou a chorar. Com o braço esquerdo, dorido e amortecido com o fardo de andrajos, colocou o corpo do filho sobre o outro filho no lado direito, apoiou-o e, com a mão livre, desembrulhou-o. O pobre tinha mirradas as mãos e era raquítico...

— E é cego, também... — quase não pôde dizer sob as lágrimas. Meu pobre filhinho! O outro, o outro tem uma perna mais curta e o povo diz que é surdo-mudo... Meu infeliz filhinho! Quase dois anos de nascidos e assim...

O choro aumentou no peito convulso e todo o patético do sofrimento humano, naquela mãe, parecia clamar misericórdia na noite aparvalhante.

Algumas pessoas jogaram moedas no colo sujo e afastaram-se, constrangidas. Haviam tranquilizado a consciência com a insignificância de um níquel. Outras menearam, aflitas, a cabeça, apenas a cabeça...

O Dr. Oscar Silva estava acocorado, a emoção embargava-lhe a voz, roubava-lhe o brilho do olhar, agitava-o por dentro.

— Como se chamam eles, Lúcia? — inquiriu com a mesma bondade, e alongou mãos amigas para reter um deles junto ao peito afável.

A mãe entregou-lho, e pelo rio das lágrimas tinha a impressão de que no mar dos destroços da miséria em que vivia, quase a morrer afogada, chegava um barco. Ora, nenhum afogado observa o que é que chega na sua direção, mas agarra-se a tudo que se lhe aproxima para segurar-se e tentar salvar-se.

Com os choques da emoção, da miséria, ela tossiu e uma forte pétala rubra de sangue tornou-se um filete vivo no canto esquerdo do lábio.

— Você está doente, Lúcia? — perguntou, assustado.

— É bronquite. Uma dor no peito, e agora — escusou-se receosa —, agora, de vez em quando, rasga alguma coisa e eu sinto o gosto de sangue na boca... (Depois de uma pausa): O ceguinho chama-se José Luiz e o outro, o mudinho, Luiz José.

— Onde você mora?

— Ali, na *Favela do Esqueleto*. (E apontou com a cabeça o outro lado da praça.)

— Eu irei ajudá-la, minha filha.

A sofredora parou de chorar e pareceu não entender bem o que aquele homem falava.

Ele justificou-se. Parecia ter constrangimento de ajudar.

Não deixam de ser estranhos, na fauna humana, os que se comprazem em ajudar e podem aos sofredores chamar de irmãos. Elucidou, então, procurando poupá-la de sustos ou esperanças vãs:

— Sucede que eu gosto de ajudar. Eu... eu sou espírita... e os espíritas gostamos muito de participar dos sofrimentos do nosso próximo. Desse modo...

— Eu sei, doutor. Eu já fui numa casa dessas. Lá me deram ajuda, uma vez...

— Você mora com o pai dos meninos?

— Não, senhor, ele me abandonou logo depois. (Fez uma pausa.) Ele é doente do juízo... Perseguiu-me tanto com a loucura dele, até que um dia me atacou, e sumiu da favela... Eu moro com a minha avó Catarina. Todos me conhecem lá.

O Dr. Oscar Silva entregou-lhe de volta a criança. Ofereceu-lhe uma cédula. Tinha febre em todo o corpo. A chuva amainava; não os relâmpagos e trovões.

Houve um movimento agitado: um bonde parara no abrigo e rumava na direção da cidade.

— Eu irei procurá-la depois, Lúcia. Deus vai ajudá-la... — falou, apressadamente —. Até logo mais!

Correu para o veículo e, visitado por melodia sublime de amor, rumou para a realidade.

Lúcia, ainda surpresa, fitou-o, miragem que se desvanecia na movimentação da vida que ressuscitava do temporal, encolheu-se, guardou por um pouco a lembrança daquele diálogo, das recordações, e, na posição habitual, recomeçou a litania:

"Até entre as flores se encontra"...

3 Lúcia e a favela

Lúcia retomou a casa, naquela noite, visitada por singulares emoções.

Não obstante experimentasse uma alegria interior, vagava-lhe na mente a ansiedade dos receios. Acostumada aos repelões da impiedade, sentia-se cambaleante face à ternura. Forte para com os doestos e a indiferença de pedra dos corações, era fraca para com o amor. Aliás, o amor nunca sorrira à sua porta. Estranho viandante, passava sempre e invariavelmente ao largo. Não que jamais houvesse sonhado com ele, ou pensado mesmo em possuir um sorriso de ventura ao lado da sua desdita, ou em escutar a música ligeira de palavras delicadas junto ao ouvido ávido de melodia. Embora a dureza da vida, não se fizera áspera. Muitos cactos, conquanto vivam sob a aspereza do sol, arrebentam-se em flores nas noites de luar em prata, para bendizerem a brisa que lhes dá repouso à fadiga e orvalho à seiva. Assim ela também. Menina, fizera-se mulher, sem transitar sequer por um pouco entre os sonhos da adolescência e as realidades da maternidade. Tudo acontecia de repente à sua volta, a seu respeito. Sua vida era uma sucessão de imprevistos. Não que soubesse o significado de um imprevisto. As coisas ocorriam simplesmente e eram coisas que lhe causavam dor demorada, ansiedade lancinante — pensando bem, já estava até acostumada à ansiedade por coisa nenhuma; ansiedade que era o nadar na desilusão, pois a vida não lhe dera tempo a esperar senão o desespero — e depois que nasceram os filhos, então...

Pela mente cansada, deitada no grabato da necessidade, molhado pela chuva, que causara danos irreparáveis na inqualificável miséria dos que moravam naquele imenso "pátio dos milagres" (lembrou-se de algumas amigas que tiveram as toscas construções destruídas pelo vendaval; mas, como todos ali, calejados pela desventura, sempre esperassem o pior, não se ia preocupar, porquanto, afinal, dariam um jeito, pois sabiam defender-se e não havia outra solução), desfilou o recordar das próprias dores.

A mente possui o miraculoso condão de, quando estimulada, penetrar nos meandros do esquecido e arrancar imagens que parecem inexistir no pélago voraz do desespero passado. Assim, pôde recuar até um período de vida, no qual as lembranças não retornavam com facilidade...

Sua avó fora casada — diziam — e por isso a chamavam dona Catarina, e ela sabia conduzir-se de forma que inspirava respeito. Também era, agora, consideravelmente idosa. Passava dos 60 anos. Estava um pouco envergada, e, olhando-a com tolerância, podia-se ver o fulgor dos seus olhos muito negros, os traços finos do rosto e deduzir que aquelas marcas mais fundas eram produzidas pelos dedos do sofrimento que continuava cortando-lhe a face. Era delicada na voz, conselheira de muitos e falava-se que sabia ler e escrever, diga-se de passagem, com muito desembaraço. Mas nunca fora exatamente feliz. Viera para ali empurrada pelo *senhor* destino. Pobre destino!

— Havia muito tempo que ela lhe contara coisas como:

— Nem sempre eu fui uma miserável... (a avó falara quase sorrindo, como se a lembrança de uma felicidade produzisse a repetição da felicidade). Fui expulsa da vida e caí aqui, mas antes passei por outros lugares. Nossa família (acentuou muito essa palavra, lembrava-se Lúcia) procede da Calábria e radicou-se em São Paulo antes do fim do século passado. Eu tive um lar e mais tarde consorciei-me com um abastado patrício de meus pais...

Naquele dia, o da narração, ela estava muito triste e trajava, como por capricho, o velho vestido negro, comprido, que lhe dava ao corpo esguio uma silhueta de maior sofrimento. Como se estivesse falando sozinha, recordando a vida e desejando justificar o encontrar-se na miséria, na condição, porém, de hóspeda e não na de cômpar da ruína, prosseguiu:

— O matrimônio foi a primeira desventura da minha vida.

O homem com quem me casei era doente ou mau, o que é a mesma coisa, pois a maldade é mais enfermidade do que doença e muita gente não sabe (Muita gente sabe disso, sim!). Ciumento, fez da minha vida um martírio continuo, exigindo-me, porém, a aparência de felicidade. Nasceram-nos dois filhos: Ricardo e Anunciada. Ricardo era débil e logo morreu. Anunciada demorou muito a chegar e quando veio o desespero já me dominava, levando-me a total desinteresse pela vida, que me alucinava. Desejava a minha e a morte dela ou a dela primeiro, para falar a verdade, deixando-me livre. Apesar disso. Anunciada nasceu forte e sobreviveu. Percebi desde cedo que o meu esposo tinha crises de loucura: visões atormentadoras, falava à noite, erguia-se do leito como se estivesse fulminado por cabos eletrificados, agitava-se e agredia o ar... O medo dominou-me paulatinamente, inda mais porque ele me ameaçava roubar a vida. A esse tempo, meus pais se encontravam mortos e a parte dos haveres que legalmente me pertenciam, em tramoia com os meus irmãos, de tudo ele se apropriou. Sim, devo dizer: era também um dilapidador do patrimônio alheio, ou melhor, era mesmo um ladrão!

A avó fizera outra pausa, arrumando os cabelos em coque, com duas ondas largas sobre a testa branca e altiva, sorriu, dando curso à narração:

— Culminando o ciúme em infâmia, passou a dizer-me que Anunciada não era sua filha... Compreendi, então, que estava totalmente louco. Mas não tive meios de comprová-lo. Depois, passei de vítima a algoz. O infame processou-me...

— Mas, vovó...

— Cale-se e ouça o que é o mundo. Ouça para aprender a odiar... Processou-me, sim. Conseguiu — o dinheiro consegue quase tudo no mundo — acusar-me de adultério, engendrando uma farsa para surpreender-me em flagrante, quando, então, dominada pelo ódio, ateei fogo à nossa casa, para dele vingar-me... Não parece ridículo?!

Ela estava com estranha expressão no rosto.

— Ridículo ou não — prosseguiu contando —, se eu não me evadisse com minha filha — sim, porque ele não queria ver "aquele fruto do hediondo adultério" —terminaria a vida nas grades da prisão...

Um suspiro de dor ou de revolta intumesceu-lhe e esvaziou-lhe o peito. Ela então chorou, recordando e falando:

— Os meus irmãos aderiram ao infame — às vezes, me pergunto por que tudo isso me aconteceu —. Falam que as criaturas têm outra vida antes desta, na qual erram e se comprometem, nascendo depois para pagar. E eu creio... (Era quase uma divagação.) Fugi com a menina e daí começou a outra história: fui caindo e caindo: aqui estou. É bem verdade que a queda empurra o caído a outra, nos desvãos da miséria moral; o caído sempre pode cair um pouco mais e mais um pouco...

Pobre avó! — pensou Lúcia.

Não fazia frio lá fora; até estava abafado. O chão molhado e as tábuas também. As crianças choramingavam nos berços. Berço é uma forma de dizer que estavam deitados, e como eram crianças... Mas, é lógico que estavam em dois caixotes, desses em que se empacotam tecidos, entre trapos...

Comovida pela distinção daquele estranho, Lúcia pensava, e, pensando, recordava. Estava ofegante, com a respiração dilacerada, mas a mente refletia calma e limpidez.

Repentinamente, veio-lhe à consciência a figura da mãe. Lembrava-se dela um pouco, pois algumas vezes fora visitada por ela. Era uma ébria contumaz e fora expulsa daquela, para outra favela, pelos moradores dali.

Sua mãe era a antítese da avó.

Nascera marcada pelo desregramento, revelando-se desde cedo, para desaire materno, como um vendaval de desconcertos morais e de paixões. Também, vivendo naquele meio...

Apaixonou-se por um homem na casa em que trabalhava como doméstica. Já era, então, experiente e desequilibrada, amargurando a genitora ao superlativo. O próprio patrão a infelicitara com engodos...

Fora um escândalo: ela perdera o emprego e o nome. Lúcia nascera desse convívio imoral e por isso nunca soubera se tinha pai, isto é, nunca soube quem era o pai. Aliás, sua avó dissera que o patrão negara qualquer intimidade com a empregada e ela, somente por ódio contra ele, passou a odiar a criança, como revide. Desejou várias vezes interromper a gestação, mas dona Catarina impedira-a, comprometendo-se a cuidar da futura neta, o que, no entanto, não lhe diminuiu a aversão.

Tempos depois, desejou arrebatar a filha para vender a um casal estéril, que prometia valiosa remuneração. Nesse caso houvera até intervenção da polícia. Foi aí que os próprios favelados arrojaram-lhe pedras e a expulsaram do *bairro*. Correu notícia de que ela, tempos depois, estava muito bem. Oh! irrisão! Uma consciência tumultuada nunca pode ficar muito bem. A verdade é que ela não estava bem coisa alguma; ao contrário, muito mal: bebendo cada vez mais.

Encontrara, sim, alguém que desejou ampará-la. Aceitou o concurso por algum tempo, só por pouco tempo...

Nesse comenos, recordando-se, Lúcia tinha as mãos geladas e as têmporas dilatadas. As lágrimas corriam descontroladas...

*

A favela não são as casas penduradas ao elo da esperança, nem é o mundo estranho dentro do mundo, a ilha de vergonha no mar da sociedade, ou como querem os sociólogos: "o câncer social em pleno organismo coletivo", resultando do aviltamento do homem explorado por outro homem, graças à indiferença das leis, quando arbitrárias, e dos governos, quando insensíveis. A favela são as pessoas reunidas, os espíritos estiolados, que o cansaço e a fome, o ódio e a indiferença ressequiram, quase mataram, porque deixaram vivendo na morte lenta. Pouco importa o nome que tenha: "água-furtada", "pátio dos milagres", "mocambo", "invasão", "alagado", "maloca"...

Onde a desesperança se, agasalha nos braços da rebeldia, gerada pelo desconforto social, unindo os espoliados físicos, econômicos e morais, aí está a favela. Sejam duas pessoas esquecidas, engendrando na miséria a criminalidade e a ignomínia, seja no grande conglomerado que constitui a arquitetura para o turismo ultrajante, onde se mesclam todas as paixões, aí estão as almas faveladas. Pode-se derrubar-lhes as casas, segregá-los ou amontoá-los nos bairros residenciais — para que eles esqueçam que são favelados —, eles continuam na favela interior da revolta e da ignorância. Da mesma forma que, transladando-se o enfermo do hospital para a casa, a fim de que olvide a doença, não se conseguirá que ele se sinta sadio e animado.

Nesse mundo estranho, no qual as pessoas se identificam por propósitos íntimos (e pretéritos espirituais!) e se afinam pela linguagem das mesmas necessidades morais — rescaldos das existências transatas de espíritos calcetas no mal ou inveterados no crime —, os que não pertencem de fato àquele ambiente são identificados como *persona-non-grata*.

Desconfiados pela atribulada existência que levam, não confraternizam com esses *estranhos* que lhes não falam o dialeto nem possuem os trejeitos e as técnicas de sobrevivência. Detestam os que os vão olhar para encontrarem espairecimento na desdita deles e possuem o seu *modus operandi,* ante as supremas agruras, e o seu *modus vivendi,* com que sobrevivem, apesar de tudo.

Nos paroxismos da sofreguidão, pela ausência de tudo, constituem sociedade marginal, na qual há uma severa divisão de casta: mandatários e mandados, caçadores e caçados, exploradores e explorados. Os ricos possuem os casebres e extorquem renda, que lhes chega sem que sindiquem quanto às fontes donde procedem os recursos, e os *pobres* são sempre, os *pobres* de todo lugar, menos "do Reino dos Céus".

Ali há uma justiça pessoal e os conúbios criminosos têm o seu próprio estatuto.

O amor se mistura a expressões sanguinolentas, e as paixões abrasadoras se traduzem nas manifestações primitivas e arbitrárias da posse, amparadas pela complacência dos membros da indiferente comunidade em que vivem.

As necessidades transmudam-se em imperiosa luta pela sobrevivência a qualquer preço e a honra se torna medida pelo impulso da força dominadora. Grassam as superstições e crendices que reduzem o homem à infância tribal, na vida tribal em que se encontra, não obstante o intercâmbio que mantém com a sociedade.

Mães se fazem complacentes com os desregramentos dos filhos, desde que disso resultem benefícios, o que equivale dizer: sobrevivência à fome, à doença, à morte, já que outros benefícios não decorrem da união do crime com a corrupção moral, E, não raro, vendem as jovens filhas, entregando-as ao comércio da carne...

Transitam, no entanto, nas primeiras experiências dos sentimentos quase todos esses espíritos, que aportam à carne, na sua grande maioria, em tentames iniciais de luta contra o instinto, na imensa escalada da evolução. Outros, porém, são calcetas do erro, retardatários passivos da estrada do progresso, que teimosamente preferem expungir sem se libertar, demorando-se largamente na roda das sucessivas reencarnações inferiores. Outros mais são réprobos que retemperam o ânimo para novas lutas, sob o benefício da expiação redentora, transferidos de uma região de sombra e dor do mundo espiritual, em que se encontravam, para outra de dor e sombra na Terra que os beneficia.

Aguardam todos eles socorro social e moral, assistência espiritual basilar e educação para enrijarem as fibras do caráter e do sentimento, saindo das baixas sensações perturbadoras para os ensaios da emoção santificante.

Indubitavelmente, demandará tempo esse processo renovador.

Irmãos nossos na retaguarda esperam mãos amigas e concurso eficiente em nome do Excelso Amor.

Além deles, porém, e fora dos círculos das favelas, outros espíritos, do mesmo quilate e lavor, intumescem-se no crime e refestelam-se nos desmandos, contribuindo, pela usura e miasmas mentais, para a permanência daqueles antros coletivos que são a mancha aparvalhante característica dos fracassos da técnica que perdeu o contato com Deus, enlouquecendo, em consequência.

O homem atestará a vitória da sua cultura ética quando resolver os problemas da miséria social e aniquilar os quistos cancerosos das aglutinações de seres em regime de promiscuidade animal...

*

E Lúcia, concatenando as lembranças, dava curso às evocações.

Crescera na favela, sob o carinho da avó que vivia de expedientes vários, nos intervalos de empregos perdidos e negócios infelizes. Cresceu e desenvolveu-se como uma flor no lixo. Desabrochou-lhe a juventude na haste delicada da beleza, dando-lhe forma e contornos. Graças à assistência vigilante e ao mesmo tempo descuidada de dona Catarina, que era obrigada não raro a afastar-se de casa para o ganha-pão diário, foi encaminhada a uma escola primária, onde esteve por algum tempo, conseguindo ler, escrever e contar.

Compreendeu desde cedo o significado da afronta e passou a usar as armas de defesa ante a agressão de toda ordem, curtindo angústias e ansiedades sem-nome nas fronteiras estreitas do coração expectante, sempre agitado.

Frequentemente, sentia-se dominar por estranha melancolia e tinha a impressão de viver sem viver. Estava naqueles sítios, mas não se sentia ligada a eles. Era estrangeira na terra em que nasceu...

Contrastando com o temperamento materno, ensimesmava-se horas seguidas e, quando admoestada pela avó, sentia dificuldade em explicar o que se passava no seu espírito: apreensão de dores, como se se sentisse débil violeta que um veloz corcel estivesse por esmagar.

Divergindo da vida que levava, sentia-se diferente de todos, nos hábitos e aspirações, conquanto obrigada a sentir e proceder como ali era habitual. Sonhava diletos sonhos, experimentando concomitantemente segurança e desconhecida proteção divina.

Quando Laércio, que se tornara respeitado e temido no *bairro* pelas desordens que praticava, dela se acercou, ferindo-lhe a sensibilidade com apelos degradantes, toda ela se revoltou, expulsando-o de perto. O insano, no entanto, aumentou a intensidade da busca na razão direta da recusa. O que aconteceu mais tarde, assaltada na sua integridade de mulher, concentrou, em toda a intensidade, o desespero que sofrera.

Retornava de recente emprego, onde funcionava como ama de criança, quando fora surpreendida pelo verdugo da sua paz. Ele a esperava no barraco, aproveitando-se da ausência da sua avó. Felino, agredira-a a golpes selvagens, evadindo-se depois...

As palavras não contam as dores da amargura nem relatam as lágrimas da vergonha.

Qual rastilho de pólvora tocada por uma fagulha, a notícia invadiu o *bairro*. Se a princípio causou protestos, já que às vezes um drama a mais produzia o explodir do recalque de muitos dramas, abriu por outro lado a porta da facilidade e do desrespeito para muitos aventureiros que, então, passaram a assediá-la, ferindo-a desgraçadamente.

Mais grave, porém, foi o germe que começou a agitar-se dentro dela.

Não faltaram promessas e conselhos para libertar-se do *fardo* que crescia nas suas entranhas. E — singular transformação! —, com a gestação, uma onda de quase alegria passou a visitá-la. Negou-se, desse modo, ao infanticídio. Inconscientemente, aspirava a ser mãe, embora não o desejasse em perfeita lucidez.

Ao nascerem, porém, os filhos — as supremas leis cumpriam-se no rigor severo da justiça! — imensa consternação se apossou da *obstetra prática* que lhe dera assistência. Dona Catarina confessou-lhe depois:

— Desejei matar os monstros! Como poderia somar o infortúnio à desgraça e destruir-te os últimos pedaços de vida, minha filha, deixando-os viver? Algo, porém, deteve-me a mão e, conquanto os deteste, não te nego o direito de amá-los.

Ora, amava os filhos. Talvez não fosse amor, mas um misto de piedade, desejo de protegê-los contra o mundo hostil; não saberia dizer o que a ligava a eles...

Na sua infinita miséria, como último recurso, somente encontrou meios de sobreviver apresentando a escudela da mendicância. Era, todavia, muito jovem. Com os "rebentos" a serem exibidos, no entanto, sempre recolhia algumas moedas e, depois, naturalmente se acostumou.

Profunda nostalgia feria-a fundo, cada dia. Uma dor de morte apunhalava-a de dentro para fora.

Por fim, a doença: o frio e a febre pela madrugada, a tosse, a febre e o frio pelo entardecer, a falta de ar...

Assinalada pela aflição, via-se a braços frequentemente com novas agonias.

Havia poucos dias, um cigano procurara-a: desejava negociar-lhe os filhos. Ele era itinerante e exibia casos raros. Ora, digamos lealmente: aberrações, monstruosidades! Era desumano vendedor da vergonha alheia. Sem qualquer princípio ou respeito, falou sem rodeios do seu interesse, oferecendo uma soma expressiva e comprometendo-se a preservar o sigilo da transação. Argumentava com crueldade e frieza.

Toda ela revoltou-se e expulsou-o com azedume. A avó, porém, que se dizia possuidora de senso prático, aconselhara-a a aquiescer. As crianças não suportariam a vida que levavam, e elas tampouco. Era bom para todos. Sairiam dali para outro lugar, começando vida nova. A desgraça daria resultados bons pela primeira vez. Por que não experimentar?

A dor foi-lhe tão grande que um travo agridoce de sangue lhe veio à boca. Não necessitou responder à avó, que logo assentiu:

— Está bem. Faze como quiseres. Mas, não contes comigo. Já não aguento ver esses "bichos" há mais de vinte meses, deformando-se, animalescos, asquerosos...

— Oh! Vovó!... — gritou em choro de convulsivo desespero.

A avó amava-a. Tomou-a nos braços, e ambas misturaram lágrimas de hórrida desdita.

A tempestade amainava do lado de fora, embora o relâmpago perseguisse a noite e o trovão aplaudisse, frenético, a luta da treva com o clarão.

Chorava Lúcia, recordando, dominada por insopitável angústia.

Passavam-lhe todas as cenas da vida ingrata e amarga pela mente, revirando-se nas tábuas em que acolhia o corpo magro e sofredor. A custo, horas altas, pelo cansaço, adormeceu e sonhou. Sonhou com a felicidade de ser feliz. Estranha leveza possuía seu frágil organismo. Sentia-se flutuar no leve ar de um amanhecer de luz, em paisagem de beleza inimaginável. Parecia reconhecer os sítios; o lago transparente e calmo, as árvores altaneiras e espaçadas, a gramínea verdejante, o ar cantante, rico de melodias de aves gárrulas em trinados festivos e o perfume da primavera sorrindo nas pétalas de mil flores miúdas espalhadas por toda parte.

Não sofria, não sentia o pesado corpo dorido e cansado.

Sem saber como precisar, inesperadamente se defrontou com bela dama, mais parecida a uma fada dos livros encantadores do passado. O olhar da nobre aparição, penetrando-a, fê-la recuar no tempo, além dos limites da consciência atual...

— Senhora duquesa! — exclamou de coração pressuroso.

— Lúcia, minha filha — redarguiu com meiga voz a etérea forma de luz —, esqueçamos as dores da Terra para aspirar às alegrias do Céu. Sou a tua amiga, retornando, para fundir na esperança as ansiedades do caminho por onde temos percorrido. Alegra-te e descansa. Necessitamos conversar.

— Estou sonhando! — apressou-se em acrescentar.

— Tudo são sonhos, filha — elucidou, bondosa —. A vida na carne, estreitada nas paredes orgânicas, tem sido para ti o pesadelo redentor, em esfera de e purificação. O sonho de esperança de agora é a realidade da vida, abrindo-te os horizontes do entusiasmo para a etapa final que te cabe realizar. Não é a primeira vez que nos enlaçamos na esfera da verdade, fora parcialmente do corpo em que te enclausuras. Tens sabido ser fiel até aqui, como desde há muito hás conseguido perseverar. O Pai Amantíssimo, porém, tem outros planos para a nossa vida. Retornarás, logo mais. Os nossos "pupilos" continuarão aprendendo doravante no torvelinho do corpo, entre espinhos de redenção.

Sorverão lentamente o fel que acumularam no gral do espírito e nós os acompanharemos para lenir-lhes as feridas, ajudando-os, dando-lhes forças, amando-os, pois que somente o amor poderá sustentá-los na rude peleja.

— E mamãe, veneranda amiga? — indagou, angustiada. — Ela deve estar sofrendo muito, em tormentos da consciência e alucinações da rebeldia. A senhora sabe que, apesar de tudo quanto ela me tem feito, eu a amo: um estranho misto de piedade e interesse pela sua paz. Faz tempos que não a vejo.

— Tua mãe — esclareceu a nobre entidade — aprende com a vida e exercita-se com o tempo na arte difícil de corrigir-se. A nossa Assunta, após a tragédia do solar, longamente vampirizada pelo meu inditoso esposo, enlouqueceu, como sabes. Reencarnando em situação angustiante no passado, sob as impressões dos vales tormentosos por onde peregrinou na vida espiritual, cedo sucumbiu. Agora, encontra-se aquinhoada com mais tempo no corpo de carne, que ela mesma desconsidera, até que a enfermidade e novas alucinações provenientes do álcool que sorve, em doses excessivas, a constranjam a reflexionar. Não lhe têm sido regateadas oportunidades na atual provação, que poderia utilizar com lucros imensos, caso estivesse disposta a integrar-se nos quadros dos valores honestos... Tenho-a visitado, também. Envolvamo-la em nossas orações, compadecendo-nos dela e rogando ao senhor que de todos nós se compadeça...

— Temo, neste momento em que posso aquilatar melhor os dispositivos que engendram a reencarnação — acudiu pressurosa, explicando —, pelo destino de Dom Giovanni e Girólamo no corpo dos filhos da minha carne. Não poucas vezes vem-me ao pensamento, em tintas fortes, a noite da agressão, quando Laércio...

— Esquece o mal, filha — estimulou a mensageira espiritual. — O pensamento deprimente cultivado transforma-se em sementeira de pessimismo, reproduzindo-se irremediavelmente em forma de medo e desdita. O teu agressor — embora instrumento do escândalo e, por isso, digno de "compaixão —, está vinculado ao nosso drama geral. É ele o antigo bispo de Siena, que a ambição das glórias terrenas entorpeceu, fazendo-o olvidar os labores santificantes da fé. Conselheiro de Girólamo e pastor de nossa família, como fora de milhares de outros espíritos àquele tempo, acumulou tesouros que as "traças roem e a ferrugem come", malbaratando as fortunas do amor. De certo modo, em muitos dos males de Girólamo assume ele a responsabilidade da coparticipação, do estímulo indireto à criminalidade cujo segredo soube calar sob farta remuneração... Colhido pelas Leis Divinas, começa a expungir, arrancado dos sítios de angústia punitiva do *lado de cá* para sofrer as alucinações do pretérito em forma de hedionda agonia íntima, retomando às portas das igrejas, em que um dia fora príncipe, para mendigar, chasqueando dos poderes temporais e cobiçando os tesouros mortos em prata, ouro e pedras que fulgem nos altares... Ninguém está esquecido.

— Certamente, a senhora não ignora — aventurou a jovem, então possuída de rara lucidez espiritual, no parcial desprendimento pelo sono natural — que um cigano...

— Estou informada de *Carlo*... — interrompeu, docemente.

— Mas, ele chama-se Guálter.

— Concordo. Guálter de hoje é Carlo de ontem, a testemunha do infeliz crime de Girólamo contra Assunta, nas colinas de San Miniato, em Florença, que a desencarnação arrebatou às vésperas do suicídio do meu *sobrinho*. Dele se fizera usurpador, o pobre Carlo, mediante chantagem nefanda. Passa o tempo e muitos Espíritos retornam para aprender, tombando lamentavelmente nos mesmos erros de que se recordam em pálidas evocações e nos quais se comprazem em permanecer, dando curso às tendências infelizes que são as manchas do passado culposo, continuando vivo nos painéis do ser imortal. Não há muito foi pai de Girólamo... Ele desempenhará um papel muito importante no programa redentor que temos pela frente.

— Sem embargo, recusei-lhe a hedionda proposta — estrugiu, vivamente emocionada.

— E fizeste muito bem, minha filha. A Lei Divina possui recursos para os ajustes e reequilíbrios sem que se façam necessários novos gravames naqueles que se candidatam à redenção. Por isso, não revides mal por mal nem te situes na faixa da amargura ou do ódio, que sempre consomem aqueles que os geram ou vitalizam. Só o bem, o respeito pela vida, o amor à vida em qualquer manifestação respondem pela nossa felicidade. Inda mais tendo em vista que logo mais volverás...

Lúcia continuou ouvindo a melodia daquela voz, os prognósticos do futuro, embalada por delicadas impressões de alegria e esperança, como se ela mesma fosse um perfume no ar. Já não podia reter na memória as palavras que se faziam longínquas, vagas, imprecisas... e perdeu a consciência da visão sublime do encontro espiritual, continuando a dormir, nas ásperas tábuas da favela.

A madrugada começava levemente a salpicar a noite com as claras manchas da luz do dia. O céu límpido, após a refrega da tempestade, parecia sorrir estrelas.

4 Na busca do tempo passado

O Dr. Oscar Silva, de retomo ao lar, no bonde que rangia nos trilhos molhados, deixava que a mente recuasse na busca do passado.

Aquele encontro atingira-o profundamente. Tudo parecia ter conspirado no sentido de produzir-se o diálogo que acabara de ter com a jovem Lúcia, sob o aplauso da tempestade rude.

Viera aos trabalhos do Centro Espírita "A. L.", naquela noite, por impositivo da sua fidelidade doutrinária, que colocava os deveres para com a casa espírita a que se vinculara acima das circunstâncias negativas que, por ventura, pudessem impedi-lo. A esposa, zelando pela sua saúde, desaconselhara-o. Todavia, pensara nos enfermos que ali iriam em busca da assistência habitual, e, além disso, se fora ceder, colocando o dever espiritual em plano secundário, sempre surgiriam impedimentos, alguns dos quais colocados pelas entidades infelizes interessadas na interrupção das suas tarefas, impossibilitando-o, por fim, de dar curso ao ideal espírita abraçado. O seu esforço estava desse modo regiamente compensado.

Fora-lhe difícil atravessar as ruas alagadas que o distanciavam da praça e do abrigo. Fizera-o, porém, com vontade indômita e esforço hercúleo...

Pela mente desfilavam as recordações: a casa humilde de orações espiritistas, de há vinte anos passados, as formosas comunicações que ali enfloresciam nas almas como bênçãos de Deus aos transeuntes do infortúnio; a visita das personagens envolvidas na trama dos destinos, com o seu desenrolar trágico em Siena como no Vale do Paraíba, no passado; a alocação de Lúcia incorporada; a presença espiritual da duquesa, tudo lhe voltou à lembrança, com rara nitidez.

Diante da jovem sofredora e dos seus dois filhinhos, no carreiro da expiação redentora, constatara mais uma vez a sabedoria das leis divinas, conduzindo os rebeldes à rota e os calcetas ao dever equilibrado.

Por onde andariam os velhos amigos, os companheiros dos tempos idos? A vida afastara-os uns dos outros, a todos. Os problemas, aos quais se vincularam, encarregaram-se de distanciá-los. Lembrava-se de um bom número deles. Alguns haviam já retomado à Pátria Espiritual e ora estavam no convívio daqueles mentores amoráveis que tanto pelejavam pela tarefa da sublimação, a que se deve cada um impor. Outros, porém, estariam, ainda, no Rio?

Concatenando as ideias, pensando em ajudar Lúcia na luta libertadora, resolveu procurar, no dia imediato, alguns dos antigos membros das lides espíritas do pretérito.

Àquela época ele era um jovem que tivera o espírito lucificado pela Revelação dos imortais. Desde então, embora as dificuldades experimentadas em períodos diversos, nunca se apartara da fonte cristalina e pura da fé. Sabia que o Espiritismo é o pão de luz que nutre e clarifica, ao mesmo tempo fonte viva de esperança e consolação que sustenta. Como dele apartar-se, sem o perigo do desequilíbrio íntimo, da fome tormentosa e da sede sem limite? A sua felicidade eram os momentos de comunhão com o Alto, os instantes de consolação aos desencarnados aflitos que chegavam pelas portas da mediunidade, dignificada pelo trabalho assíduo e liberador, a sementeira da esperança realizada nas pregações habituais, a assistência aos padecentes sob o aguilhão das provações nobilitantes... Nesses comenos de serviço desinteressado e cristianíssimo, seu espírito parecia viver as saudades da esfera espiritual, compreendendo o degredo necessário, que o concitava ao aproveitamento das horas...

Quantos, porém, dos velhos amigos teriam permanecido fiéis no carreiro doutrinário, confiando totalmente na Misericórdia Divina e prosseguindo devotados até então?

Lembrou-se do conceito evangélico, a respeito dos que porfiassem *fiéis até o fim... Até o fim* significa: todas as lutas, sem trégua nem quartel, sempre e incessantemente, todos os dias, todas as horas, sem porto próximo nem termo à vista. Muitos se rejubilam ante a Revelação, com ela se empolgam, doam-se, traçam planos, formulam programas, agitam-se, desejam modificar a face moral da Terra a um só golpe, transitoriamente, porém. Logo após, dizem-se desiludidos e partem a sós, infelizes, levianos como se apresentaram. Com toda a razão, a promessa do Cristo se referia aos que perseverassem *até o fim.* Certamente que não é fácil a fidelidade, todos os dias, até a conclusão do compromisso. Muitos heróis venceram nas batalhas porque elas passaram breves. Talvez em circunstâncias outras de tempo e lugar exigindo-se-lhes perseverança e continuidade, desfalecessem no ânimo e se descompusessem no ardor...

A cidade, sofrida pelo vendaval e pela chuva, apresentava-se singularmente abatida. Árvores caídas, praças ainda alagadas, ruas enlameadas pelas correntezas que fizeram deslizar abundâncias de terras dos morros circunjacentes...

Chegando a casa, o Dr. Silva teve dificuldade em conciliar o sono.

Ouvia mentalmente a voz chorosa de Lúcia mercadejando necessidades e exibindo aflição. Só a muito custo repousou.

No dia imediato, afervorou-se em localizar os amigos.

A médium que incorporara a duquesa noutras oportunidades ainda residia no bairro do Andaraí, conforme soubera tempos atrás, sofrendo o tempo e as conjunturas cármicas da pobreza e da quase soledade a que fora relegada, não obstante a devoção de um familiar generoso e amigo que lhe distendia braços e mãos bondosos, sustentando-a nas vicissitudes e nos desfalecimentos. Avançada em idade, experimentando dificuldades compreensíveis e procurando servir à causa, embora as limitações que a impediam quase, deveria ser procurada para que tivesse a alegria de saber dos resultados opimos da sua tarefa socorrista, no passado. Pensou em buscá-la, assim lhe permitissem as possibilidades.

Reconhecia-se, porém, indelicado para com ela, naqueles muitos anos de distância. Pelos seus lábios ouvira as informações sublimes do mundo da verdade e através das suas reiteradas lições de humildade aprendera vivas páginas de abnegação e amor. Todavia, esquecera-se de ser amigo e irmão de quem tanto o ajudara no esclarecimento, agora, por sua vez, necessitada de amizade, na hora em que a quadra hibernal da velhice a surpreendera no desgaste das forças. Quando se é jovem, sorriem as oportunidades, e os júbilos cantam nas fibras da esperança toda uma musicalidade de alegria. Quando, porém, o perpassar dos tempos sulca o corpo e esgota as energias físicas e psíquicas, o vasilhame, impossibilitado de traduzir toda a vibração do espírito, se descolore e se desorganiza na grande inclinação para o túmulo. Por essa razão, o culto da amizade em relação às pessoas mais idosas, que acumularam o ressaibo dos anos e revivem nas paisagens mentais os panoramas de sombras e tristezas, constitui um dever intransferível.

Quanto mais pensava na realidade que o passar dos anos produz no ser, mais imperiosa necessidade experimentava o Dr. Oscar Silva de marchar na busca dos amigos de outrora.

A muito esforço, conseguiu reencontrar Mecenas Lima, igualmente avançado em idade, que funcionara no evento passado como médium de excelentes recursos psicofônicos, e o advogado Heitor Selva, que se encontrava, dizia, divorciado das lides espíritas, em consequência de desaires e problemas de vária ordem.

Foi marcado um encontro para jantar — nessa hora imprópria de tratar de tarefas nobres e sérias, mas que a frivolidade de algumas pessoas ditas *raffinées* encontra para o debate regado a licores — numa elegante confeitaria de Copacabana, quando, então, o Dr. Oscar Silva apresentaria o plano que elaborara a benefício de Lúcia e dos seus filhos, em memória do compromisso espiritual nos labores do passado.

A reunião decorreu agradável, em cujo ensejo os amigos se reencontraram assinalados por vivas emoções, e a palestra se revestiu de evocações mui carinhosas sobre o tempo, as experiências vividas por cada um, reminiscências retornadas, sem que chegassem, porém, a retificar enganos ou a refazer caminhos...

Com palavras sucintas, o Dr. Oscar Silva relatou o encontro com a jovem sofredora e o quanto sentira em face da cena confrangedora. Imediatamente desejara convocar os antigos participantes da reunião socorrista, para prosseguirem no socorro direto, já que se lhes deparava salutar oportunidade.

Falava, e as lágrimas brilhavam nos seus olhos grandes, claros, revelando a limpidez do caráter e a intensidade da fé que o abrasava.

— Continuas sentimental, meu jovem — retrucou, de voz pausada, o velho Mecenas. — Hoje, sob o peso dos anos, vejo as coisas por um prisma bem diferente do quanto enxergava no passado. A mediunidade somente me trouxe aflição e trabalho. Nada me deu senão esforços que foram baldados... Certamente vivi horas de elevado convívio com as esferas superiores, no entanto...

— Parece-me incrível o que ouço — contestou, ruborizado, o interlocutor —. Agora que o senhor se encontra mais próximo da verdade, escusa-se a aceitá-la e se levanta para amaldiçoar a fonte generosa da mediunidade socorrista? Recuso-me a acreditar na invectiva. Que foi feito das sementes de luz e vida que o Espiritismo lhe colocou na alma? Onde a fonte da esperança que fluía pela sua clara faculdade medianímica? Estarei escutando equivocadamente ou o senhor deve estar brincando. Quando somos jovens, sim, podemos permitir-nos o engodo da ignorância, mas quando os anos se dobam sobre os nossos ombros e recurvamo-nos para baixo, não me parece possível...

Falava vivamente emocionado e, porque não o confessar, fundamente decepcionado.

O outro, no entanto, aureolado pelos cabelos brancos, com a tez rosada, demonstrando as largas fatias da fortuna terrena, que abocanhara em negócios talvez pouco lícitos, fumava, distinto, em longa piteira, um cigarro estrangeiro. O olhar azulado imergia-o numa indiferença elegante, quase superior. E ele, inacessível — claro que não conhecia o travo das dificuldades econômicas, no momento, e esquecera os estertores que a fome provoca no organismo —, ouvia friamente a argumentação, demonstrando absoluto desinteresse em registrá-la na mente.

— Também estou afastado dessas lides — retorquiu o advogado Heitor Selva — desde há alguns anos. É verdade que leni minha alma com muitos salutares benefícios. Mas, os negócios, em crescendo, afastaram-me paulatina e seguramente dos compromissos antes assumidos, e agora encontro dificuldade para retornar. Os novos deveres sociais tomam-me todo o tempo. Depois, os que fazeres no escritório não me permitem senão as horas necessárias para a família...

— Creio que não me fiz muito claro — aduziu o Doutor Oscar —. Não me propus esta reunião para convocar os meus amigos a tarefas espíritas. Antes para trazer-lhes o atestado irretorquível da reencarnação, ora corporificada numa família que nos anunciou antes do berço a jornada que ia empreender. Também não pretendo rogar-lhes auxílio pecuniário, de que não tenho necessidade; desejo, porém, reatar os liames da nossa amizade que o tempo distanciou, mas que a fé, que é uma flama da verdade na alma, volta a aquecer e identificar outra vez.

Os amigos olharam-no com certa expressão característica de receio...

Sofisticados e superconfortados, esqueceram a nascente da vida, à semelhança do filete d'água que, em se afastando da fonte e encharcando-se no pó, se transforma em lama...

O Dr. Oscar Silva compreendeu. Tentou sorrir.

A fortuna é cruel — pensou —, porque ela revela os escaninhos do caráter e desperta o orgulho e a soberba que lhe são áulicos servis, apaixonados, e vivem no imo do homem. Se a miséria excessiva transforma o ser num revel, o poder dele faz um galé impiedoso, que somente pensa em si. Não fora inútil a asseveração de Jesus, sobre certos ricos...

Mentalmente, recordou-se de Diógenes, na Ágora de Atenas, certa vez, conversando com as estátuas. Admoestado por alguém que lhe informara ser aquilo uma loucura, já que as estátuas não o podiam escutar, revidara o célebre filósofo cínico: "— Sim, eu sei. Acostumo-me com o seu silêncio para depois enfrentar as palavras dos homens..."

Aqueles companheiros ingratos possuíam a indiferença da estátua e a língua ferina da impiedade, para zurzir o látego.

Tentou, ainda, o Dr. Oscar Silva, o tema, e outra vez foi rechaçado.

O primeiro amigo estava velho para envolver-se em problemas novos, e o outro estava rico para examinar questões da pobreza.

Fora, porém, agradável o repasto. A sobremesa servida era a tradicional presunção humana em taças do fino cristal da arrogância, que facilmente se despedaça. Valera pela experiência preciosa de poder encontrar maior miséria além da que apresentava Lúcia: a traição de Mecenas aos compromissos imortalistas e a soberba de Heitor no apogeu da fortuna, que brevemente transitaria com rapidez para outras mãos.

As despedidas foram quase formais, digamos exatamente: desagradáveis. Todos estavam contristados, para não sermos rudes: decepcionados consigo mesmos. Por um momento reencontraram-se e, naquele átimo de tempo, viram-se em regime de realidade.

O Dr. Oscar Silva recusou o automóvel e despachou o chofer. Necessitava andar um pouco.

Dirigiu-se à Avenida Atlântica, para aspirar o ar agradável que a brisa arrancava da crista das ondas e poder pensar, pensar melhor nos complexos mecanismos da vida e exaltar a felicidade de crer, de servir e de viver o ideal.

Caminhando, reflexionava. Refletindo, valorizava a santificada oportunidade que fruía: ter prosseguido fiel nas lides religiosas abraçadas. O convívio com os Espíritos sofredores dulcificara-lhe o próprio coração e impedira que ele derrapasse na direção da vala abjeta dos sentimentos maus. Aqueles momentos de comunhão com o mundo espiritual brindaram-no com o tesouro da piedade e estimularam-lhe os rios interiores da afabilidade e da doçura, a fim de compreender a rapidez com que corre o carro orgânico e logo se dissolve na porta larga do túmulo.

Enquanto pensava, foi acometido de imensa piedade pelos companheiros que se deixaram enganar, quando se desvincularam dos deveres espontaneamente abraçados, e que somente a eles beneficiavam largamente.

Considerou, no íntimo, que, enquanto o homem se mantém afervorado ao ideal, se reveste de uma couraça, renova-se de forças, revitaliza-se e evita o tóxico destruidor e anestesiante do cansaço, da ociosidade, essas armas de que se utilizam as *forças negativas* para obstruir o avanço de quem lhes cai nas malhas.

Como agradecer a Deus, considerava, a felicidade de ter prosseguido? A sua pessoa não faria falta à Doutrina; a Doutrina, porém, era-lhe tudo. Como estavam infelizes os amigos que dela se afastaram, embriagados de ilusão e vazios de paz!

Tomaria sobre os ombros Lúcia e seus filhos — concluiu mentalmente. Internaria as crianças e socorreria a jovem. Dispunha de recursos e os aplicaria jubilosamente. As moedas valem pelas lágrimas que podem enxugar e pela paz que podem proporcionar. (Quase sorriu.) Chamou então um táxi e dirigiu-se ao escritório.

O dia estava estuante. Aguardaria o sábado para procurar a família atormentada na favela, distendendo-lhe o amparo da generosidade cristã e da bondade fraternal.

*

O Dr. Oscar Silva procedia de família modesta do subúrbio do Rio de Janeiro. Dotado de um espírito forte e resoluto, não se permitiu repouso enquanto não empreendeu a carreira da advocacia, estudando afanosamente, conquanto simultaneamente militando no comércio. Inteligência lúcida, não experimentou maiores dificuldades no trato com os livros do amanho universitário, conseguindo diplomar-se. Imediatamente, passou a exercer a profissão abraçada com entusiasmo e dedicação.

Tornou-se espírita em plena juventude e a Doutrina fascinou-o totalmente. Revelando profundo senso de responsabilidade, encontrou no labor socorrista o campo de serviço nobre a joeirar, o que passou a fazer com abnegação e alegria.

Inspirado, e possuidor de palavra fácil, as suas alocuções evangélicas comoviam, produzindo admiráveis frutos de paz nos ouvintes. Estudioso dos postulados espiritistas, sabia tornar os temas profundos facilmente compreensíveis, através de conceitos formosos, participando de incontáveis jornadas de exposição doutrinária ao lado de Daniel Cristóvão, o excelente pregador das Verdades Eternas, e outros denodados trabalhadores da Causa, nos subúrbios e cidades interioranas do Estado do Rio.

Logo após a Segunda Guerra Mundial, consorciou-se com gentil moça paulistana, dotada de preciosos recursos de inteligência e caráter, no entanto, portadora de visível obsessão.

Não se poderia dizer que aquele não haja sido um matrimônio de amor, por parte do moço espírita. Na esposa encontrou não a *fada* mas a necessitada de amparo espiritual e devoção moral. Sem dúvida, fora um desses matrimônios de redenção, como quase todos, cujas origens reais se perdem nas névoas do pretérito espiritual de ambos os cônjuges.

Habitualmente acredita-se que o matrimônio, na Terra, é meramente circunstancial, resultado de fatores coincidentes, que redundam no conúbio a dois. A verdade, porém, com raríssimas exceções, é que todo compromisso conjugal procede de concertos realizados antes do berço — provação abençoada —, em que ambos os nubentes se comprometem auxílio recíproco e respeito contínuo, para o êxito do ministério, através do qual se ajustam arestas e retificam dificuldades, facultando, simultaneamente, a imersão no corpo de muitos Espíritos vinculados pela retaguarda, na condição de credores ou cobradores dos que ora lhes emprestarão a roupagem fisiológica. Nesse sentido, convém considerar-se o impositivo inadiável da paciência nas horas das incompreensões, bem como do indispensável equilíbrio antes das atitudes desastrosas, que culminam em lamentáveis separações, normalmente de consequências imprevisíveis, seja para o hoje, seja para o porvir... Quando o casal se encontra enriquecido pela dadivosa bênção dos filhos, é óbvio que todo sacrifício que se imponham os membros da organização conjugal é sempre valioso a benefício da prole e de si mesmos, desde que a responsabilidade esponsalícia aumenta consideravelmente quando coroada pelos herdeiros, a se enflorescerem como continuadores do clã. Face, portanto, aos incontáveis dissabores que não poucas vezes explodem no lar, merece seja colocada a claridade da Boa-Nova na intimidade doméstica, para que as sombras prenunciadoras de aflições sem-nome não facultem o túmulo do desespero ou a praça da anarquia destruidora. A renúncia aos próprios interesses, tendo em vista o interesse maior da prole, o sacrifício contínuo, para construir no lar a paz e a segurança de todos, são mínimos deveres que não podem ser relegados a plano secundário, sob pena de muitas dores para os descuidados de tão importante capítulo.

Na condição de espírita praticante, o Dr. Oscar Silva não ignorava a gravidade do cometimento. Desde os primeiros encontros com aquela que elegeria para futura esposa, tivera límpida consciência das lutas a travar e dos labores por desenvolver ao seu lado, a fim de libertá-la das amarras com as mentes perturbadoras que a inquietavam. Tinha mesmo a impressão de ser um dos causadores pretéritos do seu atual desassossego. Sabendo-a vinculada à Igreja Romana, não receou ele a empresa afetiva, consorciando-se civilmente e estabelecendo o lar em bases cristãs.

Do matrimônio nasceram-lhe dois filhos — antigas vítimas dos pais, que retornaram em processo de liberação de dívidas, como cobradores austeros e incansáveis — e com a bênção da prole decorreu o retorno do equilíbrio psíquico da senhora. Esta é outra mercê consequente à comunhão afetiva. Ensejando o casamento que venham ao palco carnal aqueles que foram amesquinhados e feridos pela jactância, leviandade ou ignorância, transfere-se o inimigo da paz do mundo espiritual para a Terra, onde é muito mais fácil o ajuste de contas em regime de igualdade vibratória.

Quantos casos de epilepsia na organização feminina são completamente curados após o nascimento dos filhos? E quantos processos de esquizofrenia são recuperados em ambos os sexos logo após a chegada deles? No primeiro caso, argumentam os mais atilados negadores tratar-se de histeria, regularizada pelo matrimônio, e, no segundo, o choque causado pela alegria da paternidade ou maternidade produzindo a liberação do trauma esquizoide... Sabemos, porém, que não é exatamente assim: em ambos os casos, o mergulho da antiga vítima na carne, ora transformada em cobrador, originando a cessação da causa perturbadora, faz que desapareça o efeito na organização que padecia desequilíbrio.

Foi o que ocorreu no lar dos Silva. Tomando a indumentária carnal, os dois sicários passaram à cobrança direta, pessoal e próxima, exigindo dos pais altas somas de renúncias e paciência, por meio dos quais os genitores venceram paulatinamente a impiedade e idiossincrasia dos descendentes, ora consorciados, também vivendo suas próprias experiências no cadinho de purificações intransferíveis.

A diferença de crença religiosa no casal não criou maiores dificuldades. A princípio, a senhora Silva, como seria de esperar, desejou limitar o círculo de atividade do esposo dentro do Espiritismo, sob pretextos ardilosos de ordem vária, nada conseguindo, face à integérrima convicção e compostura do esposo. Conseguiu este, todavia, trazer a luz da fé espírita para o lar, diminuindo desse modo o fragor das batalhas travadas e oferecendo madrugada de esperança para o futuro.

A este tempo, o Dr. Oscar Silva tornara-se um homem de avantajadas posses. Vários e felizes empreendimentos profissionais fizeram-no granjear comodidades inesperadas. Filho exemplar, tornou-se naturalmente nobre pai de família e esposo ideal. Compartindo a convicção com a vivência doutrinária, a todos cativava.

O seu ingresso na agremiação que ora frequentava ocorreu nos primeiros tempos da década de 50, quando ali foram realizadas abençoadas experiências de materialização, objetivando pesquisas probatórias da imortalidade e, especialmente, o ministério de auxílio a enfermos, nas inesquecíveis sessões de cura, realizadas pela casa. Desde então, afeiçoara-se à lavoura evangélica e prosseguia denodado no serviço do bem. Discreto, sabia servir sem alarde, e, humilde, passava despercebido.

Digamos logo: era um verdadeiro espírita. E como se conhece o espírita pelo esforço que empreende para ser cada vez melhor, conforme enunciara o apóstolo Allan Kardec, o Dr. Oscar Silva era o protótipo do verdadeiro cristão.

De estatura mediana, bigodes bem cuidados, com a cabeça recebendo a neve dos anos, encontrava-se naquele agradável período da meia-idade, em que se realçam as qualidades interiores do equilíbrio decorrente de uma vida salutar e a face se deixa marcar pelas experiências vitoriosas da existência. Seus olhos claros inspiravam amizade, e o riso franco conseguia cativar. Era verdadeiramente um homem simpático, agradável e cortês.

*

No sábado, após o almoço e o ligeiro repouso, o Doutor Oscar Silva, munido de alguns utensílios e gêneros de primeira necessidade, dirigiu-se de automóvel à Favela do Esqueleto.

Estava exultante e avançava na direção da realidade.

5 Ante os inescrutáveis desígnios da Lei

Não obstante o temporal houvesse amainado, deixando os sulcos profundos de infelicidade e dor por toda a cidade, reduzindo à ínfima condição de miséria os já miseráveis das favelas e dos amontoados humanos, nos morros circunjacentes, espalhados pela cidade bela qual moldura de sofrimento em tela de grandeza e esplendor, amanhecera úmido e abafado, qual prenúncio de novas chuvas, o dia brumoso, apresentando um céu de chumbo que impedia o benefício do sol generoso.

Dona Catarina ergueu-se mais cedo, dando início à faina de corrigir o barraco, quase em destroços, vítima da torrente que o minava por baixo e dos ventos que o venceram por todos os lados.

Lúcia, febril, mais entorpecida pela fraqueza orgânica do que vencida pelo sono, continuou no leito, por mais tempo, despertando somente quando o choro convulso dos filhos, esfaimados, obrigou-a a superar a própria debilidade.

Dominada pela tuberculose pertinaz e consumida pelo pauperismo de forças, não se pôde manter de pé e rolou, de improviso, tomada por violenta hemoptise.

A avó, surpresa, acudiu pressurosa, correndo do quintal, e aos gritos de desespero atraiu a atenção dos vizinhos, que logo invadiram a casa, se é que se pode chamar de casa o exíguo recinto do abandono. Imprecações e soluços desesperados não podiam deter a violência do sangue, em borbotões pela boca, narinas e ouvidos, asfixiando a jovem sofredora, que revirava os olhos, ofegante, estertorando, em agonia.

Erguida pelas mãos da caridade, sempre presente, como a tentarem impedir o fluxo contínuo, sem o receio de um contágio — será que os sofredores, nesses momentos de angústia, pensam ou sabem o que é contágio? —, a débil flor orgânica do dorido corpo de Lúcia desfaleceu, vencida pelo colapso periférico total e descompasso cardíaco, *ouverture* silenciosa da desencarnação estampada na face em terrível palor.

Colhidos pela surpresa da cena, alguém alvitrou que se fosse ao Posto Médico próximo suplicar algum socorro.

Dona Catarina, todavia, rasgada pelos sucessivos impactos do sofrimento, com essa resignação dos vencidos que se deixam arrastar, simplesmente se permitem vencer, sem sucumbir, pelos sucessos infelizes, meneando a cabeça, que agora parecia precioso adorno sobre o tronco recurvado pela dor inominável, rogou que não se fizesse nada.

— É tarde, muito tarde para ela —, falou, como se estivesse a pensar em alta voz. Os olhos imensos, um tanto fora das órbitas, nublados, recusavam-se a chorar e os lábios, contraídos em ricto de indescritível dor, no semblante de cera, definiam a relatividade das forças físicas ante os impositivos da própria vida.

Um filete rubro continuava a escorrer, como que conduzindo as últimas energias orgânicas, através dos lábios arroxeados da moribunda. Na face descarnada, de manchas escuras, profundas, estampava-se a expressão sem vida dos olhos dominados, cobertos pelas mãos veludosas da desencarnação que se apossava dos despojos. Tremendo de quando em quando, e expirando a pouco e pouco, afrouxavam-se os laços perispirituais, até que os músculos foram sacudidos, o suor porejou na larga testa e Lúcia expirou, libertando-se do fardo carnal, amparada por mãos carinhosas que se lhe distendiam gentis, afáveis, acolhedoras, para o necessário repouso após a rude refrega, no *outro lado* da vida.

Alguma alma piedosa, vinculada fortemente às superstições e crendices tradicionais, acorreu com uma vela acesa e depositou-a aos pés de um crucifixo, cujo desgaste confirmava a chocante disparidade entre os que ornamentam as igrejas da fatuidade e os que rutilam nos tugúrios da necessidade!

Vizinhas, interligadas pela constrição da mesma dor, levaram, às pressas, as crianças do barraco, enquanto outras limpavam o sangue abundante espalhado pela cama e pelo solo... A avó cerrou-lhe as pálpebras, com lívidas mãos, e sucumbiu na soledade do infortúnio.

*

Lúcia, após o encontro, acalentara a esperança de melhores dias. Aquele homem, possivelmente enviado pelo Céu, viria diminuir-lhe o fardo. Intimamente, parecia que o esperara por longo tempo. Todas as reflexões que fizera no grabato duro, se evocavam dores, cantavam, também, alegrias, e como o sorriso da primavera nasce na boca escancarada do inverno em fuga, as suas flores de alento pareciam desbordar do charco dos infortúnios em que se encontrava.

Ignorando o mecanismo da Lei e a necessidade dos reajustamentos, não pudera perceber que os inescrutáveis desígnios escapam a toda vã presunção, e que o ser é fruto dos seus atos passados, para agir com as ferramentas da própria elaboração, na marcha ascendente e libertadora.

Qual o afogado, no entanto, que não se apega às tábuas que flutuam no mar de destroços da desesperação? E quem na meia-noite da desdita não sonha com o meio-dia da paz?

Conduzida ao encontro espiritual com a Duquesa di Bicci, em semidesprendimento pelo sono, pôde receber na concha do coração o lenitivo em forma de reconforto, para a partida que já iniciava, sem que, contudo, pudesse perceber, de imediato, de que se tratava.

O auxílio que, porventura, lhe adviesse do Dr. Oscar Silva poderia modificar o quadro das necessidades de todos do lar e alterar a programação redentora daqueles espíritos em expiação corretora. Por isso mesmo, a caridade é sempre melhor e produtiva para quem a pratica, por encontrar este a glória de paz que dela decorre, sublimando aptidões e dulcificando o ser para a própria evolução.

Quando as mãos se distendem para ajudar alguém que padece, enflorescem-se de bênçãos; no entanto, não nos compete transferir o fardo do sofrimento alheio para colocá-lo "sobre os próprios ombros, liberando o que se encontra sob a constrição dos indispensáveis impositivos enobrecedores. Quando tal ocorre, a Lei aguarda o infrator adiante, com novos processos purificadores. Por essa razão, "marchar dois mil passos, com aquele que nos convida a mil", da asseveração evangélica, tem preciosa significação, pois que nos sugere ir ao lado de quem pede e não seguir a ele. O próprio Mestre aceitou a contribuição do Cireneu que foi constrangido a oferecer-lhe ombro amigo para diminuir o peso da cruz que o lacerava, mas não a transferiu para outrem, levando-a até o cimo do Gólgota.

Não poderia Lúcia compreendê-lo, nem percebera tais sutilezas o Dr. Oscar Silva. Comovido pela realidade dos fatos, era do seu desejo diminuir quanto possível a conjuntura aflitiva em que se debatia a família inditosa, sem compreender, em toda a sua magnitude, a grandeza da Lei. Esperava ele, principalmente, beneficiar-se com o auxílio a distender, por identificar que a mais bela expressão da caridade, aquela que transcende o corpo e acompanha o espírito, chama-se iluminação de consciência. Quiçá, através das doações que planejava fazer àquele grupo espiritual, objetivasse, também, acender a luz da fé nos corações, que prosseguiria além das sombras do caminho carnal, norteando-lhes os rumos na direção da imortalidade.

Conquanto meritórios os seus propósitos, o senhor traçara outras diretrizes.

A duquesa, vigilante, presente, recebeu Lúcia vencida pelo vágado do traspasse, na mudança de planos de vida, envolvendo-a no refrigério do seu carinho maternal, como agradecendo a vitória da renúncia, após o mergulho no rio denso do corpo carnal...

*

Corações diligentes da favela, já acostumados às realidades da vida e da morte, providenciaram o atestado de óbito, impedindo que o corpo fosse conduzido ao Instituto Médico-Legal e tomaram as primeiras providências para o sepultamento ao entardecer.

Reunidas as migalhas do lar, estas não conseguiam atender a mínima importância para os gastos e, novamente, a solidariedade tomou sobre os ombros as providências necessárias.

A avó, silenciosa, transformada em estátua de dor, contemplava o corpo hirto da desencarnada. Amava-a — pensava em abafada aflição a sofrida mulher — com muito desvelo e admirava-lhe o amor dedicado aos filhos, se é que se podia chamar de filhos àquilo... Desde cedo recebera a neta nos braços, que lhe dera providencialmente mais amor do que a filha, sempre doudivanas e rebelde. Agora, como acostumar-se à soledade, ao lado dos "infelizes abortos", como lhes chamava a eles? Daria um jeito neles; no entanto, e a saudade da neta? Sabia quanto sofria a *menina* — nunca deixara ela de ser a sua menina, mesmo depois do que acontecera —, no entanto, nunca a vira maldizer-se, queixar-se, odiar. Sequer odiar — ruminava —, pois é tudo de que dispõem os que nada possuem...

E ali, ante o corpo sem vida de Lúcia, dona Catarina fez um balanço da vida e, ao realizá-lo, foi dominada pelo choro convulso do desespero. Era a dor da própria dor e a dor da dor da neta querida.

A morte — refletia, agônica —, que estranha passante é, reunindo vidas que comanda e arrebata! Que seria a morte e qual a finalidade da vida? Só então lembrou-se de que nunca se permitira cogitações religiosas. Tudo lhe acontecia inesperadamente, é verdade, de tal forma que não possuía tempo ou aptidão para os chamados "mistérios". Tinha uma religião, mas é claro que não acreditava em nada. Acostumara-se a dizer que tinha uma religião, como outros diziam, e vivia como quase todos vivem, sem qualquer sentimento de fé, sem mescla de religiosidade. Ora, também ali seria lugar para se ter religião, onde a sobrevivência depende sempre da astúcia, da habilidade em explorar, em reter, em ocultar?

Dona Catarina esqueceu, então, a vida à sua volta para pensar na morte que a consumia por dentro, após ter-lhe tomado a neta.

*

Muita falta faz o Cristianismo na Humanidade, imensurável falta!

As manifestações religiosas que grassam comprazem-se em assegurar a vida física quase sempre em detrimento das realidades espirituais. O homem, em consequência disso, adia meditações em torno do problema da desencarnação, como se fora uma realidade remota, sempre distante, e, invariavelmente, deixa-se colher pelo fenômeno *morte* sem o necessário preparo espiritual para a jornada na direção da realidade.

Diante de um ser amado que partiu da Terra, na hora em que o amor arde no coração, quem não há interrogado sobre a grande viagem, essa marcha que antes diziam seguir na direção do desconhecido?

Ao se apagarem as lâmpadas dos olhos e ante o silêncio dos lábios que se agitavam na emoção e pronunciavam melodias de esperanças, cantos de sorrisos, fitando-se o peito que já não se agita, quantas interrogações não afloram às mentes que ficaram, dolorosas, pungentes, desesperadoras?

Relacionando as oportunidades da convivência física e emocional com aqueles que agora estão reduzidos a lama, em começo, e logo mais a cinza que o pó consome, arrependimentos tardios e lancinantes evocações afloram às mentes, desejosas de refazer, de ter as oportunidades que não voltarão, a fim de retificarem enganos e desconcertos. O imenso silêncio que impera, símbolo significativo da magnitude do túmulo, desafia a frieza do Materialismo e a empáfia dos partidários da existência única, que se deixam então vencer pelo peso do indesejado acontecimento.

Em tais ocasiões, ecoam sem vida as preces memorizadas, e soam sem tônica de paz ou esperança as palavras "sacramentais", fúnebres e descoloridas como o passar das eras que as articularam.

Nesses momentos, porém, quando se supõe que o amor desfaleceu e a vida se extinguiu, ou somente poderão reaparecer em estados-limites impostos pelas determinações dos dogmas humanos, ergue-se triunfante, além das sombras, a madrugada da vida, facultando ao ser ressurgir dos escombros, vestido pela indumentária eterna que elaborou na Terra.

O Espírito triunfa do corpo e recomeça o caminho momentaneamente interrompido. Do silêncio dos lábios e da acústica fechada irrompem, além das vibrações físicas, novas modulações, e o amor reaparece glorioso, em gáudio e vitória, entretecendo novas esperanças e construindo imprevisíveis realizações.

Em hipótese alguma morrer é parar, finar, consumir-se.

A vida sobrepõe-se à morte e domina todas as paisagens.

Por isso é que o amor, emanação do Excelso Pai, acende a claridade da alegria e dirige os que tombaram, após reerguê-los e ampará-los longe dos limites das sombras, das dores, das paixões alucinadas.

Em nome desse Amor não se interrompem os programas do afeto, nem se arrebentam os liames da antipatia necessitada de destruição; antes, aumentam os recursos do intercâmbio e se multiplicam as possibilidades da ventura, surgindo e ressurgindo ensejos de construir a perene felicidade, que a todos espera, na dependência do tempo empreendido no burilamento pessoal, intransferível.

Atestam tais fatos, hoje como ontem, os Espíritos que retornaram e ainda voltam, predicando a conquista do bem sobre o mal e o triunfo do amor em todas as suas expressões, como aurora indestrutível e inapagável de luzes e bênçãos inefáveis.

Exultai, todos vós, que perdestes temporariamente os vossos seres queridos, arrebatados pelo veículo da desencarnação. Eles não morreram! Atravessaram a grande aduana, que também vos espera, e enquanto isso trabalham por vós e por eles, preparando o vosso amanhã. Se sofrem, por equívocos a que se entregaram, retemperam o ânimo para novas jornadas; se são felizes, repartirão convosco as suas dádivas. Confiai e laborai! O amanhã é o nosso dia, que hoje começa, pedindo-nos seriedade e abnegação na conquista da nossa felicidade!

*

Três dias após o sepultamento de Lúcia, ainda martirizada pela dolorosa surpresa da realidade, impossibilitada de dar às crianças a assistência necessária, dona Catarina não sabia como ou o que fazer.

Fitando aqueles seres fundamente marcados pelas mãos do destino, em. limitações irreversíveis, ora se compadecia, ora se revoltava. Cismando, no silêncio da dor, interrogava o porquê de, ao invés da neta, não partirem da Terra aqueles "destroços humanos", como que desejando retificar os desígnios superiores que regem a vida. Obrigada a trabalhar fora para prover a própria e a subsistência das crianças, teria que deixá-los entregues à assistência muitíssimo precária de alguém que, remunerado, pudesse oferecer o mínimo dos parcos recursos que a sua velhice fosse capaz de adquirir. Enquanto Lúcia vivia, as migalhas das esmolas recolhidas supriam ao menos o pão reduzido para matar a fome, fazendo-a vítima das circunstâncias infelizes em que medrara, débil flor de estufa despedaçada rapidamente. A verdade é que não conseguia suportar a presença dos bisnetos. Algo neles havia que não somente lhe inspirava asco, digamos a verdade, senão, também, surda aversão. A presença da mãe diminuía-lhe o constrangimento, como se um raio de sol esbatesse a permanente sombra que teimava em escurecer o reduzido espaço em que se mesclavam as dores e as ansiedades, em lenta agonia de desesperança.

O casebre miserável parecia-lhe agora mais vazio, mais triste, cheio somente das apreensões e melancólicas evocações, embora a bulha e a alacridade infantil que zombavam, lá fora, dos problemas férreos que circundavam a "ilha de infortúnio", naquele mar de indiferença social. Afinal, a alegria jovial da infância é a mesma em toda parte. Aliás, a infância dali era constituída de adultos: olhos acostumados a fitar o que não alcançavam e semblantes sulcados pela tristeza que os envelhecia, atenazando as ligeiras esperanças que cantassem sonhos nas suas mentes, bem cedo armadas para a defesa e preparadas para a agressão sistemática.

Os olhos tristes de um menino triste, que a miséria vence, são as lâmpadas de brilho mais comovente que se pode contemplar!

Os dependentes de dona Catarina, todavia, não poderiam ser mesmo considerados crianças: um deles não tinha luz alguma nos olhos; eram tristes vazios sem lume aceso, que não fitavam coisa alguma, e os braços quase terminavam em pontas que caricaturalmente expressassem mãos. O corpo era esquelético, a respiração ofegante, sempre ofegante. Assim, José Luiz estava armado pela organização fisiológica indispensável à libertação do pretérito de delitos. Girólamo se revestia das roupas físicas que, imperiosamente, o levariam à conduta condizente com o amor. Dependendo de mãos carinhosas para conduzi-lo em plena noite, na densa treva da meditação demorada, ao aprisco do bem, possuía o aparelho fônico e a boa lucidez para, a seu turno, sustentar o irmão surdo-mudo, para por ele interferir oportunamente, enquanto o outro teria a luz em sua rota, para se interdependerem, reciprocamente, na senda de espinho que elegeram. Destarte, Luiz José, menos lúcido e igualmente limitado, aprenderia a libertar-se do orgulho e do ódio que acompanhavam o Duque di Bicci, que olvidara a Sabedoria Divina para tornar-se calceta, fora do corpo e nele, durante o mergulho na oportunidade ditosa que destruíra às margens do cantante Paraíba, no século passado. Desse modo, ergastulados no presídio que edificaram para a redenção, não permaneciam ao abandono. Marchavam, é certo, sem amores ao lado, na organização fisiológica, considerando que a sementeira de que se serviram apresentava apenas espinhos e cardos abundantes, a medrarem incessantemente. Todavia, do Alto, invisíveis mas sempre presentes, marchavam outros amores que o tempo não apagara, nem a ingratidão fizera esmaecer: verdadeiros e inefáveis amores!

Naqueles depauperados organismos, sob a contínua sintonia com os redutos infelizes donde vieram, não há muito, e em que lutavam em vampirismo de alucinação, Antônio Cândido e Bernardo, embora o auxílio espiritual recebido, não poderiam romper em definitivo os compromissos negativos assumidos de livre e espontânea vontade. Possuíam, entrementes, forças para sobreviver à desdita, de modo a resgatarem e crescerem, demandando outros tentames, mediante os quais, no futuro, provariam o pão da alegria e a água da felicidade.

Expiações redentoras são, também, as mãos do amor trabalhando as substâncias do ser para o fanal glorioso.

É certo que a Lei possui recursos sutis para atingir suas finalidades, não sendo nunca necessário que alguém, por negligência ou animosidade, coopere para a consumação dela. Todo aquele que se faz intermediário, responsável negativo pelos ajustes, toma-se, também, a seu turno, enquadrado nos regulamentos da Justiça Divina.

Dona Catarina, impossibilitada de compreender as superiores finalidades da reencarnação e angustiada pela premência da miséria, não tergiversou quando Guálter, que nunca desistira de abocanhar o quinhão do sofrimento alheio para expô-lo à curiosidade mórbida dos transeuntes do mundo, lhe apareceu, oferecendo expressiva importância, com a qual arrebataria das suas mãos os pobres espécimes da fauna humana.

— Receio, Guálter — disse ela, um tanto atemorizada — realizar a transação. Posso avaliar as constrições superlativas da humilhação continuada que experimentarão os infelizes...

— E aqui? — revidou o *gitano*, astuto — Que lhes pode a senhora oferecer, além de maior abandono e morte próxima por desnutrição? Eu, pelo menos, terei cuidado em provê-los para que me ajudem e, no momento justo, quando já não me possam mais ser rendosos, ao crescerem, encaminhá-los-ei na vida. (Dizia isto para ganhar a conivência da atormentada anciã, pois que a ele pouco importava o futuro dos outros.)

— E os vizinhos, que pensarão? — retomou a senhora. — Que lhes direi? Se alguém desconfiar? Você sabe que tudo se descobre, e que nada permanece ignorado por muito tempo...

— Dirá que alguém, piedoso e compadecido da sua situação — apressou-se em esclarecer —, veio em seu socorro e tomou a si as crianças, para interná-las em alguma casa própria. Ora, com o que lhe vou dar, a senhora poderá vender a casa e mudar-se para outro lugar, em que seja desconhecida. Explicará à vizinhança que, com a morte da neta e o encaminhamento das crianças, não deseja ficar mais por aqui, e resolveu retornar a São Paulo. A senhora não é de lá? Quem se interessará por mais nada? Outra pessoa não pensaria duas vezes na minha proposta ...

O cigano tinha os olhos rutilantes. Falava, emocionado, ansioso, com a cobiça fora de qualquer controle.

— Poderia revê-los? — interrogou, expectante.

— Estão aqui no quarto — respondeu a velha.

Levantaram-se os dois e, vencendo a pequena distância, depararam com o que lhes parecia objetos de troca e não destinos humanos, que sempre pertencem ao Pai.

Luiz José estava acordado e os seus olhos escuros brilhavam. O cigano fitou-o, tomou-o no regaço e sentiu inusitada emoção. Bernardo voltava, por estranhas circunstâncias, aos braços do coronel Aragão e Silva, para os reajustes imperiosos ante a sabedoria da Contabilidade Divina.

Guálter não teve dúvida. Estimulado pela sensação desconhecida de que se via objeto, abriu a burra de couro, recheada, que trazia sob o casaco e, apresentando o dinheiro a dona Catarina, que perdia os últimos escrúpulos, aumentou a quota e fechou o *negócio*. As crianças doravante lhe pertenciam. Ficariam ali por mais um pouco, enquanto ela "preparava o terreno" com os vizinhos e amigos, apresentando a explicação sugerida pelo comparsa sobre o destino que daria aos bisnetos, entregando-os à vigilância e cuidados da caridade, devendo ela, por sua vez, transferir-se da cidade, logo depois.

Olhos vigilantes e espírito em prece, a duquesa acompanhava da esfera espiritual o curso da Lei e o desenrolar dos inescrutáveis desígnios divinos.

6 Caridade atrasada e socorro tardio

A semana que sucedera às tormentas fora tranquila, menos para os que haviam perdido com as chuvas os parcos pertences, reduzidos, assim, à mais extrema miséria. Os vestígios do temporal demoravam por toda parte, aguardando providências para serem removidos. Havia, no entanto, sol, e o céu azul confraternizava com sofrimentos humanos, como se desejasse diminuir a dor de todos, graças à magia imponderável da sua beleza.

O Dr. Oscar Silva cantava alegrias na alma. Desconhecidas emoções dominavam-no desde o encontro que mantivera com Lúcia. Não obstante a convicção espírita bem fundamentada, a confirmação do prognóstico reencarnatório, que tivera a ventura de presenciar, fazia-se verdadeira bênção para o seu espírito afável.

Ponderava durante toda aquela semana a respeito da inteireza das Leis Divinas, absorvendo o néctar dos júbilos melhores e não se cansava de agradecer a Deus a felicidade da fé esposada.

Naquela tarde, esperava aprofundar investigações e desenvolver em larga medida o labor da solidariedade junto aos sofredores que defrontava pelo caminho. Assim, exultava interiormente, movido pelo mecanismo da felicidade.

Deixou o automóvel na rua fronteiriça à favela e, tomando o expressivo farnel que tivera o cuidado de mandar preparar, aproximou-se de modesta casa comercial, solicitando informações. Não encontrou qualquer dificuldade. Garoto vivaz que estava próximo ofereceu-se a levá-lo à casa procurada, a troco, obviamente, de insignificante retribuição monetária.

Vencendo com rapidez as ruas sujas e infectas, à do esqueleto de concreto armado de um edifício amplo e abandonado, alcançou o barraco desejado.

A criança, com voz estridente, chamou dona Catarina, que logo se apressou em abrir a porta, não ocultando a própria surpresa ao defrontar a visita que a buscava.

— Procuro a jovem Lúcia —, informou o Dr. Silva.

— Pode entrar — retrucou a anciã —, e não repare o estado da casinha. Ocorre que as chuvas e outros problemas ...

— Esteja tranquila, senhora —, respondeu com gentileza e natural espontaneidade —. Agrada-me estar aqui. Conheci Lúcia, há poucos dias, para ser mais exato, na noite da chuvarada e prometi-lhe visitá-la, o que ora faço. Ela está, no momento?

A sulcada face da velha fez-se muito triste e com os olhos nublados respondeu, sofrida:

— Lúcia, meu senhor, Lúcia morreu, e já foi enterrada há vários dias. Coitadinha! Não suportou a doença, a miséria, os desassossegos da vida.

O visitante tornou-se lívido, como se fora apunhalado pela inusitada surpresa.

Sabia, sim, que ela não estava em perfeito gozo de saúde, todavia, não poderia supor que ela estivesse mais próxima da realidade espiritual do que poderia imaginar. Momentaneamente, ficou estupidificado, a interrogar-se... Poderia ter vindo antes, no entanto, adiara...

— Quando ela desencarnou? Isto é, quando morreu? — Inquiriu com voz sumida.

— No dia seguinte à tempestade. Acredito que ela não resistiu à chuva; ficou toda ensopada... — Gemeu a avó.

E ele se perdeu em reflexões mui profundas. E descobriu-se egoísta mais do que se acreditava. Repassando os acontecimentos, revia-se preocupado com a própria paz, não obstante as necessidades daquela mulher-mãe, que o conseguira sensibilizar. Lembrara-se de partir na direção do lar, prometendo visitá-la, porém, deixando-a a sós, ao desamparo, com os filhos. Onde a sua atuação cristã? Por que não se prontificara a conduzi-la ao lar, naquela mesma hora, amparando-a, ajudando-a com algumas moedas, impedindo-a de continuar a pedir ajuda? Primeiro pensara em si, nos seus... Quem são afinal os nossos? — Interrogava-se, autoafligindo-se.

As lágrimas vieram-lhe aos olhos, nascidas no coração.

— Pobre Lúcia! Pobre menina! — Saiu-lhe o lamento inconscientemente dos lábios.

Fez-se pesado, desagradável silêncio. Depois de alguns momentos tensos:

— E as crianças... Onde estão? — Perguntou, desejoso de não perder a oportunidade.

A senhora, colhida a seu turno pela surpresa, um tanto embaraçada ante o interesse do desconhecido, cogitou de responder sucintamente:

— Internei-as numa casa...

— Internou-as? Onde? Desejo ajudá-las, em memória da sua filha.

— Minha neta — contestou dona Catarina, ainda mais inquieta —. Agora é tarde, moço, para qualquer coisa; muito tarde.

— Absolutamente, não é tarde. Eu posso ajudar as crianças, como à senhora também. Basta que me diga como ou que fazer. Estou disposto...

— As crianças, porém, não estão aqui no Rio... Encaminhei-as a uma casa de caridade, em São Paulo, onde soube que serão muito bem tratadas. Os infelizes não têm ninguém e eu, na minha idade, não podia... Assim...

— Compreendo, senhora. Todavia, desejo ressarcir um débito para comigo mesmo e necessito que a senhora me ajude. Diga-me onde estão as crianças e não se arrependerá...

— Não posso! — respondeu com azedume na voz e mal-estar geral — O senhor não tem nada com a vida deles. Afinal, quem é o senhor?

A interrogação de dona Catarina era o desafio dos que se sentem colhidos pelas malhas da rede da própria insensatez. A essa altura, o medo, a vergonha e o desprezo por si mesma transformaram-na. Assumiu a atitude de defesa, mesmo sem ter sido acusada de coisa alguma, isto é: acusada pela própria consciência. O severo juiz interior que a todos governa, mesmo quando anestesiado, consegue despertar ante qualquer estímulo. Era o que acontecia com dona Catarina. A verdade é que ela não desejava realmente encaminhar as crianças a estranhas mãos. No entanto, acobardada pelas circunstâncias negativas de que se via presa, sem a segurança moral que oferece elevação de sentimentos e renúncia, estimulada pela cobiça, fiel ao postulado de que o "dinheiro representa o poder", não conseguira sobrepor-se à ambição nem, simultaneamente, à antipatia que lhe inspiravam os sofredores, deixando-se vencer pela inferioridade e atirando-os, bem como a si também, ao poço do infortúnio.

Pressentindo alguma desgraça que a provecta senhora engendrara ou de que fora vítima, de peito opresso, o visitante inquiriu com maior vigor:

— Que foi feito das crianças? Que lugar é esse onde ninguém poderá ir? Disponho de recursos para ajudar e não descansarei enquanto não o fizer. Diga-me o que se passou.

— E quem é o senhor para vir à minha casa dar-me ordens? — desabafou, revoltada e receosa.

— Sou um amigo de sua neta e desses pequeninos. Suspeito que sob estes telhados aconteceu alguma coisa muito grave.

— Não aconteceu coisa alguma que lhe interesse. Eu era a responsável por eles e não iria deixá-los morrer à míngua, na expectativa de uma ajuda que nunca chegou. O senhor faça-me o favor de retirar-se...

Tentando recobrar a serenidade, o Dr. Oscar Silva, pensando em Lúcia e nas provações ásperas que adviriam aos seus filhos, procurou dominar os impulsos e argumentou:

— Senhora, eu prometi à sua neta socorrê-la. Ocorre que ela já não vive no corpo e eu desejo cumprir a minha promessa, ajudando-lhe os filhos, mediante os recursos de que disponho.

— Mas não vejo como ou o porquê do interesse do senhor. Nós jamais encontramos ajuda de qualquer pessoa, que não objetivasse explorar-nos, esmagar-nos... Estou surpresa e não posso acreditar.

— Pois creia na minha lealdade de propósitos.

E imprimindo à voz emocionada a firmeza necessária a um relato breve, referiu-se ao encontro na noite tormentosa e o que lhe significara, explicando a sua condição de espírita, sua crença na imortalidade e na reencarnação, na justeza das Leis da Vida e, por fim, relatando o acontecimento passado, quando da memorável sessão mediúnica, nos idos dos anos trinta.

A narração escorria-lhe com simplicidade e convicção, evocando os lances básicos da jornada em que todos nos encontramos na linha de evolução, nascendo para resgatar e recomeçando para burilar o espírito.

Dona Catarina escutava-o, a princípio, molesta, e, logo depois, receptiva, acessível, emocionada.

Quando concluiu, sopitava a custo a emotividade, enquanto a avó chorava.

— Desgraçada de mim! — conseguiu dizer — Que fiz eu, Deus meu?

Batendo na cabeça, a senhora chorava copiosamente. O Dr. Oscar Silva confortou-a e indagou:

— Que ocorreu, senhora? Onde estão as crianças?

— Entreguei-as a Guálter, o cigano. Vendi-as miseravelmente, para que ele as exponha pelas estradas do mundo. Desgraçada de mim; mil vezes desafortunada! Ganhei o dinheiro e desde então perdi o resto da minha paz. Tenho a impressão de que a *sombra* da minha neta sofre com o meu delito e não me posso perdoar...

— Vendeu-as? — interrogou, fulminado.

Os olhos, desmesuradamente abertos, fitavam quase sem ver. Pelo pensamento turbilhonado, o trabalhador da seara espírita perdia-se em cogitações de horror, sofrendo o aguilhão das circunstâncias.

— Que deveria fazer, na minha desdita? Tê-los comigo e morrermos abraçados? É verdade que nunca morri de amores por eles, mas também não sou nenhum animal que rejeita as crias. Não sei. Deus meu, o que me aconteceu! A desdita de ver minha neta partir, o horror ao meu sofrimento contínuo e outras dores mais contribuíram para a decisão. Depois, a ronda sistemática do abutre junto ao quase cadáver dos meus desditosos bisnetos...

O lamento, feito de remorso e agonia, chorava no barracão de infortúnio.

O infortúnio decorre, também, da invigilância e da precipitação. Quando estamos inquietos, tomamos decisões apressadas, como desejosos de fugir à realidade, supondo que tais atitudes não ressurgirão adiante, agravadas, complicadas, mais duras e cruéis.

Quantas vezes, no acume da dor, ao invés de silenciar a voz da rebeldia, blasfemamos, ferimos, azorragamos, dizendo que assim se desobstrui o espírito asfixiado! Nunca, porém, um erro é justificativa para outro, nem um atentado explica outro.

Confundidos na mesquinhez do ser subalterno, facilmente desatrelamos o corcel da rebeldia injustificável, fugindo pela porta mais fácil e que, não raro, nos atira ao abismo profundo da mais cruel desesperação. Semeadores hoje, somos igualmente os colhedores dos frutos de amanhã.

A cena pungente alongou-se até o cansaço.

A muito custo, o advogado, surpreendido pela realidade daquele espírito atribulado em si mesmo, concatenando ideias e pensando em providências, esperando tranquilizar a senhora quase hebetada, disse:

— Buscaremos a polícia e narraremos tudo.

— A polícia? — gritou — nunca, nunca. Prefiro a morte à polícia. O senhor sabe o que me fariam os policiais? Ignora o preço que pagam os miseráveis como nós, pelo crime de sermos da miséria? É tarde, senhor! E não procure a polícia, ou, do contrário, aqui será encontrado mais um cadáver...

Os olhos da pobre atormentada tomaram estranho brilho. As forças que pareciam débeis naquele corpo sofrido e já recurvado estrugiam, agora, com violência. Ira e desequilíbrio estimulavam as fibras cansadas e estas, retesadas, agitavam-se no cru desespero da aflição.

O Dr. Silva acercou-se, então, da atormentada mulher e convidou-a a orar.

Em um instante feliz, recordara-se do lenitivo da prece, esse orvalho dos céus que verte sobre a terra, quando se produzem condições propícias. Ela desejou recuar, evadir-se.

Também ele estava ansioso e aflito. Segurou-a com bondade, e, fazendo-a sentar-se ao lado de modesta mesa, reorganizou-se intimamente e começou a orar, a princípio em silêncio, preparando os requisitos especiais para o intercâmbio com as Potências Superiores da vida.

Depois de expressiva pausa, exortou ao senhor, suplicando Sua misericórdia, Sua paz, Seu socorro.

A musicalidade da oração, vertendo sublimes vibrações, penetrava o tugúrio e modificava a atmosfera. A duquesa, em espírito, igualmente penetrada pelas modulações espirituais do momento, vivamente comovida, fez-se o instrumento de que se utilizava o senhor, e, com bondade envolvente, aplicou passes refazedores e revigorantes em ambos os seres ali abraçados pela legítima fraternidade, sem as cogitações que diferenciam as criaturas. Nem reclamações, nem justificativas, nem apelos, nem lamentos na prece, mas uma entrega total às Mãos Divinas, reconhecendo a fragilidade do barro orgânico e do espírito endividado. Humildade e arrependimento, tecendo a coroa da paz que tranquiliza o calceta e lhe faculta oportunidade de discernir para recomeçar.

Realizada a tarefa da comunhão com o Alto, o Dr. Silva tomou de um vaso com água e fluidificou-a, mediante a tradicional imposição das mãos. Depois, fez que dona Catarina a sorvesse.

Abençoada paz dominou o recinto exíguo e pobre, acalmando os dois seres ora irmanados.

A senhora, não obstante asserenada, continuava a chorar, sinceramente arrependida, possuída, agora, pela consciência da atitude precipitada.

— Que será das crianças, em mãos avaras? — interrogou com honesta preocupação.

— Confiemos em Deus — ponderou o interlocutor —, guardando a certeza de que nenhum de nós se encontra à mercê do abandono, na via redentora por onde marchamos. Os insondáveis desígnios da Lei, da mesma forma que sabem encontrar o calceta, o devedor, o irresponsável, podem modificar-lhe a conjuntura aflitiva e possuem, também, os dons de diminuir as dores, utilizando-se de desconhecidos processos, ante os quais os nossos recursos de percepção e entendimento empalidecem. Busquemos, agora, estar em vigília para evitar outros males maiores, não derrapando pela vala da deserção dos deveres, já que sempre podemos construir, redimir-nos e recuperarmos o valioso patrimônio do tempo, nem sempre utilizado com a necessária sabedoria.

E desejando tranquilizá-la, aduziu:

— Talvez venhamos a encontrá-los, fortuitamente. O mundo, afinal, não é tão grande assim.

— Eu estava disposta a evadir-me daqui... como prometera a Guálter, para evitar suspeição e também poder diminuir as fadigas, agora que disponho de algum dinheiro... O dinheiro de Judas...

— A fuga de maneira nenhuma resolve o problema da consciência e da responsabilidade. Onde vamos, conduzimos conosco os problemas que nos dizem respeito. Seria, pois, de bom alvitre aqui continuar. Ao menos, Guálter saberia onde encontrá-la em qualquer circunstância futura.

— E o dinheiro, que farei com ele?

— Não tome atitude precipitada, para evitar que novos problemas de remorso lhe assomem à mente. Há tempo para pensar e tempo para agir. Por enquanto, seria bom guardá-lo, quiçá para devolvê-lo ao algoz, responsável pela sua atual intranquilidade.

— Como Judas fez, com os sacerdotes, após o negócio?! E se ele, à semelhança daqueles, não desejar receber?

— Esperemos o tempo, senhora, o grande enxugador de lágrimas e o sereno silenciador de vozes desesperadas. Confiemos no amanhã, já que o hoje nos parece sombrio e dorido.

O Dr. Oscar Silva entregou-lhe o farnel que conduzira e, evitando fazê-la sofrer mais, poupou-se a narrar-lhe os planos de internar as crianças em hospital especializado e atender Lúcia, cuidando, também, da sua saúde, mediante assistência própria.

Sustentado pelas mãos caridosas da duquesa, presente, relanceou o olhar pela sala modesta, desarmada de quaisquer atavios e pareceu enxergar além da dimensão terrena a entidade generosa, que lhe sorria...

Com o espírito repleno, despediu-se de dona Catarina, prometendo retornar oportunamente e, esforçando-se por dar à voz um tom de naturalidade, agradeceu-lhe o atendimento e afastou-se.

A tarde esmaecia em tons variados. Entrementes, fazia calor.

Após vencer a pequena distância que o separava do veículo, sentou-se e mergulhou em demorada meditação.

Pela tela mental repassavam os raciocínios e cismares, como se ansiasse por penetrar na trama daqueles destinos.

Por mais se esforçasse, perdia-se em novas interrogações, em conjeturas sem respostas. Era, sem dúvida, vã presunção penetrar nos desígnios espirituais, tentando equacionar, à luz da razão ou do senso comum, todas as coisas. Diariamente, vai o homem colhido por fatos que de espécie alguma parecem programados e, no entanto, ocorrem com segura definição. A cada instante, novas situações modificam estruturas bem delineadas e, não poucas vezes, desconhecidas forças interferem nas vidas humanas, modificando-as inteiramente.

Ávido de explicações e novas elucidações, o homem impõe respostas e encontra novas inquirições.

Enquanto pensava, aturdido, pareceu escutar no recesso do ser: "Tranquiliza-te. O senhor vela por todos nós. Ele está no leme da barca da vida. Confia e serve mais".

Ligou o motor e deu partida, buscando o lar e levando nova experiência a amadurecer, como lição da aprendizagem superior do verbo viver.

7 O determinismo e o imponderável

O Dr. Oscar Silva, sinceramente preocupado com o destino das crianças, ora em mãos da impiedade, sofrendo as mais vis humilhações, sentiu ralado o espírito pela compaixão.

Desde o último encontro que mantivera com os amigos, agora fascinados pelos ouropéis, que desertaram miseravelmente das linhas do dever, aguçara o interesse de procurar a dedicada médium do passado, que desde os primeiros anos da década de quarenta colaborara na elucidação de problemas reencarnatórios valiosos, oferecendo a sua aparelhagem mediúnica para o intercâmbio com o mundo espiritual.

Trasladada de outra cidade para o Rio de Janeiro, não lhe fora difícil, graças ao seu passado de dedicação à causa espírita e ao seu profícuo labor de divulgação das verdades eternas, reunir um grupo de corações amigos à sua volta, emprestando sempre que possível a instrumentalidade mediúnica para o serviço do Mais Alto. Quase octogenária, agora, cansada e sofrida, após dedicação abençoada ao programa de consolo e esclarecimento nas linhas do vero Cristianismo, possivelmente se encontraria sobrecarregada de apreensões e quiçá em soledade. Não a soledade que decorre do abandono, mas aquela que é fruto do esquecimento: a de que padecem os anciãos deixados à margem pelos mais jovens; a que sofrem os que se entregaram ao bem servir e não são mais alvo do entusiasmo de muitos que, sempre trêfegos, voltaram-se para os que rutilam por um momento no cenário do mundo, substituindo os antigos lidadores; aquela que a maledicência bem acondicionada produz, graças à severidade de julgamento para com o próximo e a supertolerância para consigo mesmo; a soledade entre muitos...

Reflexionando com lucidez, o advogado estava disposto a não perder nova oportunidade, não adiando indefinidamente o encontro que já tardava. Assim, resolveu visitá-la no dia imediato, agora que estava informado da sua atual residência.

*

Conseguido o objetivo que o obcecava desde algum tempo, Guálter exultou com a aquisição feita.

Espírito acostumado às transações torpes e viciado secularmente na ganância, antegozou o triunfo enganoso.

Mantinha ele estranha exposição de misérias, com que se comprazia, conseguindo amealhar moedas, espicaçando as distonias emocionais dos transeuntes em feiras-livres pelas cidades do interior, exibindo casos da teratologia, pelo que buscava adquirir incessantemente quanto pudesse produzir choques e estupor na clientela também infeliz.

Utilizava-se, portanto, da argúcia tradicional da raça para extorquir dinheiro e não se lhe aplacava nunca a sede por novas aquisições monetárias ou monstruosidades a abocanhar.

Errante, seguindo o destino nômade, deambulava por diversos sítios com a sua estranha carga, armando a tenda onde a polícia, nem sempre cumpridora dos deveres, lhe permitia a exibição dos horrores da vida...

Diante dos padecentes que lhe passaram a pertencer, através da invigilância de dona Catarina, a cobiça desordenada sonhava planos largos.

Pelo pensamento delineou um painel com pormenores cruéis, de modo a, quando exibido, atrair os incautos e ignorantes para o culto da impiedade, e que pretendia colocar à porta da barraca, onde José Luiz e Luiz José seriam expostos. Na ardência da imaginação, planejava explicar que aqueles eram filhos do incesto, punidos pela Divina Justiça, e que a mãe, após vê-los, enlouquecera e os atirara fora... Afirmaria que foram recolhidos pela piedade alheia, fazendo-se, então, responsável pela manutenção de ambos. Antevia já as expressões faciais dos espectadores, a crescente curiosidade de todos e a bolsa referta de lucros...

Recebendo os meninos da avó, menos de uma semana após a desencarnação de Lúcia, levou-os à noite ao tugúrio em que vivia, acobertado pelas trevas, mercador de sombras que se fizera.

Não é necessário dizer como Guálter era amante da sovinice e servo da desconfiança. Coagido pelo passado de culpas a posições subalternas, extraía da vida somente o que representava segurança nos moldes materialistas, sem realizar os objetivos superiores da reencarnação. Vinculado espontaneamente ao destino daquelas crianças, desde vidas passadas, reencontrava ensejo de renovação interior e recuperação, compelido pelos impositivos nobres que escapam, não raro, mesmo a observadores acurados.

Levando ao próprio lar a aquisição humana feita, não podia sopitar a estranha simpatia que experimentou, imediatamente, quando teve nos braços a Luiz José... Carlo, desse modo, religava-se ao Duque di Bicci, transitando no ergástulo sublime do recomeço.

Depois de acomodar as crianças da melhor forma possível, menos por amor do que pelos estipêndios que esperava recolher, procurou o leito, ansioso pelo dia próximo, a fim de cogitar da realização dos planos traçados.

A excitação roubava-lhe a serenidade necessária para o repouso. Com a mente em febre, revirando-se na cama demoradamente, passou a experimentar singular estafa, acompanhada de amolentamento corporal e caiu em forte torpor que, não obstante vencer-lhe o organismo físico, lhe permitia ver e ouvir com expressiva nitidez, mantendo-lhe lúcido o raciocínio.

Nesse comenos, apareceu-lhe a Duquesa di Bicci, que se fazia emoldurada por safirina luz e em cujo rosto esplendente de beleza pairava indefinível tristeza.

O *gitano,* sacudido nas fibras íntimas da emotividade e sem atinar com a realidade da aparição, balbuciou de voz trêmula:

— *Dios mio, sois la Virgen Maria!*

— Não, Guálter — elucidou a entidade —, sou apenas tua irmã, que te vem falar em nome do amor maternal, evocando, certamente, a Mãe Santíssima. Conhecemo-nos de há muito e eu te sigo o rumo na Terra, não obstante as tuas muitas fugas ao dever e à responsabilidade...

Guálter, hipnotizado pela beleza da comunicante, deixou-se arrastar pela transparência do seu amor e não a interrompeu. A entidade, por sua vez, imprimindo expressiva modulação à voz, prosseguiu:

— Recorda Siena do passado, o jovem Conde Girólamo, e compreenderás...

Acionado o mecanismo da memória por desconhecida força, o cigano recordou. Nos painéis mentais revia-se na cena em que explorava o conde enfermo e partia em louca velocidade, enfrentando a tormenta e sendo vítima da própria impetuosidade. Estupidificado, acompanhou o desenrolar dos acontecimentos sem pronunciar palavra.

Antes de recuperar a necessária razão, voltou a ouvir:

— Recorda, agora, antiga fazenda, no Vale do Paraíba, e lembra-te de Bernardo...

Novamente, o aturdido Guálter teve a mente sacudida por evocações dolorosas, revendo-se no coronel Aragão, arrastado pelo animal fogoso, enquanto o *espanholito* gritava, desesperado.

Não se libertara, ainda, da visão, quando a senhora esclareceu:

— Esses são quadros das tuas vidas anteriores. Não ignoras, mesmo agora, que o homem é o semeador do seu destino. Escutaste, nas reuniões do teu povo, lições seguras sobre as vidas errantes dos que desrespeitam as leis e sabes que a *estrela* de cada um são os seus atos, clareando ou sombreando os caminhos por onde segue na vilegiatura carnal. Desse modo, o Senhor da Vida e da Morte aquinhoa-te, hoje, com a oportunidade de elevação, utilizando-se da tua própria leviandade, mercador de almas como te fizeste.

E, sem mais delongas, abordou o tema de grave responsabilidade:

— Estes dois que ora dormem sob o teu teto não são *coisas* de que a tua ambição possa dispor impunemente. Muito erraste e muito hás recebido para resgatar. Todavia, não compliques mais o teu futuro. O pequenino Luiz José é aquele que trocarias por Antônio Cândido de boa mente: Bernardo! Simultaneamente, José Luiz retorna, também, à tua companhia — Girólamo —, necessitado de amparo e oportunidade de crescimento. A Excelsa Sabedoria programa que onde esteja o débito aí se encontra o devedor e, obviamente, o cobrador. Tem cuidado! Ajuda-os com o amor de pai que, embora sem filhos da própria carne, pode tornar-se amparo da carne alheia. Mas não te utilizes deles, pois se o fizeres assumirás graves comprometimentos para ti mesmo. Não passarás descuidado como não estão eles seguindo a esmo. Utiliza-te do ensejo e redime-te ao lado deles, oferecendo-lhes a assistência de que carecem e transformando os planos que traçaste, de modo a que a serenidade do dever retamente cumprido te coroe na velhice a vida de alegrias, que ainda desconheces.

A voz penetrava-o, e ele se sentia submisso àquele poderoso fascínio. Lembrou-se, porém, instintivamente, pelo hábito arraigado, da importância despendida na compra daquelas vidas. Antes, porém, que pudesse dizer algo, a duquesa o interrompeu:

— Sei o que pensas. A vida, porém, é grande fortuna para quem deve progredir. Valiosa, é tesouro incomparável que podes usar na aplicação do bem. O dinheiro é loucura que passa, útil ou criminoso conforme o uso que dele se faça. Mas, a dádiva de amor que plantares na terra das vidas será indestrutível valor que te acompanhará por todo o sempre. Não penses, pois, em termos de moedas transitórias. Nenhum poder na Terra pode comprar vidas. Somente Aquele que cria pode utilizar-se delas, não sendo conferido a ninguém o direito de locupletar-se, impunemente, com o sofrimento do próximo. Acautela-te e entende-me. Faças o que fizeres e ajas como agires, eu te seguirei e os acompanharei, distendendo-lhes socorro e proteção em nome do Senhor, não permitindo que te evadas outra vez e compliques o programa da Vida Superior. Agora, desperta para meditar...

Guálter retornou à realidade objetiva do corpo e teve ainda a impressão de vê-la, qual luar a diluir-se nas sombras espessas do quarto.

A memória fixou as impressões vigorosas do encontro e ele não conseguiu adormecer senão quando a madrugada se aprestava para aguardar o dia em festa.

Do encontro mantido entre Guálter e a Duquesa di Bicci, em espírito, ficaram impressões que o cigano transferiu para a esfera dos sonhos. Recordava-se, sem dúvida, da entrevista que lhe ensejara mais amplo descortino dos problemas palpitantes da vida. No entanto, aferrado às ambições imediatas, sem deter-se mais demoradamente na rememoração das elucidações recebidas, relegou a plano secundário o valioso acervo da comunicação espiritual, atirando-se, ávido de tormentosa ganância, ao desenvolvimento dos planos antes acalentados.

Insopitável interesse, porém, despertava nele a presença de Luiz José. Os olhos escuros do pequenino, cintilante, demoravam-se muitas vezes a fitar o falcão humano, que se fizera instrumento irresponsável da sua recuperação, produzindo-lhe singular emoção. Aqueles lábios silenciosos e ouvidos tapados comoviam o estranho negociante de destinos...

O estado de miséria orgânica das crianças era visível. Guálter, muito hábil, e ansioso por preservar o patrimônio, não se descurou, porém, de oferecer a assistência indispensável aos pequeninos, interdependentes pelo impositivo reencarnatório. Lentamente, todavia, se foi deixando atrair pelo antigo afeto do passado, que constituía o imponderável no determinismo da vida e no livre-arbítrio de todos os seres.

São esses fatores transcendentes, impalpáveis, que modificam sempre as arenas das lutas e os cenários das expiações. O amor, sempre presente, é carga santificante que reduz o peso das dores e ameniza o ardor das aflições, chegando de mansinho e agasalhando-se no ser.

Conquanto não nutrisse qualquer simpatia por José Luiz, o ceguinho, experimentando até mesmo certa animosidade inconsciente, via-se impelido a assisti-lo, tendo em mira os resultados que perseguia.

Os caminhos do futuro abriram-se convidativos para todos. Guálter seguiria o rumo da apresentação dos pobres párias em redenção, enquanto estes, ralados nas limitações expiatórias do corpo, reduziam as penas e libertavam-se das paixões — lições vivas para os transeuntes da experiência fisiológica, em apelo ao mundo, ao respeito pela Lei e pela Justiça.

Das esferas imortais, a duquesa prosseguiria amparando os seus pupilos na via redentora.

Acima, porém, de todas as vicissitudes e conjunturas, a Divina Sabedoria governa os destinos humanos, impelindo o homem ao avanço, ao progresso infinito.

8 Párias em redenção

No domingo de sol, pela manhã, o Dr. Oscar Silva dirigiu-se à residência da veneranda trabalhadora da seara, sendo acolhido com viva demonstração de simpatia e agrado.

Diante dela, marcada pelo passar dos anos e com a face sulcada pelas duras provações do caminho redentor, sem queixas nem amarguras, sustentada pela fé rutilante que a aquecia interiormente, o visitante não pôde sopitar o desejo de falar-lhe demoradamente das próprias lutas, agradecendo a Deus a felicidade da crença que lhe exornava o espírito. Estimulado pelo silêncio expressivo da trabalhadora infatigável do Espiritismo, fez um retrospecto dos últimos dias e surpreendeu-se, mais de uma vez, com os olhos umedecidos pelas lágrimas. Procurou relembrar a sessão em que recebera as primeiras instruções referentes à trama daqueles destinos, e as posteriores que, através da sua mediunidade, recebera anos depois, na mesma tônica, trazendo novos fatos e lições preciosas ao estudo e à meditação, com que muito se enriquecera de conhecimentos valiosos. Por fim, narrou os desencantos anotados ante os companheiros invigilantes e desatentos, arrematando a conversação com os últimos lances, nos quais a fraqueza moral de dona Catarina entregara os bisnetos à volúpia de Guálter, o ganancioso. Os acontecimentos finais foram relatados com azeda amargura.

A ouvinte, cada vez mais interessada, acompanhava a narração com vivacidade, demonstrando participar da emoção do visitante. Não obstante a idade, a anciã dava mostra de excelente memória e perfeita lucidez. O corpo, decerto, encontrava-se alquebrado, não, porém, o espírito. Raramente podia dedicar-se ao ministério antigo dos labores mediúnicos, em consequência do imenso desgaste das forças psíquicas, de que se utilizara largamente a serviço do bem e da caridade, nos dias idos. A saúde, nos últimos tempos, escasseava, e o organismo, quase vencido, parecia recusar-se a prosseguir... Seus títulos de sacrifício, porém, constituíam segurança inabordável perante o Senhor.

Através dos comentários edificantes que ambos faziam, entretecendo os liames harmônicos da Lei de Causa e Efeito e estabelecendo as linhas necessárias do equilíbrio a que se devem impor quantos buscam a verdadeira felicidade, saturou-se de vibrações superiores a sala acolhedora. Registrando a dúlcida presença da entidade angélica, a médium solicitou melhor cooperação do Dr. Oscar Silva e entrou facilmente em transe para a psicofonia.

A antiga Duquesa di Bicci, dominando o instrumento mediúnico, falou, então, com inesquecível entonação de voz:

— Irmão e amigo:

Que o senhor nos guarde na Sua Paz!

Somos todos párias do caminho evolutivo, reencarnando para refazer e amando para redimir-nos. Pertencentes ao Instituto Divino da Evolução, estacionamos para aprender e melhor fixar as lições da vida, reiniciando a jornada quanto se nos faça necessário para a superior coleta de bênçãos.

Herdeiros do passado de sombras, lutamos por desvencilhar-nos dos cipós coercitivos dos instintos, tentando aspirar outros ares menos saturados dos miasmas das paixões dissolventes, em que nos temos demorado voluntariamente...

Assim, barco à matroca pelo capricho odioso da nossa indiferença para com o Espírito imortal, transitamos pelas águas lodosas da ociosidade e do crime, até quando o cansaço extenuante nos sobrecarregue de tal forma que somente Jesus Cristo possa constituir "leve fardo e jugo suave". Até esse momento, porém, quantas dores e desassossegos infrutíferos!

Como estão sempre abertas as portas da esperança, mesmo para os mais recalcitrantes, dispomos das abençoadas ensanchas da reencarnação para o cometimento sublime da espiritualização que nos compete encetar.

Por essa razão, o Céu ou o Inferno se encontram onde situamos as aspirações, arregimentando valores que nos digam respeito desdobrar nos empreendimentos que realizamos. E onde quer que estagiem nossos amores, então estabelecemos as balizas da nossa felicidade ou desdita. Diante disso, não há paraíso para aqueles que têm acrisolados na dor os seres amados, esforçando-se para resgatá-los a preço de renúncias e sacrifícios, a fim de que a felicidade deles se transforme em lenitivo de paz para os que os buscam. Qual a mãe que não trocaria a própria dita para impedir as lágrimas que aljofram os olhos de um filho querido? Qual o nubente que não converteria em doação ao ser amado todas as suas conquistas, desde que tal esforço redundasse na felicidade dele?

Herdeiro do passado, o espírito é jornaleiro dos caminhos da redenção impostergável.

Quantos milênios de luta para transformar o embrutecimento em sublimação, convertendo as aspirações do imediato nas fulgurações do transcendente! Empreendida essa tarefa, aqueles que já despertamos para as realidades superiores não podemos estacionar na irreflexão, nem adormecer sobre as primeiras conquistas.

Com o Cristo, aprendemos a laborar incessantemente, perdoando e servindo sem fadigas, com emulação contínua.

Considerando que a minha alegria é o júbilo de Giovanni, venho empreendendo desde há muito, sob o Paternal amparo, o esforço de libertá-lo de si mesmo, rompendo em definitivo com os sentimentos inferiores que ainda habitam em quase todos nós. Consumido e torturado pela fraqueza de forças de que se dá conta, não conseguiu por enquanto o impulso libertador, em regime de totalidade. Envenenado pelo ódio, ante a aparente injustiça, assumiu pesado tributo de culpa junto a Girólamo, arrastados ambos aos fundos precipícios da loucura demorada... Agora, todavia, mercê da Misericórdia Divina, encontram-se no caminho expiatório, jungidos ao carro da aflição, para a aprendizagem que adiam e na qual encontrarão a tônica dominadora para a felicidade que demora.

Acompanho-os, vítimas de si mesmos, atando e desatando laços, arregimentando compaixão para os sofrimentos que os lapidam, enquanto outros espíritos, ainda respirando as baixas e densas vibrações do equívoco criminoso, se transformam em inconscientes instrumentos da Lei, que são, porém, de todo dispensáveis na realização dos propósitos superiores do destino. E neste particular recordo a exortação de Jesus, a respeito do "escândalo" e daqueles que são "o instrumento dos escândalos", aprendendo de nossa parte a manter a correção de atitudes e a justeza das ações.

A abençoada entidade fez uma pausa demorada, expressiva. O rosto da médium, radioso, estava transfigurado, refletindo a face em paz da mensageira espiritual.

Após significativos momentos de harmonia e silêncio, prosseguiu:

— "Não se turbe o vosso coração", apostrofou o Mestre. Clarificados pela abundante luz da fé, consubstanciada na certeza indubitável da imortalidade do espírito, esparjamos luz, não permitindo que a turbação nos inquiete a mente ou falsas necessidades perturbem o nosso coração.

Todos os acontecimentos obedecem a uma planificação muito bem estabelecida, mesmo quando nos escapam ao entendimento imediato.

Foi-me necessário compreender a elevada expressão do amor para submeter-me às imposições evolutivas dos seres queridos, invertendo todo o patrimônio de paciência e fé, para seguir ao lado deles, na condição de amiga e irmã de todas as horas. Apesar do nosso esforço, porém, redenção é empreendimento pessoal, intransferível. Enquanto Giovanni e Girólamo expungem na compulsória, preparando-se para futuros avatares, Assunta e Carlo prosseguem em provações que lhes facultam abençoadas conquistas, deambulando, todavia, por sendas difíceis. Lúcia, porém, que soube renunciar para evoluir, desperta, agora, após as fadigas da tarefa cumprida, indo ao encontro da felicidade de há muito sonhada, impossibilitada que se encontrava de colimá-la por débitos outros em relação aos que agora vieram na condição de filhos da sua carne... Na mesma ordem, Laércio, que a violentou, em exacerbada paixão, conquanto tenha contribuído para a liberação do *carma* a que ela se encontrava imanada, avança para dores mais severas, até compreender que ninguém malbarata o patrimônio da fé, através da usurpação e do abuso...

Pensemos, portanto, neles todos, nossos irmãos sofredores quanto nós mesmos, com carinho e ternura, orando pelo seu êxito, do que redundará nossa própria vitória.

Quiçá você os reencontre na investidora carnal, amanhã ou mais tarde, amigo e irmão. Envolva-se e envolva-os na suave lã da afeição, vitalizando-os com as expressões do seu afeto, de modo a que possam chegar ao termo do caminho como combatentes que, concluída a batalha, se abraçam afetuosamente, reconhecidos pela oportunidade de lutar. A batalha contra a ignorância e a treva é a mais importante que o

Espírito empreende, mas que raramente, enquanto na Terra, o homem se propõe valorizar.

Distenda, desse modo, mãos gentis e acolhedoras em nome da Caridade, por onde passe, onde esteja. Não arrole injustiças, não comente erros, não se refira a sombras: seja justo, aja corretamente, faça luz. O cristão é alguém que marcou um encontro com a verdade e o espírita é o cristão que se reencontra consigo mesmo, ao compasso do Mestre Sublime. Enquanto é dia, sirva e empreenda o ministério da transformação íntima, inalienável, construindo desde agora o novo mundo, a nova humanidade, que estão em nós e são sempre o nosso hoje, onde nos encontramos. Para Jesus o importante é o que somos, o permanente ser.

Novamente silenciou a voz que traçava roteiros. A música da paz entoava uma melodia penetrante, desconhecida para o Dr. Oscar Silva. Impossibilitado de dominar a emotividade superior, deixou-se arrastar às lágrimas de legítima felicidade. Abriam-se-lhe novos horizontes para compreender a Justiça Divina, mesmo nas situações mais arbitrárias, discernindo que a Vontade de Deus está sempre presente, e que os maus são os maiores infelizes, credores do amor e da compaixão dos que possuem os dons valiosos do entendimento e da fé.

Mentalmente, pensou nas crianças e no frustrado desejo de ajudá-las.

Adivinhando os íntimos anseios, a duquesa o consolou:

— Para o amor verdadeiro, expressão do Amor de Deus, sempre há na fraternidade legítima alguém esperando por nós, sequioso de auxílio e necessitado de amparo. O bem que distendemos pelo caminho é eterna semente de luz que plantamos no solo do futuro, por onde um dia chegarão nossos pés. Ante, pois, a dificuldade de ajudar os pequeninos hoje, socorra os que estejam ao seu alcance, pensando no bem inefável... E enquanto as suas mãos não os alcancem, recorde a aflição de Catarina, o desconcerto moral de Anunciada e faça luz na sua noite de tormentos, tendo como modelo Jesus, o dispensador das messes fecundas do amor...

Embora a noite moral permaneça na Terra, governando destinos sob espessas sombras, sob o império dos desajustes e tragédias, estabeleçamos as condições da luta que nos cabe desenvolver, a fim de que mais prontamente resplandeça o sol da verdade nas consciências e no mundo.

Sigamos, assim, avançando no rumo da esperança com os olhos postos no porvir, que é o símbolo da nossa vitória, entregues ao senhor.

Calou-se a veneranda mensageira, e o encanto da modulação da sua voz continuou cantando na acústica dos ouvidos do Dr. Oscar Silva, então dominado pelas dúlcidas vibrações do momento que se alongaria, por todo o sempre, nas evocações do Espírito lenificado pelo Consolador.

Dando conta dos detalhes esclarecedores, recolhidos do mundo espiritual, à sensitiva, e como a hora avançasse, osculou-lhe as mãos generosas e partiu, formulando novas diretrizes de amor, com o pensamento voltado para esse amanhã que é a esperança e o amparo dos que confiam e trabalham.

*

De feira em feira, de cidade em cidade, Guálter e os seus pupilos apareceram, desde então, provocando os mais disparatados comentários. Não faltaram clientes que, aparentando falsa cultura, tentaram oferecer explicação sobre a aparência dos dois meninos: "Talidomida — informavam loquazes —, que produziu quase uma geração de monstros", saindo, párvulos, sob a admiração da ignorância.

Os olhos de Luiz José, com grande brilho, contrastavam com as suas deformidades e limitações, produzindo nos espectadores, indiferentes aos dramas que os lapidavam, estranhas sensações. No silêncio imposto aos seus lábios e aos seus ouvidos, os olhos falavam, interrogativos e tristes, como duas lâmpadas sempre acesas, raramente nubladas pelas nuvens do céu do seu rosto sofredor.

Simultaneamente, a voz estrídula de José Luiz, com o tempo, exibindo a dor em canção de amargura, narrava a tragédia dos dois, numa sombria balada composta por Guálter, ao gosto popular, fazendo esquecer a expressão agressiva daqueles olhos muito abertos e crestados como duas brasas que ardessem entre cinzas, mas não pudessem clarear em derredor.

O *gitano,* à medida que o tempo corria, aumentava a afeição pelos despojos dos dois sofredores, amparados todos pelo carinho e devotamento da benfeitora desencarnada que, insistentemente, os visitava, procurando diminuir a aspereza da expiação e, ao mesmo tempo, transmitindo forças para que lhes fosse possível sorver, até as últimas gotas, o cálice da redenção.

*

O Dr. Oscar Silva, sem poder perdoar-se a comodidade, que acreditava responsável pelo socorro tardio à família de dona Catarina, como medida reparadora fez-se amigo da inditosa anciã, passando a visitá-la com assiduidade, de modo a lenir-lhe a exulceração do remorso e da saudade da neta desencarnada. Paulatinamente, ministrou-lhe o espírita as lições em torno da imortalidade, fazendo-lhe a mais expressiva dádiva de caridade: a do esclarecimento que liberta da ignorância e do crime, atapetando os caminhos na direção da eternidade.

Palavra fácil e clara, acostumado aos problemas do infortúnio humano, não lhe foi difícil, mediante um programa urdido com tempo e abnegação, criar, no modesto lar, a bênção do culto evangélico, estudando a palavra do Cordeiro de Deus e estimulando a senhora a frequentar o centro espírita próximo à sua casa, onde poderia encontrar o pão sadio para o espírito atormentado, ensaiando passos no rumo do porvir.

Dona Catarina, renovada, continuou guardando as moedas que lhe entregara Guálter e que lhe pareciam queimar as mãos, acalentando a expectativa de devolvê-las ao cigano, recebendo de volta os bisnetos que, a distância, se lhe afiguravam amados, mas cuja ausência martirizava o seu espírito. Não se podia perdoar o egoísmo, agora que se sentia possuída de novas interpretações a respeito da vida. O Espiritismo, para ela, assumiu expressiva, inefável significação. A certeza da imortalidade e da reencarnação elucidava toda a imensa trama de sofrimentos que a martirizaram por toda a vida, facultando-lhe discernir — inteligente como era e algo dotada pelos cursos realizados antes, no lar paterno — as razões que a impeliram à dor, no impositivo de resgatar os erros graves das vidas transatas. Assim, compreendeu melhor as alucinações da filha e os surdos sofrimentos da neta, acalentando nos braços os esmagados rebentos...

Não poucas vezes, descobria-se em lágrimas de sincero arrependimento ou decorrentes da prece pura, vertida na direção do Senhor da Vida.

*

Cinco anos depois dos nefastos resultados que culminaram na transação dos bisnetos, dona Catarina era outra mulher. A própria casa modesta e asseada, através do concurso do confrade Silva, parecia outra, e, ali, a vizinhança encontrava o lenitivo da paz e o concurso da cordialidade, através da provecta senhora, que lhes constituía arrimo de bondade, ao lado da lúcida palavra de esclarecimento.

Mergulhando incessantemente o pensamento na leitura salutar de *O evangelho segundo o espiritismo*, em cuja fonte hauria sabedoria e consolo, podia distender o pálio da consolação e o sol da crença àqueles que a sua palavra alcançasse.

Nesse período, apresentando sinais de evidente desequilíbrio, apareceu-lhe Anunciada, batida pelos vendavais da irresponsabilidade, transtornada sob o açodar de remorsos incoercíveis, filha pródiga de retorno...

A mãe, verdadeiramente renovada, graças à Doutrina dos Espíritos, acolheu-a em lágrimas. As animosidades de antes não mais se entrecruzavam, porque onde o amor estabelece residência a aversão não encontra guarida.

Conhecendo a excelência dos recursos terapêuticos do Espiritismo, a genitora não tergiversou em rogar o auxílio de passistas para a filha desajustada e gravemente obsidiada, como decorrência natural dos seus insucessos morais.

A atormentada genitora de Lúcia sentia-se desequilibrada, evocando as cenas das vidas passadas num verdadeiro báratro mental, em que se locupletavam entidades viciosas e maléficas, que se utilizavam dos seus desajustes íntimos para produzir o nefando comércio da obsessão. Vezes sem conta, aturdida quanto descontrolada, deixava-se consumir por alucinações sucessivas, exigindo da paciência de dona Catarina esforço hercúleo para debelar as crises, nas quais aplicava a terapia da prece e da leitura evangélica, diminuindo paulatinamente a interferência das mentes ociosas da erraticidade inferior.

Mediante o concurso do Dr. Oscar Silva e de outros abnegados seareiros do Espiritismo, lenta e seguramente Anunciada se foi recuperando, passando a participar dos trabalhos competentes no núcleo socorrista, reajustando-se-lhe a pouco e pouco as funções da normalidade psíquica.

O que antes havia de rebeldia e desajuste emocional, sob a clara e branda luz do Consolador se converteu em renovação pacificada, ajustando-a às diretrizes novas por cujo solo passou a palmilhar. Inteirada vagarosamente das ocorrências que se desenrolaram na sua ausência, a respeito da desencarnação de Lúcia e do destino incerto dos netos, assumiu atitude mui diferente das que lhe caracterizavam antes a personalidade, oferecendo à mãe uma compreensão surpreendente para temperamento como o seu. Sucede que a saúde espiritual, quando penetra o organismo moral alquebrado, realiza uma revolução de forças que surpreende os mais acurados observadores. Daí dizer-se que o "querer é poder", na plenitude do realizar.

Tarefa cumprida em longa jornada no orbe, dona Catarina, após conduzir a filha à fé libertadora, partiu da Terra em condições de expressiva harmonia interior, sendo recebida no Além pela devoção de Lúcia, radiosa e feliz, encarnando os troféus do êxito após as refregas das duras batalhas travadas com superior abnegação.

Anunciada prosseguiu em regime redentor, insculpindo no espírito as lições enobrecedoras do culto ao dever como única forma de ser feliz.

*

Em Curitiba, no bairro do B., Guálter exibia, em pleno inverno, os pequenos trânsfugas dos deveres passados.

Aquele julho surpreendera a cidade com índices de baixa temperatura, inesperados, que produziram desencarnações entre alguns errantes que faziam da sarjeta o leito do sofrimento reparador...

Luiz José, cuja atrofia orgânica não lhe permitia um desenvolvimento harmônico, contraiu pneumonia. Apesar da assistência carinhosa (era carinhosa em se considerando o estofo moral do cigano que o explorava), continuou a definhar sob o arder da febre perniciosa quão impertinente. Levado ao médico e atendido com providências especiais, não suportou o desgaste e em uma semana sucumbiu. Simultaneamente, José Luiz, também vitimado pela enfermidade cruel, não resistiu à ausência do irmão — como se fossem alimentados pela necessidade recíproca de se ajudarem, conforme viveram aqueles quase doze anos de sucessivos desajustes e reaproximações — e desencarnou, deixando desolado Guálter, que não pôde sopitar estranha aflição... De peito opresso, experimentava a dor crucial de ter-se decepado metade da vida. Aquelas crianças, que passou a querer — e já não era o interesse de explorá-las, senão as ondas de ternura que a sua presença lhe produzia nalma —, estavam incorporadas à sua vida, dedicando-lhes tempo e alegria, na jornada circense singular em que viviam.

Muitas vezes, levantou-se para reagir contra a agressão da impiedade geral dos clientes, defendendo seus meninos, e acalentava mesmo o desejo de libertá-los da incômoda situação de "animais de exposição", facultando estudo — apenas a José Luiz, que podia registrar os sons do mundo externo —, através de cujo esforço esperava, no futuro, ser-lhes útil.

Surpreendido pela realidade, despertava, pela dor e pela saudade, para cogitações que dantes não lhe ocorreram: as cogitações do amor desinteressado!

Carlo ressurgia, assim, das cinzas dos erros para a madrugada do futuro, redimindo-se, também, e preparando a marcha do porvir.

*

Além do portal de cinzas e decomposições do túmulo, coração ansioso e mãos generosas, a senhora Duquesa Ângela recebeu nos braços, entre novas e abençoadas esperanças, o Duque Giovanni di Bicci di M. e logo depois o Conde Girólamo Cherubini di Bicci, que retomavam das lutas expiatórias na Terra, em clima de redenção, igualmente amparados por Lúcia, a servidora fiel e devotada que soube elevar-se, descendo às sombras do sofrimento para amar e ajudar.

O calendário marcava: 10 de julho de 1967.

O presente apagava as sombras do passado e abria novas portas redentoras para o futuro.

PÁRIAS EM REDENÇÃO

EDIÇÃO	IMPRESSÃO	ANO	TIRAGEM	FORMATO
1	1	1973	10.200	13x18
2	1	1976	10.200	13x18
3	1	1982	10.200	13x18
4	1	1987	10.000	13x18
5	1	1991	10.000	13x18
6	1	1995	5.000	13x18
6	2	2009	200	13x18
7	1	2004	1.000	13x18
8	1	2006	1.000	12,5x17,5
8	2	2009	200	12,5x17,5
8	3	2011	500	12,5x17,5
9	1	2020	250	14x21
9	2	2020	500	14x21
9	3	2022	100	14x21
9	IPT*	2022	250	14x21
9	IPT	2023	150	14x21
9	IPT	2024	250	14x21
9	IPT	2025	200	14x21
9	IPT	2025	150	14x21

*Impressão pequenas tiragens

O QUE É ESPIRITISMO?

O Espiritismo é um conjunto de princípios e leis revelados por Espíritos Superiores ao educador francês Allan Kardec, que compilou o material em cinco obras que ficariam conhecidas posteriormente como a Codificação: *O livro dos espíritos*, *O livro dos médiuns*, *O evangelho segundo o espiritismo*, *O céu e o inferno* e *A gênese*.

Como uma nova ciência, o Espiritismo veio apresentar à Humanidade, com provas indiscutíveis, a existência e a natureza do Mundo Espiritual, além de suas relações com o mundo físico. A partir dessas evidências, o Mundo Espiritual deixa de ser algo sobrenatural e passa a ser considerado como inesgotável força da Natureza, fonte viva de inúmeros fenômenos até hoje incompreendidos e, por esse motivo, são tidos como fantasiosos e extraordinários.

Jesus Cristo ressaltou a relação entre homem e Espírito por várias vezes durante sua jornada na Terra, e talvez alguns de seus ensinamentos pareçam incompreensíveis ou sejam erroneamente interpretados por não se perceber essa associação. O Espiritismo surge então como uma chave, que esclarece e explica as palavras do Mestre.

A Doutrina Espírita revela novos e profundos conceitos sobre Deus, o Universo, a Humanidade, os Espíritos e as leis que regem a vida. Ela merece ser estudada, analisada e praticada todos os dias de nossa existência, pois o seu valioso conteúdo servirá de grande impulso à nossa evolução.

O EVANGELHO NO LAR

Quando o ensinamento do Mestre vibra entre quatro paredes de um templo doméstico, os pequeninos sacrifícios tecem a felicidade comum.*

Quando entendemos a importância do estudo do Evangelho de Jesus, como diretriz ao aprimoramento moral, compreendemos que o primeiro local para esse estudo e vivência de seus ensinos é o próprio lar.

É no reduto doméstico, assim como fazia Jesus, no lar que o acolhia, a casa de Pedro, que as primeiras lições do Evangelho devem ser lidas, sentidas e vivenciadas.

O espírita compreende que sua missão no mundo principia no reduto doméstico, em sua casa, por meio do estudo do Evangelho de Jesus no Lar.

Então, como fazer?

Converse com todos que residem com você sobre a importância desse estudo, para que, em família, possam compreender melhor os ensinamentos cristãos, a partir de um momento de união fraterna, que se desenvolverá de maneira harmônica e respeitosa. Explique que as reflexões conjuntas acerca do Evangelho permitirão manter o ambiente da casa espiritualmente saneado, por meio de sentimentos e pensamentos elevados, favorecendo a presença e a influência de Mensageiros do Bem; explique, também, que esse momento facilitará, em sua residência, a recepção do amparo espiritual, já que auxilia na manutenção de elevado padrão vibratório no ambiente e em cada um que ali vive.

Convide sua família, quem mora com você, para participar. Se mora sozinho, defina para você esse momento precioso de estudo e reflexões. Lembre-se de que, espiritualmente, sempre estamos acompanhados.

Escolha, na semana, um dia e horário em que todos possam estar presentes.

O tempo médio para a realização do Evangelho no Lar costuma ser de trinta minutos.

As crianças são bem-vindas e, se houver visitantes em casa, eles também podem ser convidados a participar. Se não forem espíritas, apenas explique a eles a finalidade e importância daquele momento.

O seguinte roteiro pode ser utilizado como sugestão:

Preparação: leitura de mensagem breve, sem comentários;

Início: prece simples e espontânea;

Leitura: *O evangelho segundo o espiritismo* (um ou dois itens, por estudo, desde o prefácio);

Comentários: breves, com a participação dos presentes, evidenciando o ensino moral aplicado às situações do dia a dia;

Vibrações: pela fraternidade, paz e pelo equilíbrio entre os povos; pelos governantes; pela vivência do Evangelho de Jesus em todos os lares; pelo próprio lar...

Pedidos: por amigos, parentes, pessoas que estão necessitando de ajuda...

Encerramento: prece simples, sincera, agradecendo a Deus, a Jesus, aos amigos espirituais.

As seguintes obras podem ser utilizadas nesse momento tão especial:

O evangelho segundo o espiritismo, como obra básica;

Caminho, verdade e vida; Pão nosso; Vinha de luz; Fonte viva; Agenda cristã.

Esse momento no lar não se trata de reunião mediúnica e, portanto, qualquer ideia advinda pela via da intuição deve permanecer como comentário geral, a ser dito de maneira simples, no momento oportuno.

No estudo do Evangelho de Jesus no Lar, a fé e a perseverança são diretrizes ao aprimoramento moral de todos os envolvidos.

O LIVRO ESPÍRITA

Cada livro edificante é porta libertadora.

O livro espírita, entretanto, emancipa a alma nos fundamentos da vida.

O livro científico livra da incultura; o livro espírita livra da crueldade, para que os louros intelectuais não se desregrem na delinquência.

O livro filosófico livra do preconceito; o livro espírita livra da divagação delirante, a fim de que a elucidação não se converta em palavras inúteis.

O livro piedoso livra do desespero; o livro espírita livra da superstição, para que a fé não se abastarde em fanatismo.

O livro jurídico livra da injustiça; o livro espírita livra da parcialidade, a fim de que o direito não se faça instrumento da opressão.

O livro técnico livra da insipiência; o livro espírita livra da vaidade, para que a especialização não seja manejada em prejuízo dos outros.

O livro de agricultura livra do primitivismo; o livro espírita livra da ambição desvairada, a fim de que o trabalho da gleba não se envileça.

O livro de regras sociais livra da rudeza de trato; o livro espírita livra da irresponsabilidade que, muitas vezes, transfigura o lar em atormentado reduto de sofrimento.

O livro de consolo livra da aflição; o livro espírita livra do êxtase inerte, para que o reconforto não se acomode em preguiça.

O livro de informações livra do atraso; o livro espírita livra do tempo perdido, a fim de que a hora vazia não nos arraste à queda em dívidas escabrosas.

Amparemos o livro respeitável, que é luz de hoje; no entanto, auxiliemos e divulguemos, quanto nos seja possível, o livro espírita, que é luz de hoje, amanhã e sempre.

O livro nobre livra da ignorância, mas o livro espírita livra da ignorância e livra do mal.

Emmanuel[*]

LITERATURA ESPÍRITA

Em qualquer parte do mundo, é comum encontrar pessoas que se interessem por assuntos como imortalidade, comunicação com Espíritos, vida após a morte e reencarnação. A crescente popularidade desses temas pode ser avaliada com o sucesso de vários filmes, seriados, novelas e peças teatrais que incluem em seus roteiros conceitos ligados à Espiritualidade e à alma.

Cada vez mais, a imprensa evidencia a literatura espírita, cujas obras impressionam até mesmo grandes veículos de comunicação devido ao seu grande número de vendas. O principal motivo pela busca dos filmes e livros do gênero é simples: o Espiritismo consegue responder, de forma clara, perguntas que pairam sobre a Humanidade desde o princípio dos tempos. Quem somos nós? De onde viemos? Para onde vamos?

A literatura espírita apresenta argumentos fundamentados na razão, que acabam atraindo leitores de todas as idades. Os textos são trabalhados com afinco, apresentam boas histórias e informações coerentes, pois se baseiam em fatos reais.

Os ensinamentos espíritas trazem a mensagem consoladora de que existe vida após a morte, e essa é uma das melhores notícias que podemos receber quando temos entes queridos que já não habitam mais a Terra. As conquistas e os aprendizados adquiridos em vida sempre farão parte do nosso futuro e prosseguirão de forma ininterrupta por toda a jornada pessoal de cada um.

Divulgar o Espiritismo por meio da literatura é a principal missão da FEB, que, há mais de cem anos, seleciona conteúdos doutrinários de qualidade para espalhar a palavra e o ideal do Cristo por todo o mundo, rumo ao caminho da felicidade e plenitude.

www.febeditora.com.br
@febeditoraoficial
@febeditora

Conselho Editorial:
Carlos Roberto Campetti
Cirne Ferreira de Araújo
Evandro Noleto Bezerra
Geraldo Campetti Sobrinho – Coord. Editorial
Jorge Godinho Barreto Nery – Presidente
Maria de Lourdes Pereira de Oliveira
Miriam Lúcia Herrera Masotti Dusi

Produção Editorial:
Elizabete de Jesus Moreira

Revisão:
Jorge Leite de Oliveira
Manuel Craveiro
Miguel Hollanda
Mirela Hakime de A. R. Lírio

Capa e Diagramação:
Thiago Pereira Campos

Projeto Gráfico:
Ingrid Saori Furuta

Normalização Técnica:
Biblioteca de Obras Raras e Documentos Patrimoniais do Livro

Esta edição foi impressa no sistema de Impressão pequenas tiragens, em formato fechado de 140x210 mm e com mancha de 94x152 mm. Os papéis utilizados foram o Off white 80 g/m² para o miolo e o Cartão 250 g/m² para a capa. O texto principal foi composto em Adobe Garamond Pro 13/16,2 e os títulos em District Thin 20/21. Impresso no Brasil. *Presita en Brazilo.*